国家出版基金项目
NATIONAL PUBLICATION FOUNDATION

本书是中国人民大学科学研究基金（中央高校基本
科研业务费专项资金资助）项目成果14XNF025

欧亚历史文化文库

总策划 张余胜

兰州大学出版社

# 楼兰考古

丛书主编　余太山

陈晓露　著

图书在版编目（ＣＩＰ）数据

楼兰考古 / 陈晓露著. -- 兰州 ： 兰州大学出版社，
2014.12
（欧亚历史文化文库 / 余太山主编）
ISBN 978-7-311-04661-3

Ⅰ．①楼… Ⅱ．①陈… Ⅲ．①楼兰－考古发现－研究
Ⅳ．①K878.04

中国版本图书馆CIP数据核字(2014)第299683号

策划编辑　施援平
责任编辑　马继萌　施援平
装帧设计　张友乾

书　　名　**楼兰考古**
主　　编　余太山
作　者　陈晓露　著
出版发行　兰州大学出版社　（地址:兰州市天水南路222号　730000）
电　话　0931-8912613(总编办公室)　0931-8617156(营销中心)
　　　　　0931-8914298(读者服务部)
网　址　http ://www.onbook.com.cn
电子信箱　press@lzu.edu.cn
网上销售　http ://lzup.taobao.com
印　刷　天水新华印刷厂
开　本　700 mm×1000 mm　1/16
印　张　28.25(插页12)
字　数　379千
版　次　2014年12月第1版
印　次　2014年12月第1次印刷
书　号　ISBN 978-7-311-04661-3
定　价　92.00元

图1 尼雅出土"元和元 图2 尼雅出土"元和元年"锦囊
年"锦囊（局部）

图3 平台墓地MA2：4"长宜 图4 Grave7A独木船棺
子孙"镜

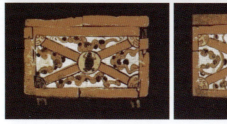

图5 楼兰1998年被盗的彩棺

图6 2003年清理的楼兰壁画墓出土
器物（1）

图7 2003年清理的楼兰壁画墓出
土器物（2）

图8 2003年清理的楼兰壁画
墓出土器物（3）

图9 2003年清理的楼兰壁画墓出土
器物（4）

图10 2003年清理的楼兰壁画墓出土器物（5）

图11 2003年清理的楼兰
壁画墓出土器物（6）

图12 2003年清理的楼兰壁画
墓出土器物（7）

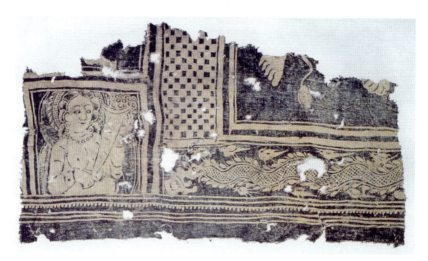

图13 尼雅东汉墓葬出土棉布画

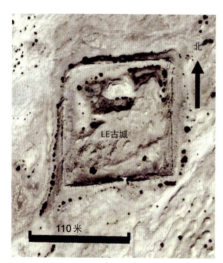

图14 LE古城遥感图像

图15 小河西北古城遥感图像

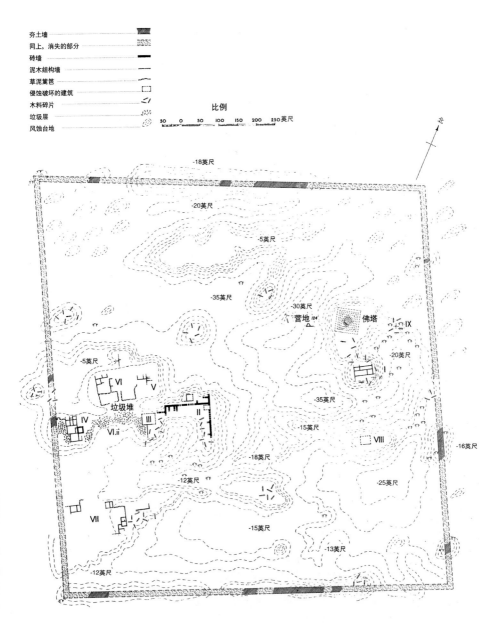

夯土墙
同上，消失的部分
砖墙
泥木结构墙
草泥篱笆
侵蚀破坏的建筑
木料碎片
垃圾层
风蚀台地

比例
50 0 50 100 150 200 250英尺

北

-18英尺
-20英尺
-5英尺
-35英尺
-30英尺
-20英尺
营地
佛塔
IX
-5英尺
VI
V
垃圾堆
III
II
IV
VI.ii
-35英尺
-15英尺
VIII
-16英尺
-18英尺
-12英尺
-25英尺
VII
-15英尺
-13英尺
-12英尺

图16 楼兰LA古城平面图

图17 米兰M.二二佛寺下层护壁绘画（1）

图18 米兰M.二二佛寺下层护壁绘画（2）

图19 尼雅N.V佛寺壁画（1）

图20 尼雅N.V佛寺壁画（2）

图22 楼兰壁画墓前室中心柱

图21 楼兰壁画墓前室东壁"六人饮酒图"

7

图23 楼兰壁画墓后室四壁绘"法轮"图

图25 尼雅出土斗形木柱础

图24 楼兰出土斗形木柱础

图26 楼兰壁画墓与地表佛塔

# 出版说明

　　随着 20 世纪以来联系地、整体地看待世界和事物的系统科学理念的深入人心，人文社会学科也出现了整合的趋势，熔东北亚、北亚、中亚和中、东欧历史文化研究于一炉的内陆欧亚学于是应运而生。时至今日，内陆欧亚学研究取得的成果已成为人类不可多得的宝贵财富。

　　当下，日益高涨的全球化和区域化呼声，既要求世界范围内的广泛合作，也强调区域内的协调发展。我国作为内陆欧亚的大国之一，加之 20 世纪末欧亚大陆桥再度开通，深入开展内陆欧亚历史文化的研究已是责无旁贷；而为改革开放的深入和中国特色社会主义建设创造有利周边环境的需要，亦使得内陆欧亚历史文化研究的现实意义更为突出和迫切。因此，将针对古代活动于内陆欧亚这一广泛区域的诸民族的历史文化研究成果呈现给广大的读者，不仅是实现当今该地区各国共赢的历史基础，也是这一地区各族人民共同进步与发展的需求。

　　甘肃作为古代西北丝绸之路的必经之地与重要组

成部分,历史上曾经是草原文明与农耕文明交汇的锋面,是多民族历史文化交融的历史舞台,世界几大文明(希腊—罗马文明、阿拉伯—波斯文明、印度文明和中华文明)在此交汇、碰撞,域内多民族文化在此融合。同时,甘肃也是现代欧亚大陆桥的必经之地与重要组成部分,是现代内陆欧亚商贸流通、文化交流的主要通道。

基于上述考虑,甘肃省新闻出版局将这套《欧亚历史文化文库》确定为2009—2012年重点出版项目,依此展开甘版图书的品牌建设,确实是既有眼光,亦有气魄的。

丛书主编余太山先生出于对自己耕耘了大半辈子的学科的热爱与执着,联络、组织这个领域国内外的知名专家和学者,把他们的研究成果呈现给了各位读者,其兢兢业业、如临如履的工作态度,令人感动。谨在此表示我们的谢意。

出版《欧亚历史文化文库》这样一套书,对于我们这样一个立足学术与教育出版的出版社来说,既是机遇,也是挑战。我们本着重点图书重点做的原则,严格于每一个环节和过程,力争不负作者、对得起读者。

我们更希望通过这套丛书的出版,使我们的学术出版在这个领域里与学界的发展相偕相伴,这是我们的理想,是我们的不懈追求。当然,我们最根本的目的,是向读者提交一份出色的答卷。

我们期待着读者的回声。

# 总　序

　　本文库所称"欧亚"(Eurasia)是指内陆欧亚,这是一个地理概念。其范围大致东起黑龙江、松花江流域,西抵多瑙河、伏尔加河流域,具体而言除中欧和东欧外,主要包括我国东三省、内蒙古自治区、新疆维吾尔自治区,以及蒙古高原、西伯利亚、哈萨克斯坦、乌兹别克斯坦、吉尔吉斯斯坦、土库曼斯坦、塔吉克斯坦、阿富汗斯坦、巴基斯坦和西北印度。其核心地带即所谓欧亚草原(Eurasian Steppes)。

　　内陆欧亚历史文化研究的对象主要是历史上活动于欧亚草原及其周邻地区(我国甘肃、宁夏、青海、西藏,以及小亚、伊朗、阿拉伯、印度、日本、朝鲜乃至西欧、北非等地)的诸民族本身,及其与世界其他地区在经济、政治、文化各方面的交流和交涉。由于内陆欧亚自然地理环境的特殊性,其历史文化呈现出鲜明的特色。

　　内陆欧亚历史文化研究是世界历史文化研究中不可或缺的组成部分,东亚、西亚、南亚以及欧洲、美洲历史文化上的许多疑难问题,都必须通过加强内陆欧亚历史文化的研究,特别是将内陆欧亚历史文化视做一个整体加以研究，才能获得确解。

中国作为内陆欧亚的大国，其历史进程从一开始就和内陆欧亚有千丝万缕的联系。我们只要注意到历代王朝的创建者中有一半以上有内陆欧亚渊源就不难理解这一点了。可以说，今后中国史研究要有大的突破，在很大程度上有待于内陆欧亚史研究的进展。

古代内陆欧亚对于古代中外关系史的发展具有不同寻常的意义。古代中国与位于它东北、西北和北方，乃至西北次大陆的国家和地区的关系，无疑是古代中外关系史最主要的篇章，而只有通过研究内陆欧亚史，才能真正把握之。

内陆欧亚历史文化研究既饶有学术趣味，也是加深睦邻关系，为改革开放和建设有中国特色的社会主义创造有利周边环境的需要，因而亦具有重要的现实政治意义。由此可见，我国深入开展内陆欧亚历史文化的研究责无旁贷。

为了联合全国内陆欧亚学的研究力量，更好地建设和发展内陆欧亚学这一新学科，繁荣社会主义文化，适应打造学术精品的战略要求，在深思熟虑和广泛征求意见后，我们决定编辑出版这套《欧亚历史文化文库》。

本文库所收大别为三类：一，研究专著；二，译著；三，知识性丛书。其中，研究专著旨在收辑有关诸课题的各种研究成果；译著旨在介绍国外学术界高质量的研究专著；知识性丛书收辑有关的通俗读物。不言而喻，这三类著作对于一个学科的发展都是不可或缺的。

构建和发展中国的内陆欧亚学，任重道远。衷心希望全国各族学者共同努力，一起推进内陆欧亚研究的发展。愿本文库有蓬勃的生命力，拥有越来越多的作者和读者。

最后，甘肃省新闻出版局支持这一文库编辑出版，确实需要眼光和魄力，特此致敬、致谢。

余太山

2010 年 6 月 30 日

# 目　录

# 1 绪论

## 1.1 研究范围

楼兰是汉代西域三十六国之一,故址位于新疆塔里木盆地罗布泊西岸一带。楼兰何时立国史无明载,最早见于文献是在西汉前元四年(前176),汉文帝接到匈奴冒顿单于的一封信中提到"定楼兰、乌孙、呼揭及其旁二十六国,皆以为匈奴"(《史记·匈奴列传》)。此后,楼兰作为中原王朝经营西域的重要据点而进入中国史书的记载。西汉昭帝元凤四年(前77),汉使傅介子刺杀楼兰王安归,改立亲汉的尉屠耆为王,更其国名为"鄯善",迁都扞泥城,为之刻印章、赐以宫女为夫人,此后鄯善正式归汉(《汉书·西域传》)。东汉明帝永平年间(约60),鄯善趁西域内乱时吞并周边小国,"小宛、精绝、戎卢、且末,为鄯善所并",这是由于东汉初年"未遑外事"、无力控制西域,而又"会匈奴衰弱",以至诸国互相攻伐兼并(《后汉书·西域传》)。不过,这种兼并只是暂时的,中原王朝一旦恢复了对西域的统治,就依然维持诸国并立的局面,"后其国并复立",这无疑是东汉经营的结果。[1] 至魏晋时期,中原王朝无力经营西域,鄯善才真正将周边小国吞并,"且末国、小宛国、精绝国、楼兰国皆并属鄯善也"(《魏略·西戎传》),疆域扩张至尼雅河流域,东接敦煌,西邻于阗。[2] 公元5世纪中期,北凉对鄯善用武,楼兰地区开始战乱频仍,先

---

[1] 尼雅 N.V 遗址出土汉简中有"王""大王"等字样,王国维从书体判断认为是东汉末桓灵年间书,这说明尼雅在东汉末仍保持独立,未为鄯善所控制。参见林梅村:《楼兰尼雅出土文书》,北京:文物出版社,1985年,第88页;王国维:《观堂集林》,北京:中华书局,1959年,第430页。

[2] 余太山:《两汉魏晋南北朝与西域关系史研究》,北京:中国社会科学出版社,1995年,第106-107页。

·欧·亚·历·史·文·化·文·库·

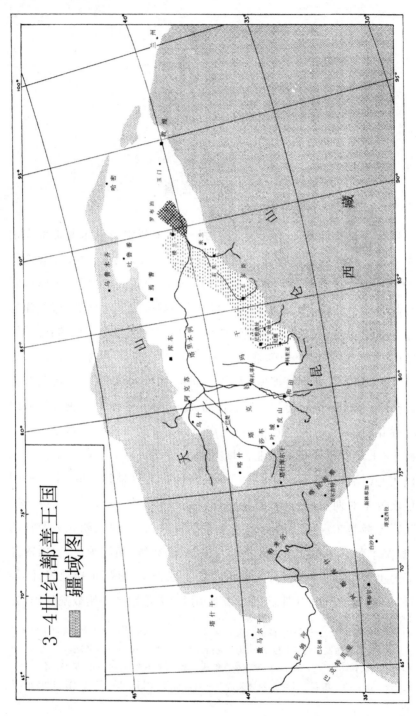

图1-1 3—4世纪鄯善王国疆域图

后降于北凉、北魏。至5世纪末，高车势力南下击破鄯善，人民散尽，楼兰的历史至此终结。

楼兰处于丝绸之路要冲。汉代丝绸之路在西域沿塔里木盆地南北沿线分为两道，两道的分界点正在楼兰。学者们将连接敦煌和西域、以楼兰城东西一线为主要通道和分途点的交通干线称为"楼兰道"，由此可见楼兰地理位置的重要。这一地理位置决定了楼兰成为各种外来文化的荟萃之地，在东西文化交流中扮演着重要角色。

所谓"楼兰考古"系沿用学术界约定俗成的说法，在时间上，主要指历史上楼兰王国存续时期所留下的遗存，包括楼兰和鄯善这两个前后相继的时期，大致相当于中原王朝的汉晋时期，绝对年代为公元前2世纪到公元5世纪。

在空间上，本书将鄯善全盛之时的疆域都纳入讨论范围，即塔里木盆地南部、塔克拉玛干沙漠东南缘一带，从罗布泊西岸到民丰县境内的尼雅河下游地区。在这一地区内，特殊的地理环境决定了当地居民采用绿洲农业的经济方式，居民点星罗棋布地分布在沙漠边缘的绿洲地带，因此考古遗存的分布也是不连续地集中于几个区域，不同区域的考古学文化形态虽微有差异，但整体上呈现出比较一致的面貌。

## 1.2　发现与研究

### 1.2.1　考古发现

从20世纪初开始，中外探险家和考古学家在楼兰地区发现了大量考古遗迹，出土了大批珍贵文物。这些考察大致可以1949年为界分为两个阶段。

第一阶段：从1900年到1949年，主要工作由西方和日本的探险家完成，获取了大批遗物，多属楼兰文物中最精美、最重要的部分。但由于当时的条件较差，考察方法尚欠完善，考察者的水平参差不齐，很多人忽略或无视考古地层，一定程度上影响了工作的客观准确。

3

1900年,瑞典探险家斯文·赫定(Sven Anders Hedin)在其第二次中亚探险穿越罗布沙漠的途中,因其向导奥尔德克的意外发现辨认出一处遗址,并于次年重返该地进行发掘,获得了大量简纸文书、钱币、丝织品和希腊化艺术风格的木雕构件等文物。德国汉学家希姆莱(Karl Himly)根据其中佉卢文简牍上的"Kroraina"与汉文"楼兰"的对音关系推断,该遗址即历史上的楼兰废墟。[1]这一发现在当时的学术界引起了巨大轰动,从而揭开了楼兰考古发现的序幕。斯文·赫定收集品现藏瑞典民俗学博物馆(Etnografiska Museet)。

1905—1906年,美国探险家亨廷顿(Ellsworth Huntington)对塔里木盆地南缘和东部的诸遗址进行了考察,其中在尼雅地区收集到6件佉卢文文书,又考察了且末、若羌、米兰、楼兰,并在库鲁克河干河床北岸发现了一座古墓葬。[2]亨氏的考察侧重地理和气候学方面,较少注重考古学信息,他的收集品后来捐赠给了耶鲁大学。[3]

英国考古学家斯坦因(Marc Aurel Stein)是楼兰最重要的发掘者。1900年,斯坦因首次来到塔里木盆地,在尼雅河考察时,偶然从当地村民手中得到两块佉卢文木牍文书,立即认识到其重要的学术价值,并在向导的指引下调查和发掘了文书的出土地点——尼雅遗址,对其中9处遗址(N.I-N.IX)测绘了平面图,并发掘出大量佉卢文、汉文文书以及数量巨大的其他各类文物。[4]

1906—1908年,斯坦因在第二次中亚考古期间,再次对尼雅遗址进行了调查和发掘,补充测绘了一些重要遗迹(N.XII-XVI、XVIII-XX、XXII-XXIV、XXVI、XXIX、XXXV-XXXVIII、XLI)的平面图和遗址总平

[1] S. A. Hedin, *Scientific Results of a Journey in Central Asia 1899-1902*, vol. 2, Stockholm: Lithographic Institute of the General Staff of the Swedish Army, pp. 619-646.

[2] E. Huntington, *The Pulse of Asia: A Journey in Central Asia Illustrating the Geographic Basis of History*, New York/Boston: Houghton Mifflin, 1907.(亨廷顿著,王采琴、葛莉译:《亚洲的脉搏》,乌鲁木齐:新疆人民出版社,2001年)

[3] 林梅村:《美国地理探险家亨廷顿中亚收集品调查记》,载《文物天地》2000年第6期,第41-44页。

[4] M. A. Stein, *Ancient Khotan: Detailed Report of Archaeological Explorations in Chinese Turkestan*, vol.1, Oxford: Clarendon Press, 1907, pp.316-442.

面图。接着,斯坦因对楼兰LA古城和LB佛寺遗址进行了系统发掘,发现大批魏晋时期的汉文、佉卢文文书和木雕、钱币等各类文物。此后,斯坦因又对米兰遗址进行了调查,主要发掘了吐蕃时期的戍堡(M.I)和三座早期佛寺遗址(M.II、M.III、M.V),在戍堡发现大批8—9世纪的古藏文木简残纸,在佛寺遗址发现了大批壁画、雕塑及各种佛教遗物,其中就包括著名的"有翼天使"壁画。[1]

1913—1916年,斯坦因第三次中亚考察期间,亦在尼雅遗址做短暂停留,主要调查和发掘了N.XLII-XLV遗址,获得一批佉卢文文书和石、木、陶等各类文物。之后,他又重访米兰,重点发掘了M.IV、M.XIII、M.XIV、M.XV四处佛寺。接着,他再次调查和发掘了楼兰遗址,共在15个地点做了工作,包括墓葬(LC、LF、LH、LS、LQ、LT)、居址(LD、LG、LM、LR)、古城(LA、LF、LK、LL)等遗址,所获遗物极其丰富,特别是在LC墓地还发现了大量中原的纺织品。[2]

1930—1931年,斯坦因第四次来到新疆,仅在尼雅遗址进行了较大规模的发掘,获得一批佉卢文文书,此外只简单考察了和田、安迪尔、若羌等地,绕行塔克拉玛干沙漠一周,获得了一百余件文物。[3]

斯坦因前三次中亚考察的经费是英属印度政府和英国政府所共同资助的,因此其收集品分别被运送至英国和印度保存。经过几次辗转易地,斯坦因获得的古文书和写本主要藏于大英图书馆,文物主要藏于大英博物馆和印度国家博物馆,其中楼兰文物收藏情况如下:部分丝织品收藏在伦敦的维多利亚与阿尔伯特博物馆(Victoria and Albert Muse-

〔1〕M. A. Stein, *Serindia: Detailed Report of Explorations in Central Asia and Westernmost China Carried out and Described under the Orders of H. M. India Government*, vol. 1, Oxford: Clarendon Press, 1921, pp. 211-547.

〔2〕M. A. Stein, *Innermost Asia: Report of Exploration in Central Asia Kan-su and Eastern Iran*, vol. 1, Oxford: Clarendon Press, 1928, pp. 140-312.

〔3〕珍妮特·米斯基著,田卫疆等译:《斯坦因:考古与探险》,乌鲁木齐:新疆美术摄影出版社,1992年,第254-264页;王冀青:《关于斯坦因第四次中亚考察所发现的文物》,载《九州学刊》1995年第6卷第4期,第131-147页;孙波辛:《斯坦因第四次来新之经过及所获古物考》,载《中国边疆史地研究》2003年第1期,第85-91页。

um)[1];楼兰出土木雕、木家具、小件铜器及米兰出土泥塑佛像等收藏在大英博物馆[2];尼雅出土佉卢文文书,米兰佛寺壁画,楼兰出土丝绸残片、古钱币、陶器及石器等收藏在新德里的印度国家博物馆(National Museum of India)[3]。

斯坦因第四次考察所获出土品留在了喀什,并由当时的新疆省政府下令将其运送至北京,目前已下落不明。研究者通过斯坦因拍摄的照片对这批材料中的文书进行了研究:英国学者巴罗(Thomas Burrow)对18件佉卢文文书进行了考释[4];中国学者王冀青、林梅村则对其中的汉文简牍进行了研究,特别是通过其中尼雅出土的西汉简牍确定了尼雅遗址就是西汉精绝国的故址。[5]

1909年,日本大谷光瑞探险队的橘瑞超首次到达楼兰古城及其附近遗址,获取了大批汉文、佉卢文文书。1910年,橘瑞超又重返楼兰调查,次年到达米兰遗址,收集到包括"有翼天使"在内的斯坦因未取走的壁画和一些其他文物。[6]

[1] F. H. Andrews, "Ancient Chinese Figured Silks Excavated by Sir Aurel Stein. Drawn and Described by F. H. Andrews", in *The Burlington Magazine for Connoisseurs*, vol.37, no.208, pp.2-10; "Ancient Chinese Figured Silks. II", in *The Burlington Magazine for Connoisseurs*, vol.37, no.209, pp.71-77; "Ancient Chinese Figured Silks Excavated by Sir Aurel Stein. III", in *The Burlington Magazine for Connoisseurs*, vol.37, no.210, pp.147-152; L. M. O'neale, "A Survey of the Woolen Textiles in the Sir Aurel Stein Collections", in *American Anthropologist*, New Series, vol. 38, no. 3, Part 1 (Jul. - Sep., 1936), pp. 414-432.

[2] R. Whitefield, *The Art of Central Asia: The Stein Collection in the British Museum*, 3 vols., Tokyo: Kodansha, 1982-1985.

[3] F. H. Andrews, *Catalogue of Wall Paintings from Ancient Shrines in Central Asia: Recovered by Sir Aurel Stein*, Delhi: Manager of Publications, 1933; *Wall-paintings from Ancient Shrines in Central Asia Recovered by Sir Aurel Stein*, 2 vols., London: Oxford University Press, 1948.

[4] T. Burrow, "Further Kharosthi Documents from Niya", in *Bulletin of the School of Oriental and African Studies (BSOAS)*, vol. 9, no. 1(1937), pp. 111-123.

[5] 王冀青:《斯坦因第四次中亚考察所获汉文文书》,载《敦煌吐鲁番研究》1998年第3卷,第259-290页;林梅村:《汉唐西域与中国文明》,北京:文物出版社,1998年,第244-264页;林梅村:《松漠之间:考古新发现所见中外文化交流》,北京:生活·读书·新知三联书店,2007年,第90-109页。

[6]〔日〕橘瑞超著,柳洪亮译:《橘瑞超西行记》,乌鲁木齐:新疆人民出版社,1999年,第39-50页;上原芳太郎:《新西域记》,东京:有先社,1937年。

大谷探险队中亚考察所获收集品经过多次辗转,散落多处,现分藏于韩国国立中央博物馆、日本东京国立博物馆、日本龙谷大学、中国国家图书馆和旅顺博物馆等单位。1915年,香川默识将大谷收集品中的精品编成两卷本《西域考古图谱》。[1]其中,我们目前确知属于楼兰的文物包括:东京国立博物馆藏有两块米兰壁画残片[2];韩国国立中央博物馆藏有两块米兰壁画残片和一组若羌且尔乞都克古城出土东汉陶器[3];旅顺博物馆藏一件楼兰LB佛寺出土的木雕门楣[4]。

由于缺乏训练,橘瑞超的考察缺少科学记录,更兼之其旅行日记在发表之前失火被烧毁,使得他这两次收获巨大的考察很多细节无从可考,文物缺失出土单位,引发了很多问题,如橘氏第一次到达楼兰所获"李柏文书"的出土地点之争,引起国内外多位学者先后参与争论。

1927年,中国学术团体协会与斯文·赫定共同组建的"中瑞西北科学考察团"成立。其中,贝格曼(Folke Bergman)于1928、1934年两次考察了楼兰地区,在小河地区发现了一系列古代墓地,其中包括著名的小河5号墓地,此外还调查了营盘遗址、发掘了米兰的几座墓葬。[5]黄文弼于1930年在孔雀河沿岸发掘了一些墓葬和烽燧遗址,发现了著名的土垠遗址。1934年,他又重新发掘了土垠,并调查了土垠之西的古道、居址、石器遗址、墓葬、水渠等遗迹。[6]同年,斯文·赫定一行乘独木舟从库尔勒出发到罗布淖尔考察,沿途调查了一些遗迹,在孔雀河三角洲地区清理了几处墓葬。[7]此外,陈宗器在楼兰地区采集到铜镜、铜钱、

〔1〕香川默识:《西域考古图谱》,北京:学苑出版社(据日本国华社1915年版影刊),1999年。

〔2〕东京国立博物馆:《东洋美术一五〇选》,东京:东京国立博物馆,1998年,图版21。

〔3〕韩国国立中央博物馆:《中央アジアの美术》,汉城:三和出版社,1989,第8-9页,第96-97页。

〔4〕刘广堂:《旅顺博物馆》,北京:文物出版社,2003年,第223页。

〔5〕F. Bergman, *Archaeological Researches in Sinkiang, Especially the Lop-Nor Region*, Stockholm: Bokförlags Aktiebolaget Thule, 1939, pp. 51-117; 180-182; 223-227.

〔6〕黄文弼:《罗布淖尔考古记》,北平:国立北京大学出版部,1948年,第91-112页;黄烈:《黄文弼历史考古论集》,北京:文物出版社,1989年,第357-374页。

〔7〕S. A. Hedin, *History of the Expedition in Asia 1927-1935*, 3 vols., Stockholm: Elandes Bortryckeri Aktiebolag Goteborg, 1943, pp. 165-170.

·欧·亚·历·史·文·化·文·库·

石器等遗物。霍涅尔也在罗布泊北岸附近地区发现过3处古代墓葬。[1]中瑞西北科学考察团中斯文·赫定、贝格曼等人在孔雀河流域发现的文物,在50年代归还中国,现藏于中国国家博物馆。[2]黄文弼在土垠发掘所得汉简和贝格曼在额济纳河发现的著名的"居延汉简"经过几次辗转,现藏于台北故宫博物院中。

第二阶段:20世纪50年代至今,主要工作由中国学者完成。这一时期探险寻宝活动完全被取代,考古学理论和方法逐渐也完善起来,工作大多能够比较科学地展开,资料的利用性更高。

1958年,黄文弼在今若羌县城附近考察了且尔乞都克古城、孔路克阿旦遗址和一些可能是佛寺遗址的土台,然后在罗布泊南面地区的米兰遗址进行了发掘。[3]1959年,新疆博物馆组织文物组在米兰古城清理了残房屋内的一些文物。[4]

1959年2月,新疆少数民族社会历史调查组对尼雅遗址进行了调查,收集了一部分文物。[5]同年10月,新疆博物馆又在尼雅遗址清理了10处房址和2座墓葬。[6]1980年,新疆博物馆与和田地区文物保管所组织联合考察队,再次进入尼雅遗址,发现了20余件佉卢文木简。[7]1988年,由新疆文物考古研究所、文化厅文物处及日本僧侣小岛康誉等组建中日日中共同尼雅遗迹预备考察队,第一次调查了尼雅遗址。[8]此后,从1990年到1997年,中日日中共同尼雅遗迹学术考察

〔1〕F. Bergman, *Archaeological Researches in Sinkiang, Especially the Lop-Nor Region*, Stockholm: Bokförlags Aktiebolaget Thule, 1939, pp. 148-154.

〔2〕许新江:《中瑞西北科学考察档案史料》,乌鲁木齐:新疆美术摄影出版社,2006年。

〔3〕黄文弼:《新疆考古发掘报告:1957—1958》,北京:文物出版社,1983年,第48-53。

〔4〕彭念聪:《若羌米兰新发现的文物》,载《文物》1960年第8-9期,1960年,第92-93页。

〔5〕史树青:《新疆文物调查随笔》,载《文物》1960年第6期,第25-27页。

〔6〕新疆博物馆:《新疆民丰县北大沙漠中古遗址墓葬区东汉合葬墓清理简报》,载《文物》1960年第6期,第9-12页;韩翔、王炳华、张临华:《尼雅考古资料》,新疆社会科学院内部刊物,乌鲁木齐,1988年,第6-43页。

〔7〕沙比提·阿合买提、阿合买提·热西提:《沙漠中的古城——尼雅遗址(尼雅古遗址调查报告)》,载《新疆大学学报》维文版,1985年第2期(收入《中日日中共同尼雅遗迹学术调查报告书》第1卷,第218-221页)。

〔8〕盛春寿:《民丰县尼雅遗址考察纪实》,载《新疆文物》1989年第2期,第49-54页。

队前后8次对尼雅遗址进行了全面勘察和大规模的发掘,确认尼雅遗址中各类遗迹百处以上,发掘了大批墓葬、青铜时代遗址、佛寺遗址等,收获大量文物,再次引起了学界的关注。[1]

1979—1980年,新疆社科院考古研究所配合中央电视台拍摄《丝绸之路》电视片,三次组织力量进入楼兰地区,调查和发掘了楼兰古城及其东北角的佛塔、西北角的烽燧、北郊的古建筑,清理了平台墓地、孤台墓地、老开屏汉墓、楼兰古城东郊的东汉墓以及孔雀河畔的古墓沟墓地。[2]

1988年,新疆文化厅组织楼兰文物普查队,对米兰遗址(城堡、吐蕃墓葬、佛教塔庙、灌溉古渠)、墩力克烽燧遗址、LK古城、LL古城、楼兰古城及其周围的遗址进行了调查,此外还发现一些细石器遗存。[3] 1989年,塔克拉玛干沙漠综合科学考察队考古组在王炳华的带领下,对米兰遗址、若羌县城周围遗址、且末县部分遗址、安迪尔遗址进行了调查。[4]

1985年,新疆博物馆考古队及巴音郭楞蒙古自治州文管所在且末扎滚鲁克墓地发掘了5座墓葬,出土了织物、木器等文物。[5] 1989年,巴州文管所的何德修又主持发掘了扎滚鲁克墓地的两座墓葬。[6] 1996年,由王博和覃大海主持,新疆博物馆与巴州文管所、且末县文物

〔1〕中日日中共同尼雅遗迹学术考察队:《中日日中共同尼雅遗迹学术调查报告书》3卷,乌鲁木齐/京都:中日日中共同尼雅遗迹学术考察队,1996—2007年。

〔2〕新疆楼兰考古队:《新疆城郊古墓群发掘简报》,载《文物》1988年第7期,第23—39页(收入穆舜英、张平:《楼兰文化研究论集》,乌鲁木齐:新疆人民出版社,1995年,第106-121页)。

〔3〕楼兰文物普查队:《罗布泊地区文物普查简报》,载《新疆文物》1988年第3期,第85-94页(收入穆舜英、张平:《楼兰文化研究论集》,乌鲁木齐:新疆人民出版社,1995年,第192-212页)。

〔4〕塔克拉玛干沙漠综合考队考古组:《若羌县古代文化遗存考察》;《且末县古代文化遗存考察》;《安迪尔遗址考察》,载《新疆文物》1990年第4期,第2-14、20-46页。

〔5〕新疆博物馆文物队:《且末县扎滚鲁克五座墓葬发掘报告》,载《新疆文物》1998年第3期,第2-18页;穆舜英、张平:《楼兰文化研究论集》,乌鲁木齐:新疆人民出版社,1995年,第170-174页。

〔6〕巴音郭楞蒙古自治州文管所:《且末县扎洪鲁克墓葬1989年清理简报》,载《新疆文物》1992年第2期,第1-14页(收入穆舜英、张平:《楼兰文化研究论集》,乌鲁木齐:新疆人民出版社,1995年,第175-191页)。

管理所联合对扎滚鲁克墓地进行抢救性发掘,清理了墓葬102座,出土了大量文物。[1]1998年,新疆博物馆等又在扎滚鲁克墓地发掘了58座墓葬。[2]1994年,中国社科院考古所在且末县托乎拉克勒克乡新发现加瓦艾日克墓地,次年进行了抢救性发掘,共清理墓葬12座。[3]

1998年,在对一起盗墓案的追捕中,考古工作者在楼兰LE古城西北发现一座"彩棺墓"。[4]2003年,新疆考古所又在LE古城东北清理了一座被盗掘的带斜坡长墓道、前后双室的壁画墓。[5]2009年,新疆考古工作者对在罗布泊地区进行文物普查中,对该地区200多处不可移动文物进行了统计,除已知遗址外,100多处为新发现的遗址,分为墓葬、遗址和木构建筑等,其中在LE古城东北部发现了数十处带斜坡墓道的洞室墓。[6]

### 1.2.2 研究概况

楼兰发现一个多世纪以来,中外不同学科的专家学者从不同角度对楼兰、鄯善进行了研究和探索,硕果累累。总体上,这些研究中以对出土各类简纸文书的考释、利用文书进行的历史学和历史地理学研究为主,考古学研究相对薄弱。与考古发现相对应,这些研究也大致可分为两个阶段。

第一阶段:1900—1949年。这一时期到楼兰进行探险考古的学者

〔1〕新疆维吾尔自治区博物馆、巴音郭楞蒙古自治州文物管理所、且末县文物管理所:《新疆且末扎滚鲁克一号墓地发掘报告》,载《考古学报》2003年第1期,第89-136页;新疆博物馆考古部等:《且末扎滚鲁克二号墓地发掘简报》,载《新疆文物》2002年第1-2期,第1-21页;新疆维吾尔自治区博物馆等:《1998年扎滚鲁克第三期文化墓葬发掘简报》,载《新疆文物》2003年第1期,第1-19页。

〔2〕新疆维吾尔自治区博物馆、巴音郭楞蒙古自治州文物管理所、且末县文物管理所:《1998年扎滚鲁克第三期文化墓葬发掘简报》,载《新疆文物》2003年第1期,第1-19页。

〔3〕中国社会科学院考古研究所新疆队、巴音郭楞蒙古自治州文管所:《新疆且末县加瓦艾日克墓地的发掘》,载《考古》1997年第9期,第21-32页。

〔4〕新疆维吾尔自治区文物事业管理局等:《新疆文物古迹大观》,乌鲁木齐:新疆美术摄影出版社,1999年,第33页;张玉忠、再帕尔:《新疆抢救清理楼兰古墓有新发现》,载《中国文物报》2000年1月9日。

〔5〕李文儒:《被惊扰的楼兰》,载《文物天地》2003年第4期。

〔6〕由新疆文物考古研究所张玉忠、于建军两位先生告知,谨致谢忱!

中很多经受过良好的学术训练,在实地考察获得第一手资料之后,就能够立即展开研究。他们的调查报告往往也同时加入大量自己的考证和研究。这些研究材料可靠,分析缜密,水准较高,有着很高的参考价值。其中,斯文·赫定收集的文书交由德国汉学家希姆莱和孔好古(August Conrady)整理和考释,后者出版了《斯文·赫定在楼兰发现的汉文手稿及零星文物》一书,刊布了部分文书和文物。[1]1935年,瑞典考古学家贝格曼在《远东博物馆馆刊》第7卷刊布了斯文·赫定在楼兰发现的木雕和小件文物,并对其进行了详细的考证,更正了孔好古书中关于文物方面的一些错误。[2]1988年,日本学者福田俊昭又从瑞典民俗学博物馆的斯文·赫定收集品中辨认出5件出自楼兰古城的汉文文书。[3]日本学者富谷至、中国学者陈凌先后对这批文书进行了释读和讨论。[4]

斯坦因在其考察报告中,对调查和发掘的遗迹遗物进行了详细的记录和研究,并援引了大量材料对相关的地理、历史和文化进行了广泛的考证和论述。[5]同时,斯坦因还邀请各方面的专家对其所获材料进行研究,并将大部分研究成果以附录的形式收录在他的考察报告中。此外,斯坦因第三次中亚考察所获汉文文书由马伯乐(Maspero)考释之

---

〔1〕 A. Conrady, *Die Chinesischen Handschriften und sonstigen Kleinfunde Sven Hedins in Loulan*, Stockholm: Geralstabens Litografiska Anstalt, 1920.

〔2〕 F. Bergman, "Loulan Wood-Carvings and Small Finds Discovered by Sven Hedin", in *Bulletin of the Museum of Far East Antiquities (BMFEA)*, No.7 (1935), pp. 71-144.

〔3〕福田俊昭:《楼蘭文書の発見》,载《东洋研究》1999年第96卷,第43-62页。

〔4〕富谷至:《流沙出土の文字资料:楼蘭·尼雅文書を中心に》,京都:京都大学学术出版会,2001年,第177-214页;陈凌:《斯文赫定收集品的新刊楼兰文书》,载《欧亚学刊》第5辑,北京:中华书局,2005年,第105-132页。

〔5〕 M. A. Stein, *Ancient Khotan: Detailed Report of Archaeological Explorations in Chinese Turkestan*, 2 vols., Oxford: Clarendon Press, 1907; *Serindia: Detailed Report of Explorations in Central Asia and Westernmost China Carried out and Described under the Orders of H. M. India Government*, 5 vols., Oxford: Clarendon Press, 1921; *Innermost Asia: Report of Exploration in Central Asia Kan-su and Eastern Iran*, 4 vols., Oxford: Clarendon Press, 1928.

·欧·亚·历·史·文·化·文·库·

后单独出版。[1]斯坦因前三次考察所获佉卢文文书由波叶尔(Boyer)、拉普逊(Rapson)等人整理和解读后结集出版。[2]在米兰佛寺发现的两条题记和两件写有佉卢文的旗幡也由波叶尔进行了释读。[3]巴罗根据照片释读了斯坦因第四次中亚考察所获佉卢文文书[4],从语言学角度对佉卢文文书中所见伊朗语、吐火罗语因素进行了深入分析[5],并在佉卢文语法的总结和文书的翻译方面做了大量工作。[6]

贝格曼对中日西北考察团考察的遗迹遗物进行了客观翔实的描述和分析。[7]赫尔曼(Herrmann)利用斯文·赫定所得材料首次系统地对楼兰的历史、地理和文化进行了综合讨论。[8]黄文弼对楼兰的历史、文化及在中西交通上的地位等相关问题也进行了较全面的阐述,具有重要的参考价值。[9]

中国学者中王国维和罗振玉最先注意到了西方探险家的成果,两人合著的《流沙坠简》以及王国维后来发表的一系列论文,结合传世文献对出土文书详加考释,并对汉晋制度和史地进行了深入而综合的研

〔1〕 H. Maspero, *Les Documents chinois de la Troisième Expédition de Sir Aurel Stein en Asie Centrale*, London: British Museum,1953.

〔2〕 A. M. Boyer, B. J. Rapson, & E. Senart, *Kharosthi Inscriptions Discovered by Sir Aurel Stein in Chinese Turkestan*, Oxford: Clarendon Press, 1920-1929.

〔3〕 A. M. Boyer, "Inscriptions de Miran", in *Journal Asiatique*, mai-juin(1911), pp. 413-430.

〔4〕 T. Burrow, "Further Kharosthi Documents from Niya", in *Bulletin of the School of Oriental and African Studies (BSOAS)*, vol. 9, no. 1(1937), pp. 111-123.

〔5〕 T. Burrow, "Iranian Words in the Kharoṣṭhi Documents from Chinese Turkestan", in *Bulletin of the School of Oriental and African Studies (BSOAS)*, vol. 7, no. 3(1934), pp. 509-516; "Iranian Words in the Kharoṣṭhi Documents from Chinese Turkestan", in *Bulletin of the School of Oriental and African Studies (BSOAS)*, vol. 7, no. 4(1935), pp. 779-790; "Tocharian Elements in the Kharoṣṭhī Documents from Chinese Turkestan", in *Journal of the Royal Asiatic Society*, 1935, pp. 667-675.

〔6〕 T. Burrow, *The Language of the Kharoṣṭhī Documents form Chinese Turkestan*, Cambridge: University Press, 1937; *A Translation of the Kharosthi Documents from Chinese Turkestan*, London: The Royal Asiatic Society, 1940.

〔7〕 F. Bergman, *Archaeological Researches in Sinkiang, Especially the Lop-Nor Region*, Stockholm: Bokförlags Aktiebolaget Thule, 1939.

〔8〕 A. Herrmann, *Lou-lan: China, Indien und Rom im Lichte der Ausgrabungen am Lobnor*, Leipzig: F. A. Brockhaus, 1931.

〔9〕黄文弼:《罗布淖尔考古记》,北平:国立北京大学出版部,1948年,第22-90页。

究。[1]此外,冯承钧对相关文献做了很好的资料汇辑工作,并对楼兰的疆域、地望、高车西迁与鄯善国人分散问题提出了自己的看法。[2]

第二阶段:20世纪50年代至今。50年代末,日本学者森鹿三根据橘氏提供的照片,撰文提出李柏文书出自LK古城,并非橘氏会见斯坦因时所称出自LA古城,引发了学术界的争论。[3]日本学者片山章雄通过调查橘瑞超的探险日记,指出李柏文书确实出自楼兰LA古城。[4]中国学者陈凌根据斯文·赫定在楼兰LA古城发现的5件汉文文书进行了考证,并指出大谷收集品中的楼兰文书也出自LA古城,包括李柏文书。[5]目前李柏文书出自LK古城之说已基本上被否认,学术界一般认为李柏文书出自LA古城。[6]

汉文文书是中国学者最为重视的材料。继罗振玉、王国维、黄文弼[7]之后,林梅村对西方和日本探险家发现的文书进行了整理,将其按照考古出土单位进行重新编号,这种编排方式开辟了从考古学角度研究简牍的新思路,更为研究者提供了极大的方便。[8]侯灿对楼兰考古队1980年在楼兰新发现的65件汉文文书进行了考释。[9]后来胡平生、李均明又对这批文书重新进行了考证。[10]侯灿、杨代欣将楼兰出土的汉文文书进行了汇总。[11]

〔1〕罗振玉、王国维:《流沙坠简》,上虞罗氏宸翰楼(影印本,北京:中华书局,1993年);王国维:《观堂集林》,北京:中华书局,1959年,第427-433页。

〔2〕冯承钧:《西域南海史地考证论著汇辑》,北京:中华书局,1957年,第1-47页。

〔3〕〔日〕森鹿三著,丛彦译:《李柏文书的出土地点》,载《新疆文物》1991年第4期,第153-156页。

〔4〕片山章雄:《李柏文书の出土地》,收入《中国古代の法と社会——栗原益男先生古稀纪念论集》,东京:汲古书院,1988年,第161-179页。

〔5〕陈凌:《斯文赫定收集品的新刊楼兰文书》,载《欧亚学刊》第5辑,北京:中华书局,2005年,第105-132页。

〔6〕孟凡人:《楼兰新史》,北京:光明日报出版社,1990年,第254-265页。

〔7〕黄文弼在文书方面的主要贡献是对其在土垠发现的71枚汉简进行了深入的研究,参见黄文弼:《罗布淖尔考古记》,北平:国立北京大学出版部,1948年,第179-220页。

〔8〕林梅村:《楼兰尼雅出土文书》,北京:文物出版社,1985年。

〔9〕侯灿:《高昌楼兰研究论集》,乌鲁木齐:新疆人民出版社,1990年,第254-277页。

〔10〕平明:《一九八〇年楼兰出土文书考释》,载《文史》第36辑,北京:中华书局,1992年。

〔11〕侯灿、杨代欣:《楼兰汉文简纸文书集成》,成都:天地出版社,1999年。

新中国建立后,出土佉卢文文书的释读工作主要由林梅村完成,包括1959年在尼雅、1980年在楼兰、1999年在营盘、中日共同尼雅遗迹学术考察队所获以及零星发现的一些佉卢文文书。[1] 林氏还对1988年以前新疆出土的佉卢文文书做过汇集、转写和翻译,对旧释有误之处尽量修订,并依照内容对文书进行了分类。[2] 日本学者莲池利隆对中日共同尼雅遗迹学术考察队所获佉卢文文书也进行了释读和研究,可与林氏的释读相互比照。[3] 此外,邵瑞祺也曾解读过尼雅零星发现的几件佉卢文文书。[4] 此外,刘文锁、莲池利隆还注意到佉卢文木牍的形制与内容之间存在联系,并进行了有益的探讨。[5]

60年代,长泽和俊出版《楼兰王国》一书,利用佉卢文文书,结合文献和考古资料,力图勾画出楼兰史的全貌,影响较大。[6] 此外他还对佉卢文的时代和鄯善国驿传制度等问题进行过探讨。1965年,布腊夫基于语言学分析提出鄯善王国和贵霜王国曾有过臣属关系,他的研究刺激了中亚学界对于鄯善历史的研究和对佉卢文的重新审视。[7]

〔1〕林梅村:《新发现的几件佉卢文书考释》,收入余太山、陈高华等主编:《中亚学刊》第3辑,北京:中华书局,1990年,第63-70页;林梅村:《西域文明——考古、语言、民族和宗教新论》,北京:东方出版社,1995年,第164-196页;林梅村:《汉唐西域与中国文明》,北京:文物出版社,1998年,第178-197页;林梅村:《尼雅96A07房址出土佉卢文残文书考释》,载《西域研究》2000年第3期,第42-43页;林梅村:《新疆营盘古墓出土的一封佉卢文书信》,载《西域研究》2001年第3期,2001年,第44-45页;中日日中共同尼雅遗迹学术考察队:《中日日中共同尼雅遗迹学术调查报告书》第2卷,乌鲁木齐/京都:中日日中共同尼雅遗迹学术考察队,1999年,第277-244页。

〔2〕林梅村:《沙海古卷——中国所出佉卢文书(初集)》,北京:文物出版社,1988年。

〔3〕中日日中共同尼雅遗迹学术考察队:《中日日中共同尼雅遗迹学术调查报告书》第1卷,乌鲁木齐/京都:中日日中共同尼雅遗迹学术考察队,1996年,第281-337页;第2卷,1999年,第161-176页。

〔4〕〔美〕邵瑞祺著,黄盛璋译:《尼雅新出的一件佉卢文书》,载《新疆社会科学》1986年第3期,第82-86页;〔美〕邵瑞祺著,杨富学、黄建华译:《新疆文物》1992年译文专刊,第56-60页。

〔5〕刘文锁:《新疆出土简牍的考古学研究》,载《西北史地》1996年第3期,第58-65页;中日日中共同尼雅遗迹学术考察队:《中日日中共同尼雅遗迹学术调查报告书》第2卷,乌鲁木齐/京都:中日日中共同尼雅遗迹学术考察队,1999年,第245-259页。

〔6〕長沢和俊:《楼蘭王国》,東京:德間書店,1988年。

〔7〕J. Brough, "Comments on Third-Century Shan-shan and the History of Buddhism", in *Bulletin of the School of Oriental and African Studies (BSOAS)*, vol. 28, no. 3(1965), pp. 582-612.

1970年,榎一雄和长泽和俊把问题集中到了拉普逊提出的5位鄯善王的编年上,试图把佉卢文书与中国文献相对应。1979年,中国学者中马雍首先介入佉卢文文书的断代和鄯善王世系问题,他发现鄯善王伐色摩那(Vasmana)就是中国史书中的元孟,颇有见地。[1] 1991年,林梅村提出了完整的7位鄯善王世系。[2] 林氏还对佉卢文文书中的一些犍陀罗语佛经进行了考证[3],并将佉卢文在塔里木盆地的流行与贵霜大月氏难民相联系[4],引起了学术界的重视。

除了对简纸文书的释读、整理和考证外,近年来楼兰研究的另一个核心问题是楼兰所统诸国及其都城的方位,特别是楼兰古城与楼兰国都的关系问题,始终是学者们争论的焦点。

根据佉卢文文书的记载,学术界对精绝国的地望已取得共识,一般认为就是尼雅河下游的尼雅遗址。[5] 但是,考古迄今仍没有找到城址来支持这一观点。根据考古调查,刘文锁认为小宛国之扜零城在且末县城西南的来利勒克古城,林梅村、李肖同意这一观点。[6] 由此,据《汉书·西域传》记载,且末"南至小宛可三日行",大约在来利勒克古城以北约150公里的沙漠腹地,但考古工作者仍无法确定其城址所在。

关于楼兰与鄯善国都的地望,学术界目前仍未达成一致的意见。学者们争论的焦点有二:一是西汉楼兰国都的位置,二是楼兰更名鄯善后是否迁都。1914年,王国维在研究李柏文书时发现,其中"今奉台使来西,月二日到此"中的"此"字被圈去,旁注"海头"二字,据此认为斯

〔1〕马雍:《西域史地文物丛考》,北京:文物出版社,1990年,第89-111页。

〔2〕林梅村:《西域文明——考古、语言、民族和宗教新论》,北京:东方出版社,1995年,第324-343页。

〔3〕林梅村:《汉唐西域与中国文明》,北京:文物出版社,1998年,第142-156页。

〔4〕林梅村:《西域文明——考古、语言、民族和宗教新论》,北京:东方出版社,1995年,第33-67页。

〔5〕刘文锁:《尼雅遗址历史地理考略》,载《中山大学学报》2002年第1期,第18-25页。

〔6〕塔克拉玛干沙漠综考队考古组:《且末县古代文化遗存考察》,载《新疆文物》1990年第4期,第20-30页;林梅村:《古道西风——考古新发现所见中西文化交流》,北京:生活·读书·新知三联书店,2000年,第332-336页;李肖:《且末古城地望考》,载《中国边疆史研究》2001年第3期,第37-45页。

文·赫定发现的楼兰LA古城并非楼兰城,而是名叫海头。后来李柏文书出土地点之争又使得问题更加复杂。如今这一问题已经没有争议,但楼兰LA古城是否是楼兰城楼兰国都仍悬而未决。日本学者榎一雄认为,佉卢文文书中的Kroraina即楼兰LA古城,就是鄯善国都扜泥城,楼兰更名鄯善时并未迁都。[1]这一说法得到了长泽和俊的响应。[2]侯灿赞同楼兰LA古城即楼兰国都,但更名后即南迁,楼兰LA古城成为汉代的屯垦处。[3]但是,楼兰古城内建筑的碳十四数据表明,其年代不早于东汉,城内出土汉文文书纪年最早到曹魏时期。孟凡人据此认为楼兰LA古城既非楼兰国都,也非鄯善国都,楼兰在更名前后国都始终在扜泥城,即若羌附近的且尔乞都克城。[4]日本学者伊藤敏雄从斯坦因的报告中发现,事实上斯坦因在20世纪20年代调查过的阔玉马勒(Koyumal)和巴什阔玉马勒(Bash-koyumal)遗址就是塔克拉玛干沙漠综考队考古组1989年调查的且尔乞都克古城和孔路克阿旦遗址。[5]林梅村同意楼兰更名鄯善后南迁的扜泥城在且尔乞都克,并从考古调查中发现,楼兰LE古城建造方式类似汉长城,且不见于佛教有关的建筑,说明它的兴建在东汉之前,据此认为LE古城就是西汉元凤四年(前77)之前的楼兰国都。[6]这一观点遭到了黄盛璋的反对,后者坚持认为楼兰国都在楼兰LA古城。[7]

　　楼兰鄯善出土的丰富的文物遗存为学者们提供了绝佳的实物材料,学者们纷纷从各学科出发对楼兰鄯善的考古材料进行研究和探讨,

---

　　[1]榎一雄著作集编集委员会:《榎一雄著作集》,第4卷《中央アジア史1》,东京:汲古书院,1992年,第267-120页。

　　[2]长沢和俊:《楼蘭王国史の研究》,東京:雄山閣出版,1996年,第258页。

　　[3]侯灿:《高昌楼兰研究论集》,乌鲁木齐:新疆人民出版社,1990年,第219-253页。

　　[4]孟凡人:《楼兰新史》,北京:光明日报出版社,1990年,第168-232页。

　　[5]伊藤敏雄:《南疆の遺跡調査記——楼蘭(〔セン〕善)の国都問題に関連して》,载《唐代史研究》2001年第4期,第122-147页。

　　[6]林梅村:《汉唐西域与中国文明》,北京:文物出版社,1998年,第279-289页。

　　[7]黄盛璋:《初论楼兰国始都楼兰与LE城问题》,载《文物》1996年第8期,第62-72页;《楼兰始都争论症结解难与LA为西汉楼兰城新论证》,载《吐鲁番研究》2000年第1期,第61-75页;《楼兰始都争论症结解难与LA城为西汉楼兰城新论证(续)》,载《吐鲁番研究》2000年第2期,第72-89页。

极大地推进了人们对于西域文化的认识。艺术史家特别关注楼兰地区出土的佛教遗存,如巴萨格里(M. Bussagli)、雅尔第兹(M. Yaldiz)、丽艾(M. M. Rhie)、罗兰(B. Rowland)、秋山光和、宫治昭、林玲爱等均对楼兰佛教艺术特别是米兰佛寺壁画做过深入探讨。[1]熊谷宣夫、贾应逸对楼兰地区的佛教遗存进行了总结。[2]李青对楼兰鄯善出土艺术品进行了整理归纳,做了很好的资料汇集工作,然而其中一些艺术品的年代可能存在问题。[3]李吟屏、王宗磊考察了尼雅的古建工艺,对沙漠地区古代建筑的特点进行了很好的总结。[4]丁垚进一步分析了中原古建工艺对楼兰地区的影响。[5]此外,对于楼兰鄯善出土各种遗物,如纺织物[6]、玻璃器[7]、兵器、生活用具等的研究,也大大促进了人们对于汉晋西域的物质文化和中西交流的认识。然而,由于考古学编年序列

〔1〕M. Bussagli, *Painting of Central Asian*, Geneva: Skira, 1963, pp.19-30; Rowland B, *The Art of Central Asia*, New York: Crown Publishers, 1974, pp.37-38; M. Yaldiz, *Archäologie und Kunst-geschichte Chinesisch-Zentralasiens (Xinjiang)*, Leiden: E. J. Brill, 1987, pp.153-181; M. M. Rhie, *Early Buddhist art of China and central Asia*, vol. I, Leiden/Boston/ Koln: Brill, 1999, pp. 323-426; 秋山光和:《ミーラン第五古址回廊北側壁畫》,载《美術研究》1960年第212号,第138-143页;宫治昭:《西域の仏教美術》,收入《讲座仏教の受容と變容——ィンド仏教美術の受容と变容》4,东京:佼成出版社,1991年,第241-284页;林玲爱:《西域南路米蘭塑佛像의研究》,载《佛教美術》11,首尔:東國大學博物館,1992年,第131-165页。。

〔2〕熊谷宣夫:《西域の美術》,收入西域文化研究会编:《西域文化研究》第5卷(中央アジア仏教美術),京都:法藏馆,1962年;贾应逸、祁小山:《印度到中国新疆的佛教艺术》,兰州:甘肃教育出版社,2002年。

〔3〕李青:《古楼兰鄯善艺术综论》,北京:中华书局,2005年。

〔4〕李吟屏:《尼雅遗址古建筑初探》,载《喀什师范学院学报》2000年第21卷第2期,第41-46页;中日日中共同尼雅遗迹学术考察队:《中日日中共同尼雅遗迹学术调查报告书》第2卷,乌鲁木齐/京都:中日日中共同尼雅遗迹学术考察队,1999年,第201-207页。

〔5〕丁垚:《西域与中土:尼雅、楼兰等建筑遗迹所见中原文化影响》,载《汉唐西域考古:尼雅-丹丹乌里克国际学术讨论会会议论文提要》,2009年,第108页。

〔6〕赵丰:《丝绸艺术史》,杭州:浙江美术学院出版社,1992年;赵丰:《纺织品考古新发现》,香港:艺纱堂服饰工作队,2002年;赵丰:《中国丝绸通史》,苏州:苏州大学出版社,2005年;赵丰:《丝绸之路美术考古概论》,北京:文物出版社,2007年,第124-130页;赵丰、金琳:《纺织考古》,北京:文物出版社,2007年,第85-98页。

〔7〕安家瑶:《北周李贤墓出土的玻璃碗——萨珊玻璃器的发现与研究》,载《考古》1986年第2期,第175页;干福熹:《丝绸之路上的古代玻璃研究》,上海:复旦大学出版社,2007年,第96-150页。

尚未建立,这些研究缺乏关于研究对象准确的年代信息,因此只能从较大的时间范围笼统地提出结论,难于深入。

从考古学角度对楼兰地区的墓葬、遗址及遗物的研究十分薄弱,且多以对具体遗址的研究为主,系统研究不多。考古工作者在发表的调查和发掘报告中,对所涉及遗址的性质、年代等均做了初步分析。侯灿立足考古遗存,同时参照简纸文书,对楼兰古城的发展阶段进行了探讨。[1]林立从考古学角度对米兰佛寺的布局和建筑组合进行了分析和分期,并结合佛寺壁画的艺术风格分析结果对各期的年代进行了判断。[2]张铁男、贾应逸结合考古发掘对尼雅佛寺的布局、年代等问题进行了初步分析。[3]阮秋荣从聚落形态角度探讨了尼雅遗址的功能,以及与环境的关系、经济及社会形态等问题。[4]刘文锁在对建筑遗迹的考古类型学分析的基础上,对尼雅遗址的形制布局、年代及发展阶段进行了详细探讨,并结合佉卢文文书对尼雅遗址的历史行政区划进行了复原。[5]于志勇、覃大海对罗布泊地区近年来出土的"彩棺墓"的性质和文化内涵进行了讨论,其提出的该类墓葬受到了汉文化强烈影响的观点颇具启发性。[6]

真正对楼兰考古学文化进行系统研究的主要是两篇学位论文。2005年,中国社会科学院肖小勇的博士学位论文《鄯善地区考古学文化与中西文化交流的关系》,在全面占有考古材料的基础上,结合历史文献及各种相关的研究成果,以文化因素分析法对楼兰地区考古发现的

〔1〕穆舜英、张平:《楼兰文化研究论集》,乌鲁木齐:新疆人民出版社,1995年,第20-55页。

〔2〕林立:《米兰佛寺考》,载《考古与文物》2003年第3期,第47-55页。

〔3〕中日日中共同尼雅遗迹学术考察队:《中日日中共同尼雅遗迹学术调查报告书》第2卷,乌鲁木齐/京都:中日日中共同尼雅遗迹学术考察队,1999年,第208-214页;贾应逸:《尼雅新发现的佛寺遗址研究》,载《敦煌学辑刊》1999年第2期,第48-55页。

〔4〕中日日中共同尼雅遗迹学术考察队:《中日日中共同尼雅遗迹学术调查报告书》第2卷,乌鲁木齐/京都:中日日中共同尼雅遗迹学术考察队,1999年,第191-200页。

〔5〕刘文锁:《尼雅遗址形制布局初探》,中国社会科学院研究生院博士学位论文,2000年。

〔6〕于志勇、覃大海:《营盘墓地M15的性质及罗布泊地区彩棺墓葬初探》,载《吐鲁番学研究》2006年第1期,第63-95页(收入西北大学考古学系、西北大学文化遗产与考古学研究中心编:《西部考古》第1辑,西安:三秦出版社,2006年,第401-427页)。

物质文化进行了详细剖析,深入探讨和考察了楼兰本土文化、汉文化和域外文化在中西文化交流进程中的有机融合和动态发展的关系。[1]同年,北京大学研究生戴维完成了其硕士学位论文《鄯善地区汉晋墓葬与丝绸之路》。该文将楼兰地区墓葬材料分为尼雅、且末和孔雀河三角洲三个区域逐一进行分析,讨论了各个地区墓葬的年代及文化面貌,这是为建立楼兰考古学文化编年序列所进行的首次尝试,为后来的研究打下了一个很好的基础。[2]

## 1.3 选题意义与研究方法

经过一个多世纪以来的考古工作,楼兰地区发现的考古遗址已经达到了一定的数量,特别是近年来大批经科学发掘材料的出土,为进行楼兰考古学文化的系统研究提供了资料基础。通过对传世文献和出土简纸文书的研究,楼兰的发展演进历史也日益清晰,这对楼兰考古编年序列的建立提出了迫切的要求。本书即期望在前人工作的基础上,为勾画楼兰考古的整体面貌做一点努力。

楼兰地区发现的考古遗存大致可分为墓葬、地面遗址(包括古城址和居址)、佛教遗存三大部分。本书拟运用考古学方法,首先,在前人研究的基础上,对墓葬材料进行更加细致的整理和分析,建立起编年序列;其次,对古城和居址进行考察,以墓葬序列为基础对其进行年代判断,之后对于楼兰国都和各古城的性质问题提出自己的看法,并对居址形态及建筑、家具所反映的文化内涵进行讨论;最后,参考楼兰墓葬和地面遗址提供的序列,通过与犍陀罗佛教遗存进行对比,来考察楼兰佛教遗存的演变规律。我们期冀通过这三大部分的讨论,初步建立起楼兰考古的基本框架,为将来的进一步研究打下基础。

〔1〕肖小勇:《鄯善地区考古学文化与中西文化交流的关系》,中国社会科学院考古研究所博士学位论文,2005年。

〔2〕戴维:《鄯善地区汉晋墓葬与丝绸之路》,北京大学考古文博学院硕士学位论文,2005年。

# 2 楼兰墓葬

　　墓葬是一个地区考古学文化最重要的载体,楼兰考古研究亦需以墓葬编年作为基础。经过百年来的考古发掘,楼兰地区已经积累了不少的墓葬材料,具备了进行类型学分析、建立编年序列的条件。吐鲁番盆地和和田地区的一些同时期墓葬与楼兰墓葬表现出相当程度上的一致性,因此我们将这些墓葬也列入研究范围,与楼兰墓葬进行横向对比,从"塔里木盆地东南缘"这个较大的区域来考察墓葬的期段变化。

　　由于自然地理条件的制约,新疆地区的遗址很多缺少连续的地层,墓葬的断代在缺乏类型学序列的情况下常常十分困难,因此很多时候墓葬的绝对年代是借助碳十四测年的数据结果。然而,罗布泊地区曾被严重污染,碳十四数据是不准确的,不能作为断年的依据。

　　在这里,我们暂不讨论史前时期[1]的墓葬,而把主要的关注点放在汉代及以后的墓葬,以中原汉文化开始向西域渗透的时间作为起点,这种处理一是使研究对象更为集中,二是在技术上断年比较容易操作,可以利用中原考古学文化序列来进行绝对年代的判断。

---

　　〔1〕学术界一般将新疆地区汉代以前的文化遗存归为史前时期。参见张川:《论新疆史前考古文化的发展阶段》,载《西域研究》1997年第3期,第51-54页;肖小勇:《关于新疆史前研究的讨论》,载《西域研究》2004年第2期,第74-83页。

可利用的资料包括:且末扎滚鲁克一号、二号墓地[1];且末加瓦艾日克;尼雅93MN3[2]、93MN1[3]、95MN1[4]、97MN2[5]号墓地[6];斯坦因1914年清理的楼兰LC和LH墓地[7];黄文弼1930、1934年两次在罗布

〔1〕经调查,绿洲边缘地带的台地上分布着大小不等的墓地共5处,编号为扎滚鲁克一至五号墓地,其中一号墓地范围最大。20世纪20年代末,瑞典考古学家贝格曼曾做过小规模的发掘。由于当地盗墓活动猖獗,新疆博物馆与巴州文管所等单位在这里连续进行了四次发掘,共清理墓葬167座。F. Bergman, *Archaeological Researches in Sinkiang, Especially the Lop-Nor Region*, Stockholm: Bokförlags Aktiebolaget Thule, 1939, pp. 204-218;新疆博物馆文物队:《且末县扎滚鲁克五座墓葬发掘报告》,载《新疆文物》1998年第3期,第2-18页;巴音郭楞蒙古自治州文管所:《且末县扎洪鲁克墓葬1989年清理简报》,载《新疆文物》1992年第2期,第1-14页;新疆维吾尔自治区博物馆、巴音郭楞蒙古自治州文物管理所、且末县文物管理所:《新疆且末扎滚鲁克一号墓地发掘报告》,载《考古学报》2003年第1期,第89-136页;新疆维吾尔自治区博物馆、巴音郭楞蒙古自治州文物管理所、且末县文物管理所:《1998年扎滚鲁克第三期文化墓葬发掘简报》,载《新疆文物》2003年第1期,第1-19页。

〔2〕1993年,中日共同尼雅考察队在尼雅N3建筑以南300米处发现一座毁坏严重的墓葬,编号为93MN1M1,采集了一些陶器;1997年,考古工作者又重新对这片墓地进行了调查,采集了一批遗物。中日日中共同尼雅遗迹学术考察队:《中日日中共同尼雅遗迹学术调查报告书》第3卷,乌鲁木齐/京都:中日日中共同尼雅遗迹学术考察队,2007年,第15-27页。

〔3〕又称"西北墓地",1993年中日共同尼雅考察队曾在此清理5座胡杨独木船棺墓,材料未正式发表。据考古工作者回忆,1959年新疆博物馆由李遇春先生主持发掘的一座夫妇合葬墓,也在这一墓地内,编号为59MNM001。中日日中共同尼雅遗迹学术考察队:《中日日中共同尼雅遗迹学术调查报告书》第2卷,乌鲁木齐/京都:中日日中共同尼雅遗迹学术考察队,1996年,第200页;第3卷,1999年,第196页;新疆博物馆:《新疆民丰县北大沙漠中古遗址墓葬区东汉合葬墓清理简报》,载《文物》1960年第6期,第9-12页;韩翔、王炳华、张临华:《尼雅考古资料》,新疆社会科学院内部刊物,乌鲁木齐,1988年,第30-43页。

〔4〕中日日中共同尼雅遗迹学术考察队:《中日日中共同尼雅遗迹学术调查报告书》第2卷,乌鲁木齐/京都:中日日中共同尼雅遗迹学术考察队,1999页,第88-132页;第3卷,2007年,第29-43页。1997年,考古工作者在95MN1号墓地西侧发现大量棺木、遗物等暴露,随即进行了紧急调查,编号为97MN1号墓地,实为95MN1墓地的一部分,这里将其合并用一个编号。

〔5〕发现时暂命名为97A3,正式编号为97MN2。中日日中共同尼雅遗迹学术考察队:《中日中共同尼雅遗迹学术调查报告书》第3卷,乌鲁木齐/京都:中日日中共同尼雅遗迹学术考察队,2007年,第44-61页。

〔6〕尼雅遗址目前调查发现的墓地有十几处,如92B6、N3S等,但除了本书提到的4处外,其他墓地破坏较严重,随葬品贫乏,未进行系统清理,资料也未发表,暂不进行讨论。

〔7〕M. A. Stein, *Innermost Asia: Report of Exploration in Central Asia Kan-su and Eastern Iran*, vol. 1, Oxford: Clarendon Press, 1928, pp. 225-259, 275-277.

泊地区孔雀河北岸发掘的L彐、L匚、L囗3处汉晋墓地[1];贝格曼和新疆文物考古研究所先后在"小河"5号墓地附近发现的汉晋墓地[2];贝格曼在米兰遗址北部发掘的4座墓葬[3];斯文·赫定1934年在一座雅丹上发现的几座墓葬[4];孔雀河下游北岸第三台地上的老开屏汉墓[5];楼兰古城东北的平台墓地(MA)、孤台墓地(LC,重新编号为MB)[6];以及近年来楼兰LE古城东北的一系列土洞墓[7]。

这些墓葬目前的断年情况不甚令人满意:许多墓地如尼雅95MN1等被模糊地定为"汉晋时期";且末扎滚鲁克一号墓地第二期为公元前8世纪到公元3世纪,跨度长达1000多年。我们认为有必要进行更为深入和细致的年代分析。

需要说明的是,由于我们利用墓葬中出土的中原汉式器物作为标准器来判断墓葬的年代,因此断年结果是大致按照中原王朝来划分的,但这只是为技术上操作方便的一个大致的对应。在历史发展进程上,楼兰地区不可能与中原完全同步。本书的工作仅仅是建立一个粗略的年代框架,更细致的文化演变还需要通过更多的考古发现和深入分析来考察。

根据墓葬形制,我们可以大致将楼兰鄯善地区发现的墓葬分为四

---

[1] 黄文弼:《罗布淖尔考古记》,北平:国立北京大学出版部,1948年,第97-103页。

[2] 1934年,贝格曼在"小河"流域发现4、6、7号3处墓地;2002—2007年,新疆文物考古研究所在对小河5号墓地进行发掘的过程中,对其周边区域的汉晋时期墓葬进行了调查,共发现古遗存点19处,其中7处为墓地,编号为XHM1-7号墓地,其中XHM6和XHM7号墓地就是贝格曼编号的小河6、7号墓地。F. Bergman, *Archaeological Researches in Sinkiang, Especially the Lop-Nor Region*, Stockholm: Bokförlags Aktiebolaget Thule, 1939, pp. 102-117;新疆文物考古研究所:《罗布泊地区小河流域的考古调查》,收入吉林大学边疆考古研究中心:《边疆考古研究》第7辑,北京:科学出版社,2008年,第371-378页。

[3] F. Bergman, *Archaeological Researches in Sinkiang, Especially the Lop-Nor Region*, Stockholm: Bokförlags Aktiebolaget Thule, 1939, pp. 223-228.

[4] F. Bergman, *Archaeological Researches in Sinkiang, Especially the Lop-Nor Region*, Stockholm: Bokförlags Aktiebolaget Thule, 1939, pp. 118-147.

[5] 吐尔逊·艾沙:《罗布淖尔地区东汉墓发掘及初步研究》,载《新疆社会科学》1983年第1期,第128-134页。

[6] 新疆楼兰考古队:《新疆城郊古墓群发掘简报》,载《文物》1988年第7期,第23-39页。

[7] 资料由新疆文物考古研究所张玉忠、于建军两位先生惠赠,谨致谢忱!

个型,即刀形墓、竖穴土坑墓、竖穴偏室墓和带斜坡墓道的洞室墓,下面分别对这四种类型的墓葬进行讨论。

## 2.1 型式分析

### 2.1.1 A型——刀形墓

刀形墓是指墓室多长方形或近方形、在墓口的长边一侧或拐角处开墓道而使平面呈现为刀形的墓葬形制,个别的置墓道于墓口长边中部,平面呈"甲"字形(如扎滚鲁克一号墓地96QZIM14)。这种墓葬主要见于且末扎滚鲁克一号墓地和二号墓地、加瓦艾日克墓地、楼兰平台墓地及和田地区的山普拉墓地。

除平面形状外,刀形墓在其他方面也表现出较为一致的特征:墓口和墓道上有二层台,用以铺架棚盖;墓室中央立有粗木柱支撑棚盖。葬俗多为10人以上的丛葬;人骨的头向四个方向都有发现。有的墓中有为部分死者单立的小棚架。葬式主要是仰身上屈肢,有的向左或右屈肢,皆为葬后挤压变形的结果。多不用葬具或只使用简单的毛毡、垫颔木块、支腿棍、木尸床等。

根据墓道和随葬器物,刀形墓还可以进一步分为三式。

#### 2.1.1.1 I式

墓道较为简单,不分级。随葬品数量较多,以陶器和木器为主,以手制黑衣陶器为代表。

(1)墓葬形制

**96QZIIM1** 墓室为长方形竖穴,方向呈东南-西北走向,南偏东32度,墓道位于墓口的东角,与东北部墓口边形成一条直线,构成了直柄的刀形墓。墓道为长条槽形,圆端,平底。墓道口呈二层台式,残留有苇子秆和蒲草组成的二层覆盖物,两者间夹有柳编席。墓道较浅,西南面二层台面上有柱洞,里面残留有朽木,或为露出地面的墓葬标记。墓室口有二层台,与墓道二层台连为一体,分上下两级,壁向外斜,上铺有苇子秆、蒲草和柳编席制成的棚盖。墓口东壁南半部残留4根棚木,东段搭在墓的上口,西端不到墓室中部,支撑点不明。墓口长5米、宽3.7米,墓底长4.5米、宽3.5米,墓室深2.1米,墓壁稍斜,底小口大。墓室有2个立柱,顶端皆残。墓室西南角有一小棚架,上面铺盖人字纹柳编席,席上有残弓背一段和小孩尸骨。墓室中28人丛葬,主要分布于墓室西南部,其中14人为男性,8人为女性,6人性别不清(包括小孩和婴儿),沿墓室四壁排列,因而头向四个方向都有。葬式以仰身屈肢葬为主,包括上屈肢、左屈肢和右屈肢,双手大都置于身体两侧。

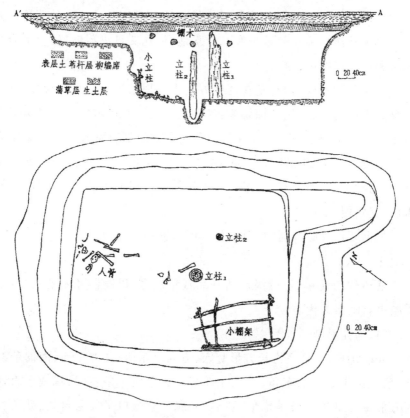

图2-1 扎滚鲁克二号墓地96QZIIM1平剖面图

**扎滚鲁克96QZIIM2** 墓室长方形,西北-东南方向,顶部原覆盖有棚盖,墓道接于墓口的南角,方向正南,与墓口的西南和东南边形成夹角,构成曲柄的刀形墓形制。墓道有二层台的长方形,长近4米,叠放3根棚木,墓道分三级台阶而下,深入墓室后还有一级台阶。墓口有二层台,分上下两个台面,上面残留芦苇、蒲草,局部有柳编席。墓室长轴线上有4根粗立柱支撑棚盖。墓室北角有小棚架。墓室靠西南壁有木尸床,上面放置器物及3具尸骨,墓室底部也有尸骨。墓中出土人骨架共计27个个体,其中填土出土9具骨架,成年人头骨4具,小孩骨架2具,其余年龄不清;墓底18个个体,其中小孩7人、女性3人、男性5人,葬式多为仰身屈下肢。

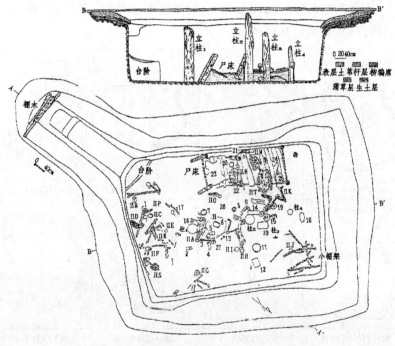

图2-2　扎滚鲁克二号墓地96QZIIM2平剖面图

（2）随葬器物

①陶器

许多陶器上面留有烟炱,说明曾用作炊器,大部分施黑色陶衣,手制,细砂泥质,褐灰或褐红色陶胎为主,少量夹砂红陶,有的器物腹部有刻画的纹样。器物组合主要是带流罐、钵、单耳罐三种器物,此外还有

25

少量无耳圜底罐、双耳罐、盆、碗、壶等器类。陶器整体上存在从圜底向平底转变的趋势,很多墓葬中两种器底的陶器并存,处于二者的过渡阶段。

**带流罐** 通体瘦高,开口流,流口宽短,束颈,溜肩,深鼓腹,颈肩带状耳。器物大小差异较大,大的高17—34厘米,小的高13厘米左右,多数是素面,有的肩腹部有刻画纹。

**钵** 以深腹、圜底为主,器物大小有变化,高7.6—11.2厘米,口径10.1—22厘米,可分为无颈弧壁和束颈两种类型。

**单耳罐** 均为细砂泥质褐灰陶,素面,手制,上黑色陶衣,大小差异较大,高8.4—15.8厘米,口径7.4—11.8厘米。敞口,溜肩,鼓腹,带状耳,分口肩耳和颈肩耳两种。

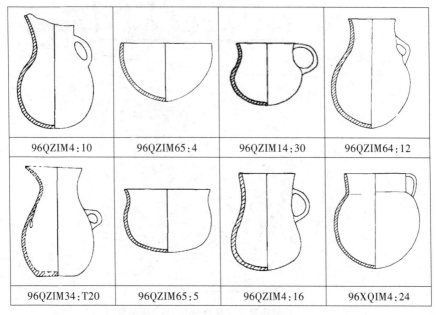

| | | | |
|---|---|---|---|
| 96QZIM4:10 | 96QZIM65:4 | 96QZIM14:30 | 96QZIM64:12 |
| 96QZIM34:T20 | 96QZIM65:5 | 96QZIM4:16 | 96XQIM4:24 |

图2-3 刀形墓出土典型陶器

②木器

数量较多,种类丰富,多用整原木雕刻制作而成,分制组合的较少。常见的主要有木纺轮、木盒、木桶、木筒、木梳、各种木容器、木签筷、木腰牌等,另外还有捕鸭木网、鞣皮刮刀、木拐杖、木花押、木绳扣、钻木取火器、合范式木器、木管、木板和彩绘木板、木叉、加工木件和木别子等,均为日用器,有的用途不明。装饰纹样集中以动物纹和涡旋纹两种为主。

**木盒**　由盒体和盖组成,长方形,用圆木刮挖雕刻而成,盖为长方形木板。可分为非子母口和子母口两种:非子母口盒,盖四面向内侧加工成斜面,外大内小母口;子母口盒,盖侧壁平齐,可以直接盖在盒口上,皆为大盒。盒表面多装饰纹饰,有涡旋纹、三角纹及动物纹等。

**木容器**　器形有杯、碗、盘、盆、钵、罐等,多为整木刮挖雕刻而成,后经打磨光滑,很多有单耳或单系,便于使用。木盘较有特点,制作较规整,形状差异较大,有椭圆形、长方形及不规则形(一边内凹)等。根据盘足可分为无足盘和四足盘两种:无足盘有平底和弧底两种;四足盘器足较矮,有的四足为组装而成,有的为盘与足一体雕刻制成。盘内有盛放食物的痕迹。另外还发现双联小木杯1件,以整木刮挖雕刻而成,柄缺失,近圆形,切平的圆口,器表刻画锥刺连点、曲线组合的纹饰。

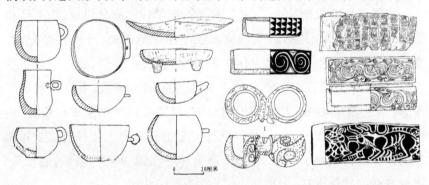

**图2-4　刀形墓出土木容器与木盒**

**木梳**　形式变化较大,可分为三种:一为组合形,用几块小木板黏合,或刻出长方形梳柄,附边齿;二是沟槽嵌齿形,梳柄多为小圆木棒,在镶齿一面凿刻长方形沟槽,梳齿并排镶嵌其中,齿根截面方形;三是卯孔嵌齿形,梳柄多为小圆木棒,也有长方形和多边形,接在梳柄上钻出一个个卯眼(齿孔),再将齿根镶嵌于卯眼之中制成。许多梳柄上刺刻着花纹,有"S"纹、波浪纹、"几"字纹、锯齿纹、菱格纹、"V"纹、"M"纹、曲折纹、三角纹、三角网纹和鹿纹等。

**木腰牌** 发现于死者的腰部,雕刻花纹的小木牌,钻系孔并且穿毛绳带,有的刻出小柄,系孔皆系在小柄上,表面多装饰涡旋纹。

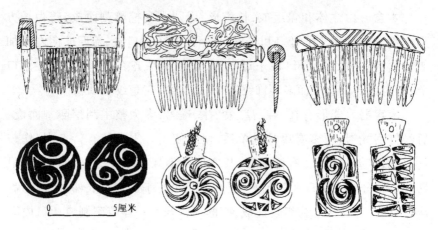

图2-5 刀形墓出土木梳与木腰牌

**木箜篌** 共发现3件,均由音箱、琴颈、琴杆三部分组成,缺失弦和蒙皮。音箱和琴颈用一块胡杨整木经刮削雕刻而成,外表打磨光滑。弦杆为怪柳木分制。96QZIM14N:27,整体稍有些变形,音箱平面呈梯形,口部外缘保留有固定蒙皮的小木钉,底部有一音孔,孔呈凹底的三角形。96QZIM14:20,音箱呈半葫芦形,口部残留胶粘蒙皮的痕迹,内壁有刃器加工的痕迹,底部的音孔呈束腰的长方形。弦杆有三道很明显的系弦痕迹。96QZIIM2:105,音箱为梯形,原蒙皮亦为胶粘,底较平,镂刻弯曲的花纹音孔。

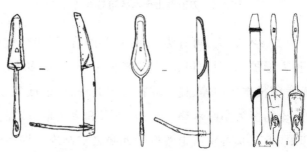

图2-6 刀形墓出土木箜篌

③马具、武器

马具主要是木质品,有木马镳、木杆皮鞭、绊马索及木结具和弓形木绳扣。武器包括弓矢和弓囊件以及铜、铁器。铁器残缺较严重,器形不明,似有铁剑、铁刀、铁钉等。铜器有铜刀、铜匕、铜镞等。

④漆器

大都残缺比较严重,不能复原。器形有漆盒、残漆碗、漆桶、漆盖、漆木盘和漆木棒等,还发现1件残漆木片。都是木胎,有的上面保存着黑漆底,绘红彩云纹。

⑤铜器

包括铜带扣和单柄铜镜。铜带扣形制相似,呈长方形,有扣眼、固带钮、扣舌,并饰有圆圈纹。扎滚鲁克二号墓地出土了一面单柄铜镜,这类铜镜一般认为是典型的草原文化的产物[1],类似铜镜在圆沙古墓群中也有出土。

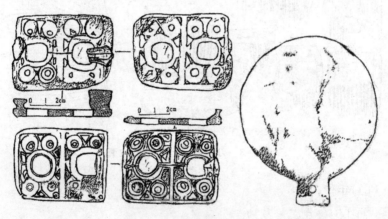

图2-7　刀形墓出土铜器

⑥骨角器

有角勺、角杯、角筒、角罐和骨角梳等,此外还有一些特殊器物,如骨套、小方形角扣饰、小角器、骨带扣、刻纹骨版和骨把手,有的残缺严重,或用途不明。骨角梳较有特点,器形差别不大,骨梳用大动物的肢

〔1〕马健:《公元前8—3世纪的萨彦-阿尔泰——中亚东部草原早期铁器时代文化交流》,北京大学考古文博学院硕士学位论文,2004年,第23页。

骨制作,角梳大多用牛角,有的是刀削磨制而成,有的则用锯加工出梳齿,制作较精细。根据梳背可分为三种:一种是平头梳,呈方形或长方形,个别柄部呈束腰形式;一种是脊头梳,梳柄背部起一个三角形或近三角形的脊,两侧雕刻着装饰;一种是圆头梳,梳柄背部呈圆弧形,有的在两侧也雕刻了装饰。

⑦皮质品

有船形皮囊、皮荷包、皮袋和皮刀鞘、皮带等。船形皮囊96QZIM65R:15很特别,分里外两层,里子是一个封闭性的船形盒,上面刻有图案和两个系孔。系孔上残留毛线。外套一个上部开口的船形皮盒,后侧显方形,由皮条将里外两个盒缝扎在一起,其他面也都刻画有图案。图案由短线、弧线勾勒出一些图案化纹饰。

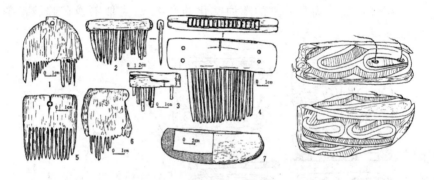

图2-8　刀形墓出土骨角器、皮囊

(3)年代

①扎滚鲁克二号墓地

扎滚鲁克二号墓地的两座墓葬,保存较为完整,随葬器物丰富,特征明显,发掘者将扎滚鲁克二号墓地的绝对年代定在西汉时期,这一判断基本可以接受。[1]和田山普拉墓地同类型的墓葬中出土有西汉铜镜,可作为这一断代的佐证。

---

〔1〕新疆博物馆考古部等:《且末扎滚鲁克二号墓地发掘简报》,载《新疆文物》2002年第1-2期,第1-21页。

②扎滚鲁克一号墓地

扎滚鲁克一号墓地是刀形墓最集中发现之处。新疆博物馆等单位先后4次在此连续进行了发掘,其中共发现刀形墓9座。[1]然而,正如研究者所指出的,扎滚鲁克墓地的材料刊布情况和初步分期结果均令人不甚满意。[2]原报告将这批材料分为三期:第一期以彩陶文化为主要特征;第二期以手制黑衣陶为代表,年代在公元前8世纪—公元3世纪;第三期则是笼统地将其余的墓葬归在一起,年代是公元3—6世纪。

在原报告的划分中,刀形墓属于第二期,与竖穴土坑墓共存。然而,第二期墓葬中存在两组有明确打破关系的墓葬:M15打破M20、M54打破M79。前一组墓葬均属竖穴土坑墓,说明这类墓存在时代早晚关系。后一组则是刀形墓打破竖穴土坑墓,说明前者的出现晚于后者。

从墓葬分布来看,扎滚鲁克一号墓可以分为南北两大区,北大区墓葬相对较少,也比较分散,以刀形墓为主;南大区又可分为南西区和南东区,南东区以竖穴土坑小墓为主,刀形墓很少;而南西区以大墓为主,多见刀形墓。这一分布规律暗示着刀形墓和竖穴土坑墓两种墓葬形制在使用年代上并不完全共时。

在葬俗和随葬品方面,两种墓葬的差别也十分明显。竖穴土坑墓主要为单人葬和5人以下的合葬墓,分有棚架与无棚架两种,随葬品种类较少,以圜底折腹(肩)钵和单耳杯为主,此外还有少量带流罐和铜

[1] F. Bergman, *Archaeological Researches in Sinkiang, Especially the Lop-Nor Region*, Stockholm: Bokförlags Aktiebolaget Thule, 1939, pp. 204–218;新疆博物馆文物队:《且末县扎滚鲁克五座墓葬发掘报告》,载《新疆文物》1998年第3期,第2–18页;巴音郭楞蒙古自治州文管所:《且末县扎洪鲁克墓葬1989年清理简报》,载《新疆文物》1992年第2期,第1–14页;新疆维吾尔自治区博物馆、巴音郭楞蒙古自治州文物管理所、且末县文物管理所:《新疆且末扎滚鲁克一号墓地发掘报告》,载《考古学报》2003年第1期,第89–136页;新疆维吾尔自治区博物馆、巴音郭楞蒙古自治州文物管理所、且末县文物管理所:《1998年扎滚鲁克第三期文化墓葬发掘简报》,载《新疆文物》2003年第1期,第1–19页。

[2] 郭物:《新疆天山地区公元前一千纪的考古学文化研究》,中国社会科学院考古研究所博士学位论文,2005年,第51–55页;邵会秋:《新疆扎滚鲁克文化初论》,载吉林大学边疆考古研究中心:《边疆考古研究》第7辑,北京:科学出版社,2008年,第171–175页;戴维:《鄯善地区汉晋墓葬与丝绸之路》,北京大学考古文博学院硕士学位论文,2005年,第21–24页;肖小勇:《鄯善地区考古学文化与中西文化交流的关系》,中国社会科学院考古研究所博士学位论文,2005年,第44–47页。

刀、木梳、骨勺、木纺轮等器物。而刀形墓则均为10人以上的大型丛葬墓，均设有棚架，随葬品数量较多，陶器主要是带流罐、深腹圜底钵和单耳圜底罐，木器开始大量使用，种类十分丰富，有盒、桶、筒、单耳杯、盘、双联小罐、弓、纺轮、竖箜篌、腰牌饰和一些工具，此外铁器和来自中原的丝织物、漆器等也可以见到。以96QZIM14和96QZIM24为例。

**96QZIM14** 平面呈斜柄刀形，墓口东西长7米、南北宽5.6米，有二层台，台壁外斜，台面的宽和深相同，皆为0.8米左右。二层台上留有棚木、苇草、怪柳编席制成的棚盖残迹。墓室圆角近长方形，东西长5米、南北宽3.6米。墓室壁较直，深1.4米。墓室中央有一根粗立柱，立柱顶部呈"Y"字形。墓室中19人丛葬，皆为仰身上屈肢，双手置于身体两侧。葬具有毛毯10件、垫额木块2块。

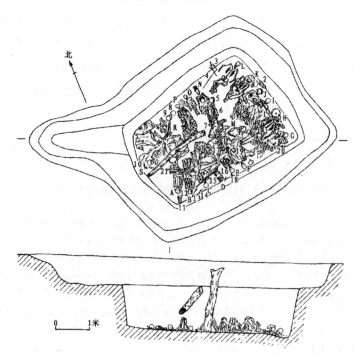

1、6.木竖箜篌　2、11.帽　3、10、12、13、16、20.木纺轮　4、15.木枴杖　5.单系木碗　7.绊马索及木结具　8.单耳陶杯　9.陶钵　17.木腰牌　18.木梳　19.毛布袋　21.木盘(A、B、C、D、E、F、G、H、I、J、K、L、M、N、O、P、Q、R、S.人骨)

**图2-9　扎滚鲁克一号墓地96QZIM14平剖面图**

**96QZIM24**　墓葬平面呈长方形,墓道处于墓室的西北角上,构成斜柄刀形。墓口长8.5米、宽6米,有二层台,原搭有棚盖。墓室圆角,近长方形,东西长5米、南北宽3.6米,室壁较直,墓深1.4米。墓室中央有一根粗立柱,顶部呈"Y"形。14人丛葬,多为仰身屈肢葬。

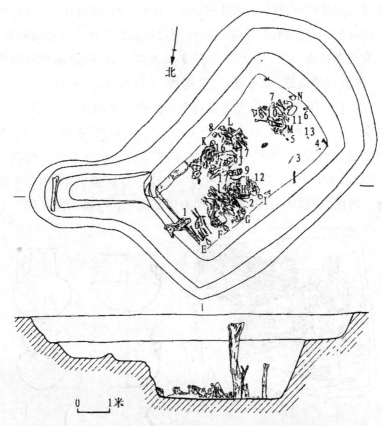

1.木盘　2.木箭杆　3、4.木纺轮　5.木梳　6.木筒　7、8.加工木件　9.木弓　10.木盆　11.石磨盘　12.木盒　13.双连小木杯　14.单耳陶杯　15.单耳木杯　16.砺石(A、B、C、D、E、F、G、H、I、J、K、L、M、N.人骨)

图2-10　扎滚鲁克一号墓地96QZIM24平剖面图

因此,我们认为,扎滚鲁克一号墓地刀形墓的出现显然晚于竖穴土坑墓。刀形墓的墓葬形制、随葬品均与二号墓地的两座墓特征相近,应属于西汉时期墓葬。

欧·亚·历·史·文·化·文·库·

③山普拉墓地

刀形墓还见于和田山普拉墓地。该墓地位于和田地区洛浦县山普拉乡西南,北距洛浦县城约14公里。1983—1993年新疆考古工作者在这里先后进行了4次发掘,共清理墓葬89座。发掘者将该墓地分为早晚两期,早期的年代在公元前1—公元3世纪中期,晚期在公元3世纪中期—4世纪末。[1]山普拉早期墓葬使用刀形墓和竖穴土坑墓两种形制,前者为大型丛葬墓,后者为单人葬或10人以下合葬墓,随葬陶器多上黑衣,器形有带流罐、双系罐、单耳陶罐、无耳罐等,这些特征均与扎滚鲁克一号墓地第二期晚段文化面貌十分相似。发掘者将其下限定到东汉的理由是刀形墓84LSIM02出土了一面"宜家常贵"铜镜,认为是东汉晚期之物。事实上,该镜应为"家常富贵"镜,年代应在西汉晚期。此外,刀形墓92LSIIM6还出土了一面"见日之光"铜镜,亦为西汉中晚期之物。因此,我们认为,山普拉早期刀形墓的年代应属西汉晚期。

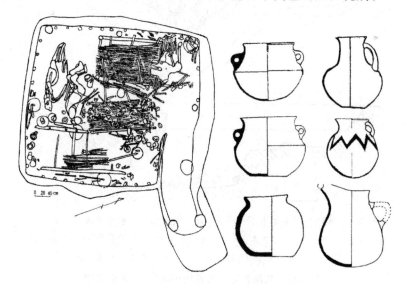

图2-11　山普拉早期刀形墓与随葬器物

〔1〕新疆维吾尔自治区博物馆、新疆文物考古研究所:《中国新疆山普拉:古代于阗文明的揭示与研究》,乌鲁木齐:新疆人民出版社,2000年。

图2-12　山普拉刀形墓出土西汉铜镜

④尼雅93MN3号墓地

1993年,中日共同尼雅考察队在斯坦因编号为N3建筑以南300米处尼雅河台地上发现一片墓地,对已经露出地面的M1墓葬进行了紧急调查,并在墓地附近采集了一些陶器。M1被洪水侵蚀严重毁坏,墓葬形制及葬具均不明,仅存4具尸骨,随葬品主要是陶器,还有一些铁器、骨器及石器等。1997年,考古工作者又重新对这片墓地进行了调查,采集了一批遗物。[1]

陶器均为手制,多为夹砂黑陶,烧结温度低,制作古朴、厚重,器形主要有钵、带流罐、单耳罐、双耳罐,此外还有单耳带流杯、圜底罐、大口瓮等。多为圜底,少数为平底。钵多为折肩,带流罐流嘴较长,大鼓腹,器身呈葫芦形,有些器表以红色描绘草叶纹。器物组合、特征均与扎滚鲁克二号墓地的陶器相近,并且出现了平底器,因此,这处墓地的年代大致在西汉时期。

　　[1]中日日中共同尼雅遗迹学术考察队:《中日日中共同尼雅遗迹学术调查报告书》第3卷,乌鲁木齐/京都:中日日中共同尼雅遗迹学术考察队,2007年,第15-27页。

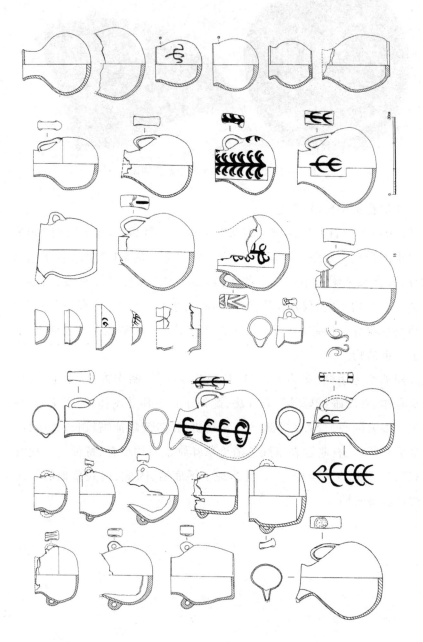

图 2–13　尼雅 93MN3 墓地出土陶器

⑤老开屏墓地

1979年新疆楼兰考古队发现这座墓葬并进行了清理,编号为79LQM1,为单墓道长方形竖穴墓,长2.4米、宽1.8米,南面见小的斜坡墓道。墓内填黄土、沙土和淤泥,墓口铺盖圆木27根,其上铺芦苇,地表盖块石。墓室北部曾用木材、块石支撑,底部架木、铺芦苇,尸体置芦苇上。以出土头骨计,墓内葬12人,除墓底5具骨架较完整外,其余皆散乱,完整者为仰身直肢,头北脚南,身着绢、锦衣服。墓室西侧上部有一块长1.2米、宽0.6米的木板,板上见人骨,墓室中部有一块黄色绢包,内有小孩骨骸,发掘者由此推断这是一座二次迁葬墓。[1]由于资料较少,该墓的年代难以确定,从报道的墓葬形制和葬俗看,与扎滚鲁克刀形墓较为接近。

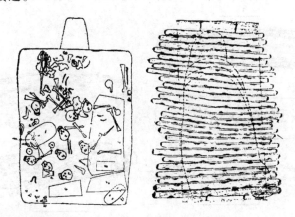

图2-14 老开屏墓地79LQM1平面图

⑥圆沙古墓葬

圆沙遗址位于昆仑山的北麓,克里雅河下游古河道的西岸,由古城和周围的6处墓地组成。古城内采集的遗物数量较多的是夹砂灰陶和黑陶器,器物形制与扎滚鲁克墓葬同类器接近,古城出土的纺轮、铜镜等也见于扎滚鲁克,年代在西汉时期或稍早。[2]

〔1〕吐尔逊·艾沙:《罗布淖尔地区东汉墓发掘及初步研究》,载《新疆社会科学》1983年第1期,第128-134页。

〔2〕中法克里雅河考古队:《新疆克里雅河流域考古调查概述》,载《考古》1998年第12期,第33-37页。

·欧·亚·历·史·文·化·文·库·

古城周边的6处墓地分别编号为A、B、C、D、G、H,共清理了20座墓葬。其中A、B、D主要是胡杨树棺墓,个别有木椁。因风蚀,绝大多数树棺已暴露、移位,尸骨大多残存不全,葬式已难究明。在20余座墓葬中,保存完整的仅3座:DM9死者仰身屈肢,头南脚北;GM仅一座竖穴土坑墓,死者头南脚北,仰身屈肢;CM一座墓,双人相向仰身直肢合葬,不见随葬品。由此看来,仰身屈肢是主要葬式,这与扎滚鲁克第二期墓葬接近。在随葬品方面,报告中仅有D、G、H三座墓地发表了少量资料。其中,D墓地以折肩钵为主,器形与扎滚鲁克一号墓地第二期早段相似,年代可能在战国时期;H墓地资料稍多,器形有单耳罐、带流罐和无耳罐,多为夹砂灰褐陶和黑陶,此外还出了一件木筒,表面装饰涡旋纹和折线纹,这些均与扎滚鲁克第二期晚段文化接近,年代应在西汉时期。

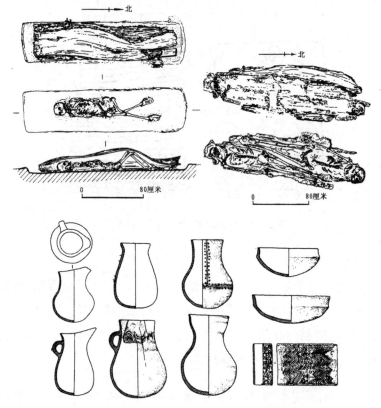

图2-15  圆沙古墓DM9、CM1平剖面图及随葬器物

### 2.1.1.2　II式

墓道规划较为复杂。仅一座。

**加瓦艾日克95XQJM6**　墓室平面近方形,墓道斜伸于西北角外,方向259度,平面呈舌形。墓道结构自上到下可分三部分,入口处为斜坡,下接两级台阶,第二台阶中间横置一木质门槛。墓口大于墓底,散留有稍残的棚盖,墓底中心立有支撑棚盖的木柱。多人合葬,埋葬后进行过火烧,至少可辨认出9人,其中8人安放于木质尸床上,均头东足西,葬式不明,尸床为榫卯结构,较为复杂,床足尚存。随葬器物共16件。陶器仅1件,为汉式夹砂黑陶,鼓腹平底。木器有盘、三足盘、碗、盒、单把碗、四足案、纺轮等。此外还出土有木杆铁镞和"延年益寿"织锦。从出土物来看,汉式陶罐、四足木案、圆木盒及"延年益寿"织锦均为95MN1号墓地的代表性器物,因此该墓的年代也应在东汉时期。[1]

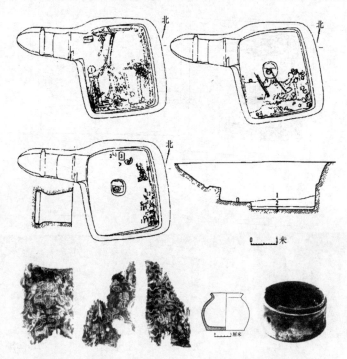

图2-16　加瓦艾日克95XQJM6平剖面图及部分出土物

---

〔1〕中国社会科学院考古研究所新疆队、新疆巴音郭楞蒙古自治州文管所:《新疆且末县加瓦艾日克墓地的发掘》,载《考古》1997年第9期,第21-32页。

### 2.1.1.3　III式

**平台墓地MA3**　仅此一座,单墓道竖穴土坑棚架墓,平面形制与前两式有很大分别。平面方形,墓室口长宽均为3.6米,墓底长3.32米、宽3.26米、深1.72米。西壁北端下有一土台,长1.5米、宽0.44米、高0.2米。南壁两端接斜坡墓道,墓道上口长3.8米、下口长4.1米,宽0.7—0.9米。南壁中间上部有一竖立长方形柱槽。墓室中部有一柱洞,洞中有朽木和木炭。墓坑里有散乱的木材料16根和散乱的苇席。从迹象推测,墓室原来可能栽有木柱,用来支撑墓顶横梁。墓中丛葬人骨架5具,完整的有3具,2中年男性、1中年女性,均头北脚南,仰身直肢,其余2具骨架散乱,性别不明。随葬品包括1件三角状唇部的小口束颈陶罐,为敦煌祁家湾西晋时期典型器物。此外MA3还出土了4件弧形器,据研究者考证应为弓弭,其说甚是。[1]

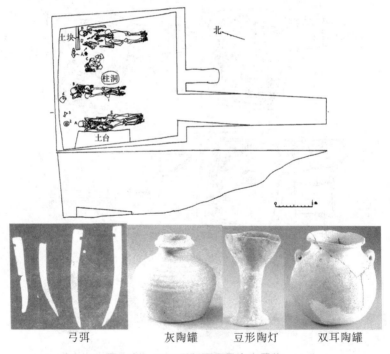

弓弭　　灰陶罐　　豆形陶灯　　双耳陶罐

图2-17　MA3平剖面图及出土器物

---

[1]于志勇:《汉长安城未央宫遗址出土骨签之名物考》,载《考古与文物》2007年第2期,第48—62页。

### 2.1.2　B型——竖穴土坑墓

竖穴土坑墓是楼兰地区最为常见的墓葬形式,平面为方形或长方形,从早到晚均有发现。根据随葬陶器特征,我们可将竖穴土坑墓分为两个亚型,分别代表两个不同族属。

#### 2.1.2.1　Ba型

目前仅发现平台墓地MA1、6、7三座墓,由陶器特征可知墓主人应为姑师人,因此我们将它们单分一个亚型。

平台墓地为考古工作者1980年在楼兰LA古城东北直线距离约4.8公里处发现,共发掘了7座墓葬,其中编号为MA1、6、7的4座墓为长方形竖穴土坑墓,墓室较深者墓口大于墓底,较浅者墓口与墓底大小相近。墓中不见葬具,仅MA1的西南部直立一排木桩,桩上横编苇草。可能是安葬时用来挡土或作葬具的,东北部墓室被扰乱,不见木桩。另一端被扰,不见木桩。MA1、2、6为单人葬,均为仰身直肢,头东脚西。MA7为7人丛葬墓,头向均东北,除1人俯身葬、1人不见肢骨外,其余均为仰身直肢,2人为中年男性,2人为中年女性,3人为儿童。MA2打破了MA6,年代应晚于后者。

随葬器物有陶杯、陶罐、木案、铁镟、耳饰、石杯等。MA7出土了2枚西汉五铢钱和2件残铜镜,原报告认为是"家常富贵"和星云纹镜,年代在西汉中晚期。MA1、6、7出土的陶器形态均较为原始,多为夹砂红陶或灰陶,其中MA7:2红陶杯饰有连弧纹,与交河沟西墓地96TYGXM16出土的一件陶杯M16:3[1]几乎一模一样。交河沟西墓地一般认为是车师人的遗存,西汉时期使用竖穴土坑、竖穴偏室两种墓葬形制,流行素面红陶。车师本名姑师,原位于罗布泊沿岸,公元前108年赵破奴破姑师后迁至吐鲁番盆地,改名车师。[2]因此,平台墓地这3座墓可能与姑师文化有着密切关系,年代在西汉中晚期,或为未能北迁而流落楼兰的姑师人墓葬。

---

〔1〕新疆文物考古研究所:《交河沟西——1994—1996年度考古发掘报告》,乌鲁木齐:新疆人民出版社,2001年,第29-30页,在原报告中称为"陶罐"。

〔2〕余太山:《塞种史研究》,北京:中国社会科学出版社,1992年,第216-217页。

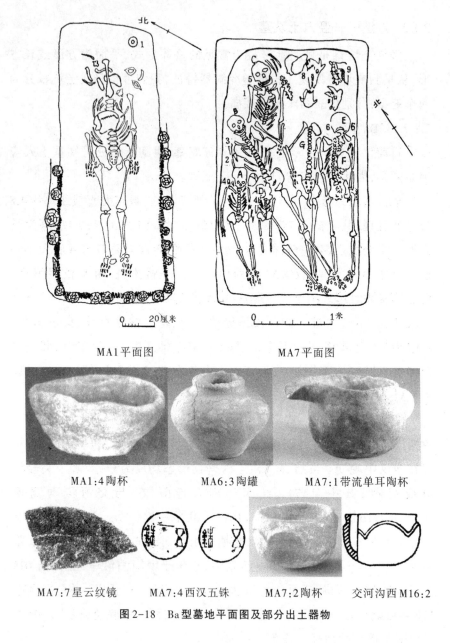

MA1平面图　　　　　　　MA7平面图

MA1:4陶杯　　　MA6:3陶罐　　　MA7:1带流单耳陶杯

MA7:7星云纹镜　　MA7:4西汉五铢　　MA7:2陶杯　　交河沟西M16:2

图2-18　Ba型墓地平面图及部分出土器物

## 2.1.2.2　Bb型

　　除平台墓地3座墓之外,楼兰地区发现的其他竖穴土坑墓尚无明显标志可供区分族属,我们暂时将其归为同一个亚型。

如前所述,竖穴土坑墓在扎滚鲁克一号墓地第二期墓葬中早于刀形墓出现,又与刀形墓共存。早段竖穴土坑墓流行圜底折肩钵和单耳杯,年代早于西汉时期,不属于我们讨论的范围。根据I式刀形墓的随葬器物特征,我们可辨别出同时期的竖穴土坑墓。以此为起点,我们根据墓室结构、葬具和随葬品等情况可将Bb型竖穴土坑墓分为三式。

（1）Bb型I式

根据I式刀形墓随葬器物的特征,我们可以确定属于西汉时期的竖穴土坑墓共有9座,当为I式竖穴土坑墓,其特征为:墓葬大小差异较大,分墓口与墓室,墓口较宽,一般明显大于墓室,或为缓斜坡状,或为明显的二层台,上面架设棚架,墓室中立木桩,用以支撑以蒲草、芦苇秆和怪柳编席等制成的棚盖。墓室壁略外斜,呈敞口状。葬俗为单人葬、10人以下的合葬。葬式有仰身直肢和仰身屈肢、双手置于腹上两种。葬具较简单或不用葬具。

**89QZM1** 墓口略呈圆角长方形,有二层台,其上搭有芦苇、怪柳编席制成的棚盖。墓室长圆形,深约1米,南面宽约1.1米、北面宽约1.35米,北沿横置1根胡杨树干,应为支撑棚盖之用。墓壁砾石裸露,墓底平整,铺有一层苇芦,发现1具躯干及5个头骨,较零乱,应为二次葬。随葬品包括1件单耳带流罐、1件木盘,同类器物可见于西汉时期刀形墓中。

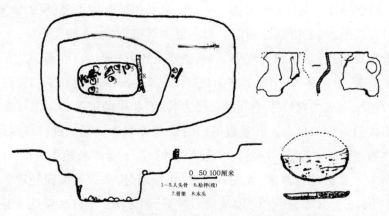

图2-19　扎滚鲁克墓地89QZM1平剖面图及随葬品

·欧·亚·历·史·文·化·文·库·

**89QZM2** 墓口长方形,其下 20 厘米处发现殉葬女尸、婴儿干尸等。有二层台,其上搭有棚盖,由芦苇、蒲草、树枝等制成。棚盖下有 4 根胡杨树干用于遮盖墓室口。墓室长圆形,长约 1.2 米、宽约 0.6、深约 0.9 米,墓壁砾石突露。墓主为一老年妇女,身首被分离后弃置于 3 处。随葬品包括束颈钵、牛角杯、卵孔嵌齿木梳,均为西汉时期典型器物。

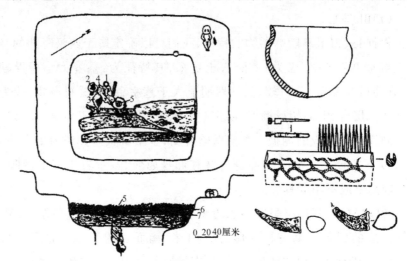

1.陶罐　2.羊皮袋装食品　3.羊皮袋装饼　4.毛毯
5.殉葬小孩　6.芦苇蒲草　7.盖笆

图 2-20　扎滚鲁克墓地 89QZM2 平剖面图及随葬品

**85QZM2** 墓口长 5.35 米、宽 3 米,底长 3.1 米、宽 1.55、深 2.40 米。墓口有二层台,上搭四层棚盖。第一层由芦苇构成,中部开一口,上盖厚毛布长袷袢、毡毯和马鞍垫等物,毡毯上还置一陶碗,芦苇层上有殉牲角羊头、牛角杯,西南面 1.75 米处有殉马头和一条马腿。第二层有用芦苇编织而成的两层席子。第三层为马、鹿和牛的皮革。第四层为柳枝编成的盖。二层台上有长短不一的 25 根胡杨木。墓底铺柳枝编席,尸体置于席上,在席下挖出约 30 厘米深的坑,上面置长短不齐的 14 根胡杨木。墓壁砾石裸露,且夹有盐皮,边缘清楚,未进行加固处理。墓室中 1 男 3 女合葬,其中 1 男 1 女保存完好,另 2 具女尸有些腐烂。葬式为仰身屈下肢,双手置于腹上。随葬品包括 2 件束颈深腹圜底钵,与 I

式刀形墓96QZIM65出土典型器物束颈钵形制一致。此外还有2件装饰涡旋纹的木纺轮,亦西汉时期的典型器物。

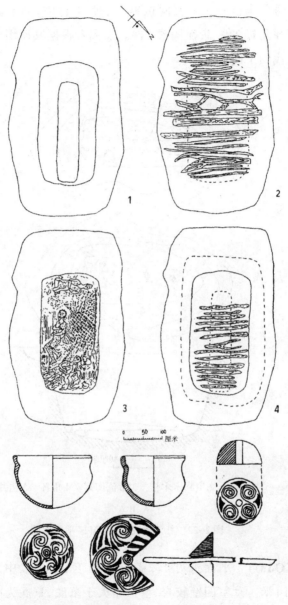

1.墓室平面　2.二层台上的盖木　3.人骨架布局　4.墓底坑上垫木

图2-21　扎滚鲁克85QZM2平面图及随葬品

·欧·亚·历·史·文·化·文·库·

**96QZIM27** 墓口呈不规则椭圆形,长轴1.8米、短轴1米,墓向60度。墓底椭圆形,长轴1.14米、短轴0.48米。墓壁外斜,呈敞口状,深0.86米。两个小孩一正一反同包裹于一张毛毡内,身上盖一半圆胡杨木棺。随葬角杯2件、带流陶罐1件。发掘者根据其使用半圆木棺作葬具认为年代到了西汉时期。

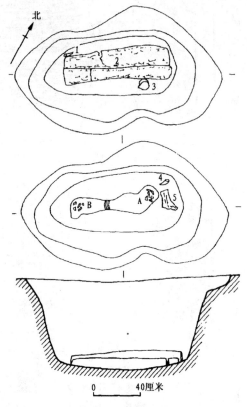

1.角杯　2.半圆木木棺　3.带流陶罐　4.角杯　5.毡片

A、B人骨

图2-22　扎滚鲁克96QZIM27平剖面图

**95XQJM1** 平面近方形,墓向为35度,墓圹以中心线计,长2.5米、宽2.14米。墓室四壁较直,墓口略大于墓底,墓底为高低相差10厘米的斜向平面,最深处距地表1.6米。墓室中心竖有一根直径14厘米的木柱,顶部略有弯曲,可能用于支撑棚盖。墓底东半部竖立小木桩4

根,呈四角长方形分布。多人丛葬墓,至少葬了12个个体,系多次埋入,尸骨位于三个不同的层位,没有葬具。随葬器物36件,多出于第三骨架层。陶器21件,夹砂红褐或灰黑陶器,器表抹黑或被烧黑,均手制、素面、圜底,器形有单把带流罐、单耳罐、双耳罐、圜底钵、单鋬耳圜底钵五种。此外还有木盘、刀形器、箭、骨镞、砺石、铁器、金片等。

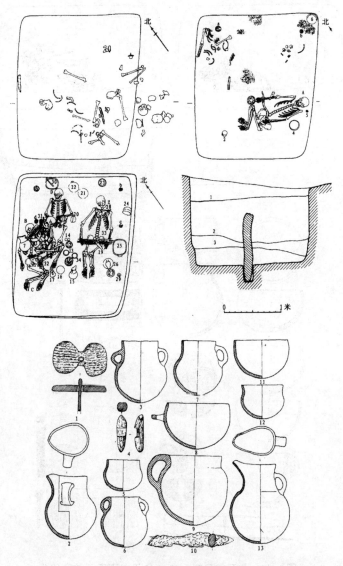

图2-23　且末加瓦艾日克95XQJM1平剖面图及出土器物

·欧·亚·历·史·文·化·文·库·

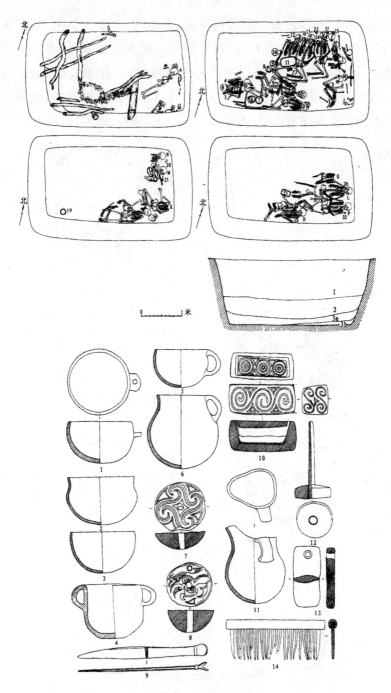

图2-24  加瓦艾日克95XQJM3平剖面图及随葬器物

**95XQJM3** 平面呈圆角长方形,墓口东西长4.04米、南北宽2.48米,墓底距地表为1.70米,小于墓口,长3.14米、宽1.80米。墓口设有棚盖,但已烧残塌落,西北部残留一小部分。棚盖的结构方法是先在墓口、中偏东部的东南两壁间横搭一根粗木梁,然后在木梁和东西壁之间顺架细长椽木,椽木上铺放人字纹柳席,最后再铺苇席。墓中共17人合葬,分三层埋放,均仰身屈肢葬,头向不一。第一层1人,尸骨零乱;第二层8人,头向不一;第三层8人,头向朝东。各层死者密集地埋葬于墓室的东部和南部,北部和西部保持空白,因此墓室西北部可能是多次下葬的出入口。随葬品有陶、木、石、铜、金等各类器物27件。陶器8件,均为夹砂红陶质,器表呈灰黑色,手制,素面,除一件为平底外,其余均为圜底。器形有单把带流罐、单耳罐、双耳盆、圜底钵、单把钵等。木器有木纺轮、木梳、木盒、木碗、木盘等,装饰涡旋纹。木梳为沟槽嵌齿型。

(2)Bb型II式

平面呈长方形或椭圆形[1],葬具有箱式木棺、船形独木棺两种,两种葬具有等级之分。葬俗有单人葬、合葬、丛葬三种,高等级墓葬多夫妇合葬。葬式主要是仰身直肢葬。这类墓葬在尼雅93MN1、95MN1、97MN2三处墓地中最为集中。根据随葬品判断,斯坦因发掘的楼兰LH墓地,黄文弼发掘的L乊、L匚、L囗墓地,贝格曼发掘的小河4、6、7号墓地和米兰墓地,斯文·赫定发掘的孔雀河三角洲Grave35、38号墓葬,以及楼兰孤台(LC)墓地应均为Bb型II式竖穴土坑墓。

①典型墓葬

**尼雅95MN1M3** 长方形竖穴沙室,正南北向,墓室内置木框架,插小木桩固定,形成外椁。木椁与沙穴之间,棺、椁之间均填置大量麦草、苇草、红柳枝。箱式木棺,长2.28米、宽0.9米、高0.9米,棺上盖毛毯、覆草、压沙。木棺呈矩形,下有四足,长2—2.5米,宽、高约1米,以榫卯法制成。制作工艺:以四条方形木腿为支架,凿出卯孔,再嵌入厢板、挡板、底板,板块之间用两组暗木榫卯合拼接,有的以木钉加固。木棺上口及底,各加横撑用以支撑,板缝间以白色黏土涂抹,使棺处于

---

[1]尼雅地区为沙漠地貌,因此墓室呈现为椭圆形。

欧·亚·历·史·文·化·文·库·

相对密封状态。棺内男女合葬,全身覆盖于"王侯合昏千秋万岁宜子孙"锦被下,齐头并卧,枕矩形锦枕,盖面衣,头北向,仰身直肢,头部微侧,互视对方。男尸左臂稍压于女尸右臂上,表明女尸先入殓,可能是被动死亡、随夫入殓。

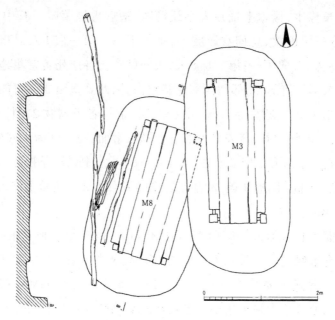

图 2-25　尼雅 95MN1M3、M8 号墓葬平面图

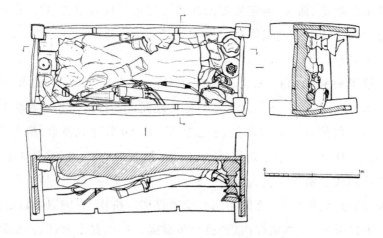

图 2-26　尼雅 95MN1M3 号墓葬平剖面图

**尼雅95MN1M8** 为95MN1M3打破并叠压。椭圆形竖穴沙坑,墓向北偏东22度,西侧有一长木棍斜伸出地面,墓棺上覆盖有一层麦秸草,南、西、北三面墓圹与棺体间填塞有大量干芦苇。箱式木棺长2.27米,宽0.97米,高0.78米,棺内葬2人,头向北,仰身直肢,盖被单。从随葬品判断,死者为男女各1人。

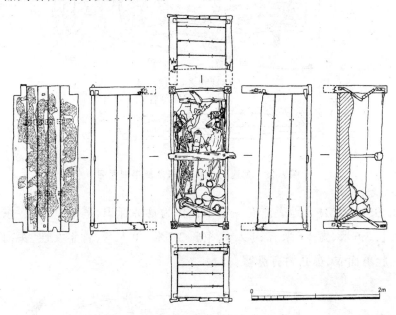

图2-27　尼雅95MN1M8号墓葬平剖面图

**尼雅95MN1M1** 椭圆形圆底状沙坑,墓向305度,墓室长2.6米、宽1米、现深0.46米,木棺外侧与墓壁之间填充杂草,墓室东北侧有一座半圆形附葬坑,坑内放置一截胡杨树干刳挖成的圆筒。葬具为船形独木棺:先取粗大胡杨树干去其两端,加工平整光滑,然后将树干一侧砍削成一条狭长面,向里顺木纹刳挖成狭长口、大鼓腹、弧底的独木舟形。为了便于掏挖,木棺内壁曾用火烧烤。棺盖与木棺等长,由一块或两块木板直接铺盖棺口(不用暗榫拼合),棺口与棺盖扣合处沫泥密封,棺外或横向捆扎三道柳条绳,使棺盖与棺身合为一体。棺长2.3米、开口长1.95米、宽0.42米。棺内双人合葬,呈上下叠放,青壮年和中年男性各1人,枕锦枕,脸覆面衣。

·欧·亚·历·史·文·化·文·库·

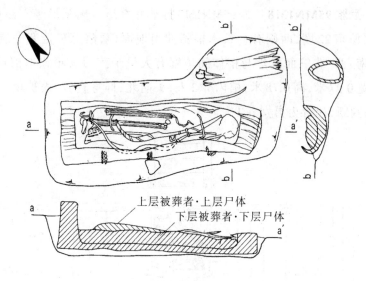

图2-28　尼雅95MN1M1号墓葬平剖面图

上层被葬者·上层尸体
下层被葬者·下层尸体

**95MN1M5**　　地表露有一根木柱作为墓葬标识,墓室呈西北-东南向,长3.6米、宽1.6米、深1.2米,棺长2.3米,单人葬,青年女性,头向西北,脸覆面衣,鼻孔内有鼻塞。

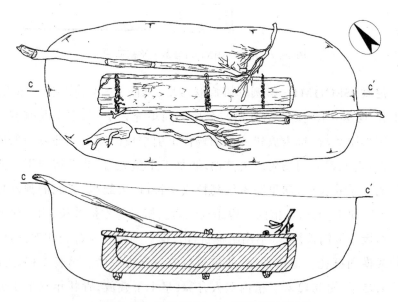

图2-29　尼雅95MN1M5号墓葬平剖面图

②随葬器物

随葬品皆为墓主人的生前日常用品,置于棺内尸身两侧或腿部空当处,在棺外亦随葬个别器物。

A．陶器

数量不多,每座墓1—2件,主要是各种陶罐,包括双系罐、带流罐、无耳罐,手制,泥条盘筑而成,平底,泥质夹细砂,多为红褐陶,有的表面饰黄色陶衣。95MN1M8出土一件带流罐,侈口,短流,流嘴微上翘,细颈,单耳,鼓腹,流下部有"王"字墨迹。

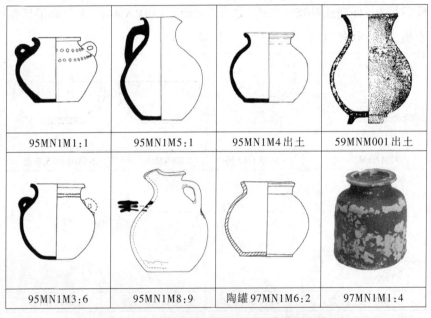

| 95MN1M1:1 | 95MN1M5:1 | 95MN1M4出土 | 59MNM001出土 |
| 95MN1M3:6 | 95MN1M8:9 | 陶罐97MN1M6:2 | 97MN1M1:4 |

图2-30　尼雅Bb型II式竖穴土坑墓典型陶器

**97MN1M1:4**　陶瓶,通身施黑色化妆土,广口,平沿,直腹,下腹呈多棱形,阴刻界格,内有朱书文字,但已漫漶不清。通高11.5厘米,瓶内残存粟类食物。这种陶瓶多见于东汉至西晋时期墓葬中,一般被称为"镇墓瓶"或"解注瓶",瓶腹朱书文字内容多具解注作用,与两汉以降盛行的早期道教思想有着密切关系。从形制上来看,97MN1M1这件陶瓶应为东汉后期之物,与河南三门峡南交口东汉后期墓葬M17所出朱书

· 欧 · 亚 · 历 · 史 · 文 · 化 · 文 · 库 ·

解注瓶（高15厘米）形制最为接近,器物制作精细,以直腹平沿为特征。[1]魏晋时期这类解注瓶体量较小,多高8厘米左右,且制造十分粗糙,瓶口也不做出平沿。[2]

B. 木器

数量较大,种类繁多,多为本地制造。

**木容器** 器形有盘、盆、钵、碗、杯等,多以圆木掏挖刮削而成,亦有少数旋制,器内多盛食物。碗和杯中各有一种带把的类型,平底鼓腹,把手处有指垫。有些器物上有刻画符号或文字,如95MN1M8出土的3件带把杯,杯底或外壁有"卍"或"十"字刻符;59MNM001干尸脚下所摆木碗,口外沿有用墨写成的"小"字符号。

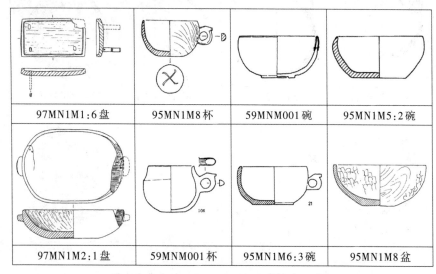

| 97MN1M1:6盘 | 95MN1M8杯 | 59MNM001碗 | 95MN1M5:2碗 |
| 97MN1M2:1盘 | 59MNM001杯 | 95MN1M6:3碗 | 95MN1M8盆 |

图2-31 尼雅Bb型Ⅱ式竖穴土坑墓出土木容器

**木纺轮及纺轮盒** 为女性墓主人随葬品,多成套出现。纺轮盒呈圆筒状,以一段圆木刮削掏挖而成,底嵌圆形木塞。95MN1M3:11,近口处穿对称两小孔,器表涂染成红色。95MN1M5:8-4,口两侧钻孔穿

〔1〕河南省文物考古研究所:《河南三门峡南交口汉墓(M17)发掘简报》,载《文物》2009年第3期,第11-18页。

〔2〕戴春阳、张珑:《敦煌祁家湾:西晋十六国墓葬发掘报告》,北京:文物出版社,1994年,第100-122页,图版三七-四〇。

红毛线绳,孔部各装饰一方形蜻蜓眼料珠。59MNM001纺轮盒底边粘有一圈用红绢剪成的菱形纹花边。

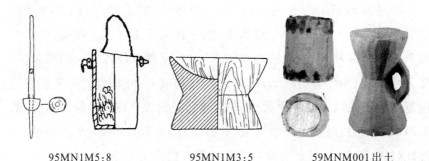

95MN1M5:8          95MN1M3:5          59MNM001出土

图2-32　尼雅Bb型Ⅱ式竖穴土坑墓出土木器

**木器座**　以圆木砍削成型,束腰状,顶盘和底面呈圆形,有的腰部有把手。59MNM001出土2件,一大一小,束腰处均有用黑、红两色画的"小"字符号,大的有把手,出土时上面放着口杯,小的上面放着木碗。

**木杈**　尖状木杆,刮削光洁,下端可竖插入地,上端丫杈可用以悬挂衣带等物品。这类木杈,古称"楎椸",按古礼规定,男女各一,不可彼此混用,其上女性悬裙,男性悬锦衣、皮腰带(带上附箭鞘、匕首鞘)、皮囊等随身用物,当为主人生前用物,死后入殓。[1]

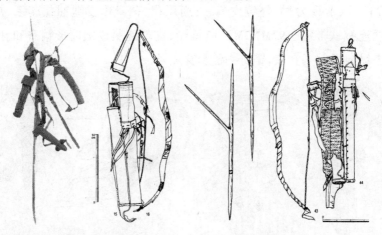

图2-33　尼雅95MN1M3、M8出土楎椸、弓矢、箭箙

〔1〕王炳华:《楎椸考——兼论汉代礼制在西域》,载《西域研究》1999年第3期,第50-58页。

## C. 武器

男性墓主人随葬品,包括弓矢、箭箙、刀及刀鞘等。

**木弓及箭箙**　为男主人随葬品,单体弓、复合弓均有,多为复合弓。单体弓仅1件,95MN1M4出土,用一根兔儿条木加工而成,弓底中部手握处呈圆柱状,向两边逐步削去半边,至两端处各刻一凹槽系弦。复合弓以木、角作骨,配以较小的骨片或错或夹持,结合处用牛筋缠绕包裹制成。弦以牛筋搓合而成,中间挂箭处另缠有皮条。箭为木杆,箭头圆形或稍尖,尾端中凹以纳弦,有的绘彩,似非实用物。95MN1M1与95MN1M8所出弓,弓身所缠绢带上有墨书佉卢文字迹。

**箭箙**　呈圆筒形,或以圆木掏挖而成,或用整块皮革卷合,带盖,平底,以皮绳加固,有的还系上皮质弓袋。

**刀(剑、锥)鞘**　95MN1M1:17刀鞘,三层皮革黏合而成,外髹黑漆、背面两侧贴红漆皮条,平面呈圭形,圆弧头,双圆形刀孔,口部有方盖,上内穿皮条用于系连,鞘尾端与一条皮带相连。95MN1M3:19剑鞘,木胎外包皮,皮表髹朱红漆,压绘卷云、如意纹,短剑未入鞘。从鞘之造型分析,短剑当有一字形剑格护手,剑身刨面呈菱形,这类短剑多见于鄂尔多斯文化,阿富汗出土之公元前后之短剑也有此造型。95MN1M8刀鞘2件,以木板为衬,外包皮革,皮面压花,鞘身以皮绳捆扎绑系,皮绳一段连有铁带钩。97MN2M1:17锥鞘,皮革缝制成圆筒形鞘身和翻盖,盖上纵向缝制一脊棱,鞘身一侧套穿皮条。

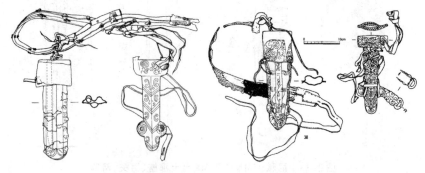

图2-34　尼雅95MN1M3、M8出土刀鞘

D．装饰用品

为女性墓主人随葬品，包括梳篦及枆袋、铜镜及镜袋、奁具、化妆盒、香囊以及绕线轴等女红用品。

**梳篦及枆袋**　梳篦多为中原式的马蹄形，背部椭圆，亦有近长方形、双联马头形。有的出土时装在枆袋之中。95MN1M4出土一件近长方形木梳，用加工的木片削成，梳上端有短柄，带孔，下端11齿，粗壮平齐。95MN1M1：15木梳，背上部呈双联马头形，马脖颈相连，头向外，刻出耳鼻，形象较逼真，下部呈圆形，中下部钻一孔，边齿较粗大，中间齿也粗大，共10枚。95MN1M3：12枆袋，以蓝色毛毡缝合而成，中腰宽而两端椭圆，外缝黄色宽条形绢带一道，内盛木梳、木篦，系带交接处缀饰一黄白色蜻蜓眼料珠。95MN1M3：20锦质枆袋，出土时系挂于男尸身侧木杈上，因长期使用已严重磨损，一端袋内存木梳，另端盛绢质小香囊三个。

**铜镜及镜袋**　许多铜镜出土时仍在袋内，并纳于奁中。95MN1M3：12铜镜袋及铜镜，袋锦面绢里，锦面用"世毋极锦宜二亲传子孙"锦与兰地几何纹锦，铜镜圆钮，钮内穿绢面丝绵带，钮座外绕龙纹。95MN1M8四乳简化博局镜，纳于虎斑纹锦袋中。95MN1M5：8-8四兽纹铜镜，钮座外饰乳钉龙、虎、熊、朱雀四兽。97MN1M1：13铜镜残片，有"饥食枣浮"铭文字样。97MN1M6：14-2规矩纹镜残片。59MNM001铜镜，发现于藤奁中，包裹在镜套之内，钮作半球状，钮孔内拴着黄色绢带一根，钮外镌有篆体汉文"君宜高官"四字。

图2-35　尼雅59MNM001出土铜镜　　图2-36　陕西三里村墓出土铜镜

**漆奁** 95MN1M3:12,圆筒状,女主人最重要的梳妆用具均置于奁中,入葬时置于女主人头前。奁体竹胎,底微内鼓,圈足。奁盖壁为夹竹胎,盖部用木,边缘贴麻布,系钮铜环。底部外壁夹竹胎。奁内壁朱红,外壁墨黑。出土时奁内盛铜镜一枚,梳篦一套,小香囊四个等物。

**藤奁** 为女性墓主人随葬品,藤条编制,分盒、盖两部分,盖作三级宝塔形,顶部中央穿有提带,盒座呈圆罐装,平底直壁,外壁上有系带,形状类似中原地区汉代的陶奁。97MN1M6、59MNM001各出土1件,民丰县尼雅文物馆收藏了一件为2004年采集所得[1],斯文·赫定1934年在楼兰发掘的Grave34号墓中也有发现[2]。

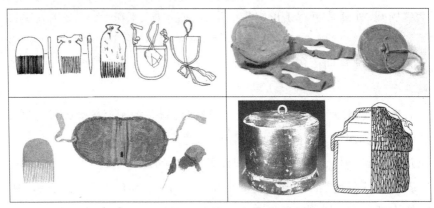

图2-37 尼雅Bb型II式竖穴土坑墓出土装饰用品

③年代

两类墓葬所反映的只是等级差别,出土器物面貌基本一致,应为同一年代。由于墓中出土了大量中原汉式铜镜和纺织品,为确定年代提供了比较准确的依据。

59MNM001号墓葬出土有一面"君宜高官"镜,镜胎很薄,圆周直径12.4厘米、钮高0.6厘米、半球状钮,钮孔内拴着绢带,钮座四周有四蒂形图案,中间夹镌有篆体汉文"君宜高官"四字,其外饰连弧纹。这类铜

---

〔1〕中日日中共同尼雅遗迹学术考察队:《中日日中共同尼雅遗迹学术调查报告书》第3卷,乌鲁木齐/京都:中日日中共同尼雅遗迹学术考察队,2007年,第71页。

〔2〕F. Bergman, *Archaeological Researches in Sinkiang, Especially the Lop-Nor Region*, Stockholm: Bokförlags Aktiebolaget Thule, 1939, Pl. 21-1.

镜在东汉晚期墓葬中常有发现,又称"连弧纹凹面圈带镜"[1],俞伟超认为该铜镜为典型的汉末风格[2]。高桥照彦根据冈村秀典的编年,认为该镜属于冈村分类的"I类蝙蝠座",同形式的镜可见于陕西西安三里村墓、河南洛阳中州路813号墓、辽宁辽阳三道壕7号墓所出铜镜。[3]三里村墓与铜镜同时出土的有永元十六年(104)朱书陶罐[4],中州路813号墓与铜镜同出有初平二年(191)朱书陶罐[5],三道壕7号墓有太康二年(281)瓦当出土[6],故知这种铜镜的流行年代大概在公元2—3世纪。

**95MN1M3:12铜镜**　圆钮圆座,钮内穿绢面丝绵带,主纹区饰龙、虎纹,龙嘴张开,迎博圆球,龙身卷曲自如。龙虎纹外为弦纹带、栉齿纹带、锯齿纹带、波折线纹带。高桥照彦认为这是一面"盘龙镜",推测其年代为2世纪前半叶,俞伟超指出其误,认为其实为"龙虎镜",其钮扁平,镜面凸起,镜缘断面微呈三角形,年代大致可定在公元2世纪晚期到3世纪中叶。[7]对于95MN1M8号墓葬出土的简化博局镜,俞伟超也给出了与95MN1M3所出龙虎镜一样的年代判断。

〔1〕洛阳区考古发掘队:《洛阳烧沟汉墓》,北京:科学出版社,1959年,第171页;程林泉、韩国河:《长安汉镜》,西安:陕西人民出版社,2002年,第145-146页;孔祥星、刘一曼:《中国铜镜图典》,北京:文物出版社,1992年,第370页。

〔2〕俞伟超:《东汉佛教图像考》,载《文物》1980年第6期,第76页。

〔3〕冈村秀典:《後漢鏡の編年》,载《国立歴史民俗博物館研究報告》第55集,1993年,第39-83页;中日日中共同尼雅遗迹学术考察队:《中日日中共同尼雅遗迹学术调查报告书》第2卷,乌鲁木齐/京都:中日日中共同尼雅遗迹学术考察队,1999年,第288页。

〔4〕陕西省文物管理委员会:《长安县三里村东汉墓葬发掘简报》,载《文物参考资料》1958年第7期,第62-65页。

〔5〕中国科学院考古研究所:《洛阳中州路》,北京:科学出版社,1959年,第134-135页。

〔6〕王增新:《辽阳三道壕发现的晋代墓葬》,载《文物参考资料》1955年第11期,第37-44页。

〔7〕俞伟超:《尼雅95MN1号墓地M3与M8墓主身份试探》,载《西域研究》2000年第3期,第40页。

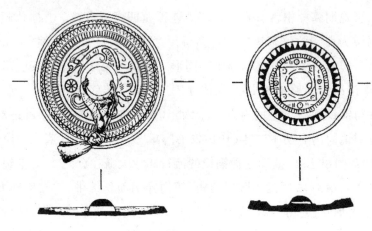

图2-38　95MN1M3:12龙虎镜　　　　图2-39　95MN1M8博局镜

**95MN1M5:8-8**　　四乳禽兽纹铜镜,钮座外饰乳钉龙、虎、熊、朱雀四兽。以一周凸棱分为内外两区,内区对称有4个乳钉,其间饰龙、虎、熊、朱雀四兽,外侧一圈栉齿纹带,流云纹花纹缘。

**97MN1M1:13铜镜残片**　　残长7.5厘米、宽3.8厘米,直径为18.2厘米,镜缘宽2.5厘米、厚0.5厘米,内部厚0.25厘米。残存流云纹花纹缘、栉齿纹带,以及"饥

图2-40　95MN1M5:8-8

食枣浮"铭文。铭文原应为"渴饮玉泉饥食枣,浮游天下敖四海",常见于东汉时期铜镜上,是对从新莽时期开始流行的升仙思想的反映。[1]如《中国铜镜图典》收录的一面"泰山七乳四神镜",与这件铜镜几乎完全一致。[2]因此这面铜镜的年代应在新莽至东汉时期。

〔1〕李新城:《东汉铜镜铭文整理与研究》,华东师范大学博士学位论文,2006年,第282-283页。

〔2〕孔祥星、刘一曼:《中国铜镜图典》,北京:文物出版社,1992年,第345页。

图 2-41　97MN1M1:13　　　　　　图 2-42　泰山七乳四神镜

　　尼雅出土的来自中原的纺织品数量较多,一直以来都被认为属于东汉时期。[1]近年来有研究者提出其年代可能晚至魏晋时期[2],我们认为这一观点并没有足够的证据支持。

　　第一,95MN1M1出土了一片被截断的原色丝绸,上有汉文墨书,可读作"河内修若东乡杨平缣一匹"。墨书文字说明了丝绸的产地,河内郡在今河南黄河以北地区,"修若"不见于文献,可能即文献中的"修武"。"杨平"可能是丝绸所有者的名字。"缣"为汉代平纹类丝织物的通称。[3]斯坦因曾在敦煌以西的烽燧线上发现过一件类似的写有文字的原色丝绸,上面写着"任城国亢父缣一匹,幅广二尺二寸,长四丈,重廿五两,直钱六百一十八"。[4]据王国维考证,任城国建于东汉章帝元和元年(84),亢父为其属县;顺帝时羌虏数反,任城王崇辄上钱帛佐边费,由此任城国之缣得以远至塞上,因此这件丝绸的年代当在元和元年

　　[1]夏鼐:《新疆新发现的古代丝织品——绮、锦和刺绣》,载《考古学报》1963年第1期,第45-76页。

　　[2]孟凡人:《楼兰新史》,北京:光明日报出版社,1990年,第52-53页。

　　[3]赵丰、于志勇:《沙漠王子遗宝:丝绸之路尼雅遗址出土文物》,香港:艺纱堂服饰工作队,2000年,第101页。

　　[4] E. Chavannes, *Les docum ents chinois decouverts par Aurel Stein dans les sables du Turkestan oriental*, Oxford: Clarendon Press, 1913, p. 118.

·欧·亚·历·史·文·化·文·库·

到顺帝年间（126—144）。[1] 类似的关于记录丝绸的尺寸和价格的文字也常见于汉简之中，一般认为是两汉时期丝绸贸易的反映。[2] 因此，95MN1M1这件带有汉文墨书的丝绸与任城国丝绸的年代应相近，不晚于东汉时期。

图 2-43 敦煌出土丝绸

图 2-44 尼雅出土原色缣

〔1〕罗振玉、王国维：《流沙坠简》，上虞罗氏宸翰楼影印本，北京：中华书局，1993年，第186页。

〔2〕丘进：《关于汉代丝绸国际贸易的几个问题》，载《新疆社会科学》1987年第2期，第45–62页。

第二，从纹样上来看，这些织锦大致可以分为三类：一类为几何纹锦，如黄地带棘刺波曲纹锦；一类是动物纹锦，如蓝地兔纹锦、蓝地瑞兽纹锦等，大多为汉代流行的纹样，可与汉画像石、石刻等图像志材料互相比较；一类为云气动物纹锦，上面还织有各种吉语文字，如"安乐如意长寿无极"锦、"五星出东方利中国"锦、"讨南羌"锦、"千秋万岁宜子孙"锦、"德宜生子"锦、黄地"延年益寿宜子孙"锦、蓝地"延年益寿宜子孙"锦、"安乐绣"锦、"文大"锦、"宜子孙"锦等。其中"五星出东方利中国"和"讨南羌"锦可连为一幅；而"安乐绣""文大""宜子孙"可连为一幅。[1]这类织锦在扎滚鲁克、营盘、山普拉墓地等也有发现，但以楼兰、尼雅地区数量最多，种类最为丰富，一般被笼统地定为汉晋时期。[2]有研究者曾对历次出土的近40余件这类织锦进行了统计，通过对织锦图案风格和织文的分析认为，这类文字织锦主要出现于西汉晚期，主要流行年代应在公元1—3世纪，部分织锦可晚至3世纪末—4世纪初。[3]然而，我们认为，对尼雅织锦这一年代断定太过宽泛。这些织锦上的吉语文字汉代是十分流行的，与铜镜上常见的吉语如出一辙，这也是汉代的显著特征。从字体来看，小篆完成向隶书的转变就是在两汉时期，而织锦采用的也正是汉代最流行的小篆和汉隶结合的写法。

第三，近年来尼雅发现的一件带有明确纪年织锦，为判定尼雅纺织品的年代为东汉时期，提供了可靠的依据。1998年，尼雅新发现一件带有"元和元年"年号的织锦锦囊（见彩图1、2[4]），系经盗掘出土后被追缴。据称，经实地确认，该锦囊出自尼雅遗址编号N14西北部的一座古

〔1〕李青昕：《战国秦汉出土丝织品纹样研究》，北京大学考古文博学院硕士学位论文，2006年，第87-96页。

〔2〕夏鼐：《新疆新发现的古代丝织品——绮、锦和刺绣》，载《考古学报》1963年第1期，第45-76页；赵丰：《中国丝绸通史》，苏州：苏州大学出版社，2005年，第92、112-115、156-159页。

〔3〕于志勇：《楼兰-尼雅地区出土汉晋文字织锦初探》，载《中国历史文物》2003年第6期，第38-48页。

〔4〕国家文物局、中国科学技术协会：《奇迹天工——中国古代发明创造文物展》，北京：文物出版社，2008年，第45页。

墓葬中。若此说不误,应即97MN2号墓地。[1]这件锦囊保存较好,囊袋为长方形,长12厘米、宽5.5厘米,有白绢提带,口部有襻,穿有一青一白束口绢系带2条。袋口采用织锦镶边;袋身上部前后用两块锦缝缀,一为有幅边的红白蓝三色显花织锦,一为绛地、蓝黄绿白四色显花"延年益寿长葆子孙"锦;袋身下半部为一片蓝地、黄红绿白四色显花平纹经锦缝缀而成,纹样为有翼梅花鹿,鹿上部织有隶书"元和元年"四字,鹿下部为左右对称弧形云纹;囊袋下底部为一瑞鸟云纹织锦,呈三角形拼缝;囊底部用另一片织锦缝制,部分有磨损。[2]这件锦囊是目前发现唯一有明确纪年的织物,"元和元年"指东汉章帝元和元年,即公元84年,锦囊的年代当在此之后不远。

整件"元和元年"锦囊总共使用了五种织锦,它们之间存在共时关系,而这些织锦又在楼兰地区的墓葬中大量出土,应均为东汉时期之物。例如,"延年益寿长葆子孙"在尼雅59MNM001、95MN1M3、95MN1M8以及楼兰孤台墓地[3]都有出土,而这类形制的锦囊则又见于营盘墓地[4]和斯文·赫定1934年在楼兰发掘的Grave34号墓[5]。

综上来看,我们认为楼兰地区出土的这类纺织品的年代应不晚于东汉时期。然而,95MN1M3等几座墓中还发现了写有佉卢文的丝绸,这意味着这类墓葬的年代不会早于公元2世纪末,因为佉卢文在塔里木盆地的流行是正在公元2世纪末开始的。综上,尼雅Bb型II式竖穴土坑(沙室)墓的年代应略晚于纺织品,大致东汉晚期,相当于公元2世纪末至3世纪初这个时间范围。

---

[1]有学者称,这件锦囊就出自这处墓地的M1号墓。参见李吟屏:《和田考古记》,乌鲁木齐:新疆人民出版社,2006年,第6页。

[2]于志勇:《尼雅遗址新发现的"元和元年"织锦锦囊》,载《新疆文物》2006年第3期,第75-79页。

[3]新疆楼兰考古队:《新疆城郊古墓群发掘简报》,载《文物》1988年第7期,第34页。

[4]新疆文物考古研究所:《新疆尉犁县营盘墓地1995年发掘简报》,载《文物》2002年第6期,第39页。

[5]F. Bergman, *Archaeological Researches in Sinkiang, Especially the Lop-Nor Region*, Stockholm: Bokförlags Aktiebolaget Thule, 1939, Pl. 22.

④其他墓葬

以尼雅三处墓地为标尺,我们依次对楼兰地区相关墓葬进行讨论。

A．平台墓地MA2

MA2为竖穴土坑墓,打破了MA6。如前所述,MA6为西汉时期墓葬,MA2的年代应晚于西汉。此外MA2中还出土一件铜镜残片,半球形钮,钮旁为四瓣柿蒂纹,瓣尖篆书铭文残存"子孙"二字,外圈为内向连弧纹,应为"长宜子孙"镜(见彩图3[1]),年代在东汉时期。[2]

B．LH墓地

位于孔雀河北岸缓坡戈壁的一个低洼处,地面仍立着一根胡杨柱,人字形柱顶上仍然支撑着一根横梁,说明原来曾有棚盖。自北至南紧排着一列四口棺木,半露出地面。最南端的是一具大块胡杨木板拼合而成的长方形箱式木棺,由于风沙的侵蚀已完全破坏,遗物散乱于地。另一具是胡杨树干凿成的独木船棺,棺盖已无存。

箱式木棺全长2.7米,墓主人由各种丝绸和毛织物残片紧紧包裹,随葬有椭圆形木盘和一件狮形盘足,这种盘足在罗布泊地区十分常见,贝格曼、黄文弼发掘的墓葬中均有出土。另一具棺内也随葬有带狮形盘足的圆形木盘。此外还发现2件木杯和5支木箭,箭杆上有羽毛,无箭头,显非实用器。第三具棺木内发现1件粗毛裹尸布和1只制作精致的羊毛织鞋,装饰有猛狮、飞鸟、几何纹等图案。

此外,斯坦因在离LH墓地东南2英里处还曾发现一座带棚盖的竖穴土坑墓,大小约6米间房,墓向朝东,墓顶有胡杨木粗制的双椽,上面覆盖着密集的小胡杨枝,顶上铺席、盖麦草和黏土。墓室深1.2—1.5米,内置三口棺木,为胡杨粗挖成的独木船棺,两头封以木板固定,其中一口棺木里发现了朽蚀的人骨和大团碎布片,其中许多是衣服的丝绸残片。[3]

〔1〕朝日新闻社:《日中国交正常化20周年纪念展:楼兰王国と悠久の美女》,东京:朝日新闻社,1992年,第44页。

〔2〕原报告认为该镜为西汉时期镜,白云翔先生指出应为东汉镜,谨致谢忱!

〔3〕M. A. Stein, *Innermost Asia: Report of Exploration in Central Asia Kan-su and Eastern Iran*, vol. 1, Oxford: Clarendon Press, 1928, pp. 275−277.

·欧·亚·历·史·文·化·文·库·

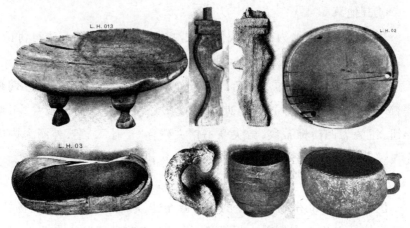

图2-45　楼兰LH墓地出土器物

这处墓地材料较少,从葬具和出土物来看,年代应与尼雅93MN1、95MN1、97MN2号墓地同时。

C．L3、L匚、L回墓地

黄文弼于1930年和1934年两次赴罗布泊考察,共发掘5处墓地,其中3处属于汉晋时期。[1]

**L3墓地**　位于一土丘上,在一处长30余米、宽3米多、深3米余的凹陷沟渠内发现一座墓葬,位于沙土层中,上架以未经修整的木料覆以苇草,构成棚架。墓主为一女性,身穿丝织衣物,约有五袭,衫、禅、袂、矿具备,袖口宽30余厘米,指骨外露,右手第四指戴戒指,上刻五环圈图案,状如梅花,衣服中藏一铁刀,柄已碎裂。墓主人头旁置带把木杯2个,羊骨2根,以木板承之。旁边另有一墓,出土带把木杯、木几各1件。距墓地西南约4公里处地表有陶片发现,似为居址。

**L匚墓地**　位于L3墓地以东约5公里处的一处土丘上,仅1座墓,墓口部盖胡杨树干,竖穴土坑,无葬具,共4具尸体,分层而葬,衣服腐朽,随葬品有漆木桶状杯、带把木杯、圆形木盘、铜镜残片、耳饰等。黄文弼从铜镜的边缘判断,该墓当属汉代。土台附近地表采集有铜三棱镞、石矢镞、陶片等。

〔1〕黄文弼:《罗布淖尔考古记》,北平:国立北京大学出版部,1948年,第97-103页。

**L□墓地**　黄文弼 1934 年发掘,仅 1 座墓葬,墓主人为小孩,年龄七八岁,头发呈金黄色,着丝绸衣服,头枕四方形枕头,出一长方形手帕,一端有带子。

三处墓地墓主人均身穿丝绸衣服,随葬汉代铜镜,出土带把木杯、木盘及盘足等器物与 LH 墓地相近,年代也应相当。

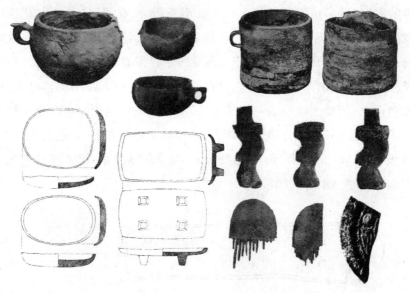

图 2-46　L彐、L匚、L□墓地随葬品

D. "小河"流域汉晋墓地

贝格曼 1934 年发现并调查了小河周边的一系列墓地,其中编号为小河 4、6、7 号墓地文化面貌与著名的 5 号墓地明显不同,表现出晚于青铜时代的特征。[1] 2002—2007 年,新疆文物考古研究所在对小河 5 号墓地进行发掘的过程中,对其周边区域的汉晋时期墓葬进行了调查,共发现古遗存点 19 处,其中 7 处为墓地,编号为 XHM1-7 号墓地。[2] 从位置和遗迹判断,XHM6 和 XHM7 号墓地就是贝格曼编号的小河 6、7 号墓地。

---

〔1〕F. Bergman, *Archaeological Researches in Sinkiang, Especially the Lop-Nor Region*, Stockholm: Bokförlags Aktiebolaget Thule, 1939, pp. 102–117.

〔2〕新疆文物考古研究所:《罗布泊地区小河流域的考古调查》,载吉林大学边疆考古研究中心:《边疆考古研究》第 7 辑,北京:科学出版社,2008 年,第 371–378 页。

**7号墓地** 位于5号墓地西南7.5公里,6号墓地西南1.8公里,包括3或4座墓葬。Grave7A(见彩图4[1])地表立有木杆作为墓葬标识,使用船形独木棺为葬具,有棺盖,用两块长木板做成,盖上铺一层小树枝,其中发现羊颅骨一颗,棺底还有4条粗腿,棺内部空间长2米,曾衬薄毡,单人葬,为老年男性。鼻孔用一对外缠红丝绸的木塞子塞着,身穿丝绸制的衣服,腰部所系丝绸带上有蜡染小菱形纹,衣领用7块四色花纹丝绸缝合。根据西尔万的研究,从纺织技术看,其中有2块补丁是西方的,有2块是中国造。在风格上,有翼四足兽图案属近东艺术范畴中的怪兽。属于中国产品的那一块织有一行"昌"字。Grave7B葬具已半毁,墓向西北,棺盖上也覆盖一层灌木枝,墓主人鼻孔也用包裹红色丝绸的塞子塞住。Grave7C地表立有标识,采用箱式木棺作葬具,棺长2.25米,端板40厘米×26厘米,角柱50厘米×14厘米×13厘米,棺木摆放方向为南偏西70度、北偏东70度。

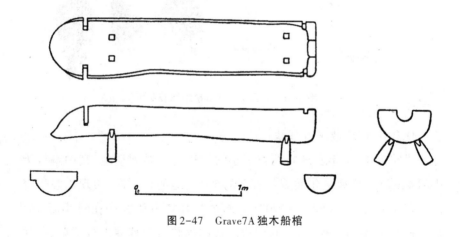

图2-47　Grave7A独木船棺

**6号墓地** 位于小河之西、5号墓地西南6公里,有一个长方形围墙遗迹,尺寸为6米×7.5米,墙壁由直立的木柱构成,墙内出土4个木杯,不能肯定是墓葬还是小房子。这处墓地主要发掘3座墓葬。Grave6A

---

[1]新疆文物考古研究所:《罗布泊地区小河流域的考古调查》,收入吉林大学边疆考古研究中心:《边疆考古研究》第7辑,北京:科学出版社,2008年,彩版三。

为船形独木棺葬,棺木尺寸2.1米×0.65米,端板近橄榄形,一或两块长板构成棺盖,上面覆盖灌木枝。棺木摆放方向为南偏西80度、北偏东80度,头位于东端。单人葬,女性,披一种短披风,随葬品有铁镜及镜袋、铁剪、木纺轮、项链等,其中有一件残桥袋,上面织有汉字,与尼雅发现同类物品形制一致。Grave6B使用箱式木棺,棺内有白毡衬,骸骨所剩无几,出土了丝、棉、毛织物,其中有带汉文的织锦,以及骨柄铁刀和木箭杆,说明墓主人为男性。Grave6C为船形独木棺墓,墓向南偏西70度、北偏东70度,有毡衬,墓主人头东脚西,随葬品很少。

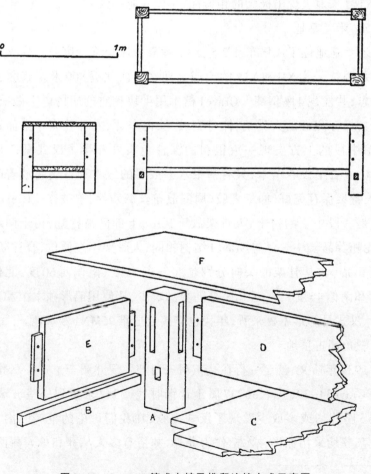

图2-48　Grave6B箱式木棺及榫卯连接方式示意图

·欧·亚·历·史·文·化·文·库·

**4号墓地** 位于5号墓地西北方向小河西侧8公里,已被完全毁坏,仅地面存4或6具毁坏的棺木,分独木舟式棺和四足箱式棺两种。

**XHM1-7号墓地** 这7处墓地均使用独木船形棺和箱式木棺两种葬具。在其中的5处墓地,考古工作者都采集到了丝绸和服饰残件,其中有锦、绮等显花织物,其技法、图案是典型的汉式特点,这些丝织品无疑是来自中原。此外,XHM6号墓地发现的服饰、随葬品及墓主人用丝绸鼻塞的做法,在营盘墓地和楼兰LE壁画墓中都有发现。

从墓葬使用葬具、出土大量丝绸等汉式物品来看,这些墓葬与尼雅95MN1号墓地表现出极大的相似性,年代亦应一致。

E. 米兰墓地

米兰墓地位于戍堡东北2.5公里,紧靠一座烽火台废墟。烽火台位于斯坦因标号为XII和XIV的废墟之间,XII西北近800米。墓葬无地面标志,共发现4座墓葬。Grave1棺木用半块掏空的胡杨树干做成,盖着一具保存完好的人骨架,仰身直肢,头向东北,左耳处有一素面青铜环,棺中段的上方发现一束很粗的深棕色头发和半个汉式马蹄形木梳。Grave2中没有棺木,只有一根水平放置的原木和一块斜放着的木板,人骨架保存完好,仰身直肢,周围散布丝绸残片,曾被盗。Grave3的棺木是一段中空的树干,人骨架放于其中,上部已被扰乱,树干两端敞开,无随葬品。Grave4与Grave1结构相同,人骨架不在原位,脊柱断裂,无随葬品。4具骨架的头向分别是北偏东25度、南偏西60度、北偏东40度和南偏45度。[1]这几座墓随葬品较少,从使用船形独木棺和出土丝绸、汉式马蹄形木梳来看,年代也应接近尼雅95MN1号墓地。 F.孔雀河三角洲古墓地

1934年斯文·赫定一行在孔雀河三角洲发现并调查了一些墓葬,编号为Grave34-39,其中36、37属于青铜时代,39仅采集到一些玻璃珠,其余3座墓均或多或少发现了汉式文物,在我们讨论的范畴之内。这几座墓葬均采用船形独木棺作为葬具,葬俗有多人丛葬和单人葬两种,

---

[1] F. Bergman, *Archaeological Researches in Sinkiang, Especially the Lop-Nor Region*, Stockholm: Bokförlags Aktiebolaget Thule, 1939, pp. 223-228.

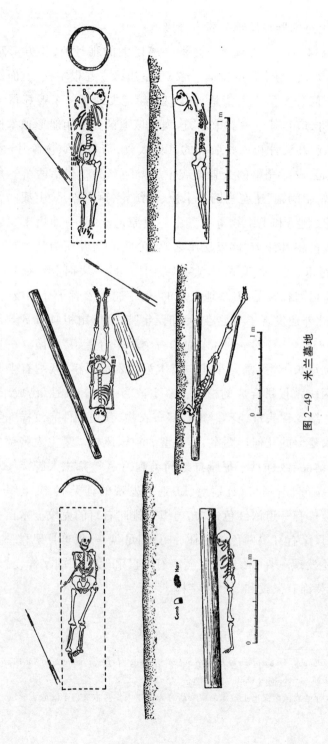

图 2-49　米兰墓地

随葬品特别是木器与尼雅墓葬十分接近。[1]

**Grave34** 位于孔雀河三角洲一座巨大的雅丹上,长方形竖穴土坑墓,墓向东北,与雅丹的方向一致,墓室边缘立几根木桩,上面用木板搭顶,使用何种葬具不太清楚,但斯文·赫定发现了一个毁坏得十分严重的独木舟,应是其中一具棺木,这表明该地区亦使用船形独木棺。墓室内葬15个人头骨和一些散乱的其他人骨,与各种织物碎片、木器等混杂在一起,没有完整的人骨架或干尸。随葬品中包括两个三角状唇部的汉式轮制陶罐,还有马蹄形木梳、木纺轮、狮形器足、上漆的竹发卡以及绢、锦、刺绣和毛织物等。其中一块原色丝绸,一面用墨写着佉卢文,科诺教授将其译为"印度法师之锦,价值40",并认为其书写年代为公元2世纪末,另一面有两个汉字"锦十"。另一块锦上织有"仁绣"二字,应与斯坦因在楼兰LC墓地发现的"韩仁绣文宏者子孙无极"锦为同样织料。此外还发现了与尼雅"元和元年"锦囊形制相似的锦袋。

**Grave35** 位于Grave34东面的一个小平台上,墓葬南立一根红柳木杆,墓坑呈长方形,墓向东北。棺木为独木船形棺,两端有半圆形挡板,上覆两块木板拼合成的棺盖。墓主人为一年轻女性,已成干尸,上盖毡,头上缠丝锦头巾,身着丝绸、麻布衣物,其中一件有纹样的黄色绸缎,织有双菱形的几何形图案,是典型的中国风格。墓主人胸部发现一块方形刺绣品,纹样见于尼雅墓地同类刺绣。[2]墓主人脚穿一双做工精致的丝绸鞋,形制与LH墓地、LB遗址发现的鞋类似,鞋上织有复杂的纹样,鞋口有一道深红色边饰,内织一排向右行的龙纹。木棺头端外侧放置一只涂有红黑两色的木杯、一只四足盘、一只羊骨架和一些麻黄枝,此外还发现一件锦袋,其上面织有"宜"和"无极"的字样;另外一些织锦残片装饰有云纹和"仁绣"字样。

---

〔1〕F. Bergman, *Archaeological Researches in Sinkiang, Especially the Lop-Nor Region*, Stockholm: Bokförlags Aktiebolaget Thule, 1939, pp. 118–147.

〔2〕李青昕:《战国秦汉出土丝织品纹样研究》,北京大学考古文博学院硕士学位论文,2006年,第58页。

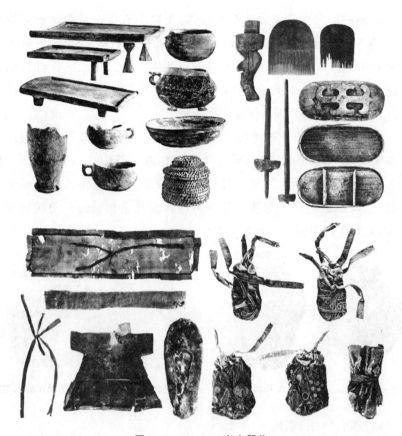

图 2-50　Grave34 出土器物

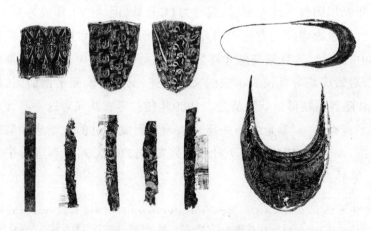

图 2-51　Grave35 出土织物

·欧·亚·历·史·文·化·文·库·

**Grave38**　位于LF墓地东几百米，土墩上有东南至西北走向的栅栏，长3.9米，两排木杆相距0.8—1.0米。栅栏附近有4座墓，发掘了其中的1座。墓中有8个人头骨和另外一些人骨骼。出土一件红棕色的平纹丝绸头巾和一块印花丝绸。随葬器主要有1件单耳陶杯、2件木盘、1件圆筒形漆器以及2件马蹄形木梳。

从葬具、墓中出土的木梳、织物等随葬品来看，这几座墓表现出与尼雅95MN1号墓地相同的特征，年代应相近。其中Grave34丛葬人数较多，墓葬延续使用的时间也较长，从随葬品来看，其主体年代是东汉时期；但墓中也出土了与敦煌祁家湾西晋墓几乎相同的三角状唇部陶罐，因此其年代下限应在西晋时期。

图2-52　Grave34出土三角状唇部陶罐

图2-53　敦煌祁家湾三角状唇部陶罐

### F.　孤台（MB）墓地

位于楼兰古城东北一柳叶形的高岗上，顺风势呈东北-西南走向。1914年斯坦因曾在此发掘过，编号为LC墓地，但他的工作极为草率，除了在台地边缘因除土方便挖出几个长方形墓坑外，台地中的墓葬都是在墓中心掏坑，人骨架与随葬器物均被扰乱，且报告中只介绍了墓地的情况，对每座墓葬既没有单独的文字记述，又没有绘制平剖面图，墓葬形制和随葬器物部位均不清楚。1980年楼兰考古队又对这一墓地重新进行了调查，并对墓地中心一座未被斯坦因发掘过的大型丛葬墓进行了发掘，编号为MB1，同时又对斯坦因发掘过的LC.iii号墓进行了重新清理，编号为MB2。[1]

---

〔1〕M. A. Stein, *Innermost Asia: Report of Exploration in Central Asia Kan-su and Eastern Iran*, vol. 1, Oxford: Clarendon Press, 1928, pp. 225-229；新疆楼兰考古队：《新疆城郊古墓群发掘简报》，载《文物》1988年第7期，第28-39页。

整个台地上的墓葬分布很不规则,一部分沿台地的纵向边缘分布,其余的则分布于台地中心,疏密不匀。墓坑平面略呈长方形,竖穴土坑,大小从12到21平方米不等,墓向东北或西北。

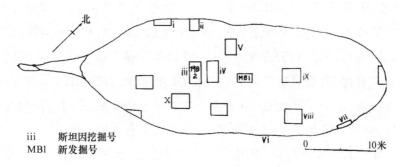

iii　　　斯坦因挖掘号
MB1　　新发掘号

图2-54　孤台墓地平面图

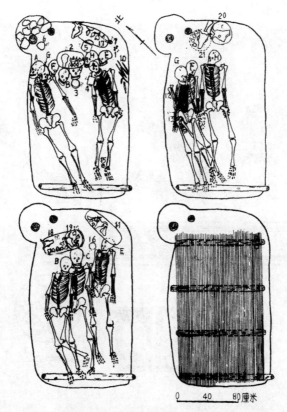

图2-55　孤台墓地MB1平面图

·欧·亚·历·史·文·化·文·库·

MB1带有棚盖,于距墓口50厘米深度处横向覆盖圆木26根,其上盖苇席。墓坑的北角立两根支撑横梁的木柱。墓室长约2.39米、宽约1.4米、深约1.88米。葬具为粗苇秆编成的尸床,竖向放置,长2米、宽1.2米,床下横架4根圆木,有的已朽,床上置人骨架8具,均仰身直肢,分三层叠放,每层人骨架并排放置。最上层2具,左为中年男性,皮肤上粘附有丝织品,右为青年女性,身着蓝色丝绸衣服。第二层3具,左为壮年男性,身着黄绢丝绵衣,中间为中年男性,右臂折断,下肢弯曲,身着绢衣,右为中年女性,身上也有朽烂的丝绢。底层3具,左为青年女性,中为中年女性,右为中年男性,身上均附有丝绢痕迹。

MB2是一长方形墓,但因斯坦因发掘扰乱,形制已不清。两座墓葬出土器物近170件,包括陶、木、漆、骨、皮、金器,以及五铢钱和大量精美的丝、毛、棉织品。

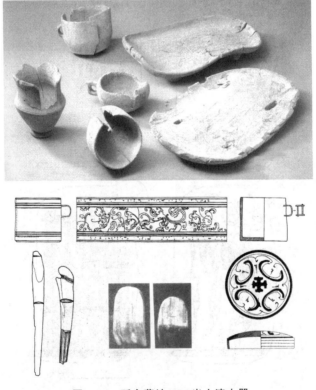

图2-56 孤台墓地MB2出土漆木器

木器包括圆盘、杯、梳篦和弓箭。其中MB2:5为带把杯,把手处有指垫,与尼雅同类器物形制相同。梳篦均为马蹄形汉式风格。MB1:5漆杯,呈圆筒状,木胎,直口,腹一侧有一桥形小耳,平底,器面棕色作地,上下两边有对称黄色条纹带,条带中间饰红点,中间部位绘红色云纹和草叶纹,叶上有须蔓;杯内髹红漆。MB1:3彩绘漆盖盖顶呈弧状,外髹红地绘黑彩,内髹红漆,盖身饰三圈黑色条纹带,顶面绘四组变体流云纹和四叶蒂形纹。

楼兰考古队和斯坦因均在孤台墓地发掘了大量丝、棉、毛织品,其中不少织锦有隶书文字,如"延年益寿大宜子孙""长乐明光""望四海贵富寿为国庆""永昌""登高贵富""登高明望四海""韩仁绣文宏者子孙无极"等,其中许多都可见于尼雅墓地,应为东汉织物。斯坦因在MB2曾获得一件表现希腊商业之神赫尔墨斯的毛织挂毯。[1]

斯坦因还曾经在孤台墓地发现过两面完整的铜镜。其中一面为简化博局纹镜,年代在东汉—魏晋时期;另外一面为日光镜,宽平沿,沿内侧为一周栉齿纹带,其内是铭文"见日之光天下大明",每个字之间用小涡纹或菱格纹间隔开,铭文带与半球形钮之间是一宽一窄两道凸弦纹,年代约为西汉中晚期。

综合考虑各类出土物,孤台墓地的主要使用年代大致应在东汉时期。

图2-57 孤台墓地出土铜镜

〔1〕林梅村:《汉代西域艺术中的希腊文化因素》,载《九州学林》2003年1卷2期,第21—23页。

（3）Bb型III式

①墓葬形制

墓室较深，室壁十分齐整、规范，有的开凿有小型壁龛。葬具多为箱式木棺。葬俗多为单人葬，葬式主要是仰身直肢。

**扎滚鲁克98QZIM156**　墓口呈长椭圆形，壁略斜，长3.2米、宽1.9米；墓底壁较直，呈圆角长方形，长2.4米、宽0.8米、深2.4米。墓向56度。墓底两头各挖一槽，东北部的槽内残存木棺方立柱及挡板；西南部的槽内放置1件陶罐。东北壁距墓底高0.16米处有一小壁龛。随葬器物3件，平底三角状唇部陶罐、木盘和木马镳各1件。

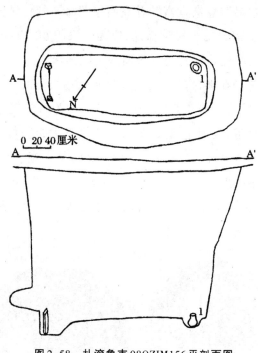

图2-58　扎滚鲁克98QZIM156平剖面图

**楼兰09LE14M2**　1998年，在对一起盗墓案的追捕中，考古工作者在LE古城西北约4.8公里、楼兰古城东北23公里的一处台地上发现这座墓，2009年文物普查时编号为09LE14M2。墓口下纵横搭盖圆木棍，墓室外散布少量木构。墓室为长方形竖穴，朝向正东西，东西长2.3米、南北宽1米、深1.8米,南北壁距墓口1米处有腰线,宽25—30厘米、进深25厘米。墓室内置一彩色木棺(见彩图5[1]),棺底铺一件狮纹毛毯,棺头外置2件漆器,一盘一杯,杯在盘上。类似的漆杯在孤台墓地MB2、黄文弼发掘的L厂墓中也可见到。彩棺长2.01米、棺头宽0.59米、尾宽0.5米、高0.29米,四足高13.8厘米。棺五面绘彩,棺体上绘束带穿璧纹样和云气纹,两头挡板上分别绘有日、月,内有金乌和蟾蜍。墓主人为一中老年男性,经鉴定为蒙古人种,面部盖有两块浅黄色面部覆面,头下枕锁针绣枕,为平纹褐色包布,绣有蔓草纹样,身着白色棉布绢里单袍、白色棉布单裤及单袜,保存得十分完好。[2]

图2-59　楼兰1998年被盗的彩棺墓

〔1〕新疆维吾尔自治区文物事业管理局等:《新疆文物古迹大观》,乌鲁木齐:新疆美术摄影出版社,1999年,第33页。

〔2〕新疆维吾尔自治区文物事业管理局等:《新疆文物古迹大观》,乌鲁木齐:新疆美术摄影出版社,1999年,第33页;张玉忠、再帕尔:《新疆抢救清理楼兰古墓有新发现》,载《中国文物报》2000年1月9日;张玉忠:《近年新疆考古新收获》,载《西域研究》2001年第3期,第109页。

②随葬品

A．陶器

出土陶器较少，2件灰陶罐（96QZIM73：4、98QZIM156：1），器形大体相似，侈口，口沿较规整，斜沿，角形唇，束颈，宽肩，平底。1件单耳罐（96QZIM49：8），耳缺失，泥质灰陶，轮制，素面，造型与陶罐有相似之处，侈口，斜沿，尖唇，束颈，平底。1件陶壶残颈（96QZIM18：1），红陶，轮制，细高颈，小喇叭形口。

B．漆、木器

漆器有漆匕、漆耳杯、漆案、漆木盒。漆匕2件，呈梨形，长柄，匕体面平，髹红、黑色漆。漆耳杯3件，为刮削而成，制作精致，木胎，胎上有一层丝绢，杯内髹红漆，外髹黑漆。漆案2件，木胎，为弧角长方形，窄边，长方形耳，1件红漆为底，深红、黑、黄三色绘三角、枝花和鸟纹等图案。

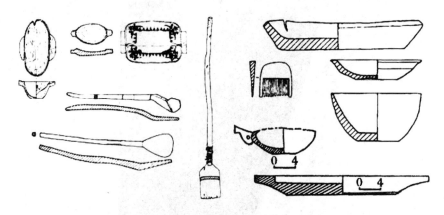

图2-60　Bb型Ⅲ式竖穴土坑墓出土漆木器

木器多为生活用品，有木耜、木纺轮、木盘、木碗、单柄木罐、木篦、木匕、木耳杯、筷子、小木橛等，多是手工加工，同时也出现了旋切技术，器形规整。木耜1件，保存完好，尾部有一短柄用毛绳将其绑缚在木柄上。圆木盘5件，有的是旋切加工，有的是手工雕刻，制作精致，敞口，平底。木篦1件，平面马蹄形，纵截面楔形，边齿稍宽，中齿细密。

C．金属器

铜带扣及扣饰98QZIM122：3，皮带上的饰品，共4个铜物件：带扣体呈长方形,扣环和扣舌缺失,保存有铆钉孔;扣饰呈长方形或方形,保存有铆钉。

铁针96QZIM73:1-3,银白色,磨制,锥体,柄部扁,钻圆眼。

③年代

从陶器来看,Bb型III式竖穴土坑墓出土的陶器虽然数量较少,但形态较为统一,与II式竖穴土坑墓的陶器差异较大,均为轮制泥质灰陶,是比较典型的汉式陶器,特别是以唇部呈三角状的陶罐为典型器物。考古工作者在且末地区的地面遗址中曾大量发现这种陶罐。[1]

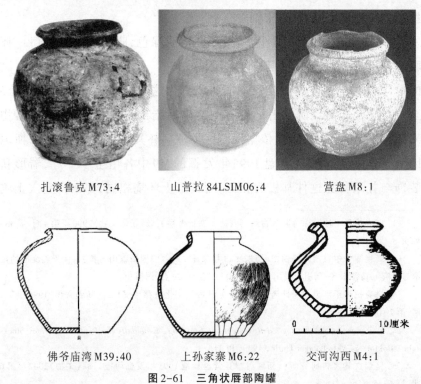

扎滚鲁克M73:4　　　山普拉84LSIM06:4　　　营盘M8:1

佛爷庙湾M39:40　　　上孙家寨M6:22　　　交河沟西M4:1

图2-61　三角状唇部陶罐

这类陶罐在相邻地区十分常见,在安迪尔河流域的夏羊塔格遗

〔1〕F. Bergman, *Archaeological Researches in Sinkiang, Especially the Lop-Nor Region*, Stockholm: Bokförlags Aktiebolaget Thule, 1939, Pl.35-3;塔克拉玛干沙漠综合考古队考古组:《且末县古代文化遗存考察》,载《新疆文物》1990年第4期,第21-25页。

址[1]、山普拉晚期墓葬[2]、米兰河流域[3]、罗布泊地区[4]、营盘墓地[5]、交河沟西[6]以及敦煌祁家湾[7]、佛爷庙湾[8]、青海上孙家寨[9]等地的魏晋墓葬中均可见到。其中,和田山普拉墓葬和敦煌祁家湾墓葬材料经过系统发掘,后者还出土有许多明确纪年的遗物,可作为主要参考资料。山普拉晚期墓葬被定在公元3世纪中期至公元4世纪末。敦煌祁家湾这种三角状唇部陶罐大量集中出现在西晋武帝咸宁初到惠帝元康末(275—299)墓葬中,西晋晚期到前凉初(公元4世纪前期)墓葬中也有出土。其他出土这类陶罐的墓葬也都集中在公元3世纪下半叶到4世纪上半叶这一年代范围之内。

96QZIM49出土了一件玻璃杯,杯体淡绿色,吹制而成,斜直口,杯腹部外壁加工磨琢三排椭圆纹,上中排13个,下排7个,底部为一磨制的单圆纹。发掘者援引安家瑶的研究认为这件玻璃杯的年代在公元5至6世纪。然而经研究者详细查阅文献后指出,安家瑶文中所举器物来源可疑,不能作为断代依据。而这类玻璃杯其实见于营盘墓葬,斯坦因第三次中亚考察和营盘1995年发掘的M9中各出土了一件,器形和装饰与扎滚鲁克这件都极为相似,而且出土环境相同,都出自竖穴土坑

〔1〕塔克拉玛干沙漠综考队考古组:《安迪尔遗址考察》,载《新疆文物》1990年第4期,第33-42页。

〔2〕新疆维吾尔自治区博物馆、新疆文物考古研究所:《中国新疆山普拉:古代于阗文明的揭示与研究》,乌鲁木齐:新疆人民出版社,2000年,第21-22页,图版96。

〔3〕塔克拉玛干沙漠综考队考古组:《若羌县古代文化遗存考察》,载《新疆文物》1990年第4期,第7-10页。

〔4〕F. Bergman, *Archaeological Researches in Sinkiang, Especially the Lop-Nor Region*, Stockholm: Bokförlags Aktiebolaget Thule, 1939, Pl.21.

〔5〕新疆文物考古研究所:《新疆尉犁县营盘墓地1995年发掘简报》,载《文物》2002年第6期,第4-45页。

〔6〕新疆文物考古研究所:《1996年新疆吐鲁番交河故城沟西墓地汉晋墓葬发掘简报》,载《考古》1997年第9期,第50页。

〔7〕甘肃省文物考古研究所:《敦煌祁家湾——西晋十六国墓葬发掘报告》,北京:文物出版社,1994年,第54-64页。

〔8〕甘肃省文物考古研究所:《敦煌佛爷庙湾——西晋画像砖墓》,北京:文物出版社,1998年,第42-43页。

〔9〕青海省文物考古研究所:《上孙家寨汉晋墓》,北京:文物出版社,1993年,第92-97页。

墓中的箱式木棺之内。由于营盘1995年发掘的那批墓葬中出土了佉卢文书信,其年代应在公元3世纪中叶到4世纪初。[1]研究者提出,这种外表饰有成排蜂窝纹的玻璃杯并非如学界流行的观点所说的萨珊玻璃器,而是与帕提亚文化有关。[2]

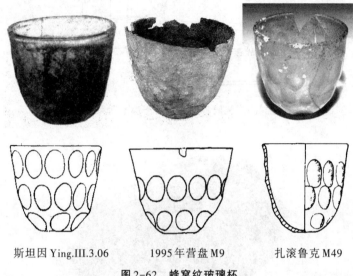

斯坦因 Ying.III.3.06　　　1995年营盘 M9　　　扎滚鲁克 M49

图 2-62　蜂窝纹玻璃杯

96QZIM49出土了一件木漆案,体为弧角长方形,窄边,长方形耳,木胎,红漆作底,由深红、黑、黄色绘三角、枝花和鸟纹等。这类器物实为托盘,多与耳杯同出为一套,常见于东晋早期(公元4世纪早期)墓葬中,如南京象山 M7[3]、江西南昌火车站[4]等均有出土,阿斯塔那1964年发掘的东晋早期墓葬 M13出土的纸绘地主生活图中也可以见到[5]。

[1]戴维:《鄯善地区汉晋墓葬与丝绸之路》,北京大学考古文博学院硕士学位论文,2005年,第25页。

[2]详见本书5.2。

[3]南京市博物馆:《南京象山5号、6号、7号墓发掘简报》,载《文物》1972年第11期,第30页,图三十二。

[4]江西省文物考古研究所、南昌市博物馆:《南昌火车站东晋墓葬群发掘简报》,载《文物》2001年第2期,第19—21页,图一六、一七、二一。

[5]新疆社会科学院考古研究所:《新疆考古三十年》,乌鲁木齐:新疆人民出版社,1983年,第79—81页;国家文物局、中国科学技术协会:《奇迹天工——中国古代发明创造文物展》,北京:文物出版社,2008年,第183页。

·欧·亚·历·史·文·化·文·库·

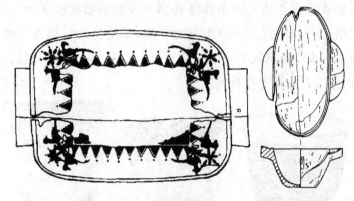

图 2-63　扎滚鲁克 M49 出土漆木案和耳杯

图 2-64　南昌火车站 M3 出土漆木案

图 2-65　南京象山 M7 出土托盘和耳杯

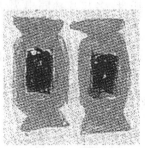

图 2-66　阿斯塔那纸绘托盘

96QZIM73 出土了一件纸质文书,原用作包扎粉末状物品,染有红色,分成两条,残存四行文字,可能是一封家书。从东汉末年开始,纸张的使用逐渐普及,代替简帛成为主要的书写材料。至西晋初年,纸张已大为流行,如左思作《三都赋》,就有"洛阳纸贵"之称。楼兰 LA 遗址出土了大量纸文书,年代集中在西晋泰始年间,所见年号最早为嘉平四年(252),最晚为建兴十八年(330)。[1] 从字体来看,扎滚鲁克这件纸文书的年代应在西晋时期。[2]

图 2-67　扎滚鲁克出土纸文书 M73:1、6

96QZIM49 出土一件绿绢地鸟纹刺绣,原是三角形的残丝织品,有些像鸡鸣枕的尾角,现已展开,呈长方形,在绿色绢地上,用红白两色丝线,以锁绣针法绣出连体双头鸟、花草纹饰。双头鸟表现的应是文献中"比翼鸟"的形象,早在先秦文献中就有了记载,从汉代时期开始作为一种祥瑞出现,如黄易《小蓬莱阁金石文字》记载他所见到的武氏祠祥瑞图中有"比翼鸟,又作双首鸟,题曰比翼鸟,王者德及高远则至"。2002年日照海曲一座西汉墓 M125 中出土了一件大幅绢地长寿绣,也以双头

〔1〕马雍:《西域史地文物丛考》,北京:文物出版社,1990年,第98页;侯灿、杨代欣:《楼兰汉文简纸文书集成》,成都:天地出版社,1999年。

〔2〕戴维:《鄯善地区汉晋墓葬与丝绸之路》,北京大学考古文博学院硕士学位论文,2005年,第25页。

鸟为图案,带有凤凰的造型特点。[1]河南安阳孝民屯墓葬M154中出土的马具上,亦可以见到双头鸟的图像,二鸟头之间还有三角形胜纹为装饰,年代在公元4世纪初到4世纪中叶。[2]

此外,96QZIM60还出土一件锦服残片,以绛红和原白两色为主,经线显花,锦面有动物纹,用绛红色织出"延年益寿大宜子孙"字样。这种织锦在民丰尼雅墓葬和楼兰孤台墓地中均有出土。

图2-68　96QZIM49出土刺绣

图2-69　海曲汉墓绣品

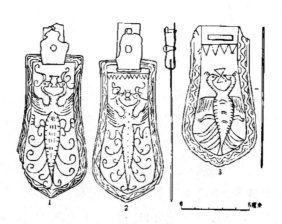

图2-70　安阳孝民屯出土马具

根据上面的讨论,Bb型Ⅲ式竖穴土坑墓的年代范围大致可以定为

[1] 赵丰:《汉代丝绸纹样中的祥瑞意念及题材》,载《丝绸》2007年第11期,第48页。

[2] 中国社会科学院考古所安阳工作队:《安阳孝民屯晋墓发掘报告》,载《考古》1983年第6期,第504页,图六。

公元3世纪下半叶到4世纪上半叶。

### 2.1.3　C型——竖穴偏室墓

长方形竖井墓道,方向多在48—63度,大体上是东北向,多为单洞室墓,1座为双洞室墓。单洞室绝大多数在竖穴的偏东北方向位置。葬具多用梯架式木尸床,另有1座墓用箱式木棺。葬式多为仰身直肢。有殉牲习俗,主要是羊,绵羊数量多于山羊。

**扎滚鲁克96QZIM40**　双洞室墓,墓向8度,朝北向。长方形竖穴墓道,口大底小,呈敞口形式。洞室在竖穴墓道的东、西两侧,墓道和洞室的底面在一个平面上。西洞室呈长方形,可能是放置尸体的地方;东洞室不规则,可能用于放置随葬品。

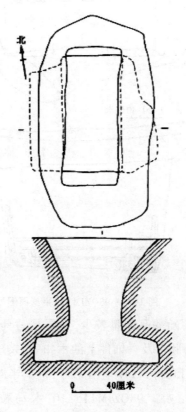

图2-71　96QZIM40平剖面图

**扎滚鲁克 98QZIM133** 单洞室墓,由墓道和墓室组成,墓道与墓室之间用木栅栏相隔,墓向北偏东56度,墓道口为圆角长方形。由于偏洞室塌方严重,盗掘未及洞室,因此墓室保存得较完整。洞室顶部原外高内低,墓室底部有人骨架一副,女性,仰身直肢葬,头向与墓向相同。随葬品保存完好,置于头和脚的左侧有夹砂红陶罐、汉式铜镜、漆木盒、木纺轮和马鞍等。

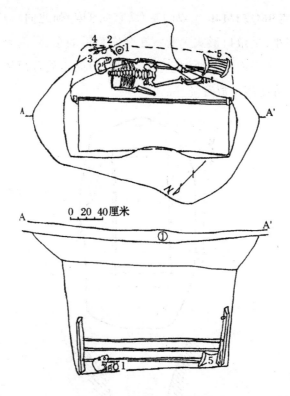

图 2-72　98QZIM133平剖面图

竖穴偏室墓的随葬品数量较少,主要是马具,有马鞍和鞍桥、木鞭杆、马络和马镳、马肚带及马饰件上的木扣等,表现出游牧文化特征。

马鞍普遍使用高桥,鞍体呈凸字形,桥呈半圆形或弓形,上面钻有系孔,制作仍较原始。98QZIM115∶10,木马鞍桥一副,皆呈弓形。98QZIM133∶5,马鞍,用蒲草、芦苇茎秆编结捆扎出鞍胎,后包覆毛毡作面,鞍桥以动物角支撑。98QZIM149∶1,前后桥为细木棍制成,即将细木棍一剖为二,弯曲成半圆形,鞍体两侧皆呈"凸"字形,由兽、畜皮作面,内包苇秆制成,以麻绳缝制,上拴系盛放干粮的皮带和条带纹毛布袋。从形态上来看,这些马鞍前后桥的高度相当,垂直于鞍板,研究者谓之"两桥垂直鞍",与河北定县西汉晚期铜车饰、武威雷台西晋墓[1]铜骑俑鞍、长沙西晋永宁二年墓骑俑鞍、安阳孝民屯晋墓出土鞍具等较为接近[2],年代当在公元4世纪中叶之前。

马镳有木质和角质,木质的为柱形,角质的呈锥形。98QZIM149∶1为一套完整的马络,由皮络、毛缰绳、铁衔和木镳组成。铁衔中间用套环相连,两端也是环形,杆截面是方形。木镳削制,呈圆木棍形,面上钻双孔,以皮络与衔连接,由木钉加固。

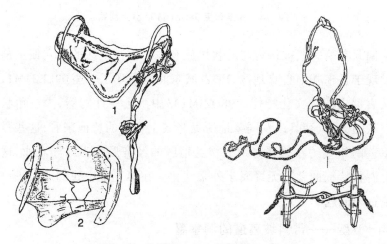

图2-73　扎滚鲁克竖穴偏室墓出土马具

此外,少量墓葬也发现了 些汉式器物,如铜镜、马蹄形木梳、漆木奁等,说明此类墓葬也在一定程度上受到了汉文化的影响。

---

〔1〕雷台大墓的年代,近年来学术界已基本达成一致,认为应在西晋时期。参见甘肃省博物馆:《武威雷台汉墓》,载《考古学报》1974年第2期;吴荣曾:《"五朱"和汉晋墓葬断代》,载《中国历史文物》2002年第6期,第48-49页;孙机:《关于甘肃武威雷台出土铜奔马的年代》,载《南方文物》2010年第3期,第66页。

〔2〕孙机:《中国古舆服论丛》,增订本,北京:文物出版社,2001年,第100页;杨泓:《中国古代马具的发展和对外影响》,载《文物》1984年第9期,第45-54页;杨泓:《中国古兵器论丛》,增订本,北京:中国社会科学出版社,2007年,第142页。

·欧·亚·历·史·文·化·文·库·

铜镜98QZIM133:3,圆形,镜面呈弧形,外凸,半球状钮,有两道同心圆纹,外缘有连弧纹,中部饰藤草纹,浅而模糊。

漆木奁98QZIM133:2,木胎,旋切加工,子母口,髹红漆,奁盖上有黄、黑彩绘植物图案,奁内放置玛瑙珠、琉璃珠以及装饰用的小扎包。

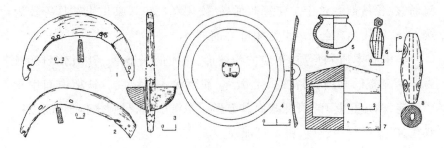

图2-74　扎滚鲁克98QZIM133出土器物

偏洞室墓一般被认为与游牧民族有关。楼兰地区的竖穴偏室墓集中发现于且末扎滚鲁克地区,LE古城东北也发现了一座09LE31M1,随葬品表现出游牧文化特征。98QZIM133中出土一件陶器,为三角状唇部。从随葬品、葬具以及同墓地所见竖穴土坑墓的特征来看,这些竖穴偏室墓的年代约在魏晋时期。楼兰地区的经济形态为绿洲农业,这批带有游牧特征的墓葬无疑属于外来文化。在第五章中我们还会进一步讨论这个问题。

### 2.1.4　D型——带斜坡墓道的洞室墓

2009年,新疆考古工作者在罗布泊地区进行文物普查,在楼兰LE古城以北共编号了5处墓地,除上文介绍的一座竖穴土坑墓(09LE14M2,即彩棺墓)、一座竖穴偏室墓(09LE31M1)外,其余均为带斜坡墓道的洞室墓。洞室墓一般是在雅丹的一侧掏挖而成,墓室多长方形,有单室、双室、三室三种,有的墓室中部修出中心柱。墓室顶有平顶、拱顶和覆斗顶三种。墓室壁有的以草泥抹平并涂白灰粉,其中一座墓绘有壁画。[1]

**09LE1M1**　带斜坡墓道的左右双室土洞墓,双室均为覆斗顶。内

―――――――――――
〔1〕承蒙新疆文物考古研究所张玉忠、于建军两位先生惠赠资料,谨致谢忱!

室放箱式木棺3具,外室有散落的棺板,采集到3件丝织品。

**09LE3M1** 距09LE1号墓地高台近200米,为一带墓道的单室土洞墓,墓道长约4米,墓室长方形,平顶,进深3.8米、宽4.1米,墓室正中有直径0.8米的圆形土柱,直顶洞顶,顶端修出略大于柱身的方形柱头,墓室正壁开一个浅龛,进深0.4米、宽约0.6米。墓室内散落着散架的箱式木棺的棺板。

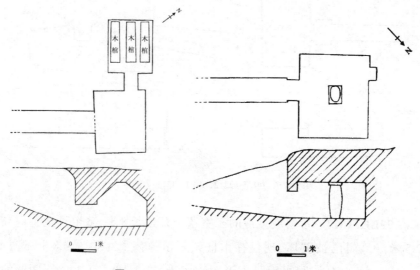

图2-75　09LE1M1、09LE3M1平剖面图

**09LE13M2** 带斜坡墓道的单室土洞墓,墓道壁方向为北偏东45度,宽0.8米、长约4米,墓室长3.5米、宽2.5米、高1.5米,平顶,墓口有长30厘米、高1米的甬道,甬道与斜坡墓道之间有长1.2米、宽0.8米、高1.2米的过厅。门宽1.2米,门道两边立有两根方形木柱,为门框。墓道外散落有带门轴的木门,门由胡杨木板拼合而成,高1.1米、残宽0.8米、厚0.8米。棺木4—5具,其中2具用整块胡杨木掏挖、砍削而成,长2.17米、宽0.56米,四角嵌圆柱状足,其余为木板卯合的箱式棺,有四足的棺箱,也有无足带棺座的箱棺,棺长2.06米、高0.66米左右。

**09LE14M1** 带斜坡墓道的双室洞室墓,墓向南偏东15度,前后室均为不规则的长方形,前室长4.7米、宽2.5—3.35米、高约2.7米;后室长 2.4—2.9 米、宽 2.1 米、高约 1.65 米。前室带中心柱,下部残损,直径约 60 厘米。墓室壁用草泥抹平,泥皮厚 1 厘米左右,再饰白石灰粉,但未见任何壁画。墓门保存完好,木质,4 块木板合制,连接处有木钉,高 1.1 米、宽 0.86 米、厚 0.12 米,门外堆积有苇草束。前室见头骨 2 个,完整骨架 1 具,散乱棺板大小约 20 块。后室内有至少 2 个以上箱式棺。

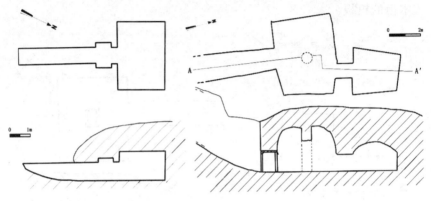

图 2-76　09LE13M2、09LE14M1 平剖面图

**09LE31M2**　带斜坡墓道的三室墓。墓道长 8 米,墓道顶至墓门高 2.5 米。墓门已被破坏,现仅存木框架。甬道高 1.2 米、宽 0.8 米、进深 0.8 米。主墓室拱顶,平面长方形,长 3.6 米、宽 3.3 米、高 2.4 米,四壁涂有草泥层,地表有淤土,土间夹杂土坯(土坯规格为 45 厘米×24 厘米×8 厘米)。东偏室门宽 0.7、高 0.9、厚 0.6 米,拱顶,平面长方形,长 3.3 米、宽 2.1 米、高 1.6 米,四壁涂有草泥层,东壁南侧有一壁龛,宽 1 米、高 0.9 米、进深 0.2 米。北偏室门宽 0.8 米、高 1.1 米、进深 0.65 米,拱顶,平面长方形,长 3.3 米、宽 2.5 米、高 1.7 米,四壁涂有草泥层。主室置放一具棺板(280 厘米×70 厘米×6 厘米),棺板上有一燕尾(10 厘米×4 厘米×2 厘米)、一张完整的莆草席(250 厘米×95 厘米×2 厘米)、一把箸帚、一具干尸的下半身及另一具干尸的两条腿(分开)、丝织品、毛毡等。东偏室内有一完整木架,高 85 厘米,木板尺寸为 130 厘米×25 厘米×2 厘米,地表有一残黑陶罐、羊前腿等陪葬物。北偏室内并排摆放有两具大小相同的木棺,木棺长 2.23 米,上边宽 0.6 米,下边宽 0.63 米,棺高 0.74 米,棺板厚 8

厘米。棺内有人骨、零星木构件等。偏室门内侧墙角有一颅骨。发现一残铜器。

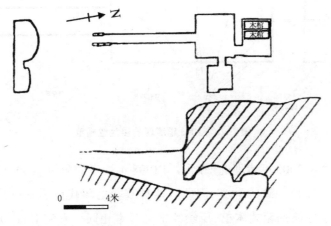

图2-77    09LE31M2平剖面图

**壁画墓**    2003年春,一支独立的探险队又在LE城东北4公里处的一座雅丹台地上发现了一座被盗的壁画墓,随后新疆考古研究所立即组织力量进入罗布泊地区对这座墓葬进行了清理,确认是一座带墓道的前后双室土洞墓。[1] 墓室内壁满绘壁画。墓道前窄后宽,长达10米;前室长4米、宽3.5米、高1.7米,平顶,中部竖立一直径0.5米、下有方形基座的中心柱,柱身满绘轮形图案,上部残毁;后室比前室略小,边长2.8米,也为平顶;墓室四壁装饰有大量壁画,但被严重毁坏。墓室中清理出木棺板多件,均属箱式木棺,除一口棺盖呈人字坡顶的棺完整外,余均被拆散。棺板表面有彩绘束带穿璧纹和云气纹。有的棺板上还残存旌幡棉布画残片,系用小铁钉钉在棺上。墓室中清理出大量破碎的棉、丝、毛织物残片,既有彩色毛毯,也有绢画残片,以及云纹、植物纹刺绣和菱形格纹织锦,还有木杯、彩绘箭杆、皮囊、马鞍冥器、象牙篦、木梳等(见彩图6至12[2])。

〔1〕李文儒:《被惊扰的楼兰》,载《文物天地》2003年第4期;张玉忠:《楼兰地区发现彩棺壁画墓葬》,载《中国考古学年鉴》,北京:文物出版社,2004年,第410—412页。

〔2〕A. Wieczorek & C. Lind, *Ursprünge der Seidenstraße: Sensationelle Neufunde aus Xinjiang, China*, Stuttgatt: Konrad Theiss Verlag GmbH/Mannheim: Reiss-Engelhorn-Museen, 2007, pp. 238—244.

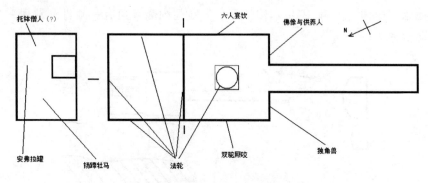

图2-78　2003年清理的楼兰壁画墓

**年代**　2003年清理的壁画墓与1998年被盗的彩棺墓09LE14M2出土了几乎完全一致的葬具,因此这两种墓葬的年代应为同时。两座墓都采用了彩绘的箱式木棺,所绘纹饰也基本相同。事实上,这类彩绘箱式木棺在楼兰、营盘地区有大量发现。于志勇、覃大海对近年来发现的这类彩棺进行了统计,发现它们的形制和装饰都极其相似,均为一头大一头小的长方形四足木棺,彩绘配色和图案也几乎一致,多有红色束带穿璧纹、云气纹以及表现日、月的金乌和蟾蜍,并认为这种穿璧纹图像正是《后汉书·礼仪志》《后汉书·舆服志》所谓的"组连璧交络四角",是中原汉式丧葬文化的典型表现。[1]中原汉画像石、画像砖墓葬中,这种穿璧纹经常可以看到,如陕西绥德延家岔墓前室南北壁[2]上就会有穿璧纹和云气纹,与楼兰彩棺几乎完全一致。根据上文的讨论可知,箱式木棺是山普拉和尼雅墓地公元2世纪末至3世纪初十分流行的葬具之一,楼兰发现的彩绘箱式木棺在年代上可能晚于没有彩绘的箱式木棺。

---

〔1〕于志勇、覃大海:《营盘墓地M15的性质及罗布泊地区彩棺墓葬初探》,载《吐鲁番学研究》2006年第1期,第63-95页(收入西北大学考古学系、西北大学文化遗产与考古学研究中心编:《西部考古》第1辑,西安:三秦出版社,2006年,第401-427页)。

〔2〕汤池主编:《中国画像石全集·陕西山西汉画像石》,郑州:河南美术出版社/济南:山东美术出版社,2000年,第74-77页。

图 2-79　楼兰彩棺与东汉画像石装饰穿璧纹图案

从形制来看,带墓道的洞室墓源于中原地区,从东汉中后期开始在河西地区得以流行,楼兰以东的青海、甘肃有大量发现,新疆地区主要集中在吐鲁番阿斯塔那、哈拉和卓墓地。学术界一般认为,这种汉式墓葬形制在河西、新疆地区的出现,是汉晋时期汉文化在西北地区传播的结果。[1]

从墓室结构来看,09LE3M1、09LE14M1 和 2003 年清理的壁画墓墓室中均带有一中心柱。墓室中立中心柱是中原汉式墓葬的传统做法,在东汉时期的崖洞墓、石室墓中尤为流行,如龟山二号西汉崖洞墓[2]、沂南画像石墓[3]、三台郪江柏林坡 1 号崖墓[4]、彭山崖墓[5]中都可见到,

〔1〕黄晓芬:《汉墓的考古学研究》,长沙:岳麓书社,2003 年,第 150-153 页;张小舟:《北方地区魏晋十六国墓葬的分区与分期》,载《考古学报》1987 年第 1 期,第 19-44 页;郑岩:《魏晋南北朝壁画墓研究》,北京:文物出版社,2002 年,第 58-59 页。

〔2〕南京博物院、铜山县文化馆:《铜山龟山二号西汉崖洞墓》,载《考古学报》1985 年第 1 期,第 120 页。

〔3〕南京博物院、山东省文物管理处:《沂南古画像石墓发掘报告》,北京:文化部文物管理局,1956 年,第 3-4 页。

〔4〕四川省文物考古研究院、绵阳市文物管理局、三台县文物管理所:《四川三台郪江崖墓群柏林坡 1 号墓发掘简报》,载《文物》2005 年第 9 期,第 15、18 页。

〔5〕南京博物院:《四川彭山汉代崖墓》,北京:文物出版社,1991 年,第 11 页;梁思成:《梁思成全集》第 8 卷,北京:中国建筑工业出版社,2001 年,第 40 页。

表现为仿木构的八角柱,上施斗拱,下承以础石。楼兰土洞墓中的中心柱均为圆形土柱,柱身粗矮,顶端修出略大于柱身的方形柱头,下承方形柱础,更接近甘肃高台地埂坡晋墓[1]中的仿木立柱,但形制更为简单,没有柱上的仿木构架。造成这种差异的原因,一是技术上未能达到河西地区仿木构的水平;二是从壁画墓中心柱上满绘的轮形图案看来,可能随着佛教传入,中心柱的意义已转变为表现佛教中的"法轮柱"。因而,楼兰壁画墓的年代应接近于甘肃高台地埂坡晋墓。

图 2-80　楼兰 09LE3M1 和 09LE14M1、壁画墓及地埂坡 M1、M3 前室中心柱

另一方面,2007年新疆库车县友谊路在地下街建设施工过程中,发现了一批十六国时期墓葬,这为确定楼兰这批墓葬的年代下限提供了

---

〔1〕甘肃省文物考古研究所、高台县博物馆:《甘肃高台地埂坡晋墓发掘简报》,载《文物》2008年第9期,第29-39页;国家文物局:《2007年中国重要考古发现》,北京:文物出版社,第87页。

一个确切的依据。[1]这批墓葬共清理了小型竖穴墓3座、砖室墓7座。竖穴墓平面为椭圆形,仰身直肢一次葬,随葬龟兹小五铢、银耳环等物。砖室墓可分成长方形单室砖墓、单室穹隆顶砖室墓、双室穹隆顶砖室墓三种。从形制来看,这批墓葬与河西地区发现的晋十六国时期砖室墓非常相似,墓葬构筑方式、用材规格、砖雕风格及出土遗物等,与酒泉、嘉峪关的魏晋壁画墓、敦煌佛爷庙湾墓地、大通上孙家寨墓地等魏晋时期的墓葬极其接近,均属于汉式墓葬系统。关于这批墓葬的墓主人,据《晋书·苻坚载记》记载:"坚于是以骁骑吕光为持节、都督西讨诸军事,与陵江将军姜飞、轻骑将军彭晃等,配兵七万,以讨定西域。"《十六国春秋》《资治通鉴》等文献均载事发生于前秦建元十九年(383)。吕光率军西征,在龟兹取得胜利,"抚宁西域,威恩甚著,桀黠胡王昔所未宾者,不远万里皆来归附,上汉所赐节传,光皆表而易之"。为了巩固平定西域的成果,吕光班师后必然会留下军队在当地镇守。库车2007年发现的这批汉式墓葬的墓主人应即吕光西征后所留下的汉朝士兵,年代当在4世纪晚期。

图2-81 库车出土十六国砖室墓及出土陶器

据研究者考证,吕光进军西域的路线是先到鄯善,然后北上车师,

---

〔1〕新疆文物考古研究所、库车县文物局:《新疆库车县发现晋十六国时期汉式砖室墓》,载《西域研究》2008年第1期,第137-138页。

再向西攻击焉耆和龟兹。[1] 军事征服是文化传播最直接的途径,因此,吕光军队所到之处也留下了汉文化的遗迹。《洛阳伽蓝记》卷5载北魏孝明帝神龟年间的宋云、惠生《行纪》有云:"从鄯善西行一千六百四十里,至左末城。……城中图佛与菩萨,乃无胡貌,访古老,云是吕光伐胡所作。"左末即且末。由此可知吕光的这次西征推动了十六国时期以后塔里木盆地的一次文化变革。就丧葬制度而言,公元4世纪晚期以后,塔里木盆地开始使用砖室墓的形式,以库车2007年这批墓葬为代表。而楼兰壁画墓、扎滚鲁克第三期墓葬等仍为土洞墓,年代无疑应在公元4世纪中叶之前。

## 2.2　分期与年代

通过上文的分析,我们可以大致建立起楼兰地区墓葬材料的编年序列,以汉通西域为起点,共可分为三期。

### 2.2.1　第一期:西域诸国时期(公元前2至前1世纪)

这一期包括I式刀形墓和Ba型、Bb型I式竖穴土坑墓,典型墓葬分别为且末扎滚鲁克二号墓地96QZIIM1、96QZIIM2和平台墓地MA1、MA6、MA7,此外还包括老开屏墓地79LQM1、扎滚鲁克一号墓地出土西汉锦的96QZIM54、使用半圆木棺的9QZIM27等以及尼雅93MN3号墓地。

两种墓葬形制在且末、罗布泊地区均有发现。尼雅93MN3号墓地墓葬形制已不清,推测应为刀形墓或竖穴沙室墓,从其随葬品丰富程度来看,刀形墓的可能性很大。葬具为很简单的毡毯、木块等或无葬具。刀形墓为10人以上的大型丛葬墓,竖穴土坑为10人以下的合葬墓或单人葬墓。

这一时期的随葬品中,陶器较粗糙,主要是手制黑衣陶器,为本地制造,包括带流罐、单耳罐和钵,出现了平底器。木器的数量和种类都很丰富,木梳为较原始的梳柄嵌齿的形式,此外还出土了许多弓箭、马

〔1〕罗新:《墨山国之路》,载《国学研究》第5卷,北京:北京大学出版社,1998年,第484—487页。

具、徽章形铜镜以及一些装饰动物纹和漩涡纹的器物,表现出了游牧文化的特征。墓葬中普遍出土小型铁器,说明已进入了铁器时代。

西汉时期,西域地区有三十六国,至哀平年间"自相分割为五十五国"(《后汉书·西域传》)。占据塔里木盆地南道的绿洲小国包括楼兰、姑师、小宛、精绝、且末、戎卢等。这一期墓葬代表的是这些绿洲小国的土著文化。从墓葬来看,各小国文化差异不大,这种情况可能也和墓葬的发现情况有关,其中且末国材料较为丰富,而楼兰、精绝等其他小国的墓葬发现较少。目前唯一可区分出来的是姑师文化,以竖穴土坑墓、素面红陶和连弧纹装饰为特点。

从且末扎滚鲁克的材料来看,西汉之前这一地区的典型陶器是折肩钵,部分单耳杯也有折肩的特征。折肩器在中亚比较流行,如费尔干纳的楚斯特文化。[1]新疆境内发现较早的折肩器是塔什库尔干下坂地墓地发现的折肩罐,应为受中亚文化影响的结果。扎滚鲁克的折肩器可能来自塔里木盆地西部。在文化的传承方面,扎滚鲁克西汉之前的考古学文化可见到与小河-古墓沟文化十分明显的联系,如用皮毡包裹尸体,墓主人所穿皮靴、毡靴和带羽毛装饰的帽子、牛角杯、长齿木梳等小河-古墓沟的文化传统,在扎滚鲁克均可见到。[2]

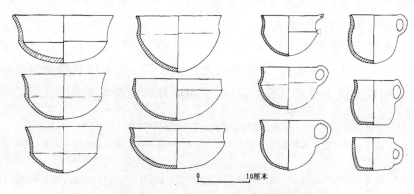

0          10厘米

图2-82　扎滚鲁克西汉之前的典型陶器

〔1〕A. H. Dani, V. M. Masson, *History of Civilizations of Central Asia: The Dawn of Civilization, Earlist Times to 700 B.C.(vol. I)*, Paris: UNESCO, 1992, pp. 447-451.

〔2〕新疆文物考古研究所:《新疆罗布泊小河墓地2003年发掘简报》,载《文物》2007年第10期,第4-42页。

欧·亚·历·史·文·化·文·库·

西汉时期扎滚鲁克延续了之前使用手制黑衣陶器的传统。研究者曾对新疆发现的这类陶器进行过统计,将其按水系划分为5个文化区,即玉龙喀什河、喀拉玉尔滚河、车尔臣河、尼雅河和克里雅河5个区域,认为这类器物与绿洲城邦国家有着密切的关系。[1]这一观点极有见地。据分析,5个文化区的器物组合虽然略有差异,但均包含单耳带流陶罐和束颈陶钵,这两种器物构成了手制黑衣陶的基本要素。在5个文化区中,扎滚鲁克墓地所在的车尔臣河区这类陶器最为发达,其他地区应为受到了扎滚鲁克黑衣陶器的影响。在渊源上,黑衣陶在战国时期出现于塔里木盆地,无疑应为外来因素。研究者发现在欧亚草原外高加索、哈萨克斯坦、南西伯利亚、印度次大陆以及拉萨曲贡遗址均有类似的黑陶,其具体来源还需要进一步的考察。[2]

这一时期扎滚鲁克的主要器物组合是带流罐、深腹圜底钵和单耳罐。其中,带流罐体现出了来自察吾呼文化的影响。一些研究者曾将其归入察吾呼文化中,称之为察吾呼文化的扎滚鲁克类型。[3]然而,近年来随着一些新资料的刊布,不少学者认识到扎滚鲁克遗存具有自身特色,虽与察吾呼文化存在一定联系,但以个别器物局部特征相似来推出整个文化同源的结论则是不足为训的。[4]我们认为,扎滚鲁克墓葬整体上与察吾呼文化差别较大,并且在年代上晚于后者,可能是有部分察吾呼移民来到了此地。

此外,扎滚鲁克在墓葬形制、葬式、随葬品的许多方面与吐鲁番盆地表现出极大的相似性,意味着可能也接收了一部分吐鲁番盆地的移民。如在竖穴土坑墓口设二层台、采用仰身屈上肢双手曲于腹部的葬

〔1〕王博:《新疆考古出土手制黑衣陶器初探》,载《西域研究》2002年第3期,第41-49页。

〔2〕戴维:《鄯善地区汉晋墓葬与丝绸之路》,北京大学考古文博学院硕士学位论文,2005年,第22页。

〔3〕陈戈:《察吾乎沟口文化的类型划分和分期问题》,载《考古与文物》2001年第5期,第32-33页;韩建业:《新疆青铜时代——早期铁器时代文化的分期和谱系》,载《新疆文物》2005年第3期,第65-66页。

〔4〕郭物:《新疆天山地区公元前一千纪的考古学文化研究》,中国社会科学院考古研究所博士学位论文,2005年,第58页;邵会秋:《新疆扎滚鲁克文化初论》,载吉林大学边疆考古研究中心:《边疆考古研究》第7辑,北京:科学出版社,2008年,第177-179页;肖小勇:《丝绸之路对两汉之际西域的影响——以考古学为视角》,载《西域研究》2010年第4期,第60-62页。

式在洋海一号、二号墓地和苏贝希三号墓地均十分流行；刀形墓中出土的大量器物，如木桶、木梳、双联罐、箜篌、皮盒等在洋海一号墓地都可见到器形和纹饰几乎完全一样的器物。[1]

根据文献记载可知，这一时期楼兰维持着一种绿洲农业和游牧并存的混合式的经济形态。一方面，楼兰部分地域的自然条件可开发绿洲农业，元凤四年鄯善王尉屠耆还曾上书要求汉朝在"其地肥美"的伊循城屯田，并且能够供应周边地区，如婼羌就"不田作，仰鄯善且末谷"；而"且末以往皆种五谷，土地草木，畜产作兵"，且末国"有蒲陶诸果"(《汉书·西域传》)。

另一方面，游牧仍是经济生活中的主要部分，鄯善境内部分地区又"地沙卤、少田，寄田仰谷旁国……多苗苇、柽柳、胡桐、白草，民随畜逐水草，有驴马，多橐它"(《汉书·西域传》)。在匈奴之前，西域大部分地区是为大月氏人所控制，匈奴亦向其称臣纳质，冒顿单于就曾质于月氏。公元前176年前后，匈奴"夷灭月氏，尽斩杀降下之"(《史记·匈奴列传》)，夺得了对西域的控制权。[2]匈奴兼并西域时曾称"定楼兰、乌孙、呼揭及其旁二十六国，皆以为匈奴，诸引弓之民，并为一家"，证明楼兰地区原来就存在着畜牧业，并且可能受到了月氏、匈奴游牧文化的强势影响。

扎滚鲁克西汉的刀形墓中出土了大量与草原文化密切相关的文物，如二号墓地96QZIIM2出土的"徽章形铜镜"，即典型的草原文化器物。此外大量木器上也都装饰有草原文化风格的动物纹样。96QZIM14出土的木梳上刺刻了后蹄翻转式的鹿纹形象，这种后蹄翻转式的动物形象是阿尔泰艺术和鄂尔多斯青铜器中的典型纹样，如巴泽雷克墓葬中死者身上的动物文身，均表现为后半个躯体向上翻转的形象，年代约在战国中晚期(公元前4—前3世纪)。[3]在鄂尔多斯青铜器艺术中，后

[1] 新疆文物考古研究所、吐鲁番地区博物馆：《鄯善县苏贝希墓群三号墓地》，载《新疆文物》1994年第2期，第1-20页；新疆文物考古研究所、吐鲁番文物局：《鄯善县洋海一号墓地发掘简报》《鄯善县洋海二号墓地发掘简报》《鄯善县洋海三号墓地发掘简报》，载《新疆文物》2004年第1期，第1-68页。

[2] 余太山：《塞种史研究》，北京：中国社会科学出版社，1992年，第52-57页。

[3] Sergeĭ Ivanovich Rudenko, *Frozen Tombs of Siberia: The Pazyryk Burials of Iron-Age Horsemen* (trans. by M. W. Thompson), Berkeley & Los Angeles: University of California Press, pp. 110-113.

肢翻转动物纹最早在春秋时期出现,战国时期已十分发达,多以对称形式出现,而且造型更加逼真和优美。鹿角形状早晚也有变化,春秋时期呈连续环状,经过连续"S"状角向枝状角发展,稍早的从头上向后弯曲到颈后,稍晚再延伸至背上,乃至臀部。[1] 从形式上看,96QZIM4出土木梳上的后蹄翻转式鹿纹为两只鹿呈中心对称,鹿角为枝状,或与鄂尔多斯文化相关。96QZIM24出土的木筒上和96QZIM92出土的木桶上也都装饰有枝状角鹿纹。

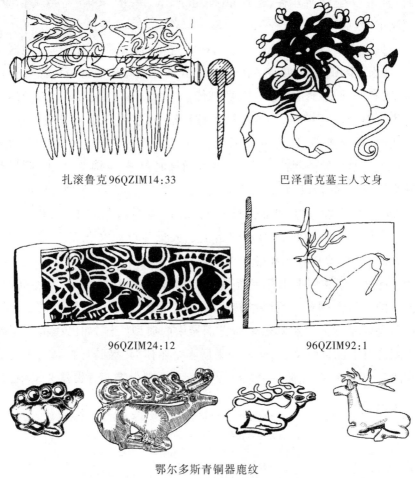

扎滚鲁克96QZIM14:33　　　　　　　巴泽雷克墓主人文身

96QZIM24:12　　　　　　　　96QZIM92:1

鄂尔多斯青铜器鹿纹

图2-83　鹿纹装饰

[1] 田广金、郭素新:《鄂尔多斯式青铜器》,北京:文物出版社,1986年,第178-182页。

此外,96QZIM24出土的木盒表面雕刻有图案化的连续鸟首纹;96QZIM64出土长方形木盒上雕刻了两样纹,狼作卧式,有两个头,羊在狼腹中;96QZIM17出土木桶上雕刻立式骆驼和鹿的形象;85QZM5出土木梳柄上锥刺两组动物纹样,一组为盘曲状角的三只岩羊,另一组为头部中箭倒地的羚羊与一只龇牙咧嘴的狼。这些动物纹样都具有草原艺术风格,是鄂尔多斯和斯基泰艺术的传统纹样,尤其与洋海墓地类似纹样接近,其直接来源应为吐鲁番盆地。

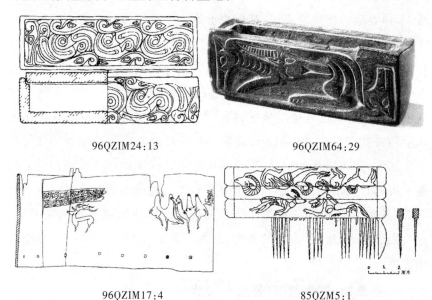

96QZIM24:13　　　　　　　　96QZIM64:29

96QZIM17:4　　　　　　　　85QZM5:1

图2-84　扎滚鲁克木器装饰动物纹

汉文化在这个时期亦开始进入楼兰地区。96QZIM44出土一件残漆器,上面装饰流云纹,这种纹饰在阿拉沟出土漆盘上也可见到,类似器物见于马王堆汉墓。另外,扎滚鲁克一号刀形墓中出土了大量丝织品如纨、缦、锦、刺绣等,这些丝织品无疑

图2-85　扎滚鲁克96QZIM44出土残漆器

·欧·亚·历·史·文·化·文·库·

是来自中原地区。经专家鉴定,其中96QZIM54出土的锦的年代到了西汉。但是,总体来说,这一时期楼兰地区发现的中原物品仍是零星的,汉文化影响程度较为有限。

张骞凿空之后,汉朝开始了对楼兰地区的经营,主要表现为四种方式:一是派遣使者,"使者相望于道,一岁中多至十余辈";二是发动军事行动,如讨伐大宛、车师等;三是赐婚,包括出嫁乌孙的细君公主、解忧公主和赐鄯善王尉屠耆"以宫女为夫人";四是屯田,在轮台、渠犁、伊循、车师等地。就楼兰来说,其历史上第一个重要转折点是西汉昭帝元凤四年(前77),"乃立尉屠耆为王,更其国名为鄯善,为刻印章,赐以宫女为夫人,备车骑辎重,丞相将军率百官送至横门外,祖而遣之"。通过这一系列的仪式,汉朝确立了对鄯善的宗主国地位。这意味着汉文化开始以官方形式进入楼兰地区,赐宫女、车骑辎重等都可导致汉人移民和生活方式的到来,并可由上而下地直接对当地政治制度和文化习俗产生影响,这与以往的贸易、军戍等所带来的汉文化在规模和程度上都是不可同日而语的。考虑到政治事件对于文化风俗的改变有一定的时间差,我们可把楼兰考古学文化前两期的分界点大致放在两汉之间。这一做法主要是出于方便的考虑,固然不甚精确,但误差应在可接受范围之内。

## 2.2.2　第二期:鄯善前期(公元1—3世纪上半叶)

东汉明帝永平年间,鄯善曾向西扩张,一度吞并了精绝、且末等国,不过,中原王朝一旦控制西域就会极力阻止和反对西域大国称霸,因此诸国后来又"并复立",鄯善并不能真正兼并周边小国。尽管如此,军事攻伐和政治变动无疑会带来文化上的传播和交流,因此尼雅地区与罗布泊地区这一时期的墓葬表现出了一定程度上的相似性。

属于这一期的墓葬数量较多,包括平台墓地MA2,且末加瓦艾日克墓地95XQJM6,尼雅93MN1、95MN1、97MN2三处墓地,斯坦因发掘的楼兰LH墓地,黄文弼发掘的L彐、L匚、L囗墓地,贝格曼发掘的小河4、6、7号墓地和米兰墓地,斯文·赫定发掘的孔雀河三角洲Grave35、38号墓葬,以及楼兰孤台(LC)墓地,以尼雅三处墓地为典型代表。

墓葬形制主要是Bb型Ⅱ式竖穴土坑墓,此外还有一座Ⅱ式刀形墓,加瓦艾日克95XQJM6,是西汉时期刀形墓的延续,但规划比前一阶段更为复杂。葬俗有单人葬、双人葬、丛葬三种,高等级墓葬多为夫妇合葬。葬具均使用箱式木棺或船形独木棺两种。葬式多仰身直肢。随葬器物主要是墓主人生前用品,其中陶器较少,以罐为主,主要是带流罐、双系罐两种,此外97MN2M1号墓葬发现了东汉晚期的朱书解注瓶。木器仍为大宗,其中较有特色的是亚腰鼓形的木器座和带把的木杯、木碗,把手上有指垫,器内盛食物。男性随葬马具、弓箭,箭杆多非实用器,女性随葬铜镜及镜袋、马蹄形梳篦、纺轮及纺轮盒、妆奁盒及女红用品。

通过中原王朝的持续经营,汉文化的影响在这一时期开始明显表现出来,如随葬品中的铜镜、马蹄形木梳等,许多为中原汉式物品。夫妇合葬墓中出土一种木权,据考证为文献所载“樺樋”,男女各一,不可混用,体现了中原文化对当地上层人物的影响。97MN1M1号墓出土的解注瓶,更显示出当地汉化程度之深。此外,这一时期墓葬中发现的大量带有汉文吉语的织锦,通过前文的分析我们已经知道,这些织锦均为东汉时期之物。部分织锦工艺复杂,可能出自宫廷作坊。有些吉语文字如“恩泽下岁大孰常葆子孙息弟兄茂盛无极”“五星出东方利中国”“讨南羌”等只能是提供给特殊人群使用的,这些织锦应系中原王朝的赠赐品。另一些纺织物上面标有长度和价格,意味着它们是贸易流通的商品。尼雅佉卢文残卷中曾发现有以丝绸作价购买女奴的记载,一个奴隶的身价等于41卷丝绸,显然丝绸已经为西域经济生活中的重要物品。研究者曾指出,只有在公元70年到170年这一段时间里,东汉王朝重设西域都护府,对西域实施着有力的控制,丝绸之路的南道上交通畅通,中原的丝绸和铜镜才能够源源不断地流入西域。[1]这一观点无

〔1〕中日日中共同尼雅遗迹学术考察队:《中日日中共同尼雅遗迹学术调查报告书》第2卷,乌鲁木齐/京都:中日日中共同尼雅遗迹学术考察队,1999年,第110页;韩翔、王炳华、张临华:《尼雅考古资料》,新疆社会科学院内部刊物,乌鲁木齐,1988年,第38页。

疑切中肯綮。

尼雅95MN1号墓地的M3和M8,随葬品规格非常高,如研究者所推断,应为两代精绝王的墓葬。[1]从墓葬中出土的大量中原汉式器物来看,墓主受汉文化影响程度已相当深,或许就是精绝国在汉朝的质子。

另一方面,公元2世纪末,东汉王朝在西域战略收缩,贵霜王朝的势力开始向塔里木盆地渗透。关于贵霜王朝是否统治过西域,学术界还存在争议,但塔里木盆地发现的大量佉卢文书证明贵霜对西域有着一定程度上的影响。这一时期的墓葬中也发现了反映贵霜文化影响的器物。如尼雅59MN001号墓所出一幅棉布画(见彩图13[2]),其主体图像表现西方古典艺术中阿里玛斯帕大战格里芬或希腊英雄赫拉克勒斯斗狮的故事,左下角是希腊丰收女神的形象。[3]1914年斯坦因在孤台(LC)墓地发现的一件毛织品残片则表现了希腊商业之神赫尔墨斯的形象,这些都是深受希腊化影响的贵霜文化的产物。[4]

此外,这一时期墓葬中发现的蜻蜓眼料珠、男墓主佩带的造型特殊的刀鞘、女墓主佩饰的金属耳饰及珍珠等物,无疑也是来自西方的奢侈品。其中,研究者指出尼雅59MNM001和孤台墓地曾发现过的罗马搅胎玻璃珠,应即东汉诗人辛延年的《羽林郎》中提到的"大秦珠"。[5]

### 2.2.3 第三期:鄯善后期(公元3世纪中叶—4世纪上半叶)

经过汉末的混乱之后,曹魏虽然再度与西域建立了联系,但已无力控制西域。《三国志·魏书》记录的西域诸国朝魏仅有寥寥几次,且明确记载西域"不能尽至",来朝贡的只是龟兹、于阗、鄯善等大国。事实上,这些大国来朝贡并非意味着对魏的臣服,而是欲假汉魏之号行称霸之实。据《魏略·西戎传》载:"南道西行,且末国、小宛国、精绝国、楼兰国

---

[1] 俞伟超:《尼雅95MN1号墓地M3与M8墓主身份试探》,载《西域研究》2000年第3期,第40-41页。

[2] 新疆维吾尔自治区文物事业管理局等:《新疆文物古迹大观》,乌鲁木齐:新疆美术摄影出版社,1999年,第66页。

[3] 张靖敏:《从希腊女神到东方圣母》,北京大学考古文博学院本科论文,2005年,第18-21页。

[4] 林梅村:《汉代西域艺术中的希腊文化因素》,载《九州学林》2003年1卷2期,第2-35页。

[5] 林梅村:《丝绸之路考古十五讲》,北京:北京大学出版社,2006年,第130-131页。

皆并属鄯善也。"西域长史虽驻楼兰,但对于鄯善兼并之举也无可奈何,因此这一时期鄯善才真正统一了塔里木盆地南道东半部的诸小国。

这一期包括扎滚鲁克一号墓地第三期墓葬、平台墓地MA3以及楼兰LE以北墓葬群。此外斯文·赫定发掘的楼兰Grave34主体虽在东汉中晚期,但也延续使用到了西晋时期。

墓葬形制主要是III式竖穴土坑墓、竖穴偏洞室墓和带墓道的土洞墓三种,此外平台墓地MA3为III式刀形墓,仅此一座,为刀形墓的延续。葬具有箱式木棺、木尸床两种,高等级墓葬中的箱式木棺上还饰以彩绘。随葬品方面,陶器普遍出现典型的汉式轮制泥质灰陶,特别是陶罐的口沿以三角状唇部为突出特征。木器中包括来自中原的木质耳杯、木盘、木梳、木耙,显示了汉文化的影响进一步加深。其中扎滚鲁克曾发现木耙,同类器物在山普拉墓地也曾出土,这与《宋云行纪》中描述的当时且末地区"决水种麦,不知用牛,末耙而耕"的情况完全吻合,体现了汉王朝在西域持续进行屯田,带动了当地农业生产工具的进步。

这一时期楼兰地区考古学文化的一个突出特征是与河西地区的联系十分紧密,如墓葬中常见敦煌祁家湾的典型器物——三角状唇部陶器,其来源应是河西地区。楼兰壁画墓中也出现了斗驼图这类表现墓主人日常生活的内容,这与河西魏晋时期壁画中常见的表现生产生活内容的壁画同属一类。

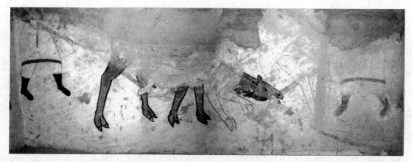

图2-86　楼兰壁画墓斗驼图

据研究者分析,自东汉顺帝永和二年(137)之后,西域长史已不再有直接上奏中央的权力,而是归于敦煌太守治下。在经过汉末的混乱

·欧·亚·历·史·文·化·文·库·

之后,魏晋时期延续了顺帝的旧制,以敦煌太守来节制西域长史。[1]如《三国志·魏书》载,仓慈任敦煌太守时,保护西域商路畅通,"西域杂胡欲来贡献……慈皆劳之"。仓慈去世后,"西域诸胡闻慈死,悉共会聚于戊己校尉及长史治下发哀"。西域长史治所自永和二年以后一直设在楼兰,楼兰、尼雅出土了大量西域长史与敦煌太守之间的官方文书,如楼兰出土林编第 296 号文书"长史白书一封诣敦煌府薄书十六封具,泰始六年三月十五日楼兰从掾位"、尼雅出土林编第 706 号木简"泰始五年十月戌午朔廿日丁丑敦煌太守都"等。因此,这一时期楼兰墓葬表现出受到了河西文化的强烈影响。

偏洞室墓在这一时期的出现意味着有一支外来人群到达了楼兰地区。事实上,墓葬中的这一现象并不是孤立的,它与这一时期佉卢文字的流行和小乘佛教的兴盛都是有关系的。我们认为,楼兰地区偏洞室墓的使用族属正是贵霜大月氏人。使用偏洞室、随葬马鞍、在墓室壁绘牡马等做法是保留了大月氏作为游牧民族本族的文化;而使用佉卢文、信仰佛教以及一些随葬器物则表现出了贵霜本土犍陀罗对大月氏文化的影响。公元 2 世纪,贵霜帝国发生内乱,大月氏人在内乱中失利,流亡到塔里木盆地,他们使用的文字和信奉的小乘佛教也随之到来,直接推动了楼兰地区佉卢文的流行和佛教的兴盛。这些大月氏人来到楼兰后,又受到了来自敦煌的汉文化的影响,如楼兰壁画墓的彩棺上所绘云气穿璧纹、随葬刺绣手套等。

尼雅地区缺失这一时期的墓葬,这一方面可能是考古尚未发现,另一方面可能是由于佛教兴起后人们采用了火葬。公元 3 世纪中叶,中原高僧朱士行在于阗去世,"依西方法维之,薪尽火灭,尸犹能全……因敛骨起塔焉"。北魏高僧宋云西行求法途中访问于阗,在游记中说,于阗人"死者以火焚烧,收骨葬之,上起浮图……唯王死不烧,置之棺中,远葬于野,立庙祭祀,以时思之"。当时尼雅地区可能亦如于阗,已经普遍使用火葬。[2]

---

〔1〕苏治光:《东汉后期至北魏对西域的管辖》,载《中国史研究》1984 年第 2 期,第 31~38 页。

〔2〕见本书 5.3。

整个楼兰地区迄今未发现公元4世纪中叶以后的墓葬。与此相对应的是,公元4—5世纪楼兰的佛教遗存却十分丰富,佛寺规模宏伟、盛饰浮图。[1]这意味着,楼兰在这一时期佛教盛行,人们已普遍采用火葬制度。公元401年,法显西行经过于阗,看到"家家门前皆起小塔",这些小佛塔应为墓上建筑,地下埋墓葬。

公元5世纪中叶以后,鄯善不断遭受外族入侵,逐渐亡国。《北史·西域传》载:"真君三年(442),鄯善王比龙避沮渠安周之难,率国人之半奔且末。"《南齐书·芮芮虏传》又载公元5世纪末(约491—492),"鄯善为丁零所破,人民散尽"。学术界一般认为,鄯善的历史到此终结,其国民陆续移居伊吾、高昌以及中原。20世纪30年代,洛阳地区曾出土有鄯乾、鄯月光的墓志,这些洛阳的鄯姓人无疑即鄯善灭国后迁居中原的遗民。[2]

## 2.3　小结

本章是全文的基础。以经科学发掘所获材料为主要依据,我们对楼兰墓葬进行了详细的型式分析,以平面形制分型、以随葬器物和墓室壁、墓道等的变化情况分式,由此我们可大致将楼兰墓葬分为三期:

**西域诸国时期**　这一时期是楼兰、精绝、且末等小国并立时期,其考古学文化代表着本地的土著文化,反映出绿洲农业和游牧相混合的经济形态特点。除姑师外,各小国文化面貌差异不大,墓葬形制主要是刀形墓和竖穴土坑墓两种,随葬品主要是陶器和木器。陶器以手制、素面、黑色陶衣为特色,典型器物有带流罐、单耳罐和钵三种;木器数量较多,流行动物纹和涡旋纹装饰。无论是陶器还是木器,器形多为圜底。在和周边地区的关系方面,带流罐的出现可能意味着扎滚鲁克与察吾

〔1〕见本书4.1。

〔2〕林梅村:《楼兰——一个世纪之谜的解析》,北京:中央党校出版社,1999年,第186-199页;刁淑琴、朱郑慧:《北魏鄯乾、鄯月光、于仙姬墓志及其相关问题》,载《河南科技大学学报》(社会科学版)2008年第6期,第13-16页。

呼文化有一定联系;墓葬形制、葬式以及随葬品等许多方面则与吐鲁番盆地表现出一定相似性。此外这一时期墓葬中也开始出现零星的汉式物品。楼兰 LA 古城东北郊平台墓地发现了三座墓葬,可能属于姑师北迁后留下的遗民,以竖穴土坑墓、素面红陶和连弧纹装饰为特点,年代在西汉中晚期。

**鄯善前期**　公元前 77 年,中原王朝将楼兰更名鄯善,立亲汉的尉屠耆为王。东汉明帝永平年间,鄯善曾一度向西扩张,但并未真正兼并诸小国。这一时期各小国之间的交流加强,考古学文化面貌较为一致。墓葬形制为竖穴土坑或沙室墓,使用箱式木棺和独木船棺两种葬具,随葬墓主人日常生活用品:陶器主要是带流罐和双系罐;木器数量丰富且较有特色,如带把杯、亚腰形器座、马蹄形木梳等。器底多为平底。这一时期随着汉王朝的持续经营,墓葬中汉文化的影响大大增强,出土了大量汉式物品,以丝绸和铜镜为代表。公元 2 世纪末,东汉撤出西域,贵霜势力趁机进入塔里木盆地,贵霜文化器物如写有佉卢文或带有西方艺术风格的纺织品开始在墓葬中出现。

**鄯善后期**　魏晋时期,中原汉王朝无力完全控制西域,鄯善才真正吞并南道东部诸小国。墓葬形制有竖穴土坑墓、竖穴偏室墓和带墓道的土洞墓三种;葬具有箱式木棺和木尸床两种,高等级墓使用彩绘木棺。陶器特征明显,均为三角状唇部、汉式泥质灰陶。少量高级墓中见到佛教的影响。带斜坡墓道的洞室墓、三角状唇部陶器表现出这一时期鄯善与河西地区的紧密联系。竖穴偏室墓、游牧特色随葬品等则体现出贵霜大月氏文化的影响,这与遗址中出土的大量佉卢文文书、佛教遗存等均说明此时应有一大批贵霜大月氏移民来到了塔里木盆地。

表 2-1　楼兰墓葬陶器演变表

| 墓葬 | 带流罐 | 钵 | 单耳罐 | 双耳罐 | 无耳罐 | 其他 |
|---|---|---|---|---|---|---|
| 第一期 | 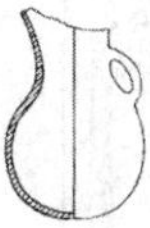 | 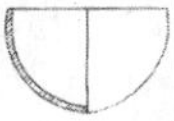 | 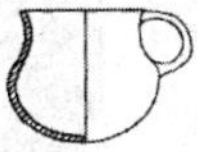  | | | |
| 第二期 | | | | |  |  |
| 第三期 | | | 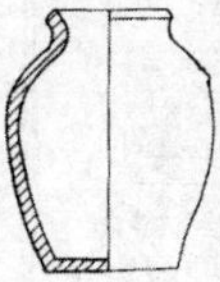 |  |  | 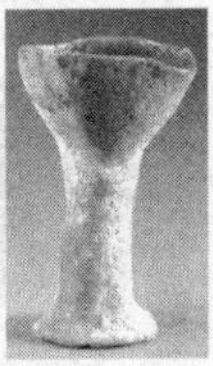 |

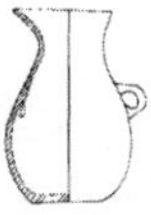

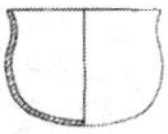

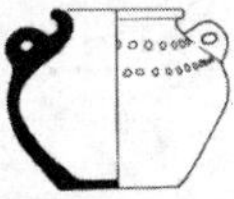

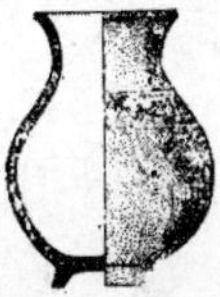

·欧·亚·历·史·文·化·文·库·

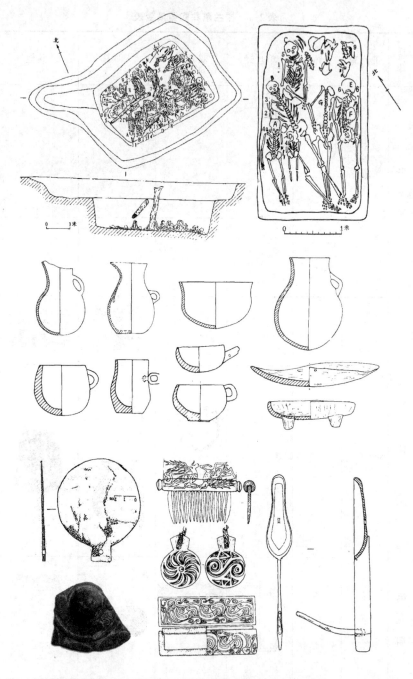

图 2-87　西域诸国时期典型墓葬与典型器物图

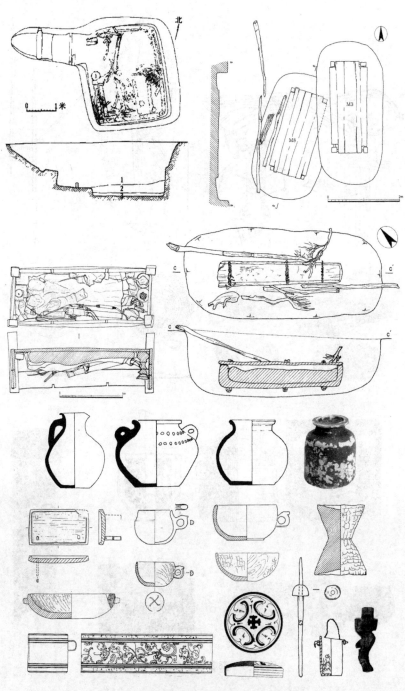

图 2-88　鄯善前期典型墓葬与典型器物图

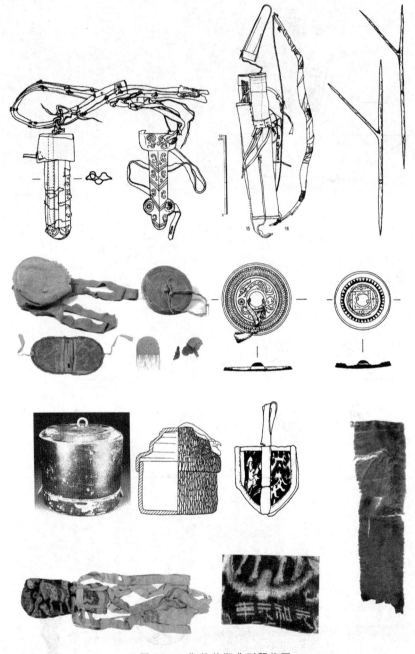

图 2-89　鄯善前期典型器物图

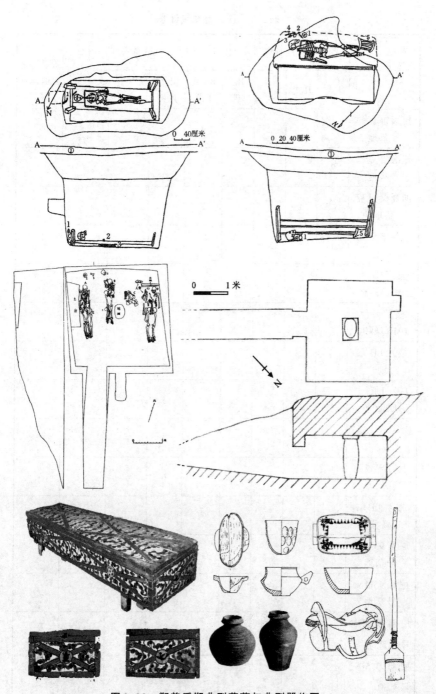

图 2-90　鄯善后期典型墓葬与典型器物图

·欧·亚·历·史·文·化·文·库·

表2-2　楼兰墓葬统计表

| | A型——刀形墓 | | | B型——竖穴土坑墓 | | | | C型——竖穴偏室墓 | D型——斜坡墓道洞室墓 |
|---|---|---|---|---|---|---|---|---|---|
| | I式 | II式 | III式 | Ba型 | Bb型 I式 | Bb型 II式 | Bb型 III式 | | |
| 扎滚鲁克一号墓地 | 9 | | | | 4 | | 12 | 18 | |
| 扎滚鲁克二号墓地 | 2 | | | | | | | | |
| 加瓦艾日克墓地 | | 1 | | | 2 | | | | |
| 楼兰老开屏墓地 | 1 | | | | | | | | |
| 楼兰平台（MA）墓地 | | | 1 | 3 | | 1 | | | |
| 楼兰孤台（MB）墓地 | | | | | | 2 | | | |
| 楼兰LH墓地 | | | | | | 2 | | | |
| L彐、L匚、L囗墓地 | | | | | | 3 | | | |
| Grave34、35、38 | | | | | | 3 | | | |
| 小河流域附近墓葬 | | | | | | 6 | | | |
| 楼兰LE东北墓葬群 | | | | | | | 1 | 1 | 6 |
| 尼雅93MN3号墓地 | | | | | | 1 | | | |
| 尼雅95MN1号墓地 | | | | | | 9 | | | |
| 尼雅93MN1号墓地 | | | | | | 2 | | | |
| 尼雅97MN2号墓地 | | | | | | 1 | | | |

表2-3　刀形墓统计表

| I式 | | | | | | |
|---|---|---|---|---|---|---|
| 墓号 | 墓葬形制与尺寸 | 墓向 | 葬俗 | 葬具 | 葬式 | 随葬品 |
| 96QZ IIM1 | 直柄刀形墓,墓道位于墓口东角,与东北部墓口边线形成一条直线。墓道为长条槽形,圆端,平底。墓道口呈二层台式,上盖棚盖。墓室为长方形竖穴,方向呈东南-西北向。墓口也呈二层台式,壁向外斜,东壁南半部残留4根棚木。墓室深2.1米,墓壁稍斜,底小口大。墓室口长5米、宽3.7米,墓底长4.5米、宽3.5米。墓道一面壁上有一脚窝,至底有一硬面台阶。墓室有两个立柱,顶端皆残。墓室西南角有一小棚架,上铺柳编席 | 南偏东32度 | 大型丛葬墓,葬有28人,14人为男性,8人为女性,6人性别不清 | | 仰身屈肢葬,包括上屈肢、左屈肢和右屈肢,双手大都置于身体两侧 | 单耳陶罐,铁锥,木梳,木弓,长方形木盒,木盘和弓囊木附件 |
| 96QZ IIM2 | 斜柄刀形墓,墓道接于墓口的南角,方向正南,与墓口的西南和东南边都形成了夹角。墓道有二层台的长方形,长近4米,叠放3根棚木。墓口为长方形二层台式,长10.3米、宽7.8米。墓室也呈长方形,壁斜直向内收,底小口大,口长7.4米、宽5.2米,底长6.6米、宽4.7米深1.4米。墓室东南-西北长轴线上有4根粗立柱,顶部已残 | 墓道方向正南,墓室为西北-东南向 | 大型丛葬墓,葬有27人:填土中2成年人、2小孩;墓底18人,其中3人性别年龄不清,7小孩,3女性,5男性 | 尸床 | 仰身直肢仰身下屈肢 | 2石眉笔、3石眉石、2砺石;2带流罐、3单耳罐、陶钵;木弓、木箭、弓囊木附件、木纺轮、糅皮刮刀、木鞭杆、拐杖、穿孔小木板、钻木取火器、木结具、小木盖、木腰牌、木竖篓篓、木盒、木件、木瓢、木罐、四足木盘、木杯、木桶、木盆、木盘、木碗、木钵、木梳等;藤编篓;骨梳、骨板、角杯、带扣骨舌;铜带扣、铜镜、铜匕;铁刀;石珠、蚌贝饰、骨珠、玻璃珠等 |

欧·亚·历·史·文·化·文·库·

续表 2-3

| 墓号 | 墓葬形制与尺寸 | 墓向 | 葬俗 | 葬具 | 葬式 | 随葬品 |
|---|---|---|---|---|---|---|
| 96QZIM4 | 单墓道长方形竖穴棚架墓 | | | | | 陶钵、带流罐、单耳罐2件、圈底罐、陶壶、骨角梳2件、木纺轮、加工木件、皮刀鞘、铁戒指、项链、高帽 |
| 96QZIM14 | 斜柄刀形墓,墓口有二层台,台壁外斜,台面的宽和深均为0.8米,二层台上残留棚盖。墓口东西长7米、南北宽5.6米。墓室圆角长方形,东西长5米、南北宽3.6米。墓室壁较直,深1.4米。墓室中央有一粗立柱,立柱顶部呈"Y"字形,高2米、直径0.2米。墓道接在墓室西北角,平面呈梯形,长3米、深0.8米,分为两级阶梯:第一级短,呈斜坡状,长0.7米;第二级较长,长2.3米,与墓室口平齐 | 288度 | 19人丛葬,4成年男性、11成年女性、1小孩、2人性别不清 | 毛毯、垫额木块 | 仰身上屈肢,双手置于身体两侧 | 陶钵、单耳陶罐、砺石2件、木弓、打纬木刀、木竖箜篌、弓囊木件、木梳2件、木腰牌3件、木花押、长齿木梳、木纺轮5件、木拐杖3件、单系木碗2件、单系木罐、木盒、绊马索、木结具、漆木棒、石珠、料珠、铜环、加工木件、苇秆束捆、帽、毛布袋 |
| 96QZIM24 | 斜柄刀形墓,墓室呈长方形,墓道处于西北角。墓口有二层台,壁外斜,台面宽0.56—1.1米、深0.7米左右。墓室东西长5米、南北宽3.6米;室壁较直,墓深1.4米。墓室中央立有一根顶部呈"Y"形的粗立柱,高2米、直径0.2米 | 79度 | 14人丛葬,其中4人出自填土,10人出自墓底 | | 仰身上屈肢 | 加工木件、木盒2件、木纺轮2件、单耳木杯、砺石、木盘、双连小木杯、木矢、弓囊木件、单耳陶杯、陶饼、铁柳丁 |

| 墓号 | 墓葬形制与尺寸 | 墓向 | 葬俗 | 葬具 | 葬式 | 随葬品 |
|---|---|---|---|---|---|---|
| 96QZ IM34 | 单墓道长方形竖穴棚架墓 | | | | | 带流罐、刻纹骨版、角勺、木矢、木杯、单柄木钵、弓形木绳扣、加工木件、弓形木件、彩绘板 |
| 96QZ IM44 | 单墓道长方形竖穴棚架墓 | | | | | 木杯、加工木件 |
| 96QZ IM54 | 单墓道长方形竖穴棚架墓 | | | | | 打纬木刀、单系碗、加工木件 |
| 96QZ IM55 | 单墓道长方形竖穴棚架墓 | | | | | 圜底罐、木纺轮、单系碗、铜珠 |
| 96QZ IM64 | 单墓道长方形竖穴棚架墓 | | | | | 单耳罐、角杯、弓囊件、捕鸭网、木纺轮、鞣皮刮刀、木盒、木盘4件、铁剑 |
| 96QZ IM65 | 单墓道长方形竖穴棚架墓 | | | | | 陶钵、木纺轮、木腰牌、皮囊、毛布帽 |
| 老开屏墓地 79LQ M | 单墓道长方形竖穴墓，长2.4米，宽1.8米。墓道在南面，墓口铺盖圆木27根，其上铺芦苇，地表盖块石。墓室北部曾用木材、块石支撑 | | 二次葬，墓内12人，除墓底5具骨架完整外，余皆散乱。墓室西侧上部有一块木板，上见人骨；墓室中部一卷包内有小孩骸骨 | 墓底架木、铺芦苇 | 仰身直肢，头北脚南 | |

119

续表 2-3

| II式 | | | | | | |
|---|---|---|---|---|---|---|
| 墓号 | 墓葬形制与尺寸 | 墓向 | 葬俗 | 葬具 | 葬式 | 随葬品 |
| 95XQJM6 | 单墓道竖穴墓,墓道斜伸于墓室西北角外,方向259度,平面呈舌形,长2.78米,接墓室处宽1.15米,自上到下分为三级台阶。第二台阶中央横置木质门槛。墓室平面近方形,曾设棚盖,墓口大于墓底,南北长3.7米、东西宽3.38米,墓底距地表1.8米,南北长3.04米、东西宽2.56米。墓底中心立一木柱 | | 多人合葬,至少葬有9人 | 木质尸床 | | 夹砂黑陶罐;4木盘,小木碟,2木碗,小圆木盒,单把木碗,2木锥,木案,木纺轮;木杆铁镞;织锦 |

| III式 | | | | | | |
|---|---|---|---|---|---|---|
| 墓号 | 墓葬形制与尺寸 | 墓向 | 葬俗 | 葬具 | 葬式 | 随葬品 |
| MA3 | 平面方形,墓室口长宽均为3.6米,墓底长3.32米、宽3.26米、深1.72米。西壁北端下有一土台,长1.5米、宽0.44米、高0.2米。南壁两端接斜坡墓道,墓道上口长3.8米、下口长4.1米,宽0.7—0.9米。南壁中间上部有一竖立长方形柱槽。墓室中部有一柱洞,洞中有朽木和木炭。墓坑里有散乱的木材料16根和散乱的苇席。从迹象推测,墓室原来可能栽有木柱,用来支撑墓顶横梁 | | 墓中丛葬人骨架5具,完整的有3具,2中年男性、1中年女性,均头北脚南,仰身直肢,其余2具骨架散乱,性别不明 | | | 小口束颈陶罐、弓弭、豆形陶灯、双耳陶罐 |

表2-4 竖穴土坑墓统计表

**Ba型**

| 墓号 | 墓葬形制与尺寸 | 墓向 | 葬俗 | 葬具 | 葬式 | 随葬品 |
|---|---|---|---|---|---|---|
| MA1 | 长方形竖穴土坑墓 墓口:? ×1.04米 墓底:2.38米×0.9米×0.88米 | 58度 | 单人葬,中年男性 | 西南部直立一排木桩,桩上横编苇草 | 仰身直肢,头东脚西 | 灰陶杯1 |
| MA6 | 长方形竖穴土坑墓 2.3米×0.58米×0.8米 | 89度 | 单人葬,中年女性 | | 仰身直肢,头东脚西 | 红陶杯1、灰陶小口短颈罐1、铁耳饰1 |
| MA7 | 长方形竖穴土坑墓 墓口:2.24米×1.34米 墓底:2.06米×1.26米×1.5米 | 34度 | 7人丛葬,儿童3、中年男性2、中年女性2 | | 1人俯身葬,5人仰身直肢 | 红陶单耳带流杯1、连弧纹陶杯1、小石杯1(套)、五铢钱2、"家常富贵"镜残片1、星云纹镜残片1、骨耳饰2 |

**Bb型I式**

| 墓号 | 墓葬形制与尺寸 | 墓向 | 葬俗 | 葬具 | 葬式 | 随葬品 |
|---|---|---|---|---|---|---|
| 85QZM2 | 长方形竖穴土坑棚架墓,墓穴口长5.35米,宽3米;墓穴底长3.1米,宽1.55米,深2.40米。墓口有两层台阶,上面填50厘米厚的沙土,下面盖四层棚盖,各层均有殉牲 | 西北-东南 | 4人合葬、1男3女,附葬1婴儿 | 墓底铺柳编席,席下挖出30厘米深的坑,上面置长短不齐的14根胡杨木 | 仰身屈下肢,双臂置腹上 | 3陶钵,2木纺轮 |
| 89QZM1 | 长方形竖穴土坑棚架墓,南北长约8米,东西宽约4.6米,地表有两根竖置的木桩,墓口以芦苇、编笆等做棚盖,墓室有二层台,墓穴长圆形,深约1米,南面宽1.1米,背面宽1.35米,墓口北沿置一根胡杨树干 | 北偏东15度 | 5人合葬,4成年男性,其中1人为老年,1成年女性 | 墓底铺芦苇 | | 单耳陶罐,木盘,毡帽,袷袢,驴皮 |

续表 2-4

| 墓号 | 形制 | 方向 | 人骨葬情 | 棺具 | 葬式 | 随葬品 |
|---|---|---|---|---|---|---|
| 89QZM2 | 长方形竖穴土坑棚架墓，从墓口到墓底分作四层台阶，墓口置4根胡杨树干，上盖棚盖 | 东北-西南 | 墓主为1老年女性，殉葬1年青女性和1小男孩，二次葬 | 毛毯、毡片 | | 木梳，纺车，苇秆，木勺，牛角杯，陶罐，食物，裌袢，印花毛布，绘花毛布 |
| 96QZIM27 | 长方形竖穴土坑墓，墓口呈不规则椭圆形，长轴1.14米、短轴1米。墓壁外斜，呈敞口状，深0.86米 | 60度 | 2小孩合葬，一正一反裹一包于一张毛毡内 | 毛毡、半圆胡杨木棺 | | 2角杯、1带流陶罐 |
| 95XQJM1 | 竖穴土坑墓，平面近方形，墓圹以中心线计，长2.5米、宽2.14米。墓室四壁较直，墓口略大于墓底，墓底为高低相差10厘米的斜向平面，最深处距地表1.6米。墓室中心竖有一根直径14厘米的木柱，可能用于支撑墓口棚盖。墓底东半部竖立小木桩4根，呈长方形分布 | 35度 | 多合葬墓，少至12个个体，系多次埋入，尸骨分别位于不同的层位 | | 仰身屈肢葬 | 手制黑衣陶器21件：4单把带流罐、2单耳罐、2双耳罐、10圜底钵、2錾耳圜底钵；木器：船形器，梳，纺轮，锥，盆，盘，刀形器，箭；3骨镞；砺石；铁器；金片 |
| 95XQJM3 | 竖穴土坑墓，平面呈圆角长方形，墓口以中心计东西长4.04米、南北宽2.48米，墓底距地表为1.70米，小于墓口，长3.14米、宽1.80米。墓口设棚盖 | 69度 | 17人合葬，分层埋放 | | 仰身屈肢葬 | 手制黑衣陶8件：1单把带流罐、2单耳罐、1双耳盆、3圜底钵、1单耳圜底钵；木器：船形器，6纺轮，4梳，盒，单把碗，碗，2盘；砺石；青铜刀；金箔饰片 |

**Bb型II式**

| 墓号 | 形制结构 | 墓向 | 墓葬尺寸 | 葬俗 | 葬具 | 葬式 | 随葬品 |
|---|---|---|---|---|---|---|---|
| 59M NM 001 | 竖穴沙室墓 | | | 夫妇合葬,头向正北 | 长方形箱式木棺,长200厘米、宽80厘米、高约58厘米 | 仰身直肢 | 木纺轮及筒、木器座、带把木杯、无柄杯、木碗、箭筒及箭、榫梳、木梳、黑陶瓶、双耳红陶罐、铜镞、"君宜高官"铜镜及镜袋、铜戒指、金片、项链、骨弓、骨把铁刀、藤奁等 |
| 59M NM 002 | 竖穴沙室墓 | 北偏西15度 | | 3人合葬,上1女性,下男女各1 | 箱式木棺 | | 绿色丝绸,藤奁,东汉铜镜,沙质条石,红陶单耳罐,木豆 |
| 95M N1M 1 | 椭圆形圆底状沙坑 | 305度 | 长2.6米、宽1米、深0.46米 | 双人合葬,上下叠放,1青壮年男性和1中年男性 | 船形独木棺,长2.3米,直径0.48—0.72米,高0.40—0.54米 | 仰身直肢 | 木器座、红陶罐、少量羊骨、榫梳、绢缘皮饰件、栉囊、香囊、梳篦、弓及弓袋、箭筒、木弓器、箭杆束、绢衣、漆皮刀鞘和革袋等 |
| 95M Nm1 M3 | 长方形竖穴沙室,口大底小 | 正南北 | 穴口长4.1米、宽2.4米,穴底长3.5米、宽1.6米,穴深1.5米 | 夫妇合葬 | 矩形箱式木棺,长228厘米、宽90厘米、高90厘米,木棺外侧置木框架,插小木桩固定形成外椁 | 仰身直肢,面部朝上,头部微侧,互视对方 | 双系陶罐、带流罐、木盆、木钵、木器座、木碗、木桶、榫梳、弓及弓衣、箭箙、刀鞘、皮腰带、剑鞘、漆妆奁、香囊、针线轴、铜镜及镜袋、梳篦及栉袋、项链首饰、帛鱼等 |

续表 2-4

| 墓号 | 形制结构 | 墓向 | 墓葬尺寸 | 葬俗 | 葬具 | 葬式 | 随葬品 |
|------|----------|------|----------|------|------|------|--------|
| 95M N1M 4 | 椭圆形竖穴沙室,平底 | 正北 | 墓口长2.54米、宽1.40米、深0.82米 | 4人合葬,上层1成年男性,下层1中年女性、1老年男性、1幼儿 | 矩形箱式木棺 | 仰身直肢 | 木弓、皮包件、木碗、木杯、木纺轮、木梳、钻木取火器、陶罐、砺石、化妆盒、铁镰、铁刀、铜镜、腰带 |
| 95M N1M 5 | 椭圆形圆底状沙坑 | 西北-东南 | 长3.6米、宽1.6米、深1.2米 | 单人葬,1青年女性,头向西北 | 船形独木棺,长2.3米,宽24~31厘米,高42厘米 | 仰身直肢 | 木盆(内盛食物、果核、羊腿及木柄铁刀)、榫橛、化妆袋(内装铜镜、胭脂粉袋、丝线、带扣等)、小木桶及纺轮、栉囊及梳篦、绕线轴等 |
| 95M N1M 6 | 椭圆形圆底状沙坑 | | 长2.7米、宽1.22米、深0.5米 | 单人葬,1中年女性,祔葬1婴儿 | 船形独木棺,长2.5米、宽0.5米、高0.46米 | 仰身直肢 | 木杯、木碗、纺轮、料珠等 |
| 95M N1M 8 | 椭圆形竖穴沙室 | 北偏东22度 | | 夫妇合葬 | 矩形箱式木棺,长227厘米、宽97厘米、高78厘米 | 仰身直肢 | 带流罐、木杯、木器座、木盆、榫橛、木纺轮及盒、梳篦及栉袋、弓及弓袋、箭箙、木柄刀、刀鞘、带扣、铜镜、料珠及珊瑚等装饰品、小件皮囊 |
| 93M N3M 1 | | | | | | | 手制黑衣陶:单耳罐、双耳罐、带流罐、钵、单耳带流杯、长颈带流罐、大口瓮等;铁刀、铁锥;骨柄;石化妆棒、石墨等 |
| 97M N1M 1 | | 东西向 | 长3.4米、宽1.8米、深0.7米 | 夫妇合葬 | 船形独木棺,长175厘米、宽50厘米、高35厘米 | 仰身直肢 | 铁刀、陶瓶、单耳杯、木盘、纺轮及盒、梳篦及栉袋、铜镜等 |

| 墓号 | 形制结构 | 墓向 | 墓葬尺寸 | 葬俗 | 葬具 | 葬式 | 随葬品 |
|---|---|---|---|---|---|---|---|
| 97MN1M2 | | | | 单人葬,男性 | 船形独木棺,长210厘米、宽76—84厘米 | 仰身直肢 | 木盆,内盛羊肉 |
| 97MN1M6 | | 东北-西南 | | 夫妇合葬,头分置木棺两头 | 船形独木棺,长360厘米、最宽处63厘米、两端最厚30厘米 | 仰身直肢 | 单耳木杯、陶罐、木器座、木碗、木纺轮及盒、樿榍、皮袋、钩状木器、藤奁、木梳、铜镜、绢制香袋、绢片、化妆道具、木杖 |
| 97MN2M1 | | 东西向 | | 6人合葬 | 长方形胡杨箱式木棺,长230厘米、宽120厘米、高80厘米 | 仰身直肢 | 陶罐,木杯、木碗、木柄革鞭、纺轮、梳篦、樿榍、木器座、木杖、刀鞘、小皮件、皮袋、骨柄铁锥、绢毛织物制品、骨针、食物、装饰品等 |
| MA2 | 长方形竖穴土坑墓 | 89度 | 1.2米×0.5米×0.5米 | 单人葬,儿童 | | 仰身直肢头东脚西 | 木案1、木板4、"长宜子孙"内向连弧柿蒂纹镜残片1、绢1 |
| LH墓地 | | | | | 3长方形箱式木棺、1独木船棺 | | 圆形木盘、狮形盘足、木杯、木箭、羊毛织鞋、粗毛裹厂布、丝绸及毛织物 |
| LH东南墓葬 | 竖穴土坑棚盖墓 | 朝东 | 深1.2—1.5米 | | 3独木船棺 | | 丝绸残片 |
| L3墓地 | 沙室棚盖墓 | | | 单人葬,女性 | | | 丝织衣物、铁刀、铝质戒指、木杯2、羊骨2 |

续表2-4

| 墓号 | 形制结构 | 墓向 | 墓葬尺寸 | 葬俗 | 葬具 | 葬式 | 随葬品 |
|---|---|---|---|---|---|---|---|
| L匚墓地 | 竖穴土坑墓 | | | 4人分层而葬 | | | 漆木桶状杯、带把木杯、圆形木盘、汉代铜镜残片、耳饰 |
| L田墓地 | | | | 1小孩 | | | 丝绸衣服、四方形枕头、长方形手帕 |
| 小河4号墓地 | | | | | 四足箱式木棺、独木船棺 | | |
| 小河6A | | 北偏东80度 | | 单人葬,女性 | 独木船棺,2.1米×0.65米 | | 短披风、铁镜及镜袋、木纺轮、项链、残栉袋 |
| 小河6B | | | | | 箱式木棺 | | 丝、棉、毛织物,其中有带汉文的织锦,骨柄铁刀、木箭杆 |
| 小河7A | | | | 单人葬,1老年男性,鼻孔用丝绸塞住 | 独木船棺 | | 羊颅骨、丝绸残片 |
| 小河7B | | 西北 | | 单人葬,墓主人鼻孔用丝绸塞住 | 独木船棺 | | |
| 小河7C | | 北偏东70度 | | | 箱式木棺,长2.25米,端板0.4米×0.26米 | | |
| Grave 34 | 长方形竖穴土坑墓 | 东北 | | 15个头骨 | 独木船棺 | | 2陶罐、马蹄形木梳、木纺轮、狮形器足、上漆的竹发卡、木杯、木盘、木盒、藤奁、锦袋、丝毛织物等,其中1块丝绸上墨书佉卢文,另2块汉锦织有汉字 |

| 墓号 | 形制结构 | 墓向 | 墓葬尺寸 | 葬俗 | 葬具 | 葬式 | 随葬品 |
|---|---|---|---|---|---|---|---|
| Grave 35 | 长方形竖穴土坑墓 | 东北 | | 单人葬，女性 | 独木船棺 | | 织锦（有的上织汉字）、刺绣、丝绸鞋、木杯、四足盘、羊骨架、锦袋等 |
| Grave 38 | | | | 8人合葬 | | | 丝绸织物、单耳陶杯、2木盘、圆筒形漆器、2马蹄形木梳 |
| MB1 | 长方形竖穴土坑棚盖墓 | 东北 | 2.39米×1.4米×1.88米 | 8人合葬，分三层叠放 | 粗苇秆编成的尸床 | 仰身直肢 | |
| MB2 | 长方形竖穴土坑墓 | 西北 | | | | | 带把杯、圆木盘、弓箭、漆杯、木梳、铜刀、铜镜、五铢钱、大量丝棉毛织物 |

**Bb型 III 式**

| 墓号 | 墓葬形制及尺寸 | 墓向 | 葬俗 | 葬具 | 葬式 | 随葬品 |
|---|---|---|---|---|---|---|
| 96QZIM33 | 方形竖穴土坑棚架墓 | | | | | 木匕 |
| 96QZIM49 | 方形竖穴土坑棚架墓，墓口圆角方形，3.82米×3.8米，口壁斜坡状，东西两面各有一个长方形梁槽。墓底 2.22米×1.82米，深1.6米 | 78度 | | 长方形箱式木棺 | | 陶单耳罐、木盘、漆耳杯、玻璃杯、漆匕、漆案、木秕 |
| 96QZIM60 | 长方形竖穴土坑墓，墓口近椭圆形，长轴4.3米、短轴2.4米，墓底圆角长方形。2.3米×0.92米，墓深1.62米 | 78度 | 单人葬 | | | 木碗、丝织品残片 |

续表 2-4

| 墓号 | 墓葬形制及尺寸 | 墓向 | 葬俗 | 葬具 | 葬式 | 随葬品 |
|---|---|---|---|---|---|---|
| 96QZ IM73 | 长方形竖穴土坑墓 | | | | | 陶罐、木篦、木碗、木筷、漆案、骨珠料、铁针 |
| 96QZ IM76 | 长方形竖穴土坑墓 | | | | | |
| 98QZ IM106 | 长方形竖穴土坑墓,墓口长椭圆形,口长4.15米、宽1.7米,墓底长方形,长2.6米、宽0.8米;墓深1.7米。墓室东壁有壁龛,内置一木罐 | 77度 | 单人葬 | 长方形残箱式木棺 | 仰身直肢 | 平底带柄木罐、纺织品残片 |
| 98QZ IM122 | 长方形竖穴土坑墓,墓口壁斜,口呈长椭圆形,长3.6米、宽1.8米;墓底壁较直,也呈长椭圆形,长2.1米、宽1.1米,墓深2—2.2米。东壁上的龛不明显,与底面平齐 | 63度 | 单人葬,墓主人是成年男性 | 箱式木棺 | 仰身直肢 | 木马鞍、鞍桥、残弓、3残木箭、木扣、木马镳、铜带扣、铜扣饰 |
| 98QZ IM131 | 长方形竖穴土坑墓,墓口壁较斜,呈不规则多边,口长3米、宽2.1米;墓底壁较直,呈长方形,底部东高西低,底长2米、宽0.8米。墓深2—2.2米。墓底东西两头各有一个长方形的地槽,用于放置木棺腿。东壁距墓底0.58米处有一壁龛 | 80度 | | 箱式木棺 | | |
| 98QZ IM137 | 长方形竖穴土坑墓,墓口壁较斜,呈弧角长方形,口长2.9米、宽1.3米,墓底壁较直,呈长方形,长2米、宽0.7米。墓深2米。在墓室东北壁中腰、距墓口1米处开有壁龛,呈长方形弧顶,高36厘米 | 53度 | 单人葬,墓主人是成年男性 | | | | 丝织品残片、绵羊头骨 |

| 墓号 | 墓葬形制及尺寸 | 墓向 | 葬俗 | 葬具 | 葬式 | 随葬品 |
|------|------------|------|------|------|------|--------|
| 98QZIM138 | 长方形竖穴土坑墓,墓口壁较斜,呈弧角长方形,口长 3.6 米、宽 1.9 米;墓底壁较直,呈长方形,长 2.6 米、宽 0.9 米。墓深 2—2.2 米。墓底东角开有圆形壁龛,直径 30—50 厘米。墓底西南部开一长方形地槽 | 53度 | | | | 木马镳、马鞍桥、木鞭杆 |
| 98QZIM145 | 长方形竖穴土坑墓,墓口呈弧角长方形,斜壁,口长 4.2 米、宽 2.2 米,墓深 2.4 米;墓底壁较直,呈长方形,长 2.4 米、宽 1 米。墓室东壁上开有壁龛,深 46 厘米 | 56度 | | 木棺 | | 木纺轮、服饰织物残片 |
| 98QZIM156 | 长方形竖穴土坑墓,墓口呈长椭圆形,斜壁,口长 3.2 米、宽 1.9 米;墓底壁较直,呈圆角长方形,长 2.4 米、宽 0.8 米、深 2.4 米。墓底地两头各挖一槽,一槽内残留木棺方立柱及挡板,另一槽内置陶罐 1 个。东北壁距墓底 0.16 米处有一小壁龛 | 56度 | | 箱式木棺 | | 平底陶罐、木盘、木马镳、棉布服饰残片 |
| 09LE14M2 | 长方形竖穴土坑墓,东西长 2.3 米、南北宽 1 米、深 1.8 米。南北壁距墓口 1 米处有腰线,宽 25—30 厘米、进深 25 厘米 | 正东西 | 单人葬,中老年男性 | 彩绘箱式木棺 | | 狮纹毛毯、漆盘、漆杯 |

表 2-5　竖穴偏室墓统计表

| 墓号 | 墓向 | 墓道 | 偏室 | 葬俗 | 葬具 | 葬式 | 随葬品 |
|---|---|---|---|---|---|---|---|
| 96QZ IM18 | 305度 | | | 2人合葬 | | | 铜勺、陶壶 |
| 96QZ IM26 | 8度 | | | | | | 单柄木罐 |
| 96QZ IM37 | | | | | | | 贝饰3件 |
| 96QZ IM40 | | | 双偏室 | | | | 马蹄 |
| 96QZ IM51 | | | | | | | 木耳杯 |
| 98QZ IM105 | 290度 | 墓道口呈不规则圆形，口长2.5米、宽1.72米。墓底壁较直，墓道深1.9米 | 洞室开在北壁上，大体呈东西向，底平，似长方形，室长1.96米、宽1—1.16米，洞口高1米 | 1女性个体，头向可能朝东 | | | 弓残片，残箭杆，木马鞍桥，编织带，毛布袋 |
| 98QZ IM109 | 57度 | 墓道口呈长椭圆形，口长3.65米、宽1.8米。墓底壁较直，呈长方形，墓道深2.2米 | 洞室开在东南壁上，呈长方形，室长2.1米、宽1.2米，洞室在墓道的偏东南位置，洞口有短木棍和苇席构成的遮挡物，高1.5米 | 单人葬，女性 | 梯架形尸架 | | 汉式木梳，羊角马镳，毛织物，绵羊头骨，羊椎骨 |
| 98QZ IM110 | 63度 | 长椭圆形口竖穴墓道，墓道壁上部斜，口长2.7米、宽1.58米，墓道深1.9米。墓道下部壁较直，底为圆角长方形，长1.82米、宽0.47米 | 洞室偏向墓道的南面，室底面低于墓道的底部0.1米。洞室口侧的墓道壁上有5个设木栅栏的凹槽。墓室呈长方形，长2.38米、宽2.6米、高0.9米。 | | 梯架形尸架，毡片 | | 食物，加工小木件，石球，包金箔鹰爪 |

| 墓号 | 墓向 | 墓道 | 偏室 | 葬俗 | 葬具 | 葬式 | 随葬品 |
|---|---|---|---|---|---|---|---|
| 98QZIM115 | 48度 | 墓道口长椭圆形，长3.9米、宽2.1米，墓道深2.2米。墓道上部壁斜，下部壁较直，墓道底呈长方形，长2.3米、宽0.4米 | 洞室偏向墓道的东南面，室底低于墓道底部0.3米。洞室呈长方形，长2.3米、宽1.2米。室内壁斜直，高1.56米 | 1成年男性，头向东北 | 胡杨箱式木棺 | 仰身直肢葬 | 骨带扣，骨鞘铜首铁刀，铜带扣，残弓，木箭杆，木扣，木舌，木鞭杆，双孔角带扣，铁舌骨带扣，木马鞍桥，石膏纺轮，丝毛织物 |
| 98QZIM117 | 57度 | 墓道口呈长椭圆形，长3米、宽1.7米，墓道深1.7米。墓道上部壁有垮塌现象，下部壁较直，墓道底部长方形，长2.3米、宽1.4米 | 洞室偏向墓道南面，室底与墓道底部平齐，室呈长方形，长2.5米、宽0.78米、高0.66米 | 单人葬，女性，头向东 | 梯架式木尸架 | 仰身直肢 | 残蚀毛织物 |
| 98QZIM133 | 56度 | 墓道口破坏严重，呈长椭圆形，长3米、宽2.3米，墓深1.3米。墓道壁上部较斜，下部壁较直，墓道底呈长方形，长2米、宽1.3米 | 洞室偏向墓道的东南，室口封堵着木栅栏，底与墓道底部平齐。墓室呈长方形，长2.16米、宽0.64—0.72米。室顶较平，高0.64米 | 单人葬，墓主人头向东北，面向东南 | | 仰身直肢 | 陶罐，漆木奁，铜镜，木纺轮，马鞍，蜻蜓眼琉璃珠，玛瑙珠 |
| 98QZIM135 | 63度 | 墓道口壁破坏严重，呈斜坡状，口呈不规则的长椭圆形，长2.8米、宽2.1米，墓道深1.6米。墓道下壁较直，墓道底部呈长方形，长2.3米、宽0.4—0.5米。 | 洞室处于墓道的南部，塌方严重，室底与墓道底平齐。洞室平面呈不规则的长椭圆形，长2.42米、宽0.6—1.3米 | 单人葬，成年男性 | 梯架式木尸架 | | 绵羊头骨 |

续表 2-5

| 墓号 | 墓向 | 墓道 | 偏室 | 葬俗 | 葬具 | 葬式 | 随葬品 |
|---|---|---|---|---|---|---|---|
| 98QZIM141 | 53度 | 墓道口塌方严重后果，口壁呈斜坡状，墓道口呈长椭圆形，长3.9米、宽2.1米，墓道深2.6米。墓道下壁较直，底部呈长方形，长2.18米、宽0.4—0.5米 | 洞室在墓道的南侧，塌方严重，室底与墓道底部平齐。洞室平面呈弧角长方形，长2.42米、宽0.6—1.3米 | | 梯架式木尸架 | | 残木弓，木扣，绮裙残片 |
| 98QZIM142 | 51度 | 墓道口塌方严重，大体上呈长方形，长3.8米、宽1.7米，墓道深1.7米。墓道壁上部斜，下部较直，墓道底部呈长方形，长2.1米、宽0.48米 | 洞室在墓道的东南，洞室底低于墓道底0.2米。洞室平面呈弧角长方形，长2.2米、宽0.84米。洞室为弧顶，高0.64米 | | | | 棉布 |
| 98QZIM149 | 47度 | 墓道口长椭圆形，长3.2米、宽1.9米，墓道深2.5米。墓道壁上部斜，下部较直，墓道底部长方形，长2.1米、宽0.64米。 | 洞室在墓道的南侧，洞室底低于墓道底0.16米。洞室底部呈弧角长方形，长2.28米、宽0.84米。洞室为弧顶，高0.7米 | | 梯架式尸架 | | 马鞍，木柄马鞭，皮袋，彩条纹毛布袋，角扣毛编制带，山羊小腿，蒲草，苇席残片，毡帽 |
| 98QZIM155 | 51度 | 墓道口呈长椭圆形，壁斜，口长3.1米、宽1.9米，墓道深2.1米。墓道底壁较直，底面呈长方形，长2米、宽0.46—0.66米。 | 墓室在墓道的东南，洞室底与墓道底平齐。洞室底面也呈长方形，长2.14米、宽0.44—0.50米。洞室为弧顶，高0.5米 | 洞室葬一小孩 | | 仰身直肢 | 木鞭杆，绵羊头骨 |

| 墓号 | 墓向 | 墓道 | 偏室 | 葬俗 | 葬具 | 葬式 | 随葬品 |
|---|---|---|---|---|---|---|---|
| 98QZIM157 | 54度 | 墓道口呈长椭圆形，壁斜，口长3.5米、宽1.85米，墓道深2.3米。墓道底壁较直，底部呈弧角长方形，长2.4米、宽0.4米。 | 洞室在墓道的东南侧，墓室底低于墓道底0.32米，洞室底平面呈长方形，长2.32米、宽1.1米。洞室为弧顶，高0.74米。 | | 梯架式尸架 | | 生土灯，木鞭杆，木纺轮，袋口木夹棍，蒲草，苇席残片，木马鞍桥 |
| 09LE31M1 | | 南北向长约4.7米、宽0.8米、深约1.6米。 | 竖穴西壁掏挖有一长2.4米、高0.87米、进深0.8米地偏室，顶部距墓口0.65米。 | | 箱式木棺 | | 残夹砂陶罐 |

## 表2-6 斜坡墓道洞室墓统计表

| 墓号 | 墓葬形制及尺寸 | 墓向 | 葬俗及葬具 | 随葬品 |
|---|---|---|---|---|
| 09LE1M1 | 带斜坡墓道的左右双室土洞墓，双室均为覆斗顶。 | 西北-东南 | 箱式木棺3具 | 丝织品 |
| 09LE3M1 | 带墓道的单室土洞墓，墓道长约4米，墓室长方形，平顶，进深3.8米、宽4.1米，墓室正中有直径0.8米的圆形土柱，直顶洞顶，顶端修出略大于柱身的方形柱头，墓室正壁厂一个浅龛，进深0.4米、宽约0.6米 | 西北-东南 | 箱式木棺 | |
| 09LE13M2 | 带斜坡墓道的单室土洞墓，墓道宽0.8米、长约4米，墓室长3.5米、宽2.5米、高1.5米，平顶，墓口有长0.3米、高1米的甬道，甬道与斜坡墓道之间有长1.2米、宽0.8米、高1.2米的过厅。墓门宽1.2米，有门框，木门带门轴，由胡杨木板拼合而成，高1.1米、残宽0.8米、厚0.8米 | 墓道壁方为北偏东45度 | 棺木4—5具，其中2具用整块胡杨木掏挖、砍削而成，长2.17米、宽0.56米，四角嵌圆柱状足，其余为木板卯合的箱式棺，有四足的棺箱，也有无足带棺座的箱棺，棺长2.06米、高0.66米左右 | |

欧·亚·历·史·文·化·文·库·

续表 2-6

| 墓号 | 墓葬形制及尺寸 | 墓向 | 葬俗及葬具 | 随葬品 |
|---|---|---|---|---|
| 09LE14M1 | 带斜坡墓道的双室洞室墓,前后室均为不规则的长方形,前室长4.7米、宽2.5—3.35米、高约2.7米;后室长2.4—2.9米、宽2.1米、高约1.65米。前室带中心柱,下部残损,直径约60厘米。墓室壁用草泥抹平,泥皮厚1厘米左右,再饰白石灰粉,但未见任何壁画。墓门保存完好,木质,四块木板合制,连接处有木钉,高1.1米、宽0.86米、厚0.12米 | 南偏东15度 | 前室见头骨2个,完整骨架1具,散乱棺板大小20余块。后室内有至少2个以上箱式木棺 | |
| 09LE31M2 | 带斜坡墓道的三室墓。墓道长8米,墓道顶至墓门高2.5米。墓门已被破坏,现仅存木框架。甬道高1.2米、宽0.8米、进深0.8米。主室拱顶,平面长方形,长3.6米、宽3.3米、高2.4米;东偏室门宽0.7米、高0.9米、厚0.6米,拱顶,平面长方形,长3.3米、宽2.1米、高1.6米,东壁南侧有一壁龛;北偏室门宽0.8米、高1.1米、进深0.65米,拱顶,平面长方形,长3.3米、宽2.5米、高1.7米。墓室壁均涂有草泥层 | 东北-西南 | 主室置放1具棺板,280厘米×70厘米×6厘米,上有燕尾、莆草席、一具干尸的下半身及另一具干尸的两条腿;东偏室内有一完整木架,高85厘米,木板尺寸为130厘米×25厘米×2厘米;北偏室内并排摆放有2具大小相同的木棺,木棺长2.23米,上边宽0.6米,下边宽0.63米,棺高0.74米,棺板厚8厘米;偏室门内侧墙角有一颅骨 | 笘筹、丝织品、毛毡残、黑陶罐、羊腿、木构件、铜器等 |
| 楼兰壁画墓 | 带墓道的前后双室土洞墓,内壁满绘壁画。墓道前窄后宽、长达10米;前室长4米、宽3.5米、高1.7米,平顶,中部竖立一直径0.5米、下有方形基座的中心柱,上部残毁;后室比前室略小,边长2.8米,也为平顶 | 东北-西南 | 至少3具箱式木棺 | 棉毛物片、木杯、彩绘箭杆、皮囊、马鞍器、牙等、丝织残、木彩绘箭杆、皮囊、冥象箆、木梳等 |

# 3 楼兰地面遗址

楼兰的地面遗址主要是古城和居址两类。古城遗址主要见于罗布泊地区,包括楼兰 LA、LE、LK、LL、LF 等古城,其中 LA 古城最受重视,斯文·赫定[1]、斯坦因[2]、橘瑞超[3]、新疆楼兰考古队等[4]都做过工作。此外还有若羌县城附近的且尔乞都克古城、孔路克阿旦古城、尼雅南方古城、安迪尔古城等。我们主要以古城的平面形状为标准分型,以城墙朝向分式,再根据建筑技法和城内出土物判断各城的年代。在考虑古城性质的时候,我们将塔里木盆地许多相关古城也纳入讨论。

居址主要以尼雅遗址为代表,斯坦因 4 次中亚考察都以尼雅为重要考察地点,后来中日共同尼雅遗迹学术考察队又连续进行了 8 年的系统调查和科学发掘。此外斯坦因在罗布泊地区也调查了一些居址,包括 LD、LM、LR 等。[5] 由于地处沙漠环境,居址中地层叠压关系较难判断,形态的演变也较为缓慢,因此目前难以从考古地层学和类型学角度进行分期。这里我们只能根据出土物大致推断居址的使用年代,并对其中的建筑和家具的特点进行总结。

〔1〕S. A. Hedin, *Scientific Results of a Journey in Central Asia* 1899-1902, vol. 2, Stockholm: Lithographic Institute of the General Staff of the Swedish Army, 1905, pp.619-646.

〔2〕M. A. Stein, *Serindia: Detailed Report of Explorations in Central Asia and Westernmost China Carried out and Described under the Orders of H. M. India Government*, vol.1, Oxford: Clarendon Press, 1921, pp. 369-393; M. A. Stein, *Innermost Asia: Report of Exploration in Central Asia Kan-su and Eastern Iran*, vol. 1, Oxford: Clarendon Press, 1928, pp. 214-224.

〔3〕上原芳太郎:《新西域记》,东京:有先社,1937年;香川默识:《西域考古图谱》,北京:学苑出版社(据日本国华社 1915 年版影刊),1999年。

〔4〕新疆楼兰考古队:《楼兰古城址调查与试掘简报》,载《文物》1988年第7期,第1-22页。

〔5〕M. A. Stein, *Innermost Asia: Report of Exploration in Central Asia Kan-su and Eastern Iran*, vol. 1, Oxford: Clarendon Press, 1928, pp. 192-203.

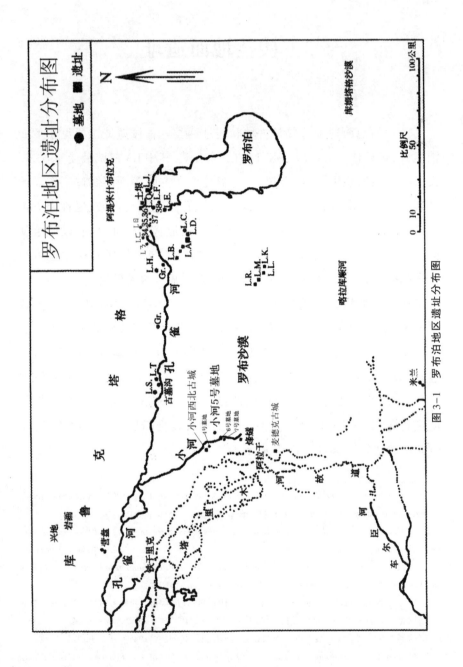

图 3-1 罗布泊地区遗址分布图

## 3.1　楼兰古城

### 3.1.1　类型与年代

根据平面形制,我们可以将楼兰地区的古城分为两型。

#### 3.1.1.1　A型——圆形古城

（1）尼雅南方城址

1996年,中日尼雅遗址联合考察队在尼雅遗址南端发现了一座古城遗址,并进行了测量和局部发掘。古城北距尼雅遗址中部的大佛塔13公里,南距今最近的居民点卡巴克阿斯坎村约15公里,地理坐标为东经89°43′25″21,北纬37°52′37″50。古城所在地区密布大型红柳包,城内亦多被高大红柳所占据,仅断断续续地露出一些城墙。通过暴露出来的城墙,测得古城平面大致呈椭圆形,长径185米、短径150米、周长约530米。城墙由白色淤泥垛积而成,底宽约3米,残高0.5—2.5米,顶残宽1米。城门位于古城南墙中部,平面呈长方形,东西宽3.2米、南北长约6.5米,四面分别以大木作为地梁,其上以榫卯连接立柱。外侧见4块长方形仿木,估计为门檐用木。门位于中部稍靠前,已无存,仅见残门槛,内低外高呈阶梯状,内低10厘米,立门框的卯孔和插门轴的转孔均保存完好,由此可知门应为双扇式,向里开。整个城门遭火焚毁,上部情况不明,从地表现象看应属带门檐的过梁式一重门,形制与克里雅河流域的喀拉墩古城及安迪尔夏羊塔格古城的城门基本一致。正对城门外6米处有1处房屋遗址,大致呈方形,为尼雅遗址流行的建筑形制,出土2枚长方形佉卢文木简,其中1枚有带有鄯善摩夷梨（又称摩习梨、马希利）王纪年,该王在位至少30年,年代为3世纪末至4世纪初。[1]

---

[1] 中日日中共同尼雅遗迹学术考察队:《中日日中共同尼雅遗迹学术调查报告书》第2卷,乌鲁木齐/京都:中日日中共同尼雅遗迹学术考察队,1999年,第133-136页;林梅村:《尼雅96A07房址出土佉卢文残文书考释》,载《西域研究》2000年第3期,第42-43页。

塔里木盆地在张骞凿空之前已经开始建城。[1]从城墙建筑技术来看,尼雅南方古城为淤泥垛积而成,这应是塔里木盆地传统的筑城技术,有别于汉式的夯土版筑。从形制来看,圆形古城有别于汉式方城,也应为塔里木盆地传统的城制。由此我们推测,尼雅这座圆形古城可能始建于西汉张骞出使西域之前。这个观点可由下文介绍的圆沙古城证明。从尼雅南方古城的城门建造技术与喀拉墩和安迪尔两座古城相同、城门对面房址发现佉卢文木简的情况来看,它应该沿用到3—4世纪,与整个尼雅遗址主要使用年代一致。

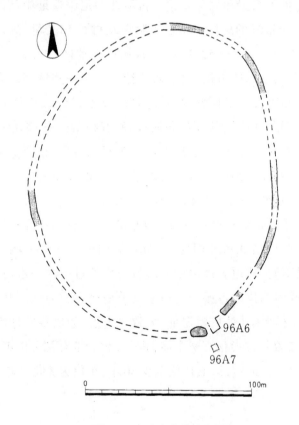

图 3-2　尼雅南方城址平面图

---

[1] 张骞在向汉武帝的报告中提到西域诸国"有城郭田畜",见《汉书·西域传》。

（2）麦德克古城

麦德克古城位于若羌县北部阿拉干以东的沙漠中,孔雀河北入沙漠的一个支流的尾闾处,具体位置为东经88°28′2.9″,北纬40°03′33.3″。1896年斯文·赫定曾到过这里,1906年斯坦因对其进行了详细考察。根据斯氏的记录,麦德克古城(Merdek-tim)是一个圆形小戍堡,直径约40米,由防御土墙组成,残高3米,基部厚约9米,顶部厚约4米。墙基夯筑,高约1.5米,每隔约30厘米插入一薄层红柳枝,墙基上约60厘米高为土坯砌筑,尺寸与楼兰遗址类似;其上又有约90厘米高的夯筑部分,都用插入红柳枝层和胡杨木框的方法加固。南面开门,宽约1.8米,门道两侧立有粗大的胡杨木柱,每边4根,门道两侧有木头护墙,顶部约1—1.2米宽。门道的建筑方法与楼兰LF戍堡、喀拉墩、萨拉依(Sa-rai)相同。城墙顶部采集到王莽时期的货泉和东汉五铢钱。[1]该城资料较少,未测绘平面图,从斯坦因描述的情况来看,这座圆形古城规模较小,可能是西汉时期当地修建的一座军事要塞,沿用到东汉魏晋时期。

（3）圆沙古城

1994年,中法联合考古队在尼雅遗址以西的克里雅河下游的东河岸、喀拉墩遗址群西北约41公里处发现了一座古城,命名为"圆沙古城",其平面呈不规则圆形,周长约995米,南北最长处330米、东西最宽处为270米,残存的城垣最高处达11米,其结构以两排竖插的胡杨棍夹以纵向层层铺怪柳枝为墙体骨架,墙外用土坯垒砌或胡杨枝、芦苇夹淤泥、畜粪堆积成护坡。在南墙中部和东墙北段各有一城门,南门规模较大,保存也较完好。城门两侧都有两排立柱,形成门道,南门的门框和用胡杨柱拼成的门板尚存。城内已基本被流沙覆盖,暴露的6处建筑遗迹,其中3处进行了清理,地表均残存排列有序的立柱根基,其表层堆积主要是牲畜粪便,发现大大小小的袋状灰坑或窖穴,填土中见陶片、谷物(如麦)等。地表散布的遗物主要是残陶器、石器、铜铁小件及

[1] M. A. Stein, *Serindia: Detailed Report of Explorations in Central Asia and Westernmost China Carried out and Described under the Orders of H. M. India Government*, vol. 1, Oxford: Clarendon Press, 1921, pp. 452–453.

料珠等,还有数量不少的动物骨骼,经鉴定主要是家畜骨。

在出土物方面,圆沙古城内采集的文物中见带流夹砂红陶罐,其形制与和静察吾呼文化所出同类器物类同;数量较多的是夹砂灰陶和黑陶器,其中钵或盂的质地、形制与且末扎滚鲁克墓葬、温宿包孜东墓葬出土的同类器基本相似。古城以北共发现了6处墓地,应为圆沙古城内外居民的墓葬,其随葬陶器、葬式、葬具等与且末扎滚鲁克一号墓地第二期墓葬特征接近。因此,圆沙古城的始建年代应在战国时期,西汉时期延续使用。[1]

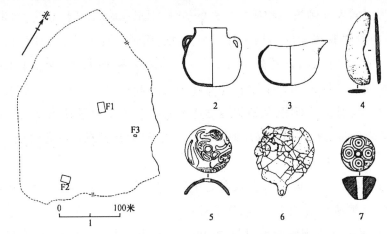

图3-3 圆沙古城平面图及出土器物

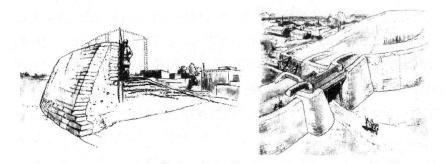

图3-4 圆沙古城城墙及城门复原图

---

[1]中法克里雅河考古队:《新疆克里雅河流域考古调查概述》,载《考古》1998年第12期,第33-37页。

中法克里雅河考古队对圆沙古城的南城墙和城门进行了复原,认为该城有较强的军事防御性质,顶部用木棍束加固,有些地方还修出巡查道的建筑方法可能是受到了中亚的影响。[1]关于其性质,研究者一般认为圆沙古城及附近的喀拉墩等遗址应该与古扜弥国有关,这座古城应即扜弥城。[2]

发掘者认为,圆沙古城内不见东汉以后的遗物,说明该城在东汉时期已经废弃,疑似有误。从墙外侧包有土坯这一点来看,该城在魏晋时期应进行过增筑,因为用土坯垒砌城墙的技术至少在魏晋以后才出现。

由此可知,塔里木盆地传统城制是圆形古城,尼雅南方古城及下文的营盘古城平面形状较为规则,其始建时间可能比圆沙古城略晚,但应不晚于西汉时期。

（4）营盘古城

营盘遗址东距楼兰LA古城约200公里,分布范围较大,包括古城、墓地、佛寺和烽燧等遗迹。19世纪末20世纪初欧美学者科兹洛夫、斯文·赫定、亨廷顿、斯坦因、贝格曼先后进行过考察,1989年以后新疆考古工作者又对墓地进行了大规模发掘。[3]古城位于遗址西南部,四周是一片辽阔的湖积平原,覆盖着红柳、罗布麻、芦苇、胡杨树等干旱区植被。平面为正圆形,直径约177米,城墙基底厚约7米,最高处残高5.5米,大部分用夯土和不规则红柳树干以及树枝层砌筑,也有土坯垒筑,应经过多次修筑。东、西两面正相对开城门,宽约2.7米。城内仅中央

---

（1）戴蔻琳、伊弟利斯·阿不都热苏勒:《在塔克拉玛干的沙漠里:公元初年丝绸之路开辟之前克里雅河谷消逝的绿洲》,收入陈星灿、米盖拉主编:《考古发掘与历史复原》,北京:中华书局,第56页。

〔2〕吴州、黄小江:《克里雅河下游喀拉墩遗址调查》,收入新疆克里雅河及塔克拉玛干科学探险考察队:《克里雅河及塔克拉玛干科学探险考察报告》,北京:中国科学技术出版社,1991年,第98—116页;林梅村:《古道西风——考古新发现所见中外文化交流》,北京:生活·读书·新知三联书店,2000年,第338—339页;新疆文物考古研究所:《和田地区文物普查资料》,载《新疆文物》2004年第4期,第32页。

〔3〕李文瑛:《新疆尉犁营盘墓地考古新发现及初步研究》,收入巫鸿主编:《汉唐之间的视觉文化与物质文化》,北京:文物出版社,2003年,第313页。

· 欧 · 亚 · 历 · 史 · 文 · 化 · 文 · 库 ·

地带发现了土坯建筑残迹,但已无法判断形制。[1]考古工作者在地表采集了一些陶片,多系夹砂陶,陶胎较薄,厚1厘米左右,其中有些器物口沿明显具有新疆南部地区汉晋陶器的特征。[2]

从平面形制来看,这座古城也应始建于西汉时期,后来经过修筑,修筑时已掌握了较为先进的测量技术,城墙形状比较规则。研究者提出,这座古城就是楼兰出土文书中提到的"山城",也即《汉书·西域传》中"墨山国"的都城。[3]从城墙使用夯土和土坯技术以及古城附近的墓葬[4]来看,该城在东汉魏晋时期一直沿用。

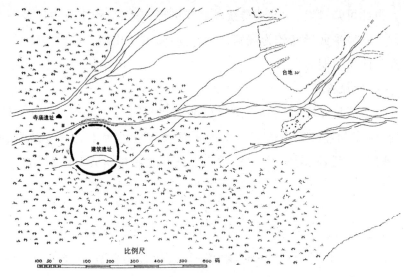

图3-5　营盘古城平面图

(5)若羌孔路克阿旦古城

孔路克阿旦古城位于若羌县城西南约9公里、且尔乞都克古城西

---

〔1〕M. A. Stein, *Innermost Asia: Report of Exploration in Central Asia Kan-su and Eastern Iran*, vol. 1, Oxford: Clarendon Press, 1928, pp. 753–754.

〔2〕新疆文物考古研究所:《新疆尉犁县因半古墓调查》,载《文物》1994年第10期,第19页。

〔3〕林梅村:《古道西风——考古新发现所见中外文化交流》,北京:生活·读书·新知三联书店,2000年,第194–199页。

〔4〕新疆文物考古研究所:《新疆尉犁县营盘墓地1995年发掘简报》,载《文物》2002年第6期,第4–45页;新疆文物考古研究所:《新疆尉犁县营盘墓地1999年发掘简报》,载《考古》2002年第6期,第58–74页。

南2.8公里的若羌河老河床西岸阶地上,阶地与河床之间形成了7米多高的陡崖。1914年斯坦因曾考察过这里,称之为巴什阔玉马勒(Bash-koyumal)。[1] 1957年黄文弼[2]、1979年新疆考古工作者黄小江和张平[3]、1989年塔克拉玛干沙漠综考队考古组又分别重新对其进行了调查。[4]

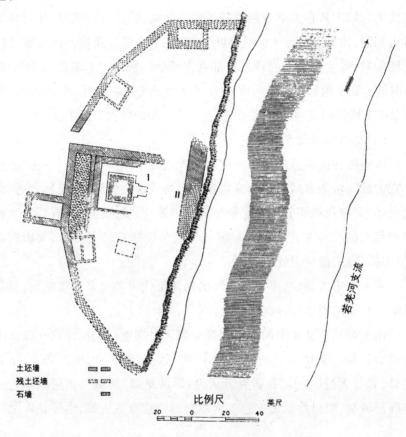

图 3-6  孔路克阿旦古城

〔1〕M. A. Stein, *Innermost Asia: Report of Exploration in Central Asia Kan-su and Eastern Iran*, vol. 1, Oxford: Clarendon Press, 1928, pp.166-167.

〔2〕黄文弼:《新疆考古发掘报告:1957—1958》,北京:文物出版社,1983年,第49-50页。

〔3〕黄小江:《若羌县文物调查简况》(上),载《新疆文物》1985年第1期,第20-26页。

〔4〕塔克拉玛干沙漠综考队考古组:《若羌县古代文化遗存考察》,载《新疆文物》1990年第4期,第5页。

欧·亚·历·史·文·化·文·库

古城坐落在阶地边缘,东半部已经被河道冲毁,平面最初应为圆形,现残为半月形,最长径为约76米,城墙现存为6段,每段约长13.7米,厚约1.5米,以尺寸为43厘米×23厘米×10厘米的土坯砌筑。西边城墙保存较好,残高1.8米多。城墙外有壕沟。西城墙有一宽约2米的大门。靠近高地边缘保留一端长15米、厚3米的墙,可能是古城中心塔楼的残迹。城中残存大型带回廊环道的佛塔遗迹,土坯砌筑,尺寸与城墙所用相同,出土了公元4世纪贝叶文书、泥塑佛像等遗物。该城城墙以土坯砌筑,尺寸与附近的且尔乞都克古城早期所用[1]土坯相同,应为魏晋时期。其平面形制采用圆形,是塔里木盆地传统的城制,或是在西汉圆城基础上修建而成,但这只是推测,需要进一步的考古工作才能下结论。

(6)安迪尔道孜立克古城

斯坦因在民丰县安迪尔河东岸还发现过一座圆形古城,今称"道孜立克古城",由于古城中的佛寺内发现了唐代汉文题记,斯氏称之为"唐代戍堡"。唐代城墙的下面还叠压着早期遗存,城内还出土有写在木板和皮革上的佉卢文文书。斯坦因认为其早期遗存即玄奘在《大唐西域记》中提到的"靓货逻故国"。[2]

从形制来推测,这座圆形古城的始建年代可能也是西汉时期,只是后来一直使用到唐代,西汉遗存已不见。

出土有佉卢文文书的地层无疑是魏晋时期遗存。尼雅出土汉文木简中有这样一条记录:"去三月一日,骑马旨元城收责;期行当还,不克期日,私行无过[所]。"有研究者认为,元城意即"圆城",指尼雅附近某座圆形城寨,很可能就是安迪尔河东岸的道孜立克古城,也即佉卢文文

[1] 见后文II式方形偏角古城。

[2] M. A. Stein, *Ancient Khotan: Detailed Report of Archaeological Explorations in Chinese Turkestan*, vol. 1, Oxford: Clarendon Press, 1907, pp. 417-442; *Serindia: Detailed Report of Explorations in Central Asia and Westernmost China Carried out and Described under the Orders of H. M. India Government*, vol. 1, Oxford: Clarendon Press, pp. 270-292; 塔克拉玛干沙漠综考队考古组:《安迪尔遗址考察》,载《新疆文物》1990年第4期,第32-33页;梁涛、再帕尔·阿不都瓦依提等:《新疆安迪尔古城遗址现状调查及保护思路》,载《江汉考古》2009年第2期,第142页。

书第214号提到的鄯善国莎阇州与精绝州的交界城镇——累弥那。[1]

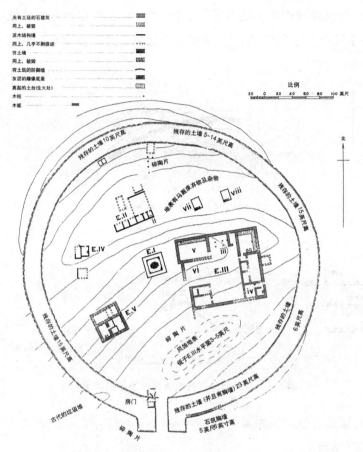

图3-7　道孜立克古城

（7）和田阿克斯皮尔古城

　　和田的阿克斯皮尔戍堡，平面亦为圆形，仅残存最北段，弧长约116米，直径约244米，墙基宽约15米。城墙下部与安迪尔一样，为夯筑而成，上部以大型土坯砌筑，并砌有胸墙。土坯尺寸为50厘米×38厘米×

〔1〕林梅村：《古道西风——考古新发现所见中外文化交流》，北京：生活·读书·新知三联书店，2000年，第330—332页；林梅村：《松漠之间：考古新发现所见中外文化交流》，北京：生活·读书·新知三联书店，2009年，第132页。

10厘米,大多土坯上面刻画有标记,与佉卢文手迹字体相似。[1] 从古城形制、规模及城中出土的钱币等文物来看,阿克斯皮尔古城下层城墙至少在东汉时期已出现,是否能够早至西汉仍需进一步的考古发掘工作才能判断。

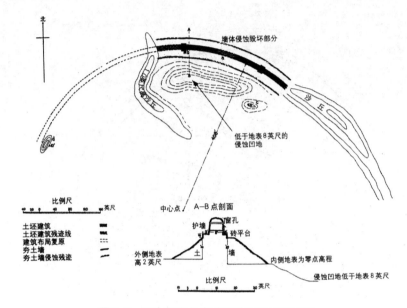

图3-8 阿克斯皮尔古城城墙遗迹平剖面图

(8)圆形古城发展源流

①形制渊源

希腊和中亚都有建造圆形古城的传统,但是两种圆城的形成机制截然不同。在希腊文明中,城是城市文明的衍生物,先是人口在一个地点大量聚集,随之出现各种功能性城市设施,如神庙、市场、公共集会场所等,城墙则是属于这种城市文明衍生出来的防御设施。由于这一城市形成过程中的集聚性质,希腊早期由这种机制产生的城平面多呈现为圆形。[2] 如公元前1500年前,伯罗奔尼撒的希腊人在迈锡尼一座小

〔1〕 M. A. Stein, *Ancient Khotan: Detailed Report of Archaeological Explorations in Chinese Turkestan*, vol. 1, Oxford: Clarendon Press, 1907, pp. 474–481;特林克勒著,赵凤朝译:《未完成的探险》,乌鲁木齐:新疆人民出版社,2000年,第140–141页。

〔2〕 R. E. Wycherley, *How the Greek Built Cities*, London: Macmillan, 1949, pp.1–14.

山上大兴土木,营造宫殿、神庙、陵墓以及气势宏伟的狮子门,并在各种建筑物四周建起了环形防护墙。[1] 建于公元前 7 世纪末的老士麦那(Old Smyrna)城亦是这种先有城后建城墙的圆形古城代表。[2] 与这种长期形成的城市不同,希腊人在设计规划新城——如殖民地、联邦首府或战争破坏后重建的城市时,常常依照地形采用最简单的形制,多为方形,由于城内建有发达的道路网络而被称为棋盘式(chess-board)古城。[3]

中亚古城则多是军事设施,带有很强的规划性,平面设计成圆形是为了更好地进行防御。这种圆形古城多出现于农牧交错地带,受游牧文化的强烈军事性质影响而出现。如位于木鹿(Merv)绿洲的埃尔克·卡拉(Erk Kala)城正是这种军事性城堡的实例,兴建于公元前 4 世纪。木鹿是阿契美尼德王朝东北边境的重要中心,亚历山大大帝西征后,称这里为马尔吉亚那(Margiana),在埃尔克·卡拉城南部新建起了希腊的方形棋盘式古城乔尔·卡拉(Gyaur Kala)城,将前者合并在内。[4]

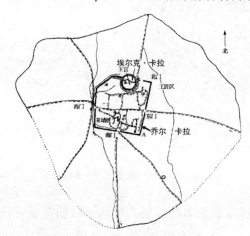

图 3-9　埃尔克·卡拉古城

〔1〕林梅村:《松漠之间:考古新发现所见中外文化交流》,北京:生活·读书·新知三联书店,2009 年,第 128-129 页。

〔2〕J. M. CookSource, "Old Smyrna, 1948-1951", *The Annual of the British School at Athens*, vol. 53/54 (1958/1959), p. 15.

〔3〕R. E. Wycherley, *How the Greek Built Cities*, London: Macmillan, 1949, pp.15-35.

〔4〕G. Herrmann, K. Kurbansakhatov&St. John Simpson, "The International Merv Project: Preliminary Report on the Ninth Season (2000)", in *Iran 39*, 2001, pp. 9-52.

中亚花刺子模阿姆河畔的圆形城堡科伊·克雷尔干·卡拉城(Koi-krylgan Kala)亦是中亚此类圆形城堡的代表,主体结构为内外两重圆形的护城墙,内墙直径42米,外墙直径84米,城墙表面均凿有成排的箭头状射击孔。外墙周围有8个堡垒状构筑物,正面入口处有方形的前院,入口两侧有强固的堡垒,城外有深沟壕堑。这座古城兴建于公元前4—前3世纪,以后长期荒废,公元前后又重新起用,一直沿用到公元3—4世纪。尽管该城堡由于出土了装骨灰的容器被推测为神庙或陵墓,但从其两重城墙及望楼、射击孔的设置,我们不难看出这座城堡所具有的强烈的军事防御性质。发掘者认为,这座圆城代表了中亚北部花刺子模地区的建筑特点,与斯基泰文化有着密切的关系。[1]

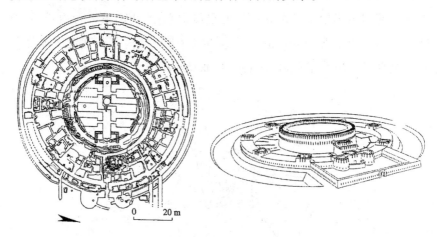

图3-10　科伊·克雷尔干·卡拉古城

这种圆形古城后来为帕提亚人所继承。帕提亚帝国在大夏的要塞重镇哈特拉(Hatra)古城亦设置了双重城墙,内城开有四座城门,城墙上建有塔楼,城外挖有壕沟,始建于公元2世纪。长期以来,哈特拉古城一直是东西方商队的主要会聚地之一,各大帝国的重点争夺目标。正是由于高大坚厚的城墙,哈特拉古城曾多次抵挡住了罗马和波斯军

---

〔1〕S. P. Tolstov & B. I. Vainberg, *Koi-Krylgan-Kala, pamiatnik kul'tury drevnego Khorezma IV v. do n.e.–IVv. n. e,*, Moscow: Trudy Khoremiiskoi ekspeditsii, 1967.

队的进攻。[1]

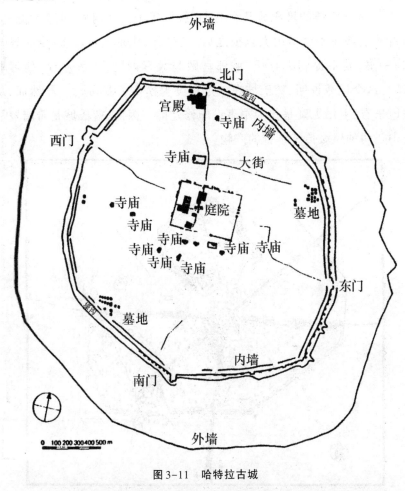

图 3-11　哈特拉古城

　　中亚最著名的圆城当属大夏都城巴里黑（Bahlaka）古城，希腊作家斯特拉波（Strabo）谓之巴克特拉（Bactra）城，张骞称作"蓝氏城"。一般认为，"蓝氏"就是 Alexander（亚历山大）的汉代译名。据法国和美国考古队 20 世纪 20—50 年代的调查发掘，这座古城位于阿富汗北境马扎里沙里夫（Mazar-e Sharif）城西 23 公里的巴尔赫（Balkh）城附近，总面积达550 公顷，分为上堡和下城两部分。上堡在城址北部，占地约 150 公顷，

〔1〕M. A. R. Colledge, *Parthian Art*, London: Paul Elek, 1977, pp. 54–55.

平面呈椭圆形,四周有城墙和护城沟。下城在城址南部,面积约400公顷。[1] 城内废墟的堆积分几个时期,最早属于公元前3—前2世纪,因而古城应修建于亚历山大东征之后。三国时代东吴万震著《南州异物志》一书,其中提到大月氏"城郭宫殿与大秦国同,人民赤色,便习弓马"。这个记载说明,蓝氏城在一定程度上模仿了罗马城。[2] 然而,从城垣来看,上堡无疑是作为军事设施修建的。因而,蓝氏城是希腊罗马与中亚两种建城传统结合的产物。

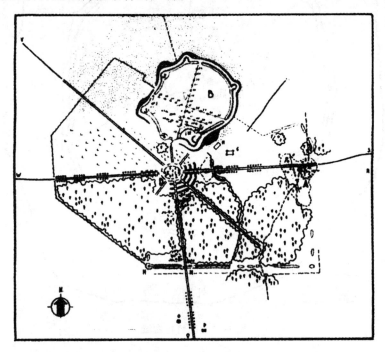

图3-12　巴里黑古城

从功能上来看,塔里木盆地早期的圆形古城无疑主要是用于军事防御,其形制渊源应为中亚圆形城堡。

②塔里木盆地的圆形古城

〔1〕D. Schlumberger, "La prospection archeologique de Bactres (printemps 1947) Rapport sommaire", in *Syria*, T. 26, Fasc. 3/4 (1949), pp. 174.

〔2〕林梅村:《古道西风——考古新发现所见中外文化交流》,北京:生活·读书·新知三联书店,2000年,第202-203页。

通过遥感和考古实地调查,考古工作者在丝绸之路北道也发现了一些圆形平面的早期古城,这里试举例说明。[1]

**库车县** 硝里汗那古城,西距英达里乡约10公里,周长550米,城内直径180米,墙基宽约20米、高7—13米、顶部宽2—5米,每隔30米修有马面,南部开门。城门东侧发现有182枚龟兹钱币。城内现存3座台基,地表散布少量陶片、铁器和铜器残片,陶器多夹砂红陶,以轮制为主。

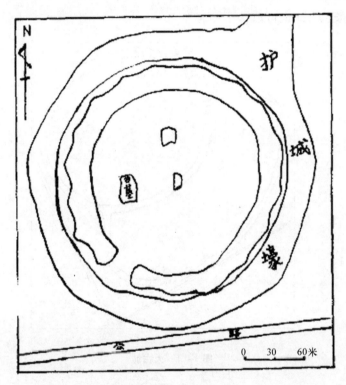

图3-13 硝里汗那古城

〔1〕黄文弼:《塔里木盆地考古记》,北京:科学出版社,1958年,《新疆考古发掘报告:1957—1958》,北京:文物出版社,1983年;新疆维吾尔自治区博物馆文物队、轮台县文教局:《轮台县文物调查》,载《新疆文物》1991年第2期,第1-7页;新疆维吾尔自治区文物普查办公室、巴州文物普查队:《巴音格楞蒙古自治州文物普查资料》,载《新疆文物》1993年第1期,第55-57、66页;新疆维吾尔自治区文物普查办公室、阿克苏地区文物普查队:《阿克苏地区文物普查报告》,载《新疆文物》1995年第4期,第18-22页;刘建国等:《新疆库尔勒至轮台间古代城址的遥感调查》,载《考古》1997年第7期,第67-77页。

大古城，维语称之为"琼协海尔"，又名"穷沁"，位于哈尼克塔木乡吾依库都克村南约2公里，是一座连环城。城西北有一座10米的高墩。东城呈椭圆形，周长约110米，城内直径约360米，墙基宽约14米、高约3米、顶宽约5米，西北墙上有土坯砌成的高台。高墩的西南面有斗圆形城环绕。在此发掘出了龟兹小铜钱、料珠、丝绸片、彩釉陶片以及铜铁器残片等，都属汉晋遗物。黄文弼认为该城是一座汉代屯田校尉城池故址[1]，似有误，因为汉城皆为方形。田卫疆认为其可能是汉晋时期的延城，此说可取。[2]

图3-14　大古城

**轮台县**　卓尔库特古城，位于轮台县城东南约25公里处，平面略呈圆形，周廓约1250米，墙垣土筑，基宽约6米、残高3—4米，东部有凸出的呈长方形高台，高约9米。城内中部残存土筑高台，周长约70米、高约4米，高台上残存建筑遗迹。古城西南角留有豁口，可能为城门，

---

〔1〕黄文弼：《塔里木盆地考古记》，北京：科学出版社，1958年，第13-31页。

〔2〕田卫疆：《大漠无声——西域古城兴衰之谜》，南京：江苏古籍出版社，2002年，第94-95页。

宽约10米;东北角豁口应为近现代人修渠所开。城内采集粗砂陶器残片,皆手制,器形为罐、釜之类。[1] 黄文弼1928年也曾调查此城,采集到红衣黑彩的陶片和铁箭镞,据此认为该城的年代为纪元前后,可能是汉时屯田之校尉城。此观点谬,汉屯田校尉城应为汉式方城,而该城平面圆形,我们推测可能是李广利伐大宛时屠其城的仑头国。

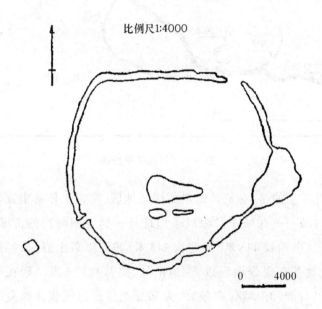

比例尺1:4000

0    4000

**图3-15　卓尔库特古城**

**焉耆县**　七个星古城,位于七个星乡东南约3.5公里处的农耕区中,黄文弼称之为"锡克沁古城"。古城有内外两重:外城为椭圆形或圆形,周长约750米;内城略位于西北,呈椭圆形,周长约300米。城门在东南处,西侧有一土墩与城垣相连。外墙垣多已不存,内城垣较完整,基宽5米、高0.5—1米。

从出土物判断,这些古城虽然有些在西汉之后仍继续使用,但均采用了圆形或椭圆形平面,属于塔里木盆地兴建较早的古城,始建年代应为西汉或更早时期。

----

〔1〕相马秀广从卫星图像判读认为卓尔库特古城有三重城墙包围,与考古调查情况不符,存疑,仍需进一步实地考察。

③居延圆形古城——绿城子

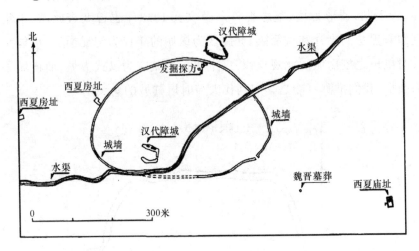

图3-16　绿城子平面图

值得注意的是,在额济纳旗的居延地区,考古工作者也发现了平面圆形的古城——绿城子。绿城子遗址是一处青铜时代的古城址,平面呈椭圆形,东西长435米、南北长345米,城墙以黄土夯筑,经探沟解剖知,城墙地基在现今地表以下1.8米处,墙基宽约3米。现在地表以上的墙体以西墙和南墙保存较好,大部分地段经过汉代和西夏时期用不同的土坯修补,门址可能位于墙体的东南部。城址内的北部高阜之处清理了房址2座、灰坑1座和墓葬1座。从文化面貌来看,绿城子属于青铜时代的四坝文化晚期遗存,时代属于西周阶段。[1]绿城子无疑正是居延地区游牧文化产生的圆形古城代表。

绿城子城门南部偏西处有一近方形的汉代障城,城外北侧还发现了一座平面呈不规则圆角三角形的小城,年达可能亦为汉代。这一打破关系证明了汉式方城晚于圆形古城。城址东南约750米处还有大量的汉代和魏晋时期墓葬交错分布。

〔1〕吉林大学边疆考古研究中心、内蒙古自治区文物考古研究所:《额济纳古代遗址测量工作简报》,收入吉林大学边疆考古研究中心:《边疆考古研究》第7辑,北京:科学出版社,2008年,第353-356页;魏坚:《居延考古与额济纳汉简》,载《新疆文物》2009年第3-4期,第101页。

### 3.1.1.2 B型——方形古城

平面方形,根据城墙朝向和筑城技术又可分为二式。

（1）Ⅰ式——方形正向古城

城墙基本朝向正向,略有偏角,夯土版筑。

①LE古城

LE古城又称"方城",位于楼兰古城东北约24公里,平面近方形,城墙的方向基本上是坐北朝南,略偏离正方向8—9度。东西城墙长约137米,南北城墙长约122米,夯土版筑,间以柴草层,十分坚固(LA和LK城墙建筑得非常粗糙)。斯坦因认为其营建方式与敦煌汉长城类似。城墙底部厚约3.7米,内壁近乎直立,外壁因磨蚀作用,原本陡直的壁面变得有如阶梯状。南墙靠近中部有一城门,宽约3米;北城也有一城门与之相对,但稍窄,应是后门。城中距北墙约22米处有一座土坯建筑的墙基,原建筑面积约21.3米×10.7米,残存一条约8米长的大梁。城中发现6件汉文木简残纸,其中3件带有西晋泰始年号,此外还发现了铜镞和五铢钱。[1]

LE古城城墙几乎为正方向(见彩图14[2]),这与楼兰地区另外三座矩形城址LA、LK、LL不同,后三者则都偏离正方向一定角度。一般来说,城墙修筑的方向是与盛行风方向保持一致的,以减小风蚀的力度。[3]这说明LE古城与另外三座古城的年代是不同的。日本学者相马秀广通过对内蒙古西部和新疆地区汉晋时期古城的实地调查和勘测发现,汉代古城往往呈正南北方向或略有偏角,而魏晋南北朝古城和正方向往往相差45°角。2008年,相马秀广利用卫星影像图在内蒙古西部黑河下游发现一座汉代古城,经实地考察后由中国人民大学魏坚教授命名

---

〔1〕M. A. Stein, *Innermost Asia: Report of Exploration in Central Asia Kan-su and Eastern Iran*, vol. 1, Oxford: Clarendon Press, 1928, pp.260-262.

〔2〕吕厚远、夏训诚等:《罗布泊新发现古城与5个考古遗址的年代学初步研究》,载《科学通报》2010年第3期,第239页。

〔3〕〔日〕相马秀广:《塔里木盆地及其周边地区遗址的布局条件》,载《中国文物报》2004年10月22日第007版。

为 BJ2008 古城,城墙就基本为正方向,略有偏角。[1] 从居延汉塞的情况来看,城墙朝向大多符合这一规律,如额济纳地区的 K710、雅布赖城、破城子、红城子、小方城等,城墙或为正方向,或仅存在小于30°的偏角。[2]

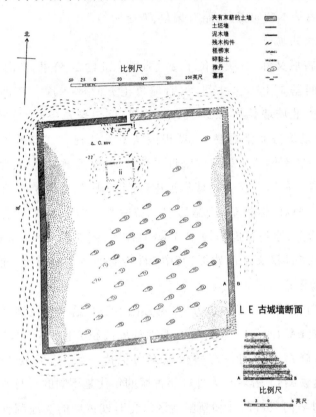

图 3-17　LE 古城平面图

于志勇曾对甘肃、内蒙古等地的城障资料进行了统计,认为汉代的边城在建置、大小、规制方面存在着严格的等差和制度,LE 古城约合 55

〔1〕〔日〕相马秀广:《内蒙古西部、黑河下游 BJ2008 遗址及其意义》,收入魏坚主编:《2009 中国·乌珠穆沁边疆考古国际学术研讨会·会议手册》,北京:中国人民大学历史学院/北方民族考古研究所,2009年。

〔2〕甘肃省文物考古研究所:《河西汉塞调查与研究》,北京:文物出版社,2005年;吉林大学边疆考古研究中心、内蒙古自治区文物考古研究所:《额济纳古代遗址测量工作简报》,收入吉林大学边疆考古研究中心:《边疆考古研究》第7辑,北京:科学出版社,2008年,第353-370页;魏坚:《额济纳汉简》,桂林:广西师范大学出版社,2005,第1-21页。

丈×55丈,规格严谨。[1]

综合古城规模、城墙修筑技术、朝向三方面考虑,LE古城与居延县城K710以及新发现的BJ2008都非常接近,始建年代应在西汉时期。

LE古城由于发现有泰始年号的文书,说明其在西晋时期应仍在使用,古城东北也发现了魏晋时期墓葬。魏坚教授经实地考察后证实,LE古城下部为汉代夯筑而成,上部为魏晋以后增筑。[2]至于LE城在东汉时期的情况,是延续使用还是曾一度废弃,仍需进一步的考古工作才能确定。

②小河西北古城

2008年12月,罗布泊综合科考队在小河墓地西北6.3公里处河床西侧新发现一座古城遗址,墙体由红柳枝条和泥土筑成,伊弟利斯在野外将其暂定名为"汉晋四号遗址"。古城平面大致呈方形,边长220米左右。西、北墙几乎被沙丘覆盖,顶部可测量的墙体宽约6米,东、西墙余墙基的底部宽6—8米,由人工堆积的泥土构建而成。墙体内侧,分布有断断续续的红烧土,多有陶片散布。调查者在地表采集了陶片、石墨盘、陶制坩埚、铜门扣、铜锁、嵌宝石的铜带扣、纺锤、玻璃器、货泉、五铢钱等遗物。该城的发现者根据碳十四测年数据认为其年代为北魏时期。[3]我们认为这一数据并不可信。根据前引于志勇对汉代边城的统计结果,小河西北古城规模宏大、方正规整,是目前罗布泊地区仅次于LA古城的第二大古城址,边长约相当于汉代尺度100丈,显然也是按照汉代规格建造。该城目前尚无测绘平面图,从遥感图像上看,其城墙基本呈正方向,略有偏角,与相马秀广发现的BJ2008十分接近,年代应为西汉时期(见彩图15[4])。

③安迪尔廷姆古城

和田地区民丰县境内的安迪尔遗址也发现了基本为正方向的方城

〔1〕于志勇:《西汉时期楼兰"伊循城"地望考》,载《新疆文物》2010年第1期,第63—74页。

〔2〕该情况由魏坚教授告知,谨致谢忱!

〔3〕吕厚远、夏训诚等:《罗布泊新发现古城与5个考古遗址的年代学初步研究》,载《科学通报》2010年第3期,第237—245页。

〔4〕吕厚远、夏训诚等:《罗布泊新发现古城与5个考古遗址的年代学初步研究》,载《科学通报》2010年第3期,第241页。

——廷姆古城。该遗址区位于安迪尔牧场东南20公里处,总名为夏央达克,为一平坦的盆地,附近可见古河床痕迹,遗址面积3.5平方公里,安迪尔大佛塔即坐落于此,廷姆古城在佛塔以东500米处。[1]该古城现存遗址由主城和子城两部分组成。主城约110米见方,墙基宽约10米,墙体下部为分层夯筑,墙体中部以上部位为土坯块垒砌而成;子城在主城东南角,约30米见方,为土坯和胶泥垒砌而成。从城墙建造技法可知,该城经过二次修建,主城下部为夯筑,上部和子城为后来使用土坯技术增筑而成。主城的朝向基本为正方向,略有偏角。[2]

塔克拉玛干综考队考古组在廷姆古城中采集了大量陶器残片,从口沿形态来看大致可分为三类:一为方唇无沿,束领较短,皆夹砂素面灰黑色陶;二为圆唇高束领,夹砂素面,陶色有红、灰、黄褐色三种;三为三角状唇部。这三种类型刚好可以对应第二章中楼兰墓葬陶器序列的三期。考古工作者还采集了一件平底带流器,夹砂红陶,手制素面,应为西汉时期器物。综合城墙朝向、建造技法和出土器物来看,廷姆古城的始建年代可能在西汉时期,东汉魏晋时期一直沿用。

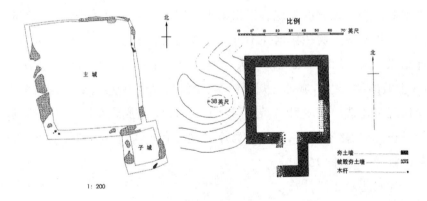

**图3-18　安迪尔廷姆古城及南部戍堡**

　　[1]塔克拉玛干综考队考古组称之为"夏羊塔格古城",《和田地区文物普查资料》中录为"廷姆古城",似有误。参见塔克拉玛干沙漠综考队考古组:《安迪尔遗址考察》,载《新疆文物》1990年第4期,第30-46页;新疆文物考古研究所:《和田地区文物普查资料》,载《新疆文物》2004年第4期,第23页。

　　[2]梁涛、再帕尔·阿不都瓦依提等:《新疆安迪尔古城遗址现状调查及保护思路》,载《江汉考古》2009年第2期,第140-141页。

此外,安迪尔大佛塔南约4公里处还发现了一座西汉时期戍堡,可作为廷姆古城断代的佐证。该戍堡平面呈正方形,边长约20米,南墙中部开门,门外侧又用土坯修砌一道"L"形墙,与黄土夯筑的南墙共同构成简易的瓮城,现城门处左侧木质门柱部分还残留在原地。[1]斯坦因认为,这座小戍堡的建筑技术与敦煌小方盘城几乎完全一样,应为西汉时期建造。该戍堡的朝向也是正方向。《汉书·西域传》载,自贰师将军伐大宛之后,"自敦煌西至盐泽往往起亭",事实上后来随着对西域的控制力度逐渐加强,汉王朝在罗布泊(盐泽)以西的交通要道上也修建有许多亭障,如孔雀河沿岸就发现有大量烽燧。廷姆古城和安迪尔佛塔以南戍堡无疑也属于这类设施,应为控制当地政权和保护交通线的行政和军事设施。

④且尔乞都克古城

且尔乞都克古城位于若羌县城南、若羌河西岸的戈壁滩上,橘瑞超、斯坦因、黄文弼、孟凡人、伊藤敏雄等探险家和学者先后考察过这座古城,但各人的观察结论存在较大差异。据黄文弼记录,这座古城呈长方形,分内外两重,外城周长720米,城墙宽1.5米,残高1米,用卵石垒砌。内城周长220米,城墙以土坯垒砌,宽1.6—2米,残高0.5米。内城西北角有一残土墩,顶部已毁,底部尚存,以宽厚的土坯砌筑,面积9米×9米,残高3.15米,可能是佛塔。内城西侧尚存一些房屋建筑基址,约3排共10余个房间,相互毗连,门径相同,中间是一庭院,院长9.2米,宽7.3米,较四周地势略低。东侧房屋基址5、6间。北城墙中间有一个2米宽的缺口,可能是城门。内城墙靠近外城西、北两面,有若干石砌基址,横直界划作长方形,类似田埂,面铺一层黑石块,可能是古代村落或街道遗迹。内城与外城建筑技术不同,布置也不匀称,可能是前后两个时期所筑。[2]

孟凡人1983年前往调查后对且尔乞都克古城的结构提出不同看

〔1〕M. A. Stein, *Serindia: Detailed Report of Explorations in Central Asia and Westernmost China Carried out and Described under the Orders of H. M. India Government*, vol. 1, Oxford: Clarendon Press, 1921, pp. 283–284;梁涛、再帕尔·阿不都瓦依提等:《新疆安迪尔古城遗址现状调查及保护思路》,载《江汉考古》2009年第2期,第142页。

〔2〕黄文弼:《新疆考古发掘报告:1957—1958》,北京:文物出版社,1983年,第48—50页。

法。据其介绍,且尔乞都克古城东距若羌河约300米,城址建在戈壁滩上,附近地区戈壁与沙漠相间,不远处有农田。石城城墙向北延伸,并未将土坯城包围在内,因而不能将且尔乞都克古城称为内外两重城,实际上应为两座不同的城。土坯城略在石城东南,西北与石城毗邻,相距10余米。[1]

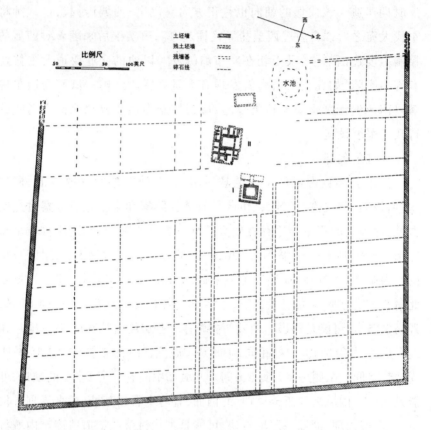

图 3-19  且尔乞都克古城平面图

伊藤敏雄指出,斯坦因在1914年调查的阔玉马勒(Koyumal)和巴什阔玉马勒(Bash-koyumal)两座遗址即且尔乞都克和孔路克阿旦遗址。在斯氏之前,橘瑞超1911年就曾考察过这两处遗址,发掘出铁釜、

---

〔1〕孟凡人:《楼兰新史》,北京:光明日报出版社,1990年,第211-213页。

木皮文书、贝叶残片、陶器等文物。[1]据斯坦因报道,阔玉马勒东面长约200米,西城墙被河水侵蚀已尽,因此古城的原状未知是方形还是长方形。城墙以土坯砌筑,厚2.4米,靠近城中心地方残存佛塔塔基,佛塔北、南、东三面带回廊,西面有阶梯与两处僧房院相连。僧房院西南27米处有一小型寺院建筑遗存。城内铺有许多成排的粗石块,横纵交叉把古城划分成不规则的棋盘形。[2]

从黄文弼和斯坦因对古城内石砌基线的描述来看,两人所述确为一个遗址,但对遗址形制的认识截然不同。伊藤敏雄经实地考察后指出,两人在遗址判定上存在分歧,遗址现状已面目全非,它究竟是内外两重城抑或两座毗邻的城,还需要经过详细深入的考古发掘才能得出结论。

研究者发现,1908年日本大谷探险队成员橘瑞超在若羌县附近发掘并征购到的古物中有一组汉代陶器,它们很可能出自且尔乞都克古城。[3]这组陶器共4件,均为泥质灰陶,现为韩国国立中央博物馆藏品,在博物馆目录说明中被记录为1件博山炉、1件三足香盒和2件三足砚。博山炉出现于西汉中期,早期造型较为复杂,装饰精美。西汉末到东汉时期发生明显变化,炉体已锥形为主,博山形炉盖造型趋于简化,并逐渐变小,炉身已与炉柄融为一体,多数炉柄较粗,炉座为圈足,并增加了承盘,以山东平阴新屯汉画像石墓M1所出酱色釉陶东汉博山炉为代表。[4]韩国首尔国立中央博物馆所藏若羌出土的博山炉,炉体呈锥形,炉盖极为简约,仅有镂孔装饰,炉柄粗短,与炉身合为一体,下有承盘,与山东平阴所出博山炉形制相近,为典型的东汉博山炉。

〔1〕伊藤敏雄:《南疆の遺跡調査記——楼蘭(〔セン〕善)の国都問題に関連して》,载《唐代史研究》2001年第4期,第122—147页。

〔2〕M. A. Stein, *Innermost Asia: Report of Exploration in Central Asia Kan-su and Eastern Iran*, vol. 1, Oxford: Clarendon Press, 1928, pp. 164–166.

〔3〕林梅村:《楼兰——一个世纪之谜的解析》,北京:中央党校出版社,1999年,第80页。

〔4〕孙机:《汉代物质文化资料图说》,北京:文物出版社,1991,第358—364页;惠夕平:《两汉博山炉研究》,山东大学2008年硕士学位论文;济南市文化局文物处:《山东平阴新屯汉画像石墓》,载《考古》1988年第11期,第970页。

　　韩国国立中央博物馆藏另2件若羌出土的三足陶器,似非香盒与砚,而是陶奁与承旋,在东汉画像石中十分常见。陶奁实物在洛阳烧沟汉墓中多有出土,有盛梳妆用具或盛食用品两种用途。[1] 研究者指出,同形制器物也被用作酒器,称为"樽",铜质、玉质、陶质均有发现。[2] 承旋为承托奁或樽之用,常与其配套而出。旋,当为"楄"字之假,即圆形托盘。如故宫博物院收藏的一件鎏金青铜樽,制造精良,器下有承托圆盘,盘口自铭:"建武廿一年(45),蜀郡西工造乘舆一斛承旋……"[3] 故知若羌所出陶器即此类陶奁或樽及承旋。这组陶器也证明,且尔乞都克古城至少在东汉时期已经存在。

图3-20　若羌出土汉代陶器

[1] 洛阳区考古发掘队:《洛阳烧沟汉墓》,北京:科学出版社,1959年,第130-133页。

[2] 王振铎:《张衡候风地动仪的复原研究(续)》,载《文物》1963年第4期,第1-6页;孙机:《汉代物质文化资料图说》,北京:文物出版社,1991年,第313-315页。

[3] 方国锦:《鎏金铜斛》,载《文物参考资料》1958年第9期,第69-70页。

从现有遗存来看,且尔乞都克晚期以石块砌出棋盘状基线,应为公元7世纪中叶康艳典所建之石城镇。据唐代地志记载,石城镇就是鄯善扞泥城所在。且尔乞都克城墙朝向亦与正方向偏离不大,因此我们认为,这座古城可能即始建于西汉时期的扞泥城,由于一直未停止使用,早期遗存已不见。现存土坯城应为魏晋时期增筑,贝叶及纸文书、泥塑佛像、壁画等为这一时期遗物。下文我们还将进一步讨论这个问题。[1]

⑤奇台石城子

1972年奇台县文化馆在对全县的文物普查中发现了这座古城遗址。[2] 2003年日本学者冈内三真、新疆考古所张玉忠等人又对这座古城进行了踏查。[3]该城位于天山北坡丘陵地带的麻梁沟上,北距县城约55公里,建于山上,居高临下,东西两面临涧,南为天山余脉,北面有一条山路可通行。据调查,该城应为双重方城,东西北三面筑墙,南面不见城墙遗迹,可能利用天险屏障未筑墙。内城东西长200米、南北残长140米,四角陶片发现较多,可能曾有望楼一类建筑物。外城仅北、东墙残存墙体,约280米×320米。城内遍布残瓦,采集到粗绳纹板瓦、筒瓦、素面实心砖、云纹及山字纹瓦当等,原应有建筑物。此外考古工作者还采集到几件完整的陶钵,以及残陶灯、陶盆等。从出土遗物来看,该城为汉代古城。

研究者认为,该城战略位置重要,地势陡险,军事防御色彩浓厚,出土有汉瓦和瓦当,应为东汉时期的疏勒城遗址。[4]据《后汉书·耿恭传》载,永平十八年(75),戊己校尉耿恭率部从金蒲城(今吉木萨尔泉了街

　〔1〕见本书3.1.2。

　〔2〕奇台县文化馆:《新疆奇台发现的石器时代遗址与古墓》,收入《考古》编辑部:《考古学集刊》第2集,北京:中国社会科学出版社,1982年,第24页;《新疆奇台境内的汉唐遗址调查》,收入《考古》编辑部:《考古学集刊》第5集,北京:中国社会科学出版社,1987年,第206-210页。

　〔3〕冈内三真:《新疆奇台县石城子遗迹的考古学考察》,载《早稻田大学大学院文学研究科纪要》第49卷(2003年第4分册),第87-101页。

　〔4〕戴良佐:《新疆奇台石城子遗址汉疏勒城今地之争》,载《中国边疆史地研究》1994年第4期,第93-95页。

一带)移驻疏勒城,曾于城中"穿井十五丈"。据研究者调查,石城子城中有井口遗迹,与文献记载相符。此外传文还提到"疏勒城傍有涧水可固",也与石城子的地理环境吻合。

奇台石城子城墙为正南北,由此可知,东汉古城与西汉一样,城墙亦为正方向。

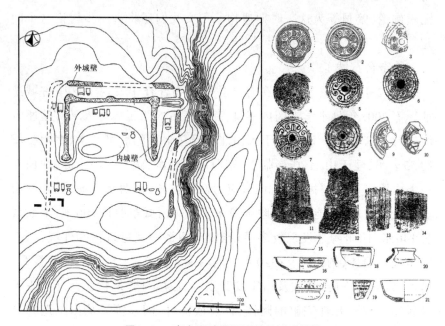

图3-21　奇台石城子平面图及出土器物

(2)Ⅱ式——方形偏角古城

平面呈方形或长方形,城墙与正方向存在约45°偏角,筑城技术为夯土版筑与土坯垒砌相结合,包括罗布泊地区LA、LK、LL、LF四座古城,年代为魏晋时期。

①楼兰LA古城

LA古城(见彩图16[1])位于孔雀河下游干三角洲的南部,罗布泊西北岸上,今属若羌县界,具体位置为东经89°55′22″,北纬40°29′55″。

---

〔1〕〔英〕奥雷尔·斯坦因,巫新华等译:《西域考古图记》第3卷,桂林:广西师范大学出版社,1998年,附图23。

1901年斯文·赫定最早发现这座古城[1]，此后斯坦因[2]、橘瑞超[3]、新疆考古工作者[4]先后对其进行了考察。古城基本呈正方形，四面城墙边长330米左右，为夯土版筑，间以红柳枝。南北两边的城墙由于比较顺应东北风势，相对保存较多一些。四边城墙中部各有一段缺口，似为城门遗迹。东、西城门处均堆着大型木料，斯坦因认为城门构造与喀拉墩、LF古城城门亦类似。西墙中部北端有两个东西错列的土墩，相距4米，也为夯土版筑而成，似为瓮城遗迹。各面夯土层厚薄不等，应为多次分筑而成。一条古水道从西北角到东南角基本成对角线穿城而过，两端各与城外的干河道相通，从水道比较平直规整的走向看，应为人工开凿而成的，供给城中居民用水。

城中的布局以古水道为轴线大致可分为两个区域。一为东北区，是进行宗教活动的场所，残存遗迹较少，主要有佛塔(LA.X)和东边的4处木构建筑残迹，出土有佉卢文和汉文简纸文书、丝毛织品以及各种生活物品。[5]佛塔以东30米处有建筑遗迹LA.IX，长泽和俊认为是僧房。[6]侯灿在LA.IX的木建筑构件下发现了粮食堆积，故认为是粮仓遗迹。[7]

二为西南区，保存遗迹相对较多，除著名的"三间房"官署遗迹(LA.

〔1〕S. A. Hedin, *Scientific Results of a Journey in Central Asia 1899-1902*, vol. 2, Stockholm: Lithographic Institute of the General Staff of the Swedish Army, 1905, pp.619-636.

〔2〕M. A. Stein, *Serindia: Detailed Report of Explorations in Central Asia and Westernmost China Carried out and Described under the Orders of H. M. India Government*, vol. 1, Oxford: Clarendon Press, 1925, pp.369-393.

〔3〕〔日〕橘瑞超著，柳洪亮译：《橘瑞超西行记》，乌鲁木齐：新疆人民出版社，1999年，第40-41页；马大正、王嵘、杨镰：《西域考察与研究》，乌鲁木齐：新疆人民出版社，1994年，第122-125页。

〔4〕新疆楼兰考古队：《楼兰古城址调查与试掘简报》，载《文物》1988年第7期，第1-22页；楼兰文物普查队：《罗布泊地区文物普查简报》，载《新疆文物》1988年第3期，第91-92页。

〔5〕陈汝国认为城东北的高大建筑并非佛塔，而是烽火台，并认为其东侧和南侧的残建筑木料是驻兵和军需用品贮放之地，参见夏训诚：《罗布泊科学考察与研究》，北京：科学出版社，1987年，第302页。

〔6〕長沢和俊：《楼蘭王国》，東京：德間書店，1988年，第215-217页。

〔7〕侯灿：《高昌楼兰研究论集》，乌鲁木齐：新疆人民出版社，1990年，第233页。

II)外,西部和南部还有大小院落,应为生活区。[1] 此外大房址 LA.I 虽位于古水道以东,与佛塔相距较近,但从建筑形制和出土物来看也为生活遗迹。LA.I 为木构建筑,房内有套房多间,现残存 4 间。其中最大的一间面积为 9.35 米×3.96 米。斯坦因 1906 年在这里的 5 个地点发掘到 9 件汉文木简、残纸,其中 1 枚木简上写有前凉建兴十八年(330)的年号,其他重要发现有毛织物、丝织物残片、五铢钱和几件佉卢文文书等。1914 年斯坦因重访楼兰,又在这里获得 3 件汉文文书。

LA.II 为于古城中心一座高约 4.88 米的靴形土台上的一处大型土坯建筑,居高临下,依原土台地面形状而建。其中 LA.II.ii-iv 即著名的"三间房"遗迹,墙基宽约 1.1 米,保存较好的西面高 3 米左右。从房基线测得东西长 12.5 米、南北宽 8.5 米,总面积为 106.23 平方米。三间房中东西两间 LA.II.ii 和 LA.II.vi 较狭小,中间一间 LA.II.iii 较宽大,以大小两种规格的土坯垒砌,一种为 42 厘米×23 厘米×10 厘米,另一种为 47 厘米×27 厘米×10 厘米。斯文·赫定在东面的一间 LA.II.ii 中掘出汉文纸文书 157 件、木简 120 枚,年代在曹魏嘉平四年(252)至西晋永嘉四年(310)之间,其他还有毛织物、丝织物残片和 2 件佉卢文文书。斯坦因 1906 年在 LA.II.ii 及其南坡下灰堆 LA.II.i 中又获得许多汉文文书和 1 件佉卢文文书。楼兰考古队将 LA.II.ii 编号为 F1,发现 1 件纸文书和丝绢、棉布、波纹锦和小陶杯等物。此外据推测,大谷探险队橘瑞超发现的李柏文书也应出土于三间房中。三间房北面有一间长方形房址 LA.II.v,出土有 4 枚汉文木简和 1 件佉卢文文书,其中 1 枚木简上记有曹魏景元四年(263)年号。三间房东北面是 LA.II.vi 和 LA.II.vii 东西并排两个房间,隔墙以土坯垒砌,斯坦因在这里发现了许多汉文文书和 2 片早期粟特文文书。楼兰考古队重新清理时编号为 F3,发现木简 1 枚以及骨鞘、彩绘木块、毛布和毛毯残片、麻鞋、破毛袋、破毡袜、棉布、墨绿色丝绢等。三间房西厢之西有一片垃圾堆积,楼兰考古队在此开探沟 T1,出土木简 1 枚以及方格毛布、棉布残片、毛绳、毛带、残漆杯、木梳等物。三间房是古城中唯一用土坯垒砌的建筑,布局严谨,结合这里及其附近垃

---

[1] 新疆楼兰考古队:《楼兰古城址调查与试掘简报》,载《文物》1988 年第 7 期,第 1—22 页。

垃堆中出土的大量木简和纸文书推断,这里在魏晋时期属西域长史官署遗址。

三间房西侧为木构房屋 LA.III,残存套房 3 间,最大的一间面积约10.7 米×8.5 米,房屋木框架仍存,有的高达 4 米。这里出土了西晋泰始六年(270)等 39 件汉文木简、残纸和 2 件佉卢文木牍。

LA.III 西南 9.14 米处为数间房址组成的建筑 LA.IV,构筑方法除一间为夯土版筑外,其余均为木骨泥墙式建筑。

LA.III 以北 6.1 米处为木构建筑 LA.V,南端残存剩半间小屋 LA.V.i,屋内发现 2 件佉卢文木楔和 2 件汉文文书,同出的 1 件封泥匣上也写有数行佉卢文。遗址南面宅院内的灰土层中清理出 1 支汉文木简和 2 支佉卢文木简。

LA.IV 和 LA.V 之间有一片灰区 LA.V.x,斯坦因发现有 5 件汉文文书、1 张粟特文残纸和丝织品、毛织品残片、封泥匣等。楼兰考古队在此开探沟一条 T2,出土了小孩皮鞋、毛绳、毛带和棉布等物。

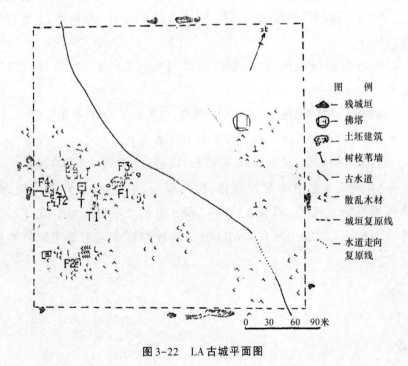

图 3-22　LA 古城平面图

LA.V西南为厩栏遗址LA.VI,其西面一间小屋发现4件汉文文书。LA.VI之南为一大片垃圾堆积LA.VI.ii,楼兰考古队编号为T,这里是LA古城内汉文文书最多的出土地点,共有200余件,年代在曹魏景元五年(264)至西晋永嘉六年(312)之间,同时出土的还有少量佉卢文文书和早期粟特文文书。

古城的西南角是一些较矮小的房屋建筑,斯坦因编号为LA.VII,楼兰考古队选取其中一组保存较好的建筑进行了发掘,编号为F2。F2距离三间房约100米,由南北两间房屋组成,都是用红柳编芦苇作夹壁,出土有大量木器、牛羊骨、铜铁渣等遗物。F2和F4相比,从布局到建筑材料都迥然有异,F4当为官宦大贾的宅院,而F2则为一般贫民所居。

从LA古城中发现的汉文木简、纸文书来看,其纪年大多在曹魏后期和西晋前期,新疆楼兰考古队推测古城最后形制的形成也在这个时期。城中出土木简的最晚年代是前凉建兴十八年(330),据此推测古城的废弃应在前凉时期。城内出土物包括:

**陶器** 斯坦因和楼兰考古队在LA古城收集了一些陶器,大致可分为两组。

第一组制作粗糙,夹砂粗红陶或粗灰陶,手制,素面,烧成温度较低。

XB:6A平底杯,敞口,平底,内斜腹,口径7厘米、底径4.5厘米、高3厘米,形制与平台墓地MA1出土的陶杯相差无几。

XB:6B圜底杯,呈半球形,腹圆鼓,捏制,口径6厘米、高4厘米。

XB:6C,报告中称为带流杯,实为陶灯,呈半球状,口部有流,腹部和流有烟炱痕迹,口径6.5厘米、高3厘米。斯坦因也曾发现过两件类似的陶灯,LA.006和LA.II.001。这种陶灯亦见于犍陀罗塔克西拉遗址。

图 3-23　LA 古城出土陶器　　　　　　　图 3-24　塔克西拉出土陶灯

第二组陶器质量较好,多为轮制灰或褐陶,烧成火候较高,器表刻画有纹饰,口唇部呈方形或三角形。

C:41①长颈壶,喇叭口,肩附桥形耳。

C:42短颈桥耳罐,口微敞,桥耳,弧肩,素面。

C:51①瓮,沿外卷,束颈,广曲肩,下残。

C:40甑,口微敞,短颈,弧肩,圆鼓腹,肩附两錾耳,平底已残,但可看出有许多圆箅孔,口径25厘米、腹厚0.8厘米、高24.5厘米。

LA.01双耳罐,喇叭口,环耳,颈部粗刻三角锯齿形纹饰,肩部也有大三角形纹,口径11厘米、高15厘米。

LA.0125陶罐,仅存口和肩部,灰陶,肩部刻有弦纹和三线平行的月牙纹,口径14厘米、肩径32厘米。

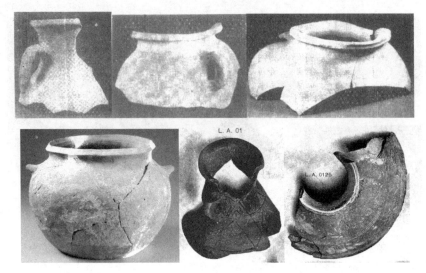

图 3-25  LA 古城出土陶器

结合楼兰墓葬出土陶器的演变规律来看,LA 古城第一组陶器与平台墓地 MA1、MA7 墓葬出土陶器特征相近,年代应为东汉时期;第二组陶器中的三角状唇部为楼兰第三期墓葬陶器的典型特征,年代当在魏晋时期。

**铜镜**  LA 古城出土了不少铜镜残片,其中斯坦因发现的 4 件可以进行断年。

LA.05 铜镜残片,宽沿,沿内侧为一周栉齿纹带,其内侧残存乳钉和虺纹,中部残缺。从纹饰来看,此镜应为"四乳四虺纹镜",《洛阳烧沟汉墓》称之为"变形四螭纹镜",流行年代较早,大致在西汉晚期至东汉初年。[1]

LA.0107 简化博局镜,圆钮,钮座外两周凸弦纹,"T""L"和"V"字纹之间饰云纹。《洛阳烧沟汉墓》中将这种镜定名为"几何纹规矩镜",《长安汉镜》定名为"云纹规矩镜",年代应为东汉时期。[2]

---

〔1〕洛阳区考古发掘队:《洛阳烧沟汉墓》,北京:科学出版社,1959 年,第 164-165、174 页;孔祥星、刘一曼:《中国铜镜图典》,北京:文物出版社,1992 年,第 245-246 页;程林泉、韩国河:《长安汉镜》,西安:陕西人民出版社,2002 年,第 82-86 页。

〔2〕洛阳区考古发掘队:《洛阳烧沟汉墓》,北京:科学出版社,1959 年,第 167-168 页;程林泉、韩国河:《长安汉镜》,西安:陕西人民出版社,2002 年,第 133-137 页。

LA.0124铜镜残片,半球形钮,钮旁浅浮雕呈蝙蝠状的四叶纹(从发表的图片来看四叶间似有铭文),其外为一周凸起的宽弦带纹,再外为连弧纹圈带,外沿素面。从残存纹饰来看,这面镜应为"连弧纹镜",年代在东汉中晚期。

　　LA.00113铜镜残片,高浮雕龙纹,龙张口吐舌,曲颈弯身,边缘为栉齿纹,应为"盘龙镜"或"龙虎镜"残片,年代当在东汉晚期至魏晋时期。[1]

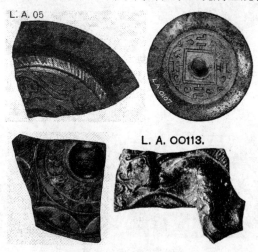

图3-26　LA古城出土铜镜

　　**钱币**　　LA出土的中原钱币主要为汉代钱币,其中西汉钱币有榆荚半两、五铢、小五铢和剪轮五铢,新莽钱币有大泉五十、小泉直一和货泉,东汉钱币有五铢和剪轮五铢。此外楼兰考古队在三间房西南的民居中还采集到一枚贵霜铜币,正面铸贵霜王立像,背面铸一神像立于一四足兽前。参考贵霜钱币序列,这枚钱币当为贵霜王朝第二代王阎珍[2](Vima Kadphises)时期发行,正面为阎珍立像,背面为手持三叉戟

　　〔1〕孔祥星、刘一曼:《中国铜镜图典》,北京:文物出版社,1992年,第474-475页。

　　〔2〕过去学术界一直认为贵霜碑铭和钱币中所记的Vima Kadphises就是《后汉书》中提到的阎高珍,1993年新发现的罗巴塔克(Rabatak)碑铭更正了这个错误。根据碑文记载,贵霜第二代王称Vima Taktu Kadphises,相当于汉文典籍中的阎高珍和贵霜钱币中的索特-美格斯(Soter Megas);第三代王称Vima Kadphises,即伽腻色迦之父,不见于汉文史料,按照译例,当称"阎珍",统治年代在公元1世纪末到公元128年。参见N. Sims-Williams & J. Cribb, "A New Bactrian Inscription of Kanishka the Great", in *Silk Road Art and Archaeology*, vol. 4, 1996, pp. 75-142.

欧·亚·历·史·文·化·文·库·

的湿婆(Siva)与其坐骑神牛难喜(Nandi)。

图 3-27　LA古城出土贵霜钱币

图 3-28　阎珍钱币

**木器**　分为建筑构件、生产工具和生活用具三类。建筑构件包括一方一圆两件木梁垫、门及门斗、木柱、花形木饰件,与楼兰LB佛寺及尼雅居址所出木构件相类似。生产工具有木纺轮、木栓、木马鞍、木桩、木刮梳等,可与扎滚鲁克第三期墓葬所出木器相比较。生活用具有木臼、木桶、木罐、木盘、木盆、木勺、木(骨)梳、木筷、木匕、漆耳杯等。其中木梳为中原式的马蹄形,木盘为楼兰第三期墓葬典型器物。

从出土物来看,LA城内遗存大致经过了两个使用阶段:第一阶段与楼兰第二期墓葬相当,在东汉时期;第二阶段与楼兰第三期墓葬相当,约为魏晋时期。这与古城中房屋建筑的情况完全一致:LA.I、III、IV、V、VI、VII均为木骨泥墙式建筑,为楼兰本地特有的建筑形式,在这些建筑中,两个阶段的遗物都有出土;LA.II是古城中唯一一处土坯建筑,出土遗物和文书均为魏晋时期,不见东汉时期遗物。在墓葬方面,LA古城郊外这两个时期的墓葬也都有发现。

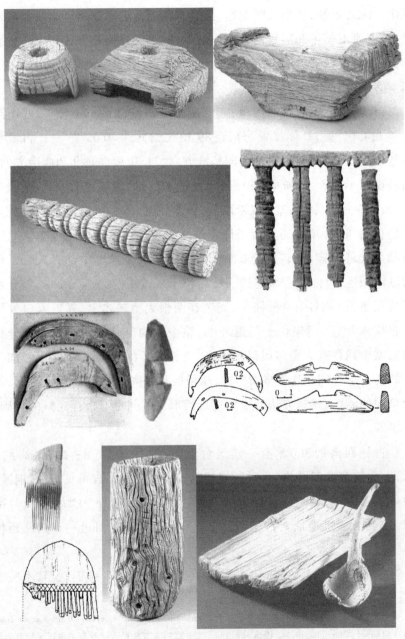

图3-29　LA古城出土木器

·欧·亚·历·史·文·化·文·库·

不过,从平面形制来看,LA古城自身的始建时间则是魏晋时期。前文所述奇台石城子遗址已证明,东汉古城亦遵循城墙朝向正方向的规律。由此可知,从东汉时期起,已有本地土著居民在这里居住。魏晋时期,中原王朝于此地置西域长史治所,建筑汉式偏角方城和土坯官署建筑,这与古城中出土汉文文书的纪年范围仅限于曹魏时期是一致的。

②楼兰LK古城

LK古城位于罗布泊西岸,东北距楼兰古城(LA)49.6公里,西南距米兰114.4公里,具体位置为东经89°40′52″,北纬40°05′15″。[1]古城平面基本呈长方形,四角大致朝向基准方向。长边面向东北和西南方向,东城墙长163米,西城墙160米,北城墙87.5米,南城墙82米。城墙粗厚,残高3—5.4米,墙基厚7米以上,顶部残宽1.5—6.5米,夯土夹红柳、胡杨枝层筑成,顶端还竖植了许多排列有序的胡杨加固棍。东墙北段局部用土坯垒砌,土坯间作3厘米厚的草泥。东城墙中部有人工土台与城垣相连,可能是瓮城遗迹。城门位于东城墙南端,宽3.2米,具有木框架门道,两侧各有9根柱子,安装在两根大型垫木上,靠近入口处用一根横木相连,门扇位于门道外端,整个结构与喀拉墩古城门十分相似。城中残存有大型房屋建筑遗迹,主要保存在南半部,都是以经加工过胡杨方木榫卯相连作横梁竖柱,胡杨棍及红柳枝作夹条,间以芦苇,外涂草泥的墙壁,建筑方法与尼雅遗址类似。其间也有保存完好的柱础、斗拱等。

古城西南约300米有一建筑台地,长约20米、宽8—10米、高约2米,上面散布榫卯结构的木材,如柱础、八角柱等,地表可见陶片、铜镞、冶炼渣等,木材及陶片特点与城内所见相同。城门外30米处有大片冶炼渣,或为冶炼遗址。古城西北100米外有一条古河道一直向北延伸并经过LL城。

斯坦因1914年在LK古城发掘了5个地点,发现残铜铁器、木质器

---

[1] M. A. Stein, *Innermost Asia: Report of Exploration in Central Asia Kan-su and Eastern Iran*, vol. 1, Oxford: Clarendon Press, 1928, pp. 184-189;楼兰文物普查队:《罗布泊地区文物普查简报》,载《新疆文物》1988年第3期,第85-94页。

具、丝织品、毛织物、玻璃片、陶片等200余件文物。1988年新疆楼兰文物普查队在此城调查，采集的遗物主要有零星陶片、铜铁器、玻璃片和毛织残片等。其中斯坦因发现的一件陶器口沿（LK.091）为三角状唇部，为楼兰第三期墓葬陶器的典型特征。城中还发现了一件双托木柱头，两托臂为向下卷曲的涡卷，为希腊爱奥尼亚式柱头，同类似的柱头在楼兰LA古城和LM遗址都有发现。

图3-30　LK古城出土木柱头与三角状唇部陶器残片

图3-31　LA、LM古城出土爱奥尼亚式木柱头

从遗址分布来看，LK古城及其周边LL古城、居址LM和LR形成了罗布泊以西地区的另一个中心区，位于从LA古城到且尔乞都克遗址的通道上。这几座遗址应存在着共存关系。

从建筑技术及城墙朝向来看，LK应与LA古城的最后形成时期同时，约在魏晋时期；城中房屋建筑与尼雅遗址、周边居址LM、LR[1]亦接近，年代当一致在公元3至4世纪。

<hr />

〔1〕见本书2.2。

·欧·亚·历·史·文·化·文·库·

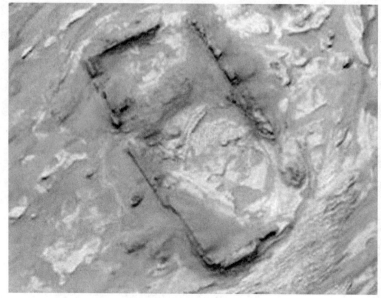

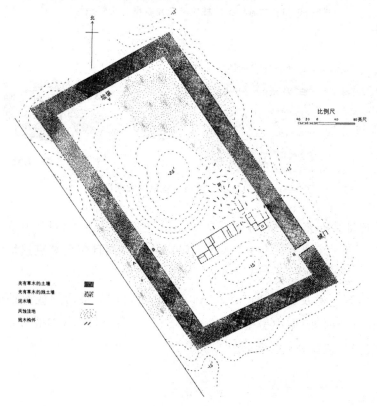

图 3-32  LK 古城平面图及遥感图像

③楼兰LL古城

LL古城位于LK城西北约3公里处,平面呈长方形,东城墙长约71.5米,南城墙长61米,西城墙长76米,北城墙长49米,城墙残高3—4米,顶宽1.2—5米,墙基厚8米以上,构筑方法与LK城相同,为红柳枝夹胡杨棍层与夯土层间筑而成,顶部竖植胡杨棍,夯土较LK城紧密,但没有发现土坯垒砌痕迹。城门位置可能在东墙缺口处。东城墙外25米和北墙外50米处各有一处台地,均散布着各种榫卯结构的木料,应是两组建筑遗址。城内东南角有由夯土夹红柳枝间筑的房屋建筑遗迹,与城墙相接。采集到的遗物主要是残陶片,还有小件铜器、珠饰、动物骨骼,城外也见炼铁渣。斯坦因曾在这里发现大量的毛毡和羊毛织物,以及一块经畦组织(warp-rib)的印花丝织品,蓝地、白点斜格装饰图案。此外斯氏还发现了一小片磨损的纸片,上面有早期粟特文字迹。结合古城构筑方式、柱础形式及出土物分析,这座古城的年代应与LK、LA古城晚期大致相当。[1]

④楼兰LF古城

LF古城坐落在LE城东北4公里处的一处长条形台地上,平面呈不规则长方形,长约60米,最宽处达24米,城墙以土坯垒砌而成,厚1.5—1.8米。城内中部有个原生土形成的土墩,可能是筑成时有意留作瞭望之用。西南城墙开一门,宽约1.5米,木门框尚存。门内北侧有一城墙,

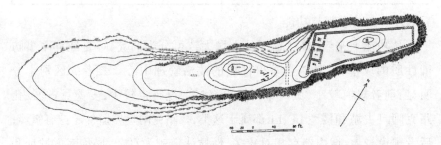

图3-33 LF古城平面图

〔1〕M. A. Stein, *Innermost Asia: Report of Exploration in Central Asia Kan-su and Eastern Iran*, vol. 1, Oxford: Clarendon Press, 1928, pp. 192-193;楼兰文物普查队:《罗布泊地区文物普查简报》,载《新疆文物》1988年第3期,第85-94页。

有两间房址,从中发现了汉文、佉卢文文书以及嵌红宝石的金戒指、木笔、钻木取火器、木针等。[1]城外还有一片青铜时代墓地,但与古城并非同一个时期。从建筑方式及出土物来看,此城应属魏晋时期。

### 3.1.2　古城性质

楼兰古城的性质判定一直是楼兰研究中最复杂、争议最多的问题,其中又以楼兰国都的方位为核心问题。从20世纪初开始,不断有学者参与到这一讨论中来,但至今对许多问题仍不能达成共识,众说纷纭,各执一端(参见表3-1)。就目前的研究状况而言,许多学者是从文献角度出发,用史籍中记载的古城名去套考古发现的遗址。我们认为,这种研究方法是不可取的,特别是对于本身存疑的文献,在与现实的遗址比对时必须采取审慎态度。本书拟从考古材料出发,运用考古学方法,在确定各古城年代的基础之上,再结合文献相关情况对其性质进行考察。

表3-1　研究者对楼兰各古城遗址性质判定说法列表

|  | LA | LE | LK | 且尔乞都克 | 小河西北城 |
|---|---|---|---|---|---|
| 榎一雄 | 扜泥城 |  |  |  |  |
| 王国维 | 海头 |  |  |  |  |
| 孟凡人 | 西域长史治所 |  | 伊循 | 扜泥城 |  |
| 黄盛璋 | 楼兰城 |  | 注宾城 |  |  |
| 林梅村 | 西域长史治所 | 楼兰城 | 楼兰之屯 | 扜泥城 | 注宾城 |
| 于志勇 | 扜泥城 | 伊循 |  |  | 楼兰之屯 |

#### 3.1.2.1　古城形制与功能

从功能上来看,楼兰地区的古城大致可分为两类,一是纯粹军事防御性质的戍堡,二是兼具军事性质的政治管理中心。二者的区别十分明显:前者规模较小,城内布局简单,建筑、设施也较少,麦德克古城、孔路克阿旦古城和楼兰LF、LL都属于这类,孔路克阿旦城垣外还挖有堑壕;后者规模较大,城内遗存相对较多,性质认定较为复杂,尼雅南方城址和楼兰LA、LE、LK以及小河西北古城、且尔乞都克古城均属于这一类。

---

[1] M. A. Stein, *Innermost Asia: Report of Exploration in Central Asia Kan-su and Eastern Iran*, vol. 1, Oxford: Clarendon Press, 1928, pp. 263-264.

文献中对楼兰第二类古城多有记载,大致可分为诸绿洲小国的国都(后来成为鄯善国治下各州的首府)及汉王朝进行管理和屯田的治所两大类,包括楼兰城(楼兰国都)、扜泥城(鄯善国都)、且末城(且末国都)、精绝城(精绝国都)、扜零城(小宛国都)、西域长史治所、伊循城(西汉屯田之地)、注宾城(索励屯田之地)等。许多学者都就这些古城的地望问题进行过讨论,取得了很多成果,但至今对许多问题不能达成共识。

据《史记·大宛列传》记载,张骞在向汉武帝的报告中提到"楼兰、姑师邑有城郭",明确指出楼兰有城,由此可知诸小国的国都是在凿空之前所建,应是本地筑城传统的产物。而汉王朝为便于管理和屯田在楼兰所建诸城,则应是典型的汉式传统城郭。

### 3.1.2.2 圆形古城的性质

如前所述,目前楼兰地区发现的古城大致可分为圆形和矩形两类,其中圆形古城是中亚传统,为塔里木盆地所沿袭。因此,建于张骞通西域之前的楼兰城、且末城、精绝城都应是圆城。

在考古发现的圆形古城中,尼雅南方城址可能即精绝城;圆沙古城、营盘古城应如前贤所指出的,分别是西汉扜弥国和墨山国的都城所在。

麦德克古城被赫尔曼认为是注宾城,这一观点得到李文瑛的赞同。[1]然而,这个结论是从对文献的分析所得出的,并无考古学上的确证,而关于"注宾城"的文献本身也存在许多争议[2],其建造年代尚未取得统一认识。[3]由于文献中提到了两个东汉时期的人物,注宾城的建造年代最有可能是东汉。此外,注宾城是汉王朝屯田所建,无疑应是一座方城。

我们认为,麦德克古城可能是西汉时期的姑师城。姑师即西域三

〔1〕阿尔伯特·赫尔曼著,姚可崑、高中甫译:《楼兰》,乌鲁木齐:新疆人民出版社,2006年,第121—129页;李文瑛:《营盘遗址相关历史地理学问题考证——从营盘遗址非"注宾城"谈起》,载《文物》1999年第1期,第43—51页。

〔2〕章巽:《〈水经注〉中的扜泥城和伊循城》,收入余太山、陈高华等编:《中亚学刊》第3辑,北京:中华书局,1990年,第71—76页;黄盛璋:《塔里木河下游聚落与楼兰古绿洲环境变迁》,收入黄盛璋主编:《亚洲文明》第2集,合肥:安徽教育出版社,1992年,第21—38页。

〔3〕李宝通:《敦煌索励楼兰屯田时限探赜》,载《敦煌研究》2002年第1期,第73—80页。

十六国之中的车师,二者为同名异译,本来是罗布泊沿岸的一个绿洲王国。《史记·大宛列传》载:"楼兰、姑师邑有城郭,临盐泽。"同书又载:"楼兰、姑师小国耳,当空道。……其明年(武帝元封三年/前108),击姑师,破奴与轻骑七百余先至,虏楼兰王,遂破姑师。因举兵威以困乌孙、大宛之属。"由此可知,姑师临近当时的交通线,汉兵击姑师,先至楼兰,故姑师应在楼兰之西。楼兰以西的西汉圆城仅有这一座,因此我们怀疑麦德克就是姑师城。若果真如此,则由"临盐泽"之语可推知,西汉时期的罗布泊水域面积非常大,其西岸可到达小河一带。楼兰和姑师两国分别位于罗布泊东西两岸,刚好符合"临盐泽"。

小河沿岸是沟通丝路南北两道的交通线,姑师城正在这条交通线上,地理位置相当重要,正是"当空道"。西汉破姑师后,姑师从罗布泊北迁吐鲁番盆地,先分为车师王国和山北六国,汉宣帝时车师又分为车师前国和车师后国。[1] 由此可知,姑师在罗布泊西岸时应为南道的大国之一。《史记·大宛列传》所谓"姑师小国耳"是指它的都城——麦德克古城规模小,直径仅40米。姑师占据了丝路南北两道通路,麦德克虽是都城,但主要作用是军事指挥中心,并不能代表其实际控制的领地。在第二章第一节中我们已经知道,LA古城城郊平台墓地的三座西汉中晚期墓葬就属于姑师人,当时LA古城仍淹没在水中,平台墓地位于一处高出水面的台地上。因此,姑师实际控制的范围应是很大的,至少包括罗布泊水域,唯其如此姑师北迁后才有足够的力量建立众多小国。据研究者考证,在公元10世纪于阗使臣出使敦煌的报告——"钢和泰藏卷"中,麦德克这座西汉古城也被提到,被称为"帕德克古城",尽管当时该城已经废弃,但无疑仍然是塔里木盆地南北通道上的必经之地。[2]

### 3.1.2.3　方形正向古城的性质

方形古城是受中原"崇方"观念影响、有汉一代十分流行的城制,楼兰地区的方形正向古城为在西汉王朝的支持下修建。

第一,从考古发现和唐代地志来看,且尔乞都克古城应为楼兰更名

〔1〕余太山:《塞种史研究》,北京:中国社会科学出版社,1992年,第215-217页。
〔2〕林梅村:《汉唐西域与中国文明》,北京:文物出版社,1998年,第265-278页。

鄯善后的都城扜泥城所在。《新唐书·地理志》称："石城镇，汉楼兰国也，亦名鄯善，在蒲昌海南三百里，康艳典为镇使以通西域者。"且尔乞都克古城晚期分布有石砌基址，是楼兰地区目前发现的唯一的一座石头城，无疑即康艳典所建之石城镇，这一发现使得鄯善国都扜泥城位置得以确定。根据敦煌唐写本《沙州图经》记载："西去石城镇二十步，汉鄯善城，见今摧坏"，"石城镇……本汉楼兰国……隋乱其城遂废"。《沙州伊州地志》和《寿昌县地境》也有类似的记载。据日本学者池田温考证，这批敦煌地理文书中以《沙州图经》年代最早，写于公元676—695年，其他两个写本关于石城镇的记载抄自《沙州图经》。研究者指出，这里所谓"汉鄯善城"就是扜泥城，汉唐度量衡的1步相当于6尺，唐代1尺约合30厘米，20步约合36米，明确记载了扜泥城在石城镇西约36米处。因此，且尔乞都克早期的土坯城应即扜泥城所在。[1]从目前发现来看，且尔乞都克现存土坯城或为魏晋时期所增筑，这代表了扜泥城的年代下限；但其城墙朝向与正方向偏离不大这一点来看，始建年代应在西汉元凤四年。

扜泥城位置的确定使得伊循城的地望问题得到解决。伊循城见于《汉书·西域传》，为楼兰更名鄯善后，尉屠耆王惧前王杀害而请西汉王朝设置的，"于是汉遣司马一人、吏士四十人，田伊循以填抚之，其后更置都尉，伊循官置始此矣"。因此，伊循城在位置上应距扜泥城不远，以便就近保护鄯善王室。

伊循屯田开始时仅司马一人、吏士四十人，此后"更置都尉"。据《汉书·百官公卿表》载："郡尉，秦官，掌佐守典武职甲卒，秩比二千石……景帝中二年更名都尉"，因此，此时伊循的规模必然远远扩大，职责除保护鄯善王室之外，无疑也是汉朝经营西域的重要据点。悬泉汉简、土垠汉简中称伊循都尉为"敦煌伊循都尉"，而且曾有敦煌太守派人取其印绶上交朝廷的记录，这说明伊循都尉由敦煌太守节制。西汉都尉可分为郡都尉、部都尉、农都尉、属国都尉、关都尉等多种。[2]据考证，

---

〔1〕林梅村：《楼兰——一个世纪之谜的解析》，北京：中央党校出版社，1999年，第76—80页。林氏误将且尔乞都克古城与"奥托古什古城"认作同一座城，后者实为斯皮尔古城。

〔2〕陈梦家：《汉简缀述》，北京：中华书局，1980年，第125—134页。

欧·亚·历·史·文·化·文·库·

伊循都尉兼具多种性质：从行政隶属关系上说应属敦煌郡的部都尉；也掌管一定鄯善当地事务，有属国都尉性质；此外还存在隶属中央大司农的屯田系统的职官，有农都尉性质。[1]"伊循官置始此矣"，这是西汉王朝在西域设置的第一个行政机构，意义非同一般。因此，伊循城的规模应该较大。

据敦煌写本《沙州都督府图经》载："石城镇，东去沙州一千五百八十里，本汉楼兰国。……屯城，西去石城镇一百八十里，汉遣司马及吏士屯田伊循以镇抚之，即此城也。胡以西有鄯善大城，遂为小鄯善，今屯城也。"《新唐书·地理志》引贾耽《道里记》载："又一路，自沙州寿昌县西十里，至阳关故城。又西，至蒲昌海南岸千里，自蒲昌海南岸，西经七屯城，汉伊循城也。又西八十里，至石城镇，汉楼兰国也。"冯承钧、黄文弼根据这两条文献认为，"屯城"与"七屯城"均指伊循城，即斯坦因发现的米兰古城。[2]英国学者托马斯还指出，"七屯城"就是米兰古城出土吐蕃文简牍中的"Rtse vton"一词。[3]林梅村仔细审读了唐代地志后指出，屯城即七屯城，应为唐城，即米兰古城[4]。而敦煌写本《沙州伊州地志》《沙州都督府图经》和《寿昌县地境》中除了屯城外还提到了另一座"古屯城"，"在屯城西北五十步"，汉伊循城应为古屯城。《新唐书·地理志》说七屯城为"汉伊循城也"与此有矛盾，可能是指七屯城在伊循之地。林氏经实地考察后提出，米兰古城内没有任何汉代遗存，但在米兰古城西北处曾发现一处早于唐代的遗迹，或即伊循城所在。米兰古城

〔1〕黄文弼：《罗布淖尔考古记》，北平：国立北京大学出版部，1948年，第188页；李炳泉：《西汉西域伊循屯田考论》，载《西域研究》2003年第2期，第1—9页；贾从江：《西汉伊循职官考疑》，载《西域研究》2008年第4期，第11—15页。

〔2〕冯承钧：《西域南海史地考证论著汇辑》，北京：中华书局，1957年，第25—35页；黄文弼：《罗布淖尔考古记》，北平：国立北京大学出版部，1948年，第28—29页。

〔3〕L. Giles, "A Topographical Fragment from Tun-huang", in *BSOS*, vol. 7, no. 3 (1934), pp. 545–572.

〔4〕米兰古城位于若羌县70余公里米兰乡以东7公里的米兰遗址中，斯坦因编号为M.I，平面呈不规则方形，南北宽约56米，东西长约70米，城墙残高4—9米，下层夯筑加红柳枝层间筑，上层结构不一，或砌土坯，或土坯与草泥、红柳枝混用。城四隅有角楼台基，东、北、西三面城墙各有一个马面，南城墙向外突出部分较大，有防御设施。西城墙有缺口，或为城门。城内房屋中出土了吐蕃文书。学术界一般认为，米兰古城是吐蕃占领时期的军事戍堡。

之西发现有古代灌渠,干、支、斗渠布置合理,其间散布汉代陶片、五铢钱,可能即汉代伊循开辟屯田的遗迹。[1]米兰古城城墙夯层中含有汉代灰陶筒瓦,由此推测,伊循城在米兰古城兴建时已经废弃,其城垣或由于后者取土及历代破坏而消失,或如同瓦什峡古城一样只有房屋和村落而没有城墙。[2]

第二,LE古城应为楼兰城所在,原为圆城,楼兰迁都鄯善后,西汉王朝将楼兰城改为方城,并在此屯田。

据《水经注》载:"河水又东迳墨山国南,治墨山城,西至尉犁二百四十里。河水又东迳注宾城南,又东迳楼兰城南而东注。盖墢田士所屯,故城禅国名耳。""墨山城"学术界一般认为即营盘古城。上引《水经注》提到的这条流经墨山城、注宾城和楼兰城的河道无疑指孔雀河。所谓"故城禅国名"的意思是指楼兰国更名鄯善后,原都城因袭了原国名"楼兰",而得名"楼兰城",并被西汉军士改造成一处方形屯城。在LE古城附近,今库鲁克山前的孔雀河尾闾地带,有大片适宜农耕的区域可作屯戍,因此LE古城无疑即这座"墢田士所屯"的楼兰城。

此外,土垠遗址的发现也为楼兰城的位置提供了一条佐证。西汉元凤四年,汉朝立尉屠耆为王,更其国名楼兰为鄯善,迁都扞泥城,并派军队进驻罗布泊地区,除史籍中提到在扞泥城附近的伊循屯田外,还在罗布泊北设置了粮食仓储地——土垠,即居卢仓。土垠遗址为1930年我国考古学家黄文弼所发现,位于孔雀河下游铁板河的尾闾地带,出土了西汉木简70余枚。据考证,这处遗址就是其出土简牍中提到的西汉时期的"居卢訾仓",传世文献简称为"居卢仓"。[3]

---

〔1〕陈戈:《新疆米兰灌溉渠道及相关的一些问题》,载《考古与文物》1986年第4期,第91-102页;王炳华:《丝绸之路考古研究》,增订本,乌鲁木齐:新疆人民出版社,2009年,第275页。

〔2〕林梅村:《丝绸之路散记》,北京:人民美术出版社,2004年,第78-91页。

〔3〕黄文弼:《释居卢訾仓》,载《国学季刊》第5卷第2号,1935年,第65-69页;黄文弼:《罗布淖尔考古记》,北平:国立北京大学出版部,1948年,第105-112页;孟凡人:《楼兰新史》,北京:光明日报出版社,1990年,第60-83页;王炳华:《"土垠"遗址再考》,收入朱玉麒主编:《西域文史》第4辑,北京:科学出版社,2009年,第61-82页。

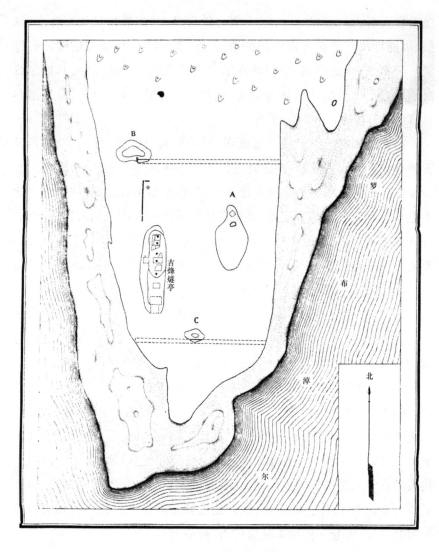

图 3-34　土坦遗址平面图

　　据《汉书·西域传》载,楼兰"最在东垂,近汉,当白龙堆"。白龙堆即罗布泊东北盐碱化的雅丹地区,"近汉"当指楼兰城与某个西汉驻地不远,土坦遗址可能即这个西汉驻地。又据《魏略·西戎传》载:"从玉门关西去,发都护井,回三陇沙北头,经居卢仓,从沙西井转西北,过龙堆,到故楼兰。"据中瑞西北科学考察队中方队员陈宗器调查,"都护井"即玉门关以西的榆树泉盆地。由此往西沿疏勒河下游至库姆沙漠,库姆沙漠的北界为穷塔格,这是个突厥语地名,意为"沙山","三陇沙北头"或在此。陈宗器在穷塔格西边发现了古代建筑遗址,黄文弼认为是"居卢仓",孟凡人、王炳华指出其误,如前所述,居卢仓应即罗布泊北岸的土垠遗址。"沙西井"的位置尚不能确定,王炳华认为文献有舛错,沙西井当在居卢仓以东、库姆沙漠之间的陷落盆地地下水汇集之处,而非在土垠之西的白龙堆雅丹之中。无论如何,这两条文献提示我们,楼兰城应在土垠遗址附近。

不过,土垠并非屯戍治所。土垠汉简中未见有关田作的记载;且其附近虽有丰富水源,但湖水为咸水,无法灌溉,仅西边孔雀河有淡水;加之遗址位于雅丹群中;因此土垠并不适于屯垦,其粮食仓储的来源应仰仗外来运输。而原楼兰都城就被改建为方形平面的汉式屯城——LE古城,成为居卢仓的粮食供应地。

至东汉时期,孔雀河上游因筑坝而导致水源断绝(见下文),LE古城逐渐废弃,土垠遗址也因而被放弃。至魏晋时期,LE古城再度被启用,城内曾出土西晋泰始年间的汉文木简残纸。此外,LE城东北也发现有大量魏晋墓葬,其中包括罗布泊地区目前所见的唯一一座壁画墓,壁画上写有佉卢文题记,墓主人为一位身份较高的贵霜大月氏人[1],LE城的再度启用或与这些大月氏人移民有关。

一种观点认为,LE古城可能是史籍中的"伊循城"[2],似不确。如前所述,伊循城设置的初衷是为保护鄯善王室,其选址理应距离国都扜泥城——且尔乞都克不远,而LE城的地理位置与此不符,距离太远。

第三,小河西北古城和安迪尔廷姆古城可能是西汉卫司马治所和"精绝都尉"所在地。如前文所述,小河沿岸是连接南北两道的通路。姑师北迁吐鲁番之后,西汉必然会占据这条交通要道,驻军扼守。据《汉书·西域传》载:"宣帝时,遣卫司马使护鄯善以西数国。"同书《郑吉传》也载,郑吉"因发诸国兵功破车师,迁卫司马,使护鄯善以西南道"。

---

〔1〕见本书5.1。

〔2〕于志勇:《西汉时期楼兰"伊循城"地望考》,载《新疆文物》2010年第1期,第63—74页。

《资治通鉴》将此事系于元康二年（前64）。在西域都护设置之前，"汉独护南道，未能尽并北道"，卫司马就是南道的最高行政首领。我们认为，小河西北古城规模宏大、尺度严谨，城墙建造精良，占据重要地理位置，很可能就是郑吉任卫司马的治所。

2002—2007年，新疆文物考古研究所对小河流域进行踏查，在小河5号墓地周边发现一批遗址，其中许多遗址如XHY1、XHY4、XHY5等均发现了夹砂红陶或灰陶片，属于西汉时期。[1]这些西汉遗址显然与小河西北古城有共存关系。

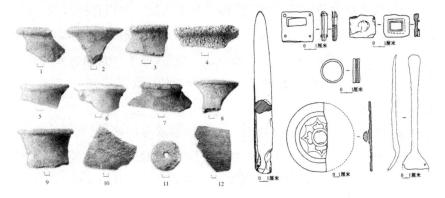

图3-35　小河流域遗址出土西汉器物

在卫司马以下，西汉王朝又在"鄯善以西诸国"设置都尉来进行管理。卫司马设置以后，前文提到的"伊循都尉"应由原来令出敦煌改为受卫司马管理。除"伊循都尉"外，《汉书·西域传》中还提到鄯善国设"鄯善都尉"[2]、"击车师都尉"，精绝国设"精绝都尉"，小宛国、扜弥国设"左右都尉各一人"等。日逐王款塞、汉设西域都护"并护北道"后，都尉制度又扩展到了西域各小国之中，如皮山国、莎车国、疏勒国、尉头国、

─────

〔1〕新疆文物考古研究所：《罗布泊地区小河流域的考古调查》，收入吉林大学边疆考古研究中心：《边疆考古研究》第7辑，北京：科学出版社，2008年，第371-407页。

〔2〕斯坦因在尼雅发现的3件佉卢文木简上有"鄯善都尉"封泥，当为鄯善都尉的官印。马雍指出，该印（马氏读为"鄯善郡尉"）被用作佉卢文简牍封泥，说明它已被废弃不用，既不代表这个官职本身，也不具有汉文字义，而是与希腊神像、花瓣纹图案同样只代表一种专用的花押。参见马雍：《西域史地文物丛考》，北京：文物出版社，1990年，第76-77页。

乌孙国等都设有都尉。悬泉汉简中有多枚木简记载了接待西域诸国使者的记录[1]，年代多在宣元成三帝年间，这正是郑吉任卫司马以及后来任西域都护时期诸国与西汉王朝来往密切的反映。

其中，管理精绝国的"精绝都尉"应是卫司马时期设立的。安迪尔古城的规模略小于小河西北古城，或即精绝都尉的治所，而安迪尔大佛塔以南的戍堡是精绝都尉的军事设施。1959年，考古工作者在民丰县收集到一枚炭精刻制的印范，印文为正书印刻篆字"司禾府印"，研究者一直认为属东汉之物。[2] 事实上，该印范为桥纽，与新和县玉奇喀特城出土的"司禾田印"形制完全一致，与后者同出的还有西汉最后一任西域都护的"李崇之印""汉归义羌长印"[3]，年代当为西汉。除"司禾府"外，尼雅西汉简牍中还可见"工室府""至府行"等语[4]，说明西汉时曾在精绝国设有"府"这类行政机构，而这类"府"应即归精绝都尉管辖。

图3-36　司禾府印与李崇之印

〔1〕张德芳：《悬泉汉简中有关西域精绝国的材料》，载《丝绸之路》2009年第24期，第5-7页。

〔2〕史树青：《新疆文物调查随笔》，载《文物》1960年第6期，第27页；贾应逸：《"司禾府印"辩》，载《新疆文物》1986年第1期，第27-28页。

〔3〕自治区文物普查办公室、阿克苏地区文物普查队：《阿克苏地区文物普查报告》，载《新疆文物》1995年第4期，第45-46页。

〔4〕林梅村：《松漠之间：考古新发现所见中外文化交流》，北京：生活·读书·新知三联书店，2009年，第98页。

·欧·亚·历·史·文·化·文·库·

### 3.1.2.4　方形偏角古城的性质

从考古发现来看,楼兰 LA 古城中出土的最早的遗物为东汉时期,这说明人们自东汉起已在此居住,城郊平台 MA2 和孤台墓地属于这一时期的墓葬。不过,这一时期 LA 城尚不存在。从城墙朝向来看,LA 古城始建于魏晋时期。城中心的大型土坯建筑——"三间房"遗址中发现了大量官方性质文书,年代集中在魏晋-前凉时期,学术界一般认为该城是这一时期西域长史治所所在。因此,LA 古城的发展从东汉时期开始起步,至魏晋时期达到繁荣。

前文提出,麦德克若为姑师城,则由《史记·大宛列传》"临盐泽"之语可知西汉时期 LA 古城附近应为罗布泊所淹没,无建城之可能。此外,还有两条证据可支持这一观点:其一,从海拔高度来看,LA 古城为795 米,小河 5 号墓地附近为 826 米[1],前者远低于后者;其二,在地质学上,LA 古城附近的雅丹地貌属于"湖相沉积"。[2]

直到东汉时期,孔雀河上游筑坝,使得注入罗布泊的水源锐减,LA 古城所在绿洲才逐渐显露出来。这一事件亦见于《水经注》:"敦煌索励由刺史毛奕表行,贰师将军将酒泉、敦煌兵千人,至楼兰屯田,起白屋,召鄯善、焉耆、龟兹三国兵千人,横断注滨河。河断之日,水奋势激,波陵冒堤。励厉声曰:王尊建节,河堤不溢;王霸精诚,呼沱不流,水德神名,古今一也。励躬祷祀,水尤未减。乃列阵被杖,鼓噪吹叫,且刺且射,大战三日,水乃回减。灌浸沃衍,胡人称神,大田三年,积粟百万。"长期以来,学术界对于这个历史事件发生的时间和地点争论不休,被称之为"楼兰考古最深奥的谜之一"。[3]一般认为,"滨"应为"宾"之误写,

---

[1] 数据来自 google earth。

[2] 夏训诚:《中国罗布泊》,北京:科学出版社,2007 年,第 65-73 页。

[3] 林梅村:《汉唐西域与中国文明》,北京:文物出版社,1998 年,第 286 页;李宝通:《敦煌索励楼兰屯田时限探赜》,载《敦煌研究》2002 年第 1 期,第 73-80 页;王守春:《〈水经注〉塔里木盆地"南河"考辨》,载《地理研究》1987 年第 4 期,第 36-41 页;黄盛璋:《塔里木河下游聚落与楼兰古绿洲环境变迁》,收入黄盛璋主编:《亚洲文明》第 2 集,合肥:安徽教育出版社,199 2 年,第 21-38 页;李文瑛:《营盘遗址相关历史地理学问题考证——从营盘遗址非"注宾城"谈起》,载《文物》1999 年第 1 期,第 43-51 页。

城与河同名,两者必有关系,或傍河筑城,或河以城名,此为古今通理。上文已提到,注宾城在孔雀河附近,那么注滨河显然是指孔雀河。上述文献中提到的王尊和王霸两个人都是东汉光武帝时的人物,《后汉书》有传,因此索励横断注滨河之事必然发生在东汉。据《后汉书·班勇传》,东汉班勇曾"遣西域长史将五百人屯楼兰,西当焉耆龟兹径路,南疆鄯善,于阗心瞻,北杆匈奴,东近敦煌",史称"楼兰之屯"。索励或为班勇派到楼兰的部将之一。正是由于东汉屯田吏卒在孔雀河下游筑坝,注入罗布泊的水量锐减,罗布泊的面积大幅收缩,LE古城因水源断绝也被废弃,而现今罗布泊西岸的绿洲显露出来,LA古城逐渐兴起。

值得一提的是,据罗布泊科考队最新考察结果,LA古城以东10余公里接近孔雀河的位置发现了大面积农耕遗迹,实地探查卫星图片显示存有"目"字形和椭圆放射状两种人工灌溉痕迹,干、支、斗、毛各种灌溉渠系依稀可辨。[1]这无疑是当地曾进行大规模屯田的痕迹。一般来说,屯田是中原王朝在楼兰及西域地区政治、军事影响力的重要保障和支撑,因此西域长史治所周边必有屯田。这已经为LA古城出土文书所证实,当时西域长史管理的屯田规模已十分可观。[2]新发现的大片农耕遗迹无疑与屯田有关。但目前这一遗迹的年代尚未确定,科考人员已在农耕地区和人工水渠分布区采集了螺壳和干芦苇样本以便进行碳十四测年,其年代测定结果必将为判断LA古城的性质提供新的证据。一种观点认为,LA古城是《水经注》中提到的魏晋时期的"注宾城",这个意见值得参考。[3]不过,由于注宾城本身存在争议,其与索励屯田之处以及LA古城三者的关系若何,尚有待于进一步的考古工作来推进。

另一座方形偏角古城——LK古城,建筑质量较差,平面不规则,城

〔1〕方云静:《罗布泊科考:科学家不断揭开谜团》,载《新疆日报(汉)》2010年11月16日第007版。

〔2〕孟凡人:《楼兰新史》,北京:光明日报出版社,1990年,第140-153页;张莉:《汉晋时期楼兰绿洲环境开发方式的变迁》,收入邹逸麟主编:《历史地理》第18辑,上海:上海人民出版社,2002年,第186-198页。

〔3〕林梅村:《汉唐西域与中国文明》,北京:文物出版社,1998年,第287页。

墙与正方向有较大偏角,结合周围有共存关系的LL、LM、LR等遗址来看,其年代应在魏晋时期。从出土物来看,斯坦因在LK发现了带有铁柄脚的木质农具LK.iv.02,可能是刈割苇草的工具;房屋建筑的梁木所用木材也发现有人工种植的沙枣木和白杨木。这些表明LK附近曾从事农耕。从环境看,LK和LL之间有古河道分布,水源充足,土地肥沃,适于进行屯田。从地理位置看,LK古城在魏晋时期西域长史治所LA古城南偏西约50公里处,是当时规模仅次于LA的城址。在交通上,LK城是LA城—米兰—扜泥城的重要中转站。因此,LK可能是罗布泊西岸的一处屯城。孟凡人认为它是伊循城[1],这与其年代不符。黄盛璋认为LK是注宾城[2],如前所述,注宾城仅见于《水经注》,其年代仍有争议,究竟是罗布泊地区哪座古城仍需进一步的考古和研究工作。

表3-2　楼兰方形古城统计表

| 古城 | 形制 | 尺寸 | 城墙建筑技法 | 布局 | 出土物 | 性质 |
|---|---|---|---|---|---|---|
| LA | 方形偏角 | 四面城墙边长330米左右 | 为夯土版筑,间以红柳枝。各面城墙夯土层厚薄不等,应为多次分筑而成。 | 四边城墙中部各有一段缺口,似为城门遗迹。西墙中部北端有两个东西错列的土墩,相距4米,也为夯土版筑而成,似为瓮城遗迹。 | | 魏晋时期西域长史治所 |
| LE | 方形正向,略有偏角 | 东西城墙长约137米,南北城墙长约122米 | 营建方式与敦煌汉长城类似,夯土版筑,间以柴草层,十分坚固(L.A.和L.K.城墙建得非常粗糙)。城墙底部厚约3.7米,内壁近乎直立,外壁因磨蚀作用,原本陡直的壁面变得有如阶梯状。 | 南墙靠近中部有一城门,宽约3米;北城也有一城门与之相对,但稍窄,应是后门。城中距北墙约22米处有一座土坯建筑的墙基,原建筑面积约21.3米×10.7米,残存一条约8米长的大梁。 | 西晋文书 | 楼兰始都楼兰城 |

〔1〕孟凡人:《楼兰新史》,北京:光明日报出版社,1990年,第90–114页。

〔2〕黄盛璋:《塔里木河下游聚落与楼兰古绿洲环境变迁》,收入黄盛璋主编:《亚洲文明》第2集,合肥:安徽教育出版社,1992年,第30–32页。

| 古城 | 形制 | 尺寸 | 城墙建筑技法 | 布局 | 出土物 | 性质 |
|---|---|---|---|---|---|---|
| LK | 方形偏角 | 东城墙长163米、西城墙160米、北城墙87米、南城墙82米 | 城墙粗厚,以很厚的黏土层和柴枝层交叠垒砌,随高度增加而宽度减小,内外两面形成斜面。最底层用大型胡杨木块构筑,宽约10米。黏土层非夯筑,而是用不规则大土块加浆泥砌筑。整个城墙用粗大的木框架加固,木框架的内外柱之间的间隔约4.6米。东城墙中部有人工土台与城墙相连。 | 城门位于东北面城墙,具有木框架门道。门道两侧各有9根柱子,安装在2根大型垫木上,每根垫木长6.7米,靠近入口处用1根横木相连。门道宽约3米,高约3米。门扇位于门道的外端。门道的整个结构与喀拉墩古城门道完全相似。城中残存有大型房屋建筑遗迹,但没有在楼兰等古城常见的大型垃圾堆。 | | 魏晋时期屯城 |
| LL | 方形偏角 | 东墙长71.5米、南墙61米、西墙76米、北城墙49米 | 城墙由红柳与树枝层和夯土层交叠砌筑。面北的城墙底层厚约8米。 | 东面城墙可能开一城门,其南至东南角外接一长20米、宽12.8米的瓮城。城内有由夯土夹红柳枝间筑的房屋建筑遗迹。年代与LA、LK大致相当。 | | |
| 且尔乞都克 | 方向正向,略有偏角 | 东面长约200米,西城墙被河水侵蚀已尽 | 城墙以土坯砌筑,厚2.4米。 | 靠近城中心地方残存佛塔塔基,佛塔北、南、东三面带回廊,西面有阶梯与两处僧房院相连。僧房院西南27米处有一小型寺院建筑遗存。城内铺有许多成排的粗石块,横纵交叉把古城划分成不规则的棋盘形。 | | 鄯善国都扜泥城 |

续表 3-2

| 古城 | 形制 | 尺寸 | 城墙建筑技法 | 布局 | 出土物 | 性质 |
|------|------|------|--------------|------|--------|------|
| 安迪尔廷姆古城 | 方向正向,略有偏角 | 110米×110米 | 城墙墙基厚约10米,下部夯筑,上部由土坯块和黏土泥交替垒砌而成,有明显修补的痕迹 | | 五铢钱、陶片、玻璃器和青铜器残片 | "精绝都尉"治所 |
| 小河西北古城 | 方向正向、略有偏角 | 边长220米左右 | 墙体由红柳枝条和人工堆积的泥土构建而成,建筑材料和方式与LE古城极为相似 | | 红烧土、陶片 | "卫司马"治所 |

## 3.2　楼兰居址与建筑

### 3.2.1　楼兰居址

　　除古城之外,楼兰地区还发现了相当多的居址,主要由房屋遗迹及附属建筑设施组成。这些居址是当时人们日常生活之遗存,对它们的分析可以弥补墓葬之不足,极大增进我们对于楼兰考古学文化的认识。

　　楼兰地区地处塔里木盆地南缘东部,其特殊的自然地理条件决定了当地的居址形态特点:人畜逐水而居,居民点随水源分布,星罗棋布地分散在沙漠边缘,呈现出一种绿洲农业的生产和生活形态。由于沙漠边缘刮风季节多,风沙大,聚落建筑布局又多呈椭圆形,以形成一个相对完整的防沙体,使沙石不至于过多地侵入聚落内部区域。在聚落内部,建筑物及各种设施也是沿河流走向分布,较为松散,无一定之规。目前楼兰地区以尼雅遗址发现的大量集中的居址为代表,此外楼兰地区也有少量的发现。

### 3.2.1.1 尼雅遗址

尼雅遗址坐落在民丰县城以北的尼雅河尾闾地带,分布范围较大,以大佛塔为中心,沿尼雅河古河道呈带状分布,南北长约30公里,东西宽约5公里,其间散落居址、佛塔、寺院、冶铸作坊、陶窑、墓葬、城址、水渠、涝坝、果园、田地、道路等各种大小近百处遗迹。

尼雅遗址大致完整地展示了古代聚落中各种遗迹的构成情况,在楼兰地区乃至塔里木盆地目前发现的遗址中都是最具典型性的。研究者们根据诸遗迹的空间组群分布关系将其分成了若干组遗迹群。各遗迹群的形成是自然原因造成的,还是由于社会组织形式所致,尚需进一步考证。从功能上,这些遗迹群可分为中心遗迹群和从属遗迹群。其中以大佛塔为代表的遗迹群被认为是最重要的社会活动场所,位于整个遗址的中心。此外还有以官署N.XIV为代表的政治中心和以佛寺N.V为代表的宗教中心。从属居民点依尼雅河道南北散居,形成小聚居大分散的分布格局,这显然是受生态环境的制约所致。[1]

对于尼雅遗址的性质和年代,研究者们通过对尼雅出土的大量汉文和佉卢文文书的研究,基本一致认为尼雅就是《汉书·西域传》中记载的"精绝国"故址,东汉明帝时"为鄯善所并",后受魏晋王朝统辖,其年代上限可早至西汉,下限至少延续至公元4世纪中期。[2]但在居址形态上,整个尼雅遗址的建筑风格、形式布局、形制结构都基本保持一致,且很少存在打破和叠压关系,变化较为缓慢。就目前已经做过工作的遗址来说,我们能够从考古地层上判断相对年代的遗址仅有N.XIV一处。

---

〔1〕阮秋荣:《试探尼雅遗址聚落形态》,载《西域研究》1999年第2期,第48–57页;于志勇:《尼雅遗址的考古发现与研究》,载《新疆文物》1998年第1期,第53–61页;刘文锁:《尼雅遗址形制布局初探》,中国社会科学院研究生院博士学位论文,2000年,第13–16页。

〔2〕王国维:《观堂集林》,北京:中华书局,1959年,第819–871页;J. Brough, "Comments on Third-Century Shan-shan and the History of Buddhism", in *Bulletin of the School of Oriental and African Studies (BSOAS)*, vol. 28, no. 3(1965), pp. 582–612;孟凡人:《楼兰鄯善简牍年代学研究》,乌鲁木齐:新疆人民出版社,1995年,第286–388;林梅村:《汉唐西域与中国文明》,北京:文物出版社,1998年,第244–255页。

欧·亚·历·史·文·化·文·库·

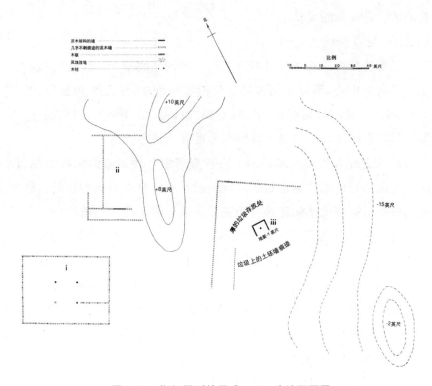

**图3-37　斯坦因测绘尼雅N.XIV遗址平面图**

　　N.XIV遗址位于佛塔以北向西约6公里的位置,是一片大型居址,由多栋建筑物构成。斯坦因1906年对其中3处建筑进行了发掘和测绘。[1]中日日中共同尼雅遗迹学术考察队于1996—1997年又重新进行了清理,编号了4处遗迹。[2]其中西部最高处的1号建筑,南北宽11.2米、东西长17.3米,建筑中央立有直径30—40厘米的4根圆形立柱排列成3.7米×4.5米的四方形,柱头上有榫。这座建筑规模较巨,布局规整,在遗址中地位突出,可能是公众集会、议事的场所。2号建筑位于遗址北部,面积约12.5米×9.5米,南侧附属有2米×2米的突出部分,斯坦因在此发现了16枚木

　　〔1〕M. A. Stein, *Serindia: Detailed Report of Explorations in Central Asia and Westernmost China Carried out and Described under the Orders of H. M. India Government*, vol. 1, Oxford: Clarendon Press, 1921, pp. 217-221.

　　〔2〕中日日中共同尼雅遗迹学术考察队:《中日日中共同尼雅遗迹学术调查报告书》第2卷,乌鲁木齐/京都:中日日中共同尼雅遗迹学术考察队,1999年,第77-87页。

简,经林梅村先生研究认为与西汉王朝在元康元年(前65)左右与大月氏的交往活动有关。[1] 东部的3号建筑推测规模约5.5米×7.5米以上,发现了长条形土台,似为住所。3号建筑物南部有土坯遗迹(斯坦因认为是土坯墙,中日日中共同尼雅遗迹学术考察队认为是土坯铺路留下的痕迹)。4号遗迹位于2号建筑东部,只确认了小部分桩列,性质不明。

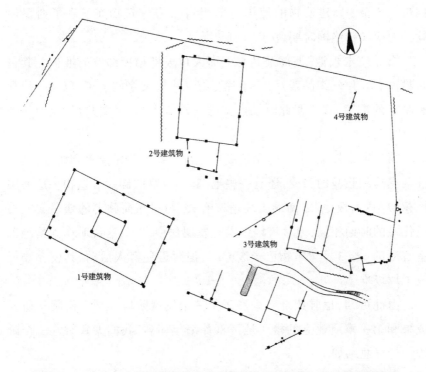

图3-38　中日日中共同尼雅遗迹学术考察队测绘尼雅N.XIV遗址平面图

值得注意的是,3号建筑物的东南有一个2米见方的遗迹,四个角用圆木,东北西三面用竖板围成,南面敞开,斯坦因称之为"木板池",在这里共发现了11枚汉文木简,从内容上看都与当地王室的活动有关,学术界一致认为N.XIV遗址即汉代精绝王室的官邸所在。[2]

〔1〕林梅村:《汉唐西域与中国文明》,北京:文物出版社,1998年,第256-264页。

〔2〕王国维:《观堂集林》,北京:中华书局,1959年,第869页;林梅村:《汉唐西域与中国文明》,北京:文物出版社,1998年,第244-255页;孟凡人:《新疆考古与史地论集》,北京:科学出版社,2000年,第162-174页。

根据斯坦因的记述,N.XIV 遗址的堆积可分为三层,分别代表三个时段:[1]

第一,所谓"木板池"下部的堆积,其出土物有各种纺织物(丝、毛、麻质)、漆木器等,底部还散落有较多的麦秆和麦粒,最重要的遗物是 9 枚汉文简牍和 2 块写有汉字的木简碎片,经研究属于西汉时期。这一层应与 1 至 3 号建筑物的使用时期相当(2 号建筑物亦发现了西汉简牍),为西汉精绝国时期,佉卢文尚未传入。

第二,"木板池"上部及其与上面大垃圾堆相接部位的堆积。其包含物仅有几片丝织品残片,一小片写有佉卢文文字的皮革,以及一块写有汉字的木简,这说明此时佉卢文已开始传入,和汉文共存,应为一个过渡时期。

第三,"木板池"上部的大垃圾堆。包含物主要是杂草和树枝,其中混杂有马和骆驼的粪便,还有一些毛、麻等织物的碎片等遗物。这一层堆积似与"木板池"之南的土坯遗迹有关,与写在简牍上的佉卢文文书所代表的时期相同,但垃圾堆中没有发现佉卢文书,这说明作为精绝王室官邸的 1 至 3 号建筑物已经废弃了,但附近还有人活动,其废弃物形成了垃圾堆。

由此可知,尼雅遗址至少经历了三个发展阶段。结合简牍学研究成果和第一章所建立的楼兰地区墓葬编年序列,我们大致对这三个阶段的特征总结如下:

(1)西汉(含新莽)时期

据林梅村先生统计,目前尼雅遗址出土的汉简中,属于西汉(含新莽)时期的共有 16 枚。其中 12 枚出自 N.XIV 遗址;另外编号为 N.II.1-4 的 4 枚木简,由于斯坦因日记表述不清,学者们对其发现地点的认识存

---

[1] 孟凡人:《新疆考古与史地论集》,北京:科学出版社,2000年,第 164-167 页;刘文锁:《尼雅遗址形制布局初探》,中国社会科学院研究生院博士学位论文,2000年,第 59-60 页。

在争议。[1]鉴于此,我们可确定发现了西汉简牍的仍仅有 N.XIV 遗址。包含西汉简牍的"木板池"下层堆积与 N.XIV 整个遗址的主要使用时间相一致,为西汉时期的遗存。

除此之外,尼雅遗址西汉时期遗存的还有93MN3号墓地,以手制、素面陶器为典型特征。目前可以确定为西汉时期的考古遗存仅这两处。尽管数量较少,但它们的发现无疑可以作为下一阶段尼雅考古工作的标尺,相信不久的将来我们就能够揭示出更多这一时期的考古学面貌。

(2)东汉时期

在相当于"木板池"中层堆积的阶段,N.XIV 已开始废弃,这表明精绝国王室逐渐放弃了这一处所,可能如孟凡人所论,意味着精绝为鄯善所灭。这一时间可作为中层堆积的年代上限,鄯善兼并精绝是在东汉明帝永平年间,公元60年前后。

在这一阶段,汉文文书已很少见。据林梅村先生研究,在尼雅遗址出土的汉文简牍中,仅两枚可归入东汉时期,见于 N.XIV.ii 之中。同时,N.XIV 中层堆积中已可以见到写在皮革上的佉卢文文书,说明此时贵霜已开始向当地渗透。这无疑发生在灵帝熹平年间(170—175)东汉从西域撤兵之后。众所周知,皮革属于较为早期的书写材料,后来受汉文影响转为使用简牍。因此,这层堆积的年代下限必在公元2世纪晚期以后,但早于佉卢文使用简牍作为书写材料的年代。

斯坦因在 N.XIV 发现的2件木梳也可为 N.XIV 第二层堆积的年代

_____

〔1〕据斯坦因记述,1931年1月22日其雇员赛义德找到了4枚汉简,起初称出自 N.II 遗址,后又改称发现于 N.XII 遗址以东1/3英里处;1月24日穆萨从古桥遗址带回3枚简牍,从以前清理过的地点获得,仅1枚简上面有文字;1月23日雅辛在 N.II 的一个房屋附近的垃圾堆中捡到1枚开头部分可能是日期的汉简。王冀青认为,赛义德捡到的4枚汉简即大英博物馆藏斯坦因第四次中业考察所获文物照片中编号 N.II.1-4;雅辛捡到的汉简被斯坦因误编号为 N.XIV.ii.2。林梅村认为,大英博物馆藏照片中编号的 N.II.2-4汉简是穆萨带回的;赛义德捡到的4枚汉简不见于大英博物馆藏照片中;王冀青宣称的 N.II.2-4和 N.XIV.ii.2出自 N.XII 的说法证据不足。参见王冀青:《斯坦因第四次中亚考察所获汉文文书》,载《敦煌吐鲁番研究》1998年第3卷,第274-275页;林梅村:《松漠之间:考古新发现所见中外文化交流》,北京:生活·读书·新知三联书店,2007年,第90-109页。

提供佐证。这两件木梳一为方形,一为马蹄形梳背,从第二章可知,这种整体型的木梳在东汉墓葬中才开始出现,特别是马蹄形木梳,是典型的中原文物,大量见于楼兰东汉以后的墓葬中。

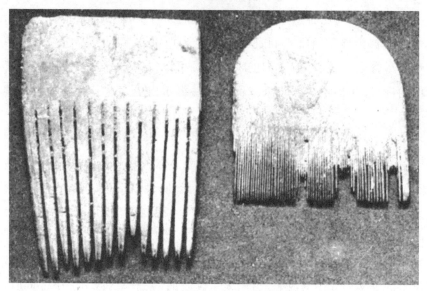

图 3-39　尼雅 N.XIV 出土木梳

从墓葬来看,相当于这一时期的墓葬共发现了三处,文化面貌特征十分突出,年代集中于公元2世纪末—3世纪初。其中,95MN1号墓地中出土了写有佉卢文的丝绢,这与皮革一样,同属于过渡时期的书写材料,早于写在简牍上的佉卢文文书。因此,我们以这三处墓地的年代作为N.XIV第二层堆积的年代下限。

斯坦因第一次考察尼雅时曾在95号营地、N.VIII遗址之间采集到一件铜镜残片,背面装饰龙纹,应为"盘龙镜"或"龙虎镜",与95MN1M3号墓出土的东汉晚期"龙虎镜"接近。铜镜所在居址无疑与这三处墓地存在共时关系。综合来说,尼雅遗址第二个发展阶段可宽泛地定为东汉时期。

图 3-40　N.VIII 附近出土铜镜

考古工作者在尼雅的历次田野调查中采集了大量遗物,收藏在和田地区博物馆和民丰县尼雅文物馆中,其中陶器和木器与这三处墓葬出土的随葬品极为相似,很多器形几乎完全一致,这些器物的出土地无疑均为东汉时期遗址。然而遗憾的是,由于采集这些文物时工作艰辛且时间仓促,不够规范严谨,文物的具体出土地点多没有登录,致使我们今天无从判断哪些遗址属于东汉时期。[1]

（3）魏晋时期

由 N.XIV 上层堆积可知,这一阶段尼雅遗址开始以黏土制作的土坯作为建筑材料。除 N.XIV 外,目前发现用黏土或土坯建造墙壁的遗迹还有三处:N.IX 的主要房间的西、北、东三面墙皆用黏土建筑,这三面是塔克拉玛干沙漠盛行风的方向;N.XXVI 情况与 N.IX 大致相同,也是在其中一间房屋 vi 靠外侧的两面墙壁采用了土坯作为建筑材料,在其一面墙上还修筑了一个小窗户;N.II"1 号住居"中的一间房屋 e 的西面墙壁都以土坯修建。由古城建筑技法可知,楼兰地区至少在魏晋时期

〔1〕中日日共同尼雅遗迹学术考察队:《中日日共同尼雅遗迹学术调查报告书》第 3 卷,乌鲁木齐/京都:中日日共同尼雅遗迹学术考察队,2007 年,第 65~100 页。

才开始使用土坯。因此,我们暂将这四处发现土坯的遗迹定为魏晋时期。

需要说明的是,这一时期尼雅遗址的主要建筑材料仍是木材,这无疑是当地自然资源所限制的。土坯的使用不仅意味着该居址在年代上较晚,也说明其地位较高。

尽管尼雅遗址尚未发现魏晋时期的墓葬,但考古工作者在历次的田野调查中也采集了一些相当于这一时期的遗物。如带有三角状唇部的陶罐,在尼雅许多居址中都有发现,而这种陶罐是楼兰第三期墓葬的典型器物。[1]

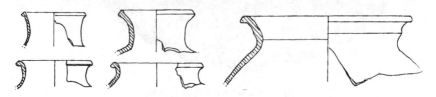

图3-41　尼雅遗址出土三角状唇部陶罐

此外,这一时期人们开始大量使用简牍作为佉卢文的书写材料。在尼雅遗址发现的佉卢文文书中,以简牍为载体的占绝大多数,出土于34个遗址中,其年代虽然上可早至公元2世纪末,但在数量上多集中于公元3—4世纪,这也是尼雅遗址的主要使用年代。[2]

### 3.2.1.2　罗布泊地区

罗布泊地区除古城中的建筑遗迹外,也发现了一些集中的居址。

**LD遗址**　位于LA以东4公里,斯坦因1914年发掘。是一所大型居址,胡杨木修建,部分为红柳枝墙,出土有佉卢文楔形封牍LD.07和残简LD.04、铁锅残片、青铜片、玻璃珠、石珠、青铜铭文镜LD.09、钱币。LD附近见到1枚元延年间(前12—前8)的钱币和20枚五铢钱,其中一半是小剪轮钱。据此判断,LD的年代应与楼兰古城相当。

〔1〕中日日中共同尼雅遗迹学术考察队:《中日日中共同尼雅遗迹学术调查报告书》第1卷,乌鲁木齐/京都:中日日中共同尼雅遗迹学术考察队,1996年,第55-56页。

〔2〕林梅村:《沙海古卷——中国所出佉卢文书初集》,北京:文物出版社,1988年;林梅村:《西域文明——考古、语言、民族和宗教新论》,北京:东方出版社,1995年,第324-343页;孟凡人:《楼兰鄯善简牍年代学研究》,乌鲁木齐:新疆人民出版社,1995年,第286-388页。

LD 以北还有一处小居址 LG，同样为木构建筑，但已完全被侵蚀毁坏了。

**LM 遗址** 位于 LL 西北 4.8 公里的一个老河床两侧，主要有 5 处住宅建筑废墟，其结构、建筑技术与风格与尼雅遗址的同类废墟相近，保存有低矮的木骨泥墙构成的房屋遗迹。LM.I 房址尚存数个房间遗迹，中心室 ii 长 9 米、宽 7.6 米，木框架墙壁的大部分木柱尚存，木柱之下是巨大的基木，沿两面墙设土台，中心立柱，柱上有精美的柱头（LM.I.iii.01)，装饰纹样与 LK 成堡出土的双托架柱头（LK.i.03)、LA 发现的双托架和米兰 M.II 泥壁柱上的柱头完全相似。该房堆积了高约 60 厘米的垃圾，从中出土丝毛织物、有花和怪兽图案装饰的缂毛（LM.I.01)、大量汉文纸文书残片和 1 件楔形佉卢文木牍，也有 2 小片纸贝叶经残页，是用斜体中亚婆罗谜文书写的龟兹语。室 ii 没有出土文书，但出土了精美的漆器（LM.I.01-4)，黑地上绘红色卷云纹和怪兽图案，与 LC 墓地发现的汉锦纹样相似。汉代特征木碗与敦煌长城遗址出土的同类器相似。也出土有具有年代意义的织锦（LM.I.026、05)，为经畦组织，与敦煌长城及 LC 墓地所出技术相同。LM.II 位于 LM.I 西北一高台上，尚存 3 个房间的遗迹，中间者最大，长约 10 米、宽 8 米，木栅墙仅残高 30 厘米，室立 4 个巨大的长方形木柱。北面和西南面各一个小室 i 和 iii，其中室 i 出土汉文纸文书和印花丝绸残片，室 iii 出土 1 件佉卢文纸文书残片。该室东面是一个大垃圾堆，从中出土 1 件尚存有 20 行早期粟特文的纸文书。第三处住宅 LM.III 位于 LM.II 西北一个雅丹顶上，规模相当大，其中的一个大房间即达 8 米见方。这里发现 2 件双托架柱头，类型与 LM.I 所出的相同，室外垃圾堆中出土 1 件汉文、佉卢文双面文书。第四处住宅 LM.IV 位于 LM.III 之西，规模很大，同样为木栅墙壁，出土 2 件涡卷形柱头。LM.V 位于 LM.IV 之北，可辨出一些双托架柱头和柱础。LM 居址也出土大量玻璃器残片、玻璃珠、玻璃熔渣、釉陶片。从各种遗物和文书分析，该遗址时代当与楼兰古城相当，即废弃于公元 3—4 世纪。

**LR 遗址** 包括一组共三处房址，斯坦因助手阿弗拉兹·古尔 1915 年考察，建筑方式与 LM 相同。一处仅剩木料倒伏在台地上，没发现什

·欧·亚·历·史·文·化·文·库·

么遗物。其东北90多米是第二处建筑遗迹,有两个房间遗迹,大者6.4米×8.2米。第三处建筑遗迹在其东北约180米,有五六个房间。LR居址仅出土小量青铜、铁和玻璃小件,时代与LK、LM等相当。

### 3.2.2　楼兰建筑

楼兰地区古建筑以尼雅和楼兰遗址为代表,突出特点是采用了木构建筑,木材是房屋建筑的主干,辅助材料有芦苇、红柳枝等,这是楼兰所处的自然环境所决定的。当地自然生产的树木主要是胡杨,其次是红柳,此外还有大量人工种植的白杨及各种果木。由于木材相对比较容易获取,当地高温、干旱的气候又使得木材不易腐烂、变形,因而成为首选的建筑材料。[1]

#### 3.2.2.1　地栿

房屋大都修建在坚固的沙质黏土丘阜上,地势较高。用大木料结成地栿埋入土中作为房基,这是楼兰地区古代房屋建筑的一大特点。一方面,地栿增加了与地面之间的受力面,克服了当地土质疏松的特点,使墙基更为牢固;另一方面,屋墙可以通过榫卯结构直接联结在地栿上,使整个建筑浑然一体,增加整体的稳定性,有利于抵抗风沙的侵蚀。地栿的长度根据房屋布局而定,一般宽20—25厘米、厚度为5—8厘米,上下两面均加工较为平整,向上的一面插柱构筑墙壁,底面则埋置于沙土之中。地栿之间的横向和纵向联结均采用搭榫方式相互结合。在房屋的拐角或是房屋隔墙下的地栿,除采用搭榫方式垂直联结外,在地栿的结合处还采用承重木柱竖直地以榫卯方式将两地栿固定,增加房屋的稳定性。

使用地栿为房基,这一结构也决定了每个单元房间的形状必为方形或长方形,利于室内空间的分割和不同功能房间的组合。一般居住址由寝室、厨房、储藏室、廊道等几部分构成。从地栿的铺设可以看出,有些房屋是一次性加工设计而成的,显得布局合理、结构严谨;有些房

---

[1] 王宗磊:《尼雅遗址古建工艺及相关问题的初步考察》,载《西域研究》1999年第3期,第67–72页;李吟屏:《尼雅遗址古建筑初探》,载《喀什师范学院学报》2000年第21卷第2期,第41–46页。

屋则经过改建,增设房间的地栿大多较短小,与原地栿相分离,因而房屋布局较为松散,结构不尽合理。

图3-42　尼雅木结构建筑的地栿

### 3.2.2.2　墙壁

楼兰建筑墙壁的基本筑造方式为"木骨泥墙"式:在地栿上以榫卯结构联结等距离的承重木柱,用于支撑房梁或屋顶,一般较粗大,截面呈亚腰形,两个侧面分别凿有凹槽,即"企口",用以安插木桯及红柳枝、芦苇等。承重木柱顶端与一横置的木梁榫卯联结。承重木柱之间中部横置木桯,两端呈楔形插入承重木柱侧面,木桯上下两个侧面与地栿、横梁之间则插入围护木柱。紧贴围护木柱的外侧横置芦苇或红柳枝,再用草绳或毛绳将芦苇或红柳枝捆绑在围护木柱上,最后在内外两侧分别抹以草拌泥,其厚度为3—5厘米,晒干后表面再涂刷白灰,有些建筑墙面还绘有装饰图案。此外,有些承重木柱的两侧还以斜撑木柱加固,分散其受力点,增加稳定性。

红柳枝和芦苇的使用方式有两种:有的以红柳枝结成股,再交叉编织成篱笆,称为"编笆墙";有的只以芦苇横置绑于壁柱上;有的综合使用这两种材料。红柳枝韧性强,芦苇既耐潮湿,又有很好的保暖性。

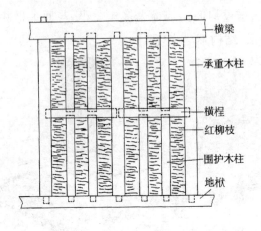

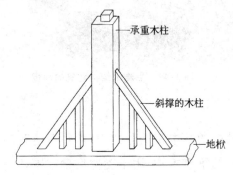

图3-43　尼雅建筑的木骨泥墙示意图

### 3.2.3　楼兰家具与木雕纹样

　　木材不仅是楼兰地区最主要的建筑材料,也是家具及日常生活用品的主要用材,并形成了高度发达的木雕装饰艺术。得益于楼兰地区特殊的自然条件,这些木雕能够十分完好地保存到了今天,为我们了解当时古代楼兰人的日常生活和艺术发展水平提供了绝佳实例。

#### 3.2.3.1　高坐具

　　高坐具的传入是中国家具史上一个重要的转折。由于高坐具的出现,人们的坐姿从席地而坐逐渐转向垂足而坐,这一转变对中国人生活方式的各方面都有着十分深远的影响。目前所知中国最早的高坐具实物就发现于楼兰地区。

尼雅 N.III 遗址出土一件雕花木椅:四椅腿内直外弓,以镶板榫接在一起,侧面两椅腿之间又以横撑支撑;每条椅腿顶部各有一榫头,上面可能连接把手或安装侧板;通体装饰四瓣花纹。[1]

图 3-44　尼雅出土雕花木椅

楼兰 LB.IV 还出土了两件椅腿,雕工精致,通体上漆,一件表现为怪兽状,蹄足分三趾;另一件雕成人面兽身,背后有曲翼,下为蹄足。[2]尼雅遗址也发现了这类椅腿。[3]几件椅腿无论是外观、尺寸、雕刻风格、上漆技术都非常相似,似出自一人之手或是一种规范化的制造。值

〔1〕M. A. Stein, *Ancient Khotan: Detailed Report of Archaeological Explorations in Chinese Turkestan*, vol. 2, Oxford: Clarendon Press, 1907, pp. pl. LXVIII. 1960 年新疆考古工作者在尼雅也曾发现类似木椅,参见韩翔、王炳华、张临华:《尼雅考古资料》,新疆社会科学院内部刊物,乌鲁木齐,1988 年,第 42 页。

〔2〕M. A. Stein, *Serindia: Detailed Report of Explorations in Central Asia and Westernmost China Carried out and Described under the Orders of H. M. India Government*, vol. 1, Oxford: Clarendon Press, 1921, pp. 447-448; vol. 4, pl. XXXIV.

〔3〕M. A. Stein, *Ancient Khotan: Detailed Report of Archaeological Explorations in Chinese Turkestan*, vol. 2, Oxford: Clarendon Press, 1907, pp. pl. LXX.

·欧·亚·历·史·文·化·文·库·

得注意的是,这些椅腿雕刻表现出波斯艺术的风格。在公元前8世纪的一件埃兰石刻上,我们竟发现了相似的椅腿,石刻中女性人物头发、眼睛也与楼兰椅腿的表现方式颇为相似。

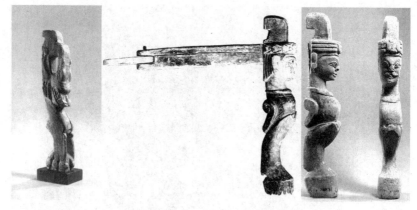

图 3-45　楼兰、尼雅出土椅腿

图 3-46　楼兰、尼雅出土椅腿与埃兰石刻

此外,楼兰还出土了另一类椅腿,形制简单,但做工十分精良,已经采用简单车床一类工具进行加工,做出圆形凸棱装饰。楼兰古城出土木柱及LB佛寺中的佛陀围栏亦采用同样工艺旋制而成。从公元前5世

纪阿契美尼德王朝的一幅浮雕上,可以看到古波斯高背椅就有这类凸棱装饰的椅腿。另外,犍陀罗公元2世纪的一件浮雕上,也刻有古波斯风格的高背椅,椅腿与楼兰所出椅腿非常接近。无疑,当时楼兰地区已经使用这种用于垂足坐的椅子,其源头在波斯。

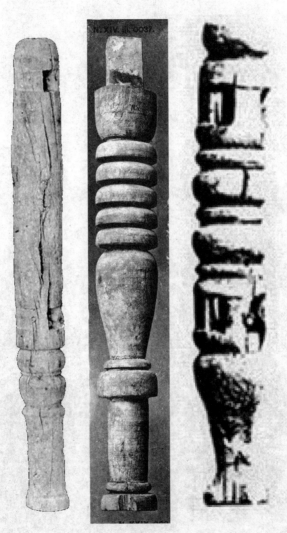

图3-47　楼兰出土椅腿

图 3-48　古波斯高背椅浮雕

图 3-49　犍陀罗高背椅浮雕

公元 25 年,帕提亚人击败塞人统治者阿泽斯二世,在塔克西拉(Taxila)建立起王廷,把犍陀罗纳入了帕提亚版图。[1]犍陀罗艺术中的波斯因素应是帕提亚人统治当地时传入的。而楼兰发现的波斯因素则是帕提亚人在塔里木盆地的活动所带来的。

### 3.2.3.2　木柜

楼兰地区许多遗址都发现了一种木柜,可能是厨房用具,形制大同小异,表面均装饰精美木雕,应是当时最常用的家具之一。[2]这里仅

〔1〕〔巴基斯坦〕穆罕默德·瓦利乌拉·汗著,陆水林译:《犍陀罗艺术》,北京:商务印书馆,1997年,第 61—63 页。

〔2〕M. A. Stein, *Ancient Khotan: Detailed Report of Archaeological Explorations in Chinese Turkestan*, vol. 2, Oxford: Clarendon Press, 1907, phot. VIII—IX; *Serindia: Detailed Report of Explorations in Central Asia and Westernmost China Carried out and Described under the Orders of H. M. India Government*, vol. 3, Oxford: Clarendon Press , 1921, plan 11; vol. 4, pl. XIX, XLVII; 韩翔、王炳华、张临华:《尼雅考古资料》,新疆社会科学院内部刊物,乌鲁木齐,1988 年,第 42 页;中日日中共同尼雅遗迹学术考察队:《中日日中共同尼雅遗迹学术调查报告书》第 1 卷,乌鲁木齐/京都:中日日中共同尼雅遗迹学术考察队,1996 年,图版五三;《中日日中共同尼雅遗迹学术调查报告书》第 3 卷,乌鲁木齐/京都:中日日中共同尼雅遗迹学术考察队,2007 年,第 93 页。

以 LB.Ⅲ 出土木柜为例说明其形制:木柜以榫卯拼接而成,高约1米;前后板雕刻十分精细的四瓣花纹,左右侧板为素面;前面右部留有方形空缺,应是取物窗口;腿曲,最上部有三道凸棱,凸棱下出牙,蹄足。

图3-50　楼兰、尼雅出土木柜

新疆博物馆收藏的一件尼雅出土的木雕饰板,长30厘米,呈门扉状,门面以几何形花边雕饰分为上下两格,上层刻人物牵象图,下层刻格里芬图案,一侧上方存留着嵌入门框的长轴,可能是橱柜或其他家具的拉门。[1]

图3-51　尼雅出土木雕柜门

〔1〕新疆维吾尔自治区文物事业管理局等:《新疆文物古迹大观》,乌鲁木齐:新疆美术摄影出版社,1999年,第54页;中日日中共同尼雅遗迹学术考察队:《中日日中共同尼雅遗迹学术调查报告书》第3卷,乌鲁木齐/京都:中日日中共同尼雅遗迹学术考察队,2007年,第87页。

### 3.2.3.3 装饰纹样

（1）菱格纹

菱格纹是楼兰木雕最常用的装饰纹样之一，如 LB.II 出土的一座佛门就以菱格纹为装饰，中间镶嵌四瓣花。菱格纹的源头在帕提亚艺术，伊朗出土的一件帕提亚时期的黑釉陶器，器表以三线勾画大菱格，内饰乳丁纹，应是这种菱格纹的早期简单形态。帕提亚出土的另一件石雕，底部装饰的菱格纹中填有四瓣花，与楼兰木雕已完全一样。在犍陀罗艺术中，这种菱格纹被广泛使用，作为主体雕刻的边饰或界格。[1]斯坦因在敦煌千佛洞发现的一件丝织品上也装饰有这种菱格纹样。丽艾博士认为，这一纹饰在公元2—4世纪贵霜犍陀罗艺术、楼兰艺术和敦煌艺术之间存在着前后相继的联系。[2]

图3-52　伊朗出土帕提亚菱格纹黑釉陶器

图3-53　帕提亚石雕上的菱格纹

图3-54　长安出土金铜佛像上的
帕提亚纹饰

图3-55　楼兰 LB.II 出土帕提亚风格的
木雕饰件

---

〔1〕栗田功：《ガンダーラ美術》I，东京：二玄社，1988年，第91页，图168。

〔2〕M. M. Rhie, *Early Buddhist Art of China and Central Asia*, vol. I, Leiden/Boston/ Koln: Brill, 1999, p. 409.

·欧·亚·历·史·文·化·文·库·

图3-56　犍陀罗石刻中的菱格纹　　　图3-57　敦煌千佛洞出土菱格纹装饰的丝织品

（2）四瓣花纹

楼兰木雕中采用了大量四瓣花作为装饰，如上文提到的木柜，通体满饰四瓣花，这种四瓣花形制简单，由四片模式化的尖椭圆形花瓣呈对角线排列于一个正方形内构成，没有花萼，亦来源于帕提亚艺术。如底格里斯河畔的一座帕提亚时期建筑中，可以见到这种几何化的四瓣花纹装饰的铺地砖。

图3-58　帕提亚建筑四瓣花纹铺地砖　　　图3-59　楼兰LB.III出土四瓣花木碗柜

另外，楼兰木雕中还有一种带花萼的四瓣花纹，比较写实，如楼兰佛寺出土的四瓣花木雕，花形较大，下衬有花萼，镶嵌于方框中。这种带花萼的四瓣花最早见于新亚述艺术（公元前8世纪）。中亚贝格拉姆遗址出土的公元1世纪的象牙雕刻上也出现了这种纹饰。在犍陀罗，这种纹饰出现在公元2—3世纪，如印度加尔各答博物馆所藏的一尊犍陀罗佛像，旁边就装饰了四瓣花，但表现更为复杂，花瓣有中分线，下面衬有花萼，可能是受到了印度莲花图案的影响。楼兰考古队在LA古城还采集到一件彩色木雕，亦为这种花萼分叉的四瓣花形式。[1]

--------

〔1〕新疆楼兰考古队：《楼兰古城址调查与试掘简报》，载《文物》1988年第7期，第13页。

图3-60　贝格拉姆出土带四瓣花的犍陀罗牙雕

图3-61　楼兰LB佛寺出土四瓣花

图3-62　楼兰古城与阿富汗出土犍陀罗石雕的四瓣花装饰

（3）莲花装饰

莲花图案本源自印度艺术,后来成为犍陀罗艺术的典型图案。塞人统治的后期,塞人工匠在犍陀罗艺术中引入了印度图案,莲花是最突出的一个。[1]莲花是犍陀罗艺术中的典型装饰。楼兰木雕中也不少

---

〔1〕约翰·马歇尔著,秦立彦译:《塔克西拉》,昆明:云南人民出版社,2002年,第70页。

见,以赫定在LB.II发现的一件保存较好的透雕为代表:八瓣八萼,花瓣间表现出直脉络,花蕊较大,雕刻在一个方框中,可能装在寺内的通风处或透光处。米兰佛寺的粗雕莲花木雕与这件木雕十分相近。

图3-63　LB.II出土莲花木雕　　　　图3-64　米兰出土莲花木雕

（4）忍冬纹

楼兰LB.II的一座佛门装饰着忍冬纹,LB.IV也出土了一件忍冬纹残木雕。忍冬纹来自西方,有学者认为是希腊罗马艺术中的棕榈叶、莨苕叶纹加藤蔓演变而来。[1]在犍陀罗艺术中,忍冬纹最早出现是在公元1世纪,如贝格拉姆出土的象牙雕版。[2]楼兰的忍冬纹与贝格拉姆所见象牙板上的忍冬纹一脉相承,并对中国装饰艺术产生深远影响。忍冬纹在唐代又传入海东日本,被称为"唐草"。

〔1〕刘波:《敦煌与阿姆河流派美术图案纹样比较研究》,载《敦煌研究》2000年第3期,第28-30页。

〔2〕马歇尔认为这种纹饰是受希腊影响的产物,参见约翰·马歇尔著,许建英译,贾应逸审校:《犍陀罗佛教艺术》,乌鲁木齐:新疆美术摄影出版社,1999年,第57页,注1。

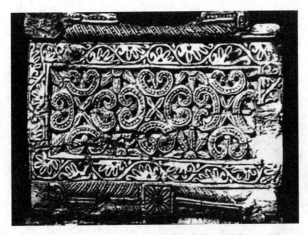

图3-65　贝格拉姆象牙雕版

图3-66　楼兰LB.IV
出土忍冬纹木雕

图3-67　楼兰LB.II出土忍冬纹木雕

（5）月桂枝纹装饰

楼兰LB.IV出土了三件带有月桂枝装饰的木板，原来应属于一件约20厘米高的装饰木雕。月桂枝是典型的希腊纹样，古希腊人用月桂枝编成的花环，作为一种荣誉的标志授予诗人、英雄和体育竞赛中的优胜者。在古希腊的一件陶器上，可以看见月桂枝装饰。斯文·赫定曾在楼兰LB.II发现一件帕提亚式"格里芬守护花瓶"木雕，其中的花瓶中也插着月桂枝。[1]帕提亚的统治者崇尚希腊文化，大力提倡和推动希腊艺术的发展。因此，这种纹饰无疑是帕提亚艺术从希腊艺术中借鉴而来，后来又随着帕提亚艺术传到了楼兰的。

<hr>

〔1〕见5.2节。

·欧·亚·历·史·文·化·文·库·

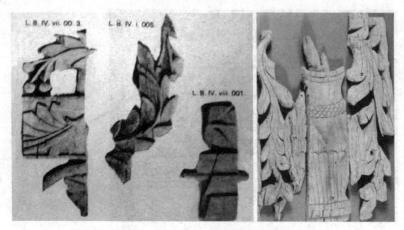

图 3-68　LB 出土月桂枝木雕

图 3-69　古希腊陶器上的月桂枝纹

## 3.3　小结

在建立墓葬编年的基础之上,本章第一节按照平面形制把楼兰地区的古城分成圆形、方形正向和方形偏角三种类型,并依次进行了讨论。综合考虑平面形制、建筑技法、城墙朝向、城内出土物及与周边遗存的共存关系等,我们对楼兰诸古城进行了年代判断和性质推定。

塔里木盆地早期古城应为圆城,其形制渊源是中亚圆形城堡,以军事防御功能为主。尼雅遗址南部的圆形城址应即西汉精绝国都城精绝城。圆沙古城可能是扜弥城。营盘古城一般认为是山国所在,平面呈现为较规整的圆形,附近墓葬的年代最早为东汉中期,说明现存城址应为东汉时期增筑或重建,时墨山国可能已为焉耆所兼并。张骞第一次出使西域时,见到"楼兰、姑师邑有城郭",也应是这种圆形城堡。麦德克古城可能是西汉时期的姑师城。虽然麦德克规模不大(因此张骞说它"小国耳"),但这可能是由于它的功能仅限于军事中心。姑师控制着丝路南北两道的连接通路,因此成为南道强国,实际控制范围包括罗布泊水域,东可达今LA古城一带。

张骞凿空之后,汉式城制传入西域,楼兰开始兴建汉式方城。城墙朝向在不同时期表现出明显差异:两汉古城基本上是正方向,魏晋时期的古城则与正方向有较大偏角。造成这种差异的原因可能和盛行风向有一定关系。[1]在筑城技术上,两汉时期均为夯土版筑,魏晋时期开始使用土坯垒砌。此外,相较而言,西汉古城建造得最为严谨,严格遵守尺度规格,城墙也最为坚固。

在方形正向古城中,LE古城可能是中原屯边将士从原楼兰城改建而成的一座屯城,成为居卢仓(土垠)的粮食供应地。果真如是,由文献中"临盐泽"之语推测,楼兰城与姑师城就分别坐落于罗布泊的东西两岸。换句话说,罗布泊在西汉时期水域面积可向西一直到达小河一带,时楼兰LA古城所在绿洲仍为罗布泊所淹没。在地质学上,LA古城附近的雅丹地貌属于"湖相沉积",也可佐证古城形成前当地是湖泊。[2]东汉时期,索励在孔雀河上游拦河筑坝,导致楼兰城——LE古城水源断绝,LE古城因此逐渐废弃,而LA古城所在绿洲浮出水面,人们开始

---

〔1〕抑或两汉时期人们只是机械地照搬中原汉城的修筑模式,至魏晋时期始注意顺应盛行风向以减少对城墙的侵蚀。

〔2〕夏训诚:《中国罗布泊》,北京:科学出版社,2007年,第65-73页。

迁至此地居住。魏晋时期,中原王朝在此置西域长史,因而修建了LA古城作为长史治所。

西汉元凤四年(前77),楼兰国更名为鄯善,国都从楼兰城迁至扜泥城。据唐代地志记载,扜泥城即今且尔乞都克古城所在。现存且尔乞都克古城为土坯城,应为魏晋时期在原西汉城基础上改建,在唐代又被康艳典改造为石城镇。尽管该城西汉时期遗存现已不见,但后来改建时并未改变城墙朝向,仍基本为正方向,略有偏角。

小河西北古城应是宣帝时设置的"护鄯善以西诸国"的卫司马治所,与小河沿岸的西汉遗址有共存关系。在卫司马以下,西汉王朝还在各国设置了都尉,安迪尔廷姆古城应即精绝都尉所在,而安迪尔大佛塔以南戍堡则是同时修建的军事设施。

楼兰LK古城平面呈平行四边形,城墙四角指向正方向,结合出土物和地理环境推测,该城可能是魏晋时期罗布泊西岸的一座不见于史载的屯城。

以此为基础,由楼兰考古学材料中我们可复原中原王朝逐步控制塔里木盆地的过程:

目前已知最早的遗存是罗布泊以北的居卢仓——土垠遗址。汉武帝伐大宛后,在敦煌以西修建了烽燧系统,居卢仓或即在此后不久兴建[1],以作为诸烽燧的管理机构和大本营。

元凤四年(前77),汉应鄯善王尉屠耆之请在伊循屯田,这是汉朝经略西域体系中十分重要的举措,其职官为都尉,悬泉汉简中称之为"敦煌伊循都尉",直接受敦煌太守节制,级别较高。[2]伊循故址当在今米兰古城西北。

宣帝元康二年(前64),设卫司马管理丝路南道鄯善以西诸国,其治所即今小河西北古城;同时向诸小国派遣属国都尉,掌管各国事务。安

---

〔1〕孟凡人推测土垠的始建时间是天汉元年(前100)至始元二年(前86)之间,参见孟凡人:《楼兰新史》,北京:光明日报出版社,1990年,第62-65页。

〔2〕张德芳:《从悬泉汉简看两汉西域屯田及其意义》,载《敦煌研究》2001年第3期,第115-116页;李炳泉:《西汉西域伊循屯田考论》,载《西域研究》2003年第2期,第1-9页;贾丛江:《西汉伊循职官考疑》,载《西域研究》2008年第4期,第11-15页。

迪尔古城即"精绝都尉"所在。在匈奴日逐王归汉以后,西汉王朝才将北道也纳入势力范围,西域最高行政机构由卫司马升级为西域都护,治于轮台乌垒城。

魏晋时期,中原王朝在楼兰 LA 古城设西域长史,并在 LK 古城屯田,以此来管辖西域。不过这一时期的西域长史已无法对西域诸国实施有力的控制,鄯善作为南道大国极力扩张势力、吞并周边小国,其都城扞泥城——且尔乞都克也在此时发展至盛期,且在不远处设军事戍堡——孔路克阿旦。

在这一过程中,我们可看出,经小河沿岸连接丝路两道的南北交通线具有十分重要的战略地位,《汉书·西域传》所载鄯善国"西北去都护治所千七百里,至山国千三百六十五里,西北至车师千八百九十里"正是指这条穿越塔克拉玛干的南北通道。汉武帝元封三年(前108)之前,姑师把持着这条道路,尽管目前对于姑师的具体势力范围仍不清楚,但从姑师北迁吐鲁番盆地后建立车师和山北六国、迅速占领大月氏西击乌孙留下的大片空间这一史实可推知其原应为南道霸主。西汉王朝击破姑师后,也要占领小河沿岸这条南北交通线,设立卫司马,修建小河西北古城"以护鄯善以西诸国",同时辅以戍堡、烽燧[1]等来保护这条通路,合于南道。而楼兰也是由于从罗布泊东岸迁至若羌扞泥城,依托这条南北通路而逐渐崛起为南道大国之一。

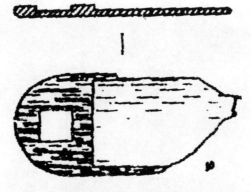

图3-70　山普拉墓地出土西汉封检

〔1〕见本书5.3。

·欧·亚·历·史·文·化·文·库·

此外,和田洛浦县山普拉古墓中曾发现一件"木匣",研究者指出实为封检,年代在西汉时期。《汉书·西域传》中记于阗国设"辅国侯、左右将、左右骑君、东西城长、译长各一人",西汉虽未在于阗设立都尉,但这件封检的发现说明当时西汉王朝的影响也到达了于阗这一丝路南道大国。

本章第二节对楼兰居址和建筑进行了考察。总体看来,楼兰地区的居址形态基本保持一致,变化较为缓慢。根据我们掌握的资料,尼雅遗址至少经历了三个发展阶段,说明西汉精绝国和鄯善治下精绝州的遗存均在尼雅。罗布泊地区目前发现的几处居址LD、LM和LR,主要使用年代与LA古城相当,均在东汉魏晋时期,西汉时期的考古学文化面貌仍不清楚。

楼兰古建筑的突出特点是采用木构材料,这是由当地的自然环境所决定的。建筑主构架由地栿、木骨泥墙组成。房顶虽未发现,但推测应为平顶,因为当地降水极少,而风力强劲,平顶结构有助于抵挡风蚀侵害。

此外,楼兰还出土了大量木质家具,为早期中国家具史提供了绝佳实例,如尼雅出土的雕花木椅是目前所知中国最早的高坐具,另外一些椅腿的形制和装饰表明其来源应在波斯。而建筑材料与家具上的装饰纹样则表明楼兰文化受到了犍陀罗和帕提亚的强烈影响。

# 4  楼兰佛教遗存

从考古发现来看,从安迪尔以东直至罗布泊地区均有佛教遗迹分布,此外还出土了大量的佛教艺术品(木雕、泥塑佛像和壁画)。本章拟以第二、第三章所建立的楼兰文化发展序列为基础,并通过与犍陀罗佛教遗存进行横向对比,对诸佛教遗迹进行分期研究,考察楼兰佛教遗存演变规律,并在此基础上探讨楼兰佛教艺术中所见文化交流情况。

## 4.1  楼兰佛寺演变序列

楼兰发现的佛教遗迹大致可分为佛寺和佛塔两类。其中佛寺主要包括:楼兰LB佛寺、米兰佛寺(本章主要讨论情况较为清楚的M.II、M.III、M.V、M.XV四座)、尼雅N.V佛寺、且尔乞都克Koy.I佛寺和孔路克阿旦佛寺。佛塔包括:楼兰LA古城内的LA.X和城外的LA.XI、F0大佛塔、尼雅大佛塔、安迪尔大佛塔、各佛寺中供奉的佛塔及佛塔模型。

两类遗迹有所交叉:佛塔又可分为露塔和堂塔,堂塔即在佛寺中供奉的佛塔。两种佛塔的演变规律是一致的。佛塔又是早期佛寺的崇拜中心。因此,我们将佛塔纳入佛寺中来一并考察,早期佛寺演变也以中心佛塔的变化为主。以楼兰墓葬、古城所表现的文化变迁为背景,根据建筑材料、建造方法、出土物等,参照犍陀罗佛教遗存发展规律,我们大致将楼兰佛教遗存分为四期。

### 4.1.1  第一期

以米兰M.III、M.V两座佛寺为代表,形制为外方内圆,佛寺顶部已完全塌毁,推测应为穹顶。寺内中心为圆形平面佛塔、单层塔基。佛塔四周环绕回廊,廊壁均绘有蛋彩壁画,表现出强烈的古典艺术风格,上有佉卢文题记,年代当在公元2世纪末—3世纪上半叶。楼兰F0和米兰M.VI、M.VII三座露塔的形制与米兰M.III、M.V中心佛塔一致,单层塔基,塔身平面为圆形,也归入这一期。

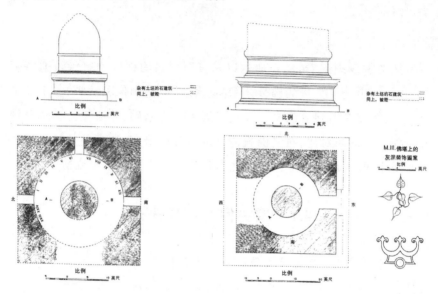

图4-1　米兰M.III、M.V佛寺

　　米兰M.III和M.V两座佛寺坐落于米兰戍堡M.I西北,形制相似。M.III外墙边长约9米,以41厘米×25厘米×12厘米的土坯垒砌而成,西面开门,东、南、北三面开窗,内为拱顶,中心为土坯垒砌佛塔。佛塔残高约4米,塔基为圆形,直径约3米,高45厘米,塔身和覆钵的直径约2米,表面以灰泥塑出线脚[1]装饰,使塔基呈束腰状,塔身所覆灰泥表面还有浅浮雕的菩提树和三宝图案。佛塔四周为约1.8米宽环形回廊道,廊壁装饰"有翼天使"等蛋彩壁画。M.V在M.III西北约55米处,外墙约12米见方,以41厘米×23厘米×12厘米的土坯砌成,可能是东、西两面开门,地面亦用土坯铺成。内殿中心为用同样尺寸的土坯砌成的佛塔,

----

〔1〕线脚(Skintle),建筑术语,指是通过线的高低而形成的阳线和阴线以及面的高低而形成的凸面和凹面来显示的装饰。

残高3米多,塔基圆形,直径约3.8米,表面以灰泥塑出线脚装饰,佛塔周围的环形回廊道内发现有木质塔顶伞盖(Chattra)构件,回廊壁上绘有须大挐太子本生故事及花纲题材等蛋彩壁画装饰。[1]

这两座佛寺的平面形制较为特殊,圆形内殿方形外墙。从现有资料看,这种形制来源于帕提亚建筑,见于帕提亚旧都旧尼萨(Old Nisa)的圆庙建筑。这座建筑内部是圆形,直径约17米,穹隆顶,外为方形墙体支撑圆形屋顶,外有回廊环绕,年代在公元1—2世纪。[2]米兰佛寺借鉴了帕提亚这种建筑形制而有所改造,在内殿中心起圆形佛塔,佛塔四周和内殿内壁形成回廊,以为佛塔的礼拜道,省去了帕提亚建筑原型外围的回廊。

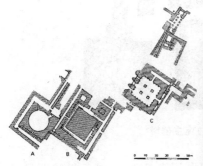

图4-2　旧尼萨圆庙

在神殿外环绕一周回廊是伊朗的建筑传统形式。后来,佛教寺院借鉴了这种建筑形式,以回廊为右行礼拜佛塔的礼拜道。这一建筑形式的传承过程从米兰佛寺和旧尼萨圆庙的渊源关系中也可见一斑。

从佛塔形制上来看,圆形平面是印度早期佛塔的传统,犍陀罗也有沿用,数量较少,并从平阔低矮改为向高耸发展。单层塔基的佛塔在犍陀罗地区主要见于公元1—2世纪。楼兰F0塔身内的环形建筑部分,当

〔1〕M. A. Stein, *Serindia: Detailed Report of Explorations in Central Asia and Westernmost China Carried out and Described under the Orders of H. M. India Government*, vol. 1, Oxford: Clarendon Press, 1921, pp. 492–534.

〔2〕E. Yarshater ed., *The Cambridge History of Iran*, vol. 3(2), Cambridge: Cambridge University Press, 1983, pp. 1038–1041.

·欧·亚·历·史·文·化·文·库·

为可供信徒进出瞻仰的舍利室,这种构造的佛塔在犍陀罗地区始建于公元1世纪晚期,如塔克西拉喀拉宛佛寺(Kalawan)主佛塔A4。[1]公元5世纪初,法显西行到醯罗城(今阿富汗哈达遗址),曾目睹当地佛教徒从佛塔中取出舍利供养的情景:"醯罗城城中,有佛顶骨精舍,尽以金薄、七宝校饰。……出佛顶骨置精舍外高座上,以七宝圆砧砧下,琉璃钟覆上,皆珠玑校饰。骨黄白色,方圆四寸,其上隆起。……供养都讫,乃还顶骨于精舍。中有七宝解脱塔,或开或闭,高五尺许,以盛之。"[2]

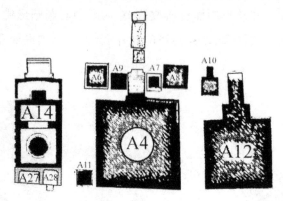

图4-3　喀拉宛主佛塔

米兰M.III、M.V两座佛塔为单层圆形塔基堂塔,属于犍陀罗佛塔形制,与塔克西拉皮帕拉(Pippala)寺院所保存的一座小堂塔极为相似,后者始建年代在贵霜早期,公元1世纪晚期至2世纪末。[3]考虑到地域的差距,楼兰佛塔的始建年代或比同类型的犍陀罗佛塔稍晚。

楼兰F0佛塔坐落在LA古城东北角4公里处,是楼兰考古队1980年调查发现的。佛塔残高约6.28米,由上下两部分组成。下部为塔基,

〔1〕J. Marshall, *Taxila: An Illustrated Account of Archaeological Excavations Carried Out at Taxila under the Orders of The Government of India Between the Years 1913 and 1934*, vol. 3, Cambridge: At the University Press, 1951, pl. 72.

〔2〕章巽:《法显传校注》,上海:上海古籍出版社,1985年,第46页。

〔3〕J. Marshall, *Taxila: An Illustrated Account of Archaeological Excavations Carried Out at Taxila under the Orders of The Government of India Between the Years 1913 and 1934*, vol. 1, Cambridge: At the University Press, 1951, pp. 366; vol. 3, pl. 98b; K. A. Behrendt, *The Buddhist Architecture of Gandhara*, Leiden/Boston: Brill, 2004, pp. 95.

似为正方形,宽7.1米、高4.6米。其上是塔身,中心为土坯垒砌的环形建筑,内有中心木柱。环形台的周围残留五彩斑斓的佛教壁画,以土红为主色调,轮廓以墨线勾勒,画风古朴,与斯坦因在米兰揭走的人首双翼像类同。环形台的甬道中还发现了佛塑像的一只眼睛、三节手指、一段胳膊和塑佛像用的木花形饰件等物。小佛塔西北约100米处有一堆横七竖八的木材,表明这里原是一座建筑物,附近采集到细石器、铜镞、两汉五铢、

图4-4　皮帕拉小堂塔

王莽时期货币、铜镜残片和铜顶针、铁钉、铅纺轮、陶片、玻璃片等。[1]

图4-5　楼兰F0佛塔

　　F0塔身和米兰两座佛寺的回廊壁均绘有蛋彩壁画。艺术史学者曾对米兰佛寺壁画进行过大量分析,认为它们表现出强烈的古典艺术风格,创作年代可早至公元2世纪末。[2]此外,M.V壁画上发现了佉卢

---

　〔1〕新疆楼兰考古队:《楼兰古城址调查与试掘简报》,载《文物》1988年第7期,第6-7页。

　〔2〕Nakanishi Yumiko, *The Art of Miran*, Thesis (Ph.D.), University of California, Berkeley, 2000.

文题记,M.III佛寺回廊还发现了写有佉卢文的丝织品残片。[1]由第二章可知,佉卢文帛书最早见于楼兰第二期晚期墓葬中,米兰戍堡以北也曾发现过第二期晚期墓葬,应与 M.III、M.V 佛寺为共时关系。综合来看,第一期佛塔的年代应与楼兰第二期晚期墓葬相当,在公元2世纪末至3世纪上半叶。

此外,M.III东北还分布着两座露塔M.VI和M.VII。M.VI在M.III以北约64米处,残高6米,塔基方形,边长约14米。M.VII在M.VII东北约310米处,残高7.3米,塔基约12.5米见方。这两座佛塔破坏较为严重,内部均经过盗掘,从现存迹象判断形制应与楼兰F0相似,中心建有舍利室,并且使用土坯尺寸与M.III相同,应也属于这一时期。

就目前所知,这种圆形平面、单层塔基是塔里木盆地最早的佛塔形制。最近,新疆收藏家石刚先生在和田地区收集到一件佛塔陶雕,表面就装饰有这类佛塔,从形制上看,其覆钵部分比米兰 M.III、M.V 两座佛塔低矮,年代应早于后两者;而与犍陀罗塔克西拉喀拉宛A1佛寺出土的一件佛塔舍利盒形制极其接近。与后者同时出土的还有一块写有佉卢文发愿文的铜板,上面有阿泽斯134年的纪年,相当于公元87年。[2]此外,这件陶雕下部已损,从残存部分来看原来应为"T"字形装饰,因此,该陶雕实为一件"黛砚(Toilet tray)",在犍陀罗地区有大量出土。下部采用"T"字形装饰是印度斯基泰(Indo-scythian)时期黛砚的典型标志,如柏林印度艺术博物馆出土的一件"T"字形黛砚,上部装饰"梵天劝请"图像,年代为公元1世纪。[3]石刚所藏黛砚为陶制,说明它为

---

〔1〕M. A. Stein, *Serindia: Detailed Report of Explorations in Central Asia and Westernmost China Carried out and Described under the Orders of H. M. India Government*, vol. 1, Oxford: Clarendon Press, 1921, pp.495; vol. 4, pl. XXXIX; 黄文弼:《新疆考古发掘报告:1957-1958》,北京:文物出版社,1983年,第52页。

〔2〕J. Marshall, *Taxila: An Illustrated Account of Archaeological Excavations Carried Out at Taxila under the Orders of The Government of India Between the Years 1913 and 1934*, vol. 1, Cambridge: At the University Press, 1951, pp. 327-329; S. Konow, "Kalawan Copper-Plate Inscription of the Year 134," *Journal of the Royal Asiatic Society of Great Britain and Ireland*, no. 4 (Oct. 1932), pp. 949-965.

〔3〕栗田功:《ガンダーラ美術》I,东京:二玄社,1988年,第129页,图252。

本地产品,并非犍陀罗舶来品。综合看来,这件黛砚的年代应在公元1世纪末至2世纪,是目前新疆发现的最早的佛塔图像。[1]

图4-6  石刚藏陶雕

图4-7  犍陀罗黛砚                图4-8  喀拉宛舍利盒

[1]承蒙石刚先生慨允观摩藏品并在论文中使用其资料,谨致谢忱!

### 4.1.2　第二期

　　这一期佛塔包括楼兰LA.X、LA.XI和尼雅大佛塔三座露塔,特点是方形塔基,并呈连续收分的多层结构。楼兰LB遗址两座佛寺和尼雅N.V佛寺发现了相同形制的佛塔模型,属于同一时期。

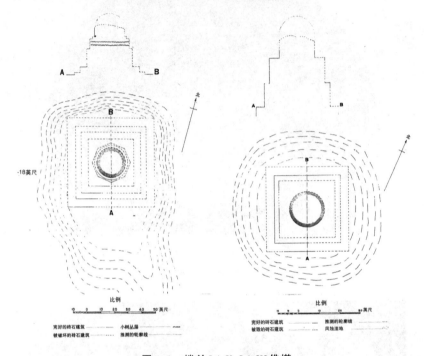

**图4-9　楼兰LA.X、LA.XI佛塔**

　　楼兰LA古城东北角大佛塔LA.X是楼兰古城的制高点,残高仍有10余米,暴露的迹象可分为九层。一至三层为塔基,夯土筑成,其下铺垫有厚约10厘米的红柳层,底部一层塔基南北长约19.5米、东西宽约18米,其上两层塔基逐层内缩。三层塔基上为八角形塔身,在夯土中杂有土坯。第五层向上为土坯垒砌的五层塔身,每层土坯间还夹10—15厘米的红柳枝,第六层中有长约1米的方木暴露于外,方木上有卯孔。紧靠塔身右侧有土坯垒砌的小土台,高度与塔身第五层齐,土台与塔身之间有缓坡可以上下。土台中横压着直径30厘米的圆木和一些长方木,似为建筑遗物。佛塔东边约30米处散落着一些木料,斯坦因编号为LA.IX,出土了佉卢文木牍1枚,长泽和俊判定此处为僧房。楼兰考古队在木材下发现了粮食堆积。[1]

古城外佛塔LA.XI,位于LA.X佛塔东南366米,保存略差,残高4米,塔顶已完全毁坏,仅残存土坯垒砌的塔基。塔基方向与LA.X相似,约13米见方,为同轴渐次缩进的方形连续分层结构,土坯尺寸多为46厘米×30厘米×10厘米。塔基下还有两层红柳枝,约15厘米厚,中间间隔一层7厘米厚的夯土。[2]

尼雅大佛塔基本位于整个遗址中央,残高约6米,西侧受到较大破坏,南侧墙壁塌落,东侧和北侧保存状态比较好。佛塔以土坯和泥黏土交替垒砌而成,土坯的大小尺寸不一,平均约55厘米×24厘米×12厘米,各边平行错缝排列,覆钵部分的土坯略窄,宽约20厘米,朝外侧呈辐射状延伸。建塔时先建成内核,呈金字塔状,共分三层,然后再在其外扩建。方形塔基,分为两层,下层约5.6米见方,高约1.8米;上层约3.9米见方,高2.15米。覆钵部分直径1.9米、高1.9米。根据斯坦因的报告,佛塔顶部中心有一个30厘米见方的竖坑,可能用于安置支撑上方塔刹的木柱。塔身表面原来曾涂有装饰土。[3]

〔1〕M. A. Stein, *Serindia: Detailed Report of Explorations in Central Asia and Westernmost China Carried out and Described under the Orders of H. M. India Government*, vol. 1, Oxford: Clarendon Press, 1921, pp. 389–390;新疆楼兰考古队:《楼兰古城址调查与试掘简报》,载《文物》1988年第7期,第3页。

〔2〕M. A. Stein, *Serindia: Detailed Report of Explorations in Central Asia and Westernmost China Carried out and Described under the Orders of H. M. India Government*, vol. 1, Oxford: Clarendon Press, 1921, pp. 390–391.

〔3〕M. A. Stein, *Ancient Khotan: Detailed Report of Archaeological Explorations in Chinese Turkestan*, vol. 1, Oxford: Clarendon Press, 1907, p. 339;中日日中共同尼雅遗迹学术考察队:《中日日中共同尼雅遗迹学术调查报告书》第2卷,乌鲁木齐/京都:中日日中共同尼雅遗迹学术考察队,1999年,第137–138页。

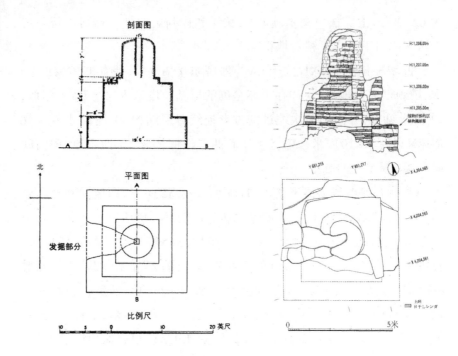

图 4-10　尼雅大佛塔

　　这种多层方形塔基的佛塔在西域地区十分常见,如安迪尔佛塔、喀什莫尔佛塔(Mauri Tim)等均采用了这种形制,年代均较早。事实上,这种形制是说一切有部佛律所规定的标准的佛塔样式。据《根本说一切有部毗奈耶杂事》卷18记载:"佛言应可用砖两重作基,次安塔身上安覆钵,随意高下上置平头,高一二尺方二三尺,准量大小中竖轮竿次著相轮,其相轮重数,或一二三四乃至十三,次安宝瓶。"由于受到贵霜王朝的支持,说一切有部是犍陀罗地区最为盛行的佛教部派。上引《毗奈耶杂事》约创作于公元1世纪。

　　在犍陀罗地区,目前所知最早的这种佛塔样式实例见于铁尔梅兹贵霜时期卡拉·特佩(Kara Tepe)佛寺壁画中,描绘了这类佛塔的完整样式。根据壁画出土环境及共存物判断,其年代大致在公元2至3世纪。

　　除了这个较早的例子之外,犍陀罗地区这种多层塔基的佛塔是从公元3世纪开始流行的。如塔克西拉尧里安(Jaulian)、塔克提巴希

（Takht-i-bahi）、阿富汗哈达（Hadda）佛寺等均有大量这类佛塔发现,始建年代均在公元3世纪,佛塔表面所装饰的大量灰泥塑佛像则是4世纪之后增加的。

此外,LA.X佛塔所在的LA古城的年代在东汉至魏晋时期,尼雅遗址主要的使用年代在公元3至4世纪。综合来看,第二期佛塔的年代晚于第一期,大致相当于公元3世纪下半叶。

图4-11　卡拉·特佩佛寺壁画所绘佛塔

图4-12　哈达佛塔

楼兰LB遗址位于楼兰古城的西北处,俗称"两公里城",是一处佛教遗存集中分布的遗址,保留下来的建筑可以分为三组。第一组是由一方形寺庙LB.II和两僧房LB.I、LB.III组成,围成一个院落。LB.II是中心建筑,位于LA西北12.87公里处,大致呈方形,约6米见方,门开向东南方;LB.I位于LB.II的东北,长约11米、宽约6米;LB.III位于LB.II西南,约17.8米×8.7米。第二组建筑由寺庙LB.V与僧房LB.IV组成。LB.V保存情况较差,仅有一些基木和门梁,建筑结构、木雕装饰等与II相似,尺寸规模也相当,应为同一时期的寺庙。LB.IV位于LB.V西北,占地较大,所在的土台约长52米（170英尺）,从残留下来的墙体和立柱可以分辨出其中的八间。各个小室的功能不同,其中LB.IV.ii室出土了木简和印盒,应该是文书室。第三组两座建筑编号共同为LB.VI,是一佛

·欧·亚·历·史·文·化·文库·

寺与一僧房的组合。

由于自然条件限制,LB佛寺主要以木材为建筑材料,因此并未发现大型土坯佛塔,但却出土了一些小型佛塔和佛塔模型,主要为木质,一件为铜质。但由于体量较小而被模式化地拉长,塔基和覆钵都较为夸张,覆钵中间未收腰,腰上有凸棱,显得更加瘦高。这类佛塔基座中有用来连接的榫眼,斯坦因发现其中一件还保存着镀金的痕迹,应为佛寺中的重要礼拜物。

按照塔基形制,这些小型佛塔可分为两类。第一类为单层方形塔基,包括斯坦因发现的两件LB.II.0033-34以及赫定发现的两件,其中一件为铜质。这些佛塔在形制上应与第一期佛塔相近,只是平面为方形。从犍陀罗佛塔来看,单层塔基的佛塔平面有方有圆,两者属于同一时期。

据小乘佛律《摩诃僧祇律》卷33记载:"作佛塔者,下基四方周匝框栏楯,圆起二重,方牙四出,上施槃盖,长表轮相。"从LB同时出土的围栏来看,这类佛塔正是佛律中所谓的"栏楯式"佛塔。塔克西拉斯尔卡普(Sirkap)出土的带围栏的石质佛塔,应即这类"栏楯式"佛塔的原型。

图4-13 楼兰LB发现栏楯式佛塔

图 4-14　犍陀罗栏楯式佛塔

　　第二类包括斯文·赫定发现的两件佛塔模型,皆为片状木材制作,尺寸较小,显然并非实用器,或是佛教徒随身携带以作供奉的。从形制上看,这两件佛塔模型采用了方形双层塔基,与第二期地面佛塔一致。此外,LB还出土了几件塔刹,皆为几层伞盖组合而成,为我们复原地面佛塔的塔刹提供了重要依据。

　　按照考古学遗迹共存物中以年代最晚者为准的断代原则,LB佛寺的年代应与第二期佛塔相当,大致在公元3世纪下半叶。

　　尼雅 N.V 佛寺位于佛塔的西北 2.9 公里处,建在靠近河床左岸的一处孤岛式的台地上,东西长,南北窄,尼雅河的干河床由西向东绕过台地南北两侧。台地东南面有一条长达百米的人工林带,倒着许多枯死的杨树、柳树。斯坦因 1901 年调查了这里[1],中日共同尼雅考察队又

　　[1] M. A. Stein, *Ancient Khotan: Detailed Report of Archaeological Explorations in Chinese Turkestan*, vol. 1, Oxford: Clarendon Press, 1907, pp. 340–341.

于1995—1996年两次对其进行了发掘[1]。佛寺共有五处建筑遗迹构成,编号为93A35FS、FA、FB、FC、FD,形成一个院落。

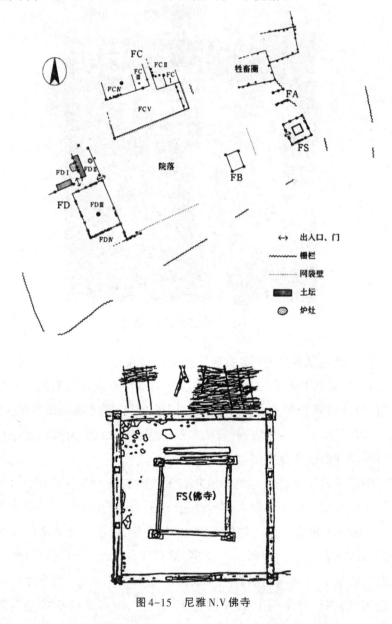

图4-15 尼雅N.V佛寺

─────────────

〔1〕中日日中共同尼雅遗迹学术考察队:《中日日中共同尼雅遗迹学术调查报告书》第2卷,乌鲁木齐/京都:中日日中共同尼雅遗迹学术考察队,1999年,第55~68页。

FA为院门,位于台地东部,南面与佛寺FS相连,北部是用篱笆墙筑成的牲畜圈。佛寺FS整体建在一个正方形的台基上,地面比门厅FA高1.5米左右,平面布局基本上呈正方形"回"字状,方向为西北-东南,约5.3米见方,墙体采用木骨泥墙式方法建造,外面刷白灰,白灰面上再绘壁画。寺庙正中为一方形塔基,约2.4米见方,80厘米高,四面围以木板,四角用下方上圆的斗形木础支撑固定。塔基上中部残存一毁坏严重的半圆形小灰泥基座,高约15厘米,其中心插着一根木桩。佛塔四面与寺墙中间形成回廊,宽1.1—1.4米。

　　台地北部为房址FC,斯坦因编号为NV.xv,为一长方形木构建筑,从建筑布局上可分为东西两组房屋及南北篱笆院落。两组房屋基本对称分布,为木骨泥墙式,中间有一狭窄的过道。房屋中出土了大量汉文、佉卢文的木简和羊皮文书,其中包括斯坦因发现的一枚有明确纪年"泰始五年(269)"的木简,内容主要是一些政令、诏书之类官方文书,因此这里应为一处官方使用的建筑场所。

　　FD位于台地西部,整体呈长方形,从布局看可分为南北两个单元。北部为日常生活居所,墙体为木骨泥墙式,内有土炕、炉灶等生活设施。南部为一个大房间,中心立有一根木柱,木柱旁边出土了四块木雕佛像,上面有墨线描的残迹,东侧地梁上筑有栏杆式木结构,表明该房间是面向东部场地敞开的。贾应逸认为FD应为僧房和讲经堂,而FC中出土的大量官方性质文书表明,当地高僧对于政治参与度较高,该佛寺或为国师一类人物的居所。[1]

　　由于FC中出土了公元269年的木简,而同出的汉文、佉卢文简牍在内容上与其相关,时代也相对应,因此N.V佛寺的年代应在西晋时期或稍早,约公元3世纪下半叶。

　　从佛殿FS中塔基残迹看,其中心可能是一座单层方形塔基的佛塔,属于楼兰第一期佛塔。此外斯坦因还在尼雅N.V佛寺采集到一件佛塔模型,最下部依木料原柱状留作基座,上面是方形塔基,四面雕刻四叶形花纹,我们也将其归类为单层方形塔佛塔。楼兰LB佛寺中也可

<hr />

〔1〕贾应逸:《尼雅新发现的佛寺遗址研究》,载《敦煌学辑刊》1999年第2期,第48—55页。

见到单层塔基佛塔与双层塔基佛塔存在共存关系,由此可知第一期佛塔在公元3世纪的佛寺仍在使用。这与犍陀罗的佛塔演变规律是一致的,堂塔的变化一般比露塔要稍晚。

图4-16 尼雅N.V佛寺出土佛塔模型

### 4.1.3 第三期

这一期包括且尔乞都克Koy.I和孔路克阿旦B.Koy.I两座佛寺。两座佛寺平面均为回字形,中心为方形佛塔,塔基大量装饰列龛佛像。

且尔乞都克 Koy.I 佛寺,中心堂塔仅存塔基,8.6 米见方,残高约 4.3 米,以土坯垒砌而成,尺寸为 43 厘米×23 厘米×10 厘米。佛塔与北、南、东三面城墙之间各有一条宽 1.2 米余的走道。佛塔西约 2.7 米处有两处小僧房院,并有 2.4 米宽的阶梯通达佛塔。僧房院东壁残存灰泥壁柱和立佛像,此外还出土大量莲花和莨苕纹壁画、木雕佛像等。佛寺西南 27 米处还有一座小型僧房建筑 Koy.II,平面大体呈长方形,以土坯砌成,区分成很多小房间,其中几间有可坐或可睡的土台,中间最大的房间约 8 米×7 米,应为僧伽们集合的场所,出土了大量的梵文和早期笈多体婆罗谜文的贝叶文书,据考证其中两件内容为公元 4 世纪前后的赞佛乘派诗人、《一百五十赞颂》的作者摩特尔吉陀的作品以及小乘佛教论部著作《阿毗达摩》残卷。[1]

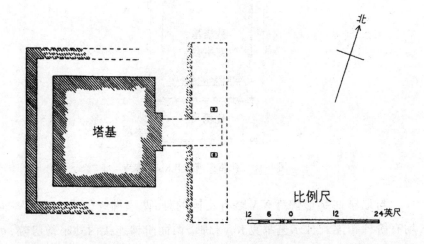

图 4-17　且尔乞都克 Koy.I 佛寺

　　[1] M. A. Stein, *Innermost Asia: Report of Exploration in Central Asia Kan-su and Eastern Iran*, vol. 1, Oxford: Clarendon Press, 1928, pp.163-166;黄文弼:《新疆考古发掘报告:1957-1958》,北京:文物出版社,1983 年,第 48-49 页;林梅村:《楼兰——一个世纪之谜的解析》,北京:中央党校出版社,1999 年,第 77 页。

·欧·亚·历·史·文·化·文·库·

孔路克阿旦古城西侧佛寺 B.Koy.I 与 Koy.I 形制相似,中心佛塔由43厘米×23厘米×10厘米规格的土坯垒砌而成,塔基3.7米见方,残高达2.7米,东面有台阶,其余各面均发现有残留的灰泥浮雕装饰,每面各有5个小龛,均已残损,高不超过48厘米,宽约60厘米,以壁柱隔开,龛内为泥塑立佛像。斯坦因在此也发现了许多梵文和笈多体婆罗谜文书写的佛经、泥塑像残块,包括真人大小的佛头残块,木雕和丝幡残片。从出土的贝叶文书、佛塔形制、佛像风格来看,B.Koy.I 佛寺与 Koy.I 佛寺的年代相近,也在约公元4世纪。[1]

图 4-18　孔路克阿旦 B.Koy.I 佛寺

与尼雅回字形佛寺 N.V 略有不同的是,两座佛寺的中心佛塔一面均有阶梯相连。且尔乞都克 Koy.I 佛塔西面阶梯连接两处小僧房院,每处长6米、宽2.7米。孔路克阿旦 B.Koy.I 佛塔东面也发现有阶梯相连,但已残缺不全,推测阶梯应通向僧房。从两座佛寺在古城中的位置来看,它们一度十分发达,在城中占据着重要地位,并有大量僧人聚集其地修行。

〔1〕M. A. Stein, *Innermost Asia: Report of Exploration in Central Asia Kan-su and Eastern Iran*, vol. 1, Oxford: Clarendon Press, 1928, pp.166–167;黄文弼:《新疆考古发掘报告:1957—1958》,北京:文物出版社,1983年,第49–50页;黄小江:《若羌县文物调查简况(上)》,载《新疆文物》1985年第1期,第22–23页。

从公元1世纪起,犍陀罗地区出现了带开放性舍利室的佛塔,同时在一侧修出阶梯通往塔身部分,以供信徒进出瞻仰舍利。楼兰地区,这种在塔身一侧修建阶梯的做法直到公元4世纪才开始流行。且尔乞都克Koy.I和孔路克阿旦B.Koy.I佛塔塔身以上部分均已残毁,但从犍陀罗佛塔来看,这一时期佛像成为主要装饰元素,塔身正面单独开龛往往塑造出主尊佛像,此时阶梯的作用是便于信徒登临塔身处瞻仰佛像,佛像已开始成为重要的礼拜对象。

图4-19　犍陀罗石雕佛塔

在犍陀罗地区,小型及真人大小的塑像堂(Image shrine)在公元3世纪就出现了,但这些塑像堂中均为供奉佛像(Votive image),是大型佛塔的附属建筑,意味着佛塔仍是礼拜活动的中心,但佛像在修行过程中的地位已开始上升。

图4-20　犍陀罗塔克提巴希佛塔

·欧·亚·历·史·文·化·文·库·

### 4.1.4 第四期

这一期包括米兰 M.II、M.XV 佛寺,佛寺中开始出现大佛像,意味着佛教崇拜中心已从佛塔转为佛像。

米兰 M.II 佛寺坐落在遗址中心戍堡东北方约 2.4 公里处,以土坯砌成。佛寺西南部为一长方形佛坛,四角大致朝向正方向,残高 3.35 米,分上下两层:下层约 14 米×11 米,东北、东南面残存灰泥塑成的成排壁龛装饰,内有略比真人小的泥塑佛像;上层约 5.3 米×4.8 米,保存较差,紧靠下层的西侧。佛坛东北面有一条约 3 米宽的走廊,廊外墙内壁有一排共 8 尊大佛像,皆呈禅定印坐姿,每尊佛像基座尺寸约为 2.3 米×0.7 米×0.4 米,佛头就有约 50 厘米高。塑像基座前发现了早期笈多字体的婆罗谜文文书,年代在公元 400 年前后。走廊外紧邻一座约 5.8 米见方的建筑,仅存西南和东南两面墙壁,西南墙与有大佛像的走廊外壁之间砌有一段土坯壁,东南墙连着一间外方内圆的房间,此外东北方 5.5 米处还有一处方形小房间。

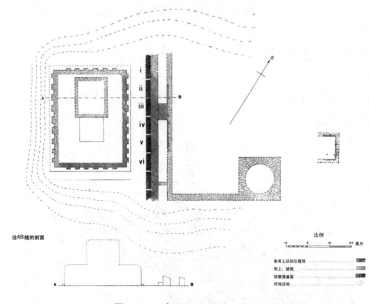

图 4-21  米兰 M.II 佛寺平面图

由 M.II 中心佛坛的形制推测,上层正壁原来应该有大型佛像,即整个佛寺以大佛像为中心。寺中出土文书表明,该佛寺的年代应在公元 5 世纪。

图 4-22　M.II 佛寺的大佛像

M.XV 佛寺位于 M.V 佛寺东北约 1600 米处,残高 4.6 米,由土坯砌成、夹杂硬泥块。平面可能为圆形,因其东面残存一小段残高不超过 60 厘米的圆墙,内侧表面残存模糊的彩绘。墙前曾放置塑像,出土了一些泥塑菩萨头像,约为真人大小,脸部还带有部分色彩。此外还发现了一个大型坐佛像,服饰处理与 M.II 大坐佛极为相似。顶部为拱顶,跨度可能达到 6 米。佛寺所用土坯尺寸有两种,一种与 M.III、M.V 规格相似,还有一种为长方形,长达 60 厘米,后者及一些边缘凸起的黏土板块可能专用于圆形拱顶。整体看来,这座佛寺也应以大佛像为中心,风格与 M.II 相似,年代亦应为同一时期。

大佛像目前主要见于龟兹石窟、云冈石窟以及阿富汗的巴米扬大佛。龟兹地区的大像窟主要是身高 10 米以上的大立佛,盛行于公元 4 世纪中期。[1] 犍陀罗地区也发现有这种大立像,如塔克提巴希第 20 号庭院(Court XX)南墙也装饰有四座大像,从残存的佛足和佛头来看原高应达到 6 米,年代在公元 5 世纪。[2] 阿富汗拉尼各特(Ranigat)遗址西南部一个塑像堂的规模达到 10.3 米宽、9.1 米深,墙厚约 2.1 米,是巴米扬(Bamiyan)大佛出现的先声。[3] 因此,大立像由龟兹向西传播的路线应是龟兹—犍陀罗—阿富汗。

〔1〕宿白:《中国石窟寺研究》,北京:文物出版社,1996 年,第 37-38 页。

〔2〕H. Hargreaves, "Excavations at Takht-i-bahi", in *Archaeological Survey of India Annual Report (1901—1911)*, Calcutta, 1914, p.38.

〔3〕K. A. Behrendt, *The Buddhist Architecture of Gandhara*, Leiden/Boston: Brill, 2004, p. 257.

图4-23 阿富汗拉尼各特佛寺塑像堂

　　米兰 M.II 佛寺东壁的大佛像在表现大型佛像（Monumental image）这一点上可能受到了龟兹大像窟的启发，但主要形式是禅定印坐像，共有 8 尊，或许是表现楼兰地区流行的"七佛一菩萨"题材。[1]云冈昙曜五窟中第 16、18 窟中的大立像应是受龟兹石窟影响，而第 20 窟主尊采用禅定印坐像的形式则可能是来自米兰大坐佛的影响。据《北史·西域传》载，太延初年，鄯善王曾"遣其弟素延耆入侍"；太武帝"遣散骑侍郎董琬、高明等多赍锦帛，出鄯善，招抚九国，厚赐之"；后因鄯善归顺沮渠安周，剽劫行路，"太武诏散骑常侍、成周公万度归乘传发凉州兵讨之……其王真达面缚出降，度归释其缚，留军屯守，与真达诣京都。太武大悦，厚待之"。由此可见，北魏初与鄯善之间的关系是比较密切的。昙曜原为凉州沙门，鄯善曾为北凉所统，因此昙曜应该对鄯善流行大型坐佛像的情况比较了解。因此，昙曜在文成帝和平年间（460—465）开凿云冈第 20 窟时，很可能参考了鄯善流行的大坐佛形式。

────────────────

〔1〕见本书5.3。

## 4.2　楼兰佛教艺术

### 4.2.1　木雕佛像

　　在佛教传说中,木雕是早期佛教造像艺术最早采用的一种形式之一,据称释迦牟尼成道后为报母恩上天为母说法,三月不归,憍赏弥国优填王(Udayana,邬陀衍那)因思念释迦,故而请目犍连主持以牛头旃檀木造释迦等身真容像,即所谓"旃檀佛像",又称"优填王造像"。梁《高僧传》"竺法兰"条记,东汉永平七年(64),汉明帝派蔡愔于西域得"画释迦倚像,是优填王檀像师第四作"。第四作即第四次复制品,由此可知东汉时期西域地区流行木雕佛像。楼兰正是早期这种木雕佛像发现最为丰富的地区,由于缺少石材,因此多采用了木雕佛像的形式。

#### 4.2.1.1　楼兰 LA.II 和 LB.II 出土坐佛木雕

　　楼兰出土了几件相似的横向列龛坐佛木雕,其中保存最好一件由斯文·赫定在 LA.II 发现,长 107 厘米、宽 22 厘米、厚 6.5 厘米,上面横向排列雕刻着一组坐佛像,都结跏趺坐,双手交叠成禅定印,着通肩大衣,衣边从双腿中垂下,有圆形头光和背光,平底座,龛以较矮的希腊式柱子支撑,柱头装饰三叶草,两龛之间装饰莲花图案。[1]

图 4-24　楼兰 LA.II 出土坐佛木雕

　　楼兰 LB 佛寺也发现有类似的坐佛木雕,赫定曾提到楼兰 LB.II 的

　　[1] F. Bergman, "Loulan Wood-Carvings and Small Finds Discovered by Sven Hedin", in *Bulletin of the Museum of Far East Antiquities (BMFEA)*, no.7 (1935), p.90, Pl. V-1.

·欧·亚·历·史·文·化·文·库·

"一块大木板,宽22厘米,从一端到另一端刻满了人物,每个人物都是相同的姿态,端坐于一个圆拱下,头上方具有光轮",他从上面切走了一块,但没有刊布。[1]斯坦因编号为LB.II.0027的木雕保存很差,但仍能辨认出8个佛或菩萨的上身,坐于龛下,列成一排,木雕长约114厘米、宽约13厘米、厚约6.5厘米。[2]从表现形式推测,这类坐佛木雕表现的应是"七佛一菩萨"题材。[3]

从佛像艺术风格来看,这种坐佛形象来源于大夏艺术。如塔吉克斯坦苏尔汉州博物馆一件石雕,据说出土于古铁尔梅茨城,表现两尊佛结跏趺坐于树下,手持禅定印,与楼兰LA的坐佛木雕十分相似。[4]乌兹别克斯坦大夏古城咀密北郊的法雅兹·特佩(Fayaz Tepe)遗址出土的一件坐佛石雕,高72厘米,佛结跏趺坐于龛下,穿通肩大衣,手作禅定印,台座和柱子都较矮,柱头饰三叶草,与LA的释迦牟尼木雕如出一辙,年代在公元2至4世纪。

更为突出的是,楼兰所出木雕坐佛像都有头光和背光,而早期犍陀罗佛像只有头光,没有背光。就目前所知,背光最早出现在贵霜钱币造像上,最早应用于佛像则见于大夏卡拉·特佩佛寺壁画。[5]因此,楼兰带背光的坐佛像很可能源于大夏佛教艺术。

图4-25　大夏坐佛

〔1〕斯文·赫定著,王安洪、崔延虎译:《罗布泊探秘》,乌鲁木齐:新疆人民出版社,1997年,第819页。

〔2〕M. A. Stein, *Serindia: Detailed Report of Explorations in Central Asia and Westernmost China Carried out and Described under the Orders of H. M. India Government*, vol. 1, Oxford: Clarendon Press, 1921, pp.442-443.

〔3〕见本书5.3。

〔4〕B. J. Stavisky, *Kunst der Kushan*, Leipzig: VEB E. A. Seemann Verlag, 1979, p. 117.

〔5〕〔俄〕斯塔维斯基著,路远译:《古代中亚艺术》,西安:陕西旅游出版社,1992年,第51页。

图 4-26　法雅兹·特佩佛寺出土坐佛石雕

　　此外,西安市博物馆藏有一尊施金铜佛坐像,身着通肩大衣,衣纹、坐姿、手印皆与楼兰木雕坐佛相似。坐佛底座后部刻有佉卢文,前面装饰有菱格带纹,这种纹饰源于帕提亚艺术,在楼兰 LB 出土木雕中也有发现。林梅村先生认为,这件金铜佛像的产地可能是塔里木盆地,尤其是于阗或鄯善。[1]

图 4-27　长安出土楼兰金铜佛像

<hr />

　　[1] 林梅村:《松漠之间:考古新发现所见中外文化交流》,北京:生活·读书·新知三联书店,2007年,第56-58页。

·欧·亚·历·史·文·化·文·库·

#### 4.2.1.2　楼兰 LB.II 佛寺出土立佛木雕

斯文·赫定在楼兰 LB.II 中发现了一件立佛木雕,残高72厘米、宽22厘米、厚6厘米,上面浮雕一组纵向排列的立佛,后来上端遭损,现仅存2尊佛像。每尊佛站在一个龛下面,上有肉髻,脑后有头光,身穿长袍,有飘带从肩上垂下,双脚叉开站立。上面的佛双手放在胸前呈合掌印的姿势;下面的佛右手持施无畏印,左手下垂,握着飘带。[1]

图4-28　楼兰 LB.II 立佛木雕

---

〔1〕F. Bergman, "Loulan Wood-Carvings and Small Finds Discovered by Sven Hedin", in *Bulletin of the Museum of Far East Antiquities (BMFEA)*, no.7 (1935), p.90, Pl. IV-4.

这种纵向列龛立佛的在犍陀罗石雕中十分常见,如安大略皇家艺术博物馆藏的一件贵霜时期的石浮雕山墙。由此可知,楼兰 LB.II 立佛木雕应是为主题雕刻的侧边柱。[1]

图 4-29　安大略皇家艺术博物馆藏贵霜石雕

楼兰 LB.II 立佛木雕是受犍陀罗艺术影响而产生的,但这种龛下立佛形象的来源则是大夏艺术,最早见于著名的阿富汗毗摩兰(Bimaran)金舍利盒,其表面装饰几个横向列龛,龛下为佛陀、梵天、帝释天和供养人像,由于同时出土有塞种阿泽斯二世的钱币,因此其年代约为公元 1 世纪。[2]舍利盒的表面的佛像被认为是最早的佛像之一,佛右手施无

〔1〕栗田功:《ガンダーラ美術》I,东京:二玄社,1988 年,第 83 页,图 147。

〔2〕美国艺术史学家罗兰认为,这种列龛立像的源头在罗马艺术,初期基督教的石棺浮雕上可以看到列龛卜同时有基督和信徒,以此作为犍陀罗艺术"罗马影响说"的证据之一。他同时还指出,这种形式在公元 2 世纪以前的西德马拉(Sidamara)石棺上是看不到的,由此他把毗摩兰金舍利盒的年代推到公元 2 世纪以后,本书从学术界流行的公元 1 世纪说。参见 R. Le May, "The Bimaran Casket", in *The Burlington Magazine*, No. 182, LXXXII, (May., 1943), pp. 122-123; B. Rowland Jr, "A Revised Chronology of Gandhāra Sculpture", in *The Art Bulletin*, vol. 18, no. 3 (Sep., 1936), pp. 387-400; "Gandhāra and Early Christian Art: The Homme-Arcade and the Date of the Bīmarān Reliquary", in *The Art Bulletin*, vol. 28, no. 1 (Mar., 1946), pp. 44-47.

畏印,双脚开立,与LB.II木雕下面的立佛姿势十分相似。据考证,这一姿势的来源可上溯到西亚艺术。在西亚和地中海世界,举右手自古以来就表示向神发誓立约以及忠诚、权利、勇气、武功和友情等,专门用于君王和贵族的雕像。如伊朗南部Bard-i Nechandeh遗址发现的一件帕提亚时期的柱头,表面浮雕了一尊王族立像,就采用右手上举的姿势。佛教的施无畏印也是由此而来。[1]大夏艺术受到了希腊和伊朗两种艺术传统影响,施无畏印的立佛可能即大夏艺术将伊朗艺术中右手上举这一手姿用于表现佛像而创造出来的。

图4-30 毗摩兰金舍利盒与帕提亚石雕柱头

### 4.2.1.3 楼兰LB.II出土交脚弥勒木雕残片

赫定在楼兰LB.II发现了一件一铺三尊木雕残片。木雕仅存底边,长约1.35米、厚3.5厘米。主尊交脚坐于中间,双腿几乎水平,有很大的背光,衣纹线条柔和,两条长飘带分别握于左手和垂在右膝上。主尊左

---

[1]〔日〕相马隆著,林保尧译:《安息誓约考》,载《艺术家》,台北:艺术家出版社,1996年。

侧可以见到协侍的长袍。木雕左边可以看到凸出的边缘，说明这幅木雕是刻在一个方框中的。[1]

图4-31　楼兰LB.II出土交脚弥勒木雕

学术界一般认为，交脚坐姿来源于中亚的游牧民族，最早见于贵霜王朝第二代王阎珍的钱币上。[2]刘波先生发现了更早时期的交脚坐像，在公元前1世纪大夏—安息时期塞种人统治印度西北时发行的钱币上就已经出现了。[3]如大英博物馆藏一枚毛厄斯一世时期（Maues I）发行的钱币，就表现了交脚坐的国王像，年代为公元前90—前80年。[4]这一时期人物是坐在平面上或低矮之处，双腿平放，类似盘腿而坐。到了贵霜时期，人物通常表现为坐在高台上，双腿下垂，脚叠放在一起。如大夏铁尔梅兹的贵霜卡尔查延宫殿中的王侯塑像即采用了这种做法，与佛教中的交脚坐已完全一致。[5]

事实上，印度艺术中也有类似交脚坐的姿势，如公元前1世纪的桑奇大塔北门下层浮雕，交脚坐被用于表现世俗人物。值得注意的是，桑奇浮雕中交脚坐男子旁边的女性人物，还采用了类似佛教中"游戏坐"

〔1〕F. Bergman, "Loulan Wood-Carvings and Small Finds Discovered by Sven Hedin", in *Bulletin of the Museum of Far East Antiquities (BMFEA)*, No.7 (1935), pp.86–87, Pl. V–2.

〔2〕B. Rowland, *The Art and Architecture of India: Buddhist, Hindu, Jain*, London: Penguin Books, 1953, p. 80;宫治昭著，李萍、张清涛译，《涅槃和弥勒的图像学——从印度到中亚》，北京：文物出版社，2009年，第257-258页。

〔3〕刘波：《敦煌美术与古代中亚阿姆河流派美术的比较研究》，高雄：佛光山文教基金会，2003年，第112-114页。

〔4〕E. Errington & J. Cribb, *The Crossroads of Asia*, London: The Ancient India and Iran Trust, 1992, p.63.

〔5〕M. A. R. Colledge, *Parthian Art*, London: Paul Elek. 1977, pp. 95–96, fig. 40, pl. 27b.

欧·亚·历·史·文·化·文·库·

的坐姿。[1]由此可知,在印度艺术中,交脚坐和游戏坐原本是用于表现世俗人物的两种坐姿,后来到了犍陀罗艺术中才逐渐被固定成为菩萨或佛像的特有坐姿。

图4-32　桑奇大塔北门下层浮雕

在犍陀罗艺术中,受贵霜王侯塑像影响,交脚坐被先是用于表现本生和佛传故事中的王者,如斯瓦特出土"占梦图"浮雕中的净饭王形象。[2]后来,交脚坐又成了菩萨的专用坐姿,如欧洲藏的一件"弥勒菩萨与供养人"浮雕中,居中端坐的弥勒菩萨就采用了交脚坐。[3]大英博物馆收藏的贵霜伽腻色迦一世(Kaniska)钱币上,正面浮雕伽腻色迦王像,背面为弥勒坐像,旁边有大夏文"Metrago Boudo",意为"弥勒佛",年代在公元2世纪。[4]由此可知,由于贵霜王朝同时将王像和佛教神像铸造在钱币上,于是这种原为贵霜王族的坐姿也被挪用来表现佛教造像。然而,在犍陀罗艺术中,交脚坐姿仅见于菩萨像,不见于佛像。[5]

[1] http://dsal.uchicago.edu/images/aiis/aiis_search.html?depth=large&id=40158

[2] J. Marshall, *The Buddhist Art of Gandhara*, Cambridge: University Press,1960,pp.42—43, fig.54.

[3] 栗田功:《ガンダーラ美術》II,东京:二玄社,1990年,第25,图47。

[4] E. Errington & J. Cribb, *The Crossroads of Asia*, London: The Ancient India and Iran Trust, 1992, pp.200, fig. 199.

[5] H. Ingholt & I. Lyons, *Gandharan Art in Pakistan*, New York: Pantheon Books, 1957, pl. 285, 309, 320.

图4-33　欧洲藏"弥勒菩萨与供养人"石雕

日本学者肥塚隆把犍陀罗出土的交脚菩萨分为六类：①过去七佛与交脚菩萨；②一铺三尊协侍菩萨；③经变中的交脚菩萨；④并坐菩萨中的交脚像；⑤单独像；⑥主尊像。通过分析，肥塚氏指出，尽管交脚坐未必是弥勒的独特坐法，但主尊像和"过去七佛"中的交脚菩萨都可确定是弥勒。[1]

图4-34　拉合尔出土浮雕

〔1〕肥塚隆：《莫高窟第275窟交脚菩萨像与犍陀罗的先例》，载《敦煌学辑刊》1990年第1期，第16—24页。

图4-35　拉合尔出土弥勒菩萨石雕　　　图4-36　塔克西拉菩萨石雕像

　　因此,楼兰木雕中的主尊交脚坐像应该是弥勒,坐于低矮的垫子上,双腿几乎水平,双脚表现得细而尖,与贵霜钱币中的坐姿接近,属于较早的交脚坐像,应为菩萨装弥勒像。此外,这件木雕还受到了大夏表现背光风格的影响。

　　甘肃酒泉北凉石塔中也表现了坐在矮垫上的交脚弥勒的形象,双腿几乎水平,菩萨头戴宝冠,身披璎珞菩萨装,与楼兰LB所出木雕的交脚坐姿完全一致。于阗也继承了这种双腿较平的交脚坐姿,如热瓦克佛寺出土的灰泥浮雕,除菩萨外,还出现了交脚坐的佛像,年代约为公元4—5世纪。[1]龟兹石窟壁画中也有此类交脚坐佛说法的形象,如库木吐喇第23窟壁画,年代在公元5世纪。[2]直到丹丹乌里克佛寺唐代壁画"龙女索夫"图中仍可见到这种双腿水平的交脚坐佛,同佛寺木板

　　〔1〕R. Whitefield, *The Art of Central Asia: The Stein Collection in the British Museum*, vol. 3, Tokyo: Kodansha, 1985, pl. 64; M. A. Stein, *Ancient Khotan: Detailed Report of Archaeological Explorations in Chinese Turkestan*, vol. 2, Oxford: Clarendon Press, 1907, pl. LXXXVII.

　　〔2〕霍旭初、祁小山:《丝绸之路·新疆佛教艺术》,乌鲁木齐:新疆大学出版社,2006年,第41页。

画上大量可见采用这种坐姿的神像。[1]

图 4-37　北凉石塔浮雕弥勒

图 4-38　于阗出土交脚菩萨与佛像

图 4-39　龟兹交脚坐佛壁画

图 4-40　丹丹乌里克交脚坐佛壁画

　　敦煌北朝时期石窟中也出现了大量的交脚弥勒,以菩萨像为主,仅一尊为佛像。其中以北凉时期洞窟 275 窟头戴化佛冠的交脚弥勒菩萨最早,采用了弥勒坐于高台上,双腿下垂、双脚交叠的姿势,应是受犍陀罗交脚坐姿影响而来的。

　　[1] M. A. Stein, *Ancient Khotan: Detailed Report of Archaeological Explorations in Chinese Turkestan*, vol. 2, Oxford: Clarendon Press, 1907, pl. II, X, XI, XII.

图4-41　敦煌275窟交脚弥勒像

#### 4.2.1.4　楼兰LB.II出土《夜半逾城》佛传故事木雕

通过与犍陀罗浮雕和米兰壁画相比较,我们将楼兰LB.II出土的一些木雕相拼对,发现LB.II内装饰有《夜半逾城》佛传故事浮雕。这个故事讲述悉达多太子为求"解脱",意欲离家出走。父母为阻止他"出家",下令紧闭城门。悉达多太子带着两个妃子,半夜离家。这时,四天王从天而降,一人在前面开道,另一人在后面打伞,第三人抬着两个前蹄,第四人抬着两个后蹄,飞越城墙。这才使悉达多遁入苦行林,最后修道成佛。从犍陀罗浮雕看,楼兰LB.II遗址出土的《夜半逾城》木雕,仅存城门和开路天王(图4-42)。我们确定这幅浮雕内容的主要依据有二:一是城门,二是开路天王。分述于下:

楼兰LB.II佛寺出土了两座佛门,分别装饰菱格纹和忍冬纹。从LB.II的尺寸来看,其一是进出佛寺之门,另一座应为寺内装饰。此外LB.II还出土了一组莲花木雕,雕刻于方框之内,花形较大。类似的木雕在米兰M.V佛寺门口也有发现。M.V回廊南壁表现须大拏太子骑着

马从城门中走出的情景，城门
右上角装饰一块四瓣花装饰，
精确地指出了这类莲花木雕应
处于门楣侧边的位置作为装
饰。由此我们可以复原寺内装
饰的这座木雕城门。在佛教故
事中，最常见的以门为背景的
题材即 M.V 描绘的须大拏本生
和悉达多夜半逾城佛传故事。
加尔各答博物馆收藏的一件犍
陀罗浮雕，内容正是悉达多逾
城出家的故事，城门与 LB 的忍
冬纹佛门极其接近。

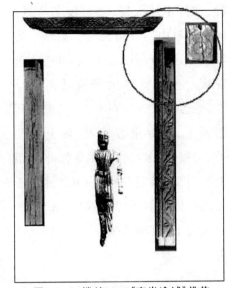

图 4-42　楼兰 LB.II《夜半逾城》佛传
故事木雕复原图

　　确定这一题材为《夜半逾城》的依据是开路天王立像。这件立像由
赫定发现，高约 1 米，圆雕而成；背部平，上半部保存较好，下半部损坏
较严重。[1]斯坦因找到了这件人像残缺的右臂。关于人像的身份曾
一度无法确认。根据其双拳紧握的姿势和衣纹的刻画方式，斯坦因和
贝格曼认为这是一位守护神或金刚。[2]据丽艾分析，这件人像的着装
为犍陀罗风格，肖像则表现出大夏艺术特征，椭圆脸形，双眼圆睁，直
鼻，小嘴微鼓，圆下颌，表情比较僵硬，可能年代较早，应介于达尔维津
的站立人像（公元 1 世纪）和热瓦克的守护神（3 世纪晚期到 4 世纪早
期），并猜测其身份可能是毗沙门天。[3]结合 LB.II 出土的城门木雕来

　　〔1〕F. Bergman, "Loulan Wood-Carvings and Small Finds Discovered by Sven Hedin", in *Bulletin of the Museum of Far East Antiquities (BMFEA)*, No 7 (1935), pl. IV-5.

　　〔2〕M. A. Stein, *Serindia: Detailed Report of Explorations in Central Asia and Westernmost China Carried out and Described under the Orders of H. M. India Government*, vol. 1, Oxford: Clarendon Press, 1921, p. 396; F. Bergman, "Loulan Wood-Carvings and Small Finds Discovered by Sven Hedin", in *Bulletin of the Museum of Far East Antiquities (BMFEA)*, No.7 (1935), pp.85-86.

　　〔3〕M. M. Rhie, *Early Buddhist Art of China and Central Asia*, vol. I, Leiden/Boston/ Koln: Brill, 1999, p. 414.

看,这件木雕无疑应为《夜半逾城》佛传故事中的开路天王。犍陀罗的罗里延唐盖(Loriyan Tangai)遗址曾发现一件悉达多太子逾城出家浮雕,悉达多太子坐在马上,马前为开路天王,身穿束腰外衣,腰上系腰带,与楼兰LB.II的木雕立像非常相似。斯文·赫定在楼兰LB.II佛寺还发现一件木雕手臂,手握呈拳头状,大概属于《夜半逾城》故事中另一位天王。

图4-43　米兰《夜半逾城》佛传故事壁画

图4-44　楼兰出土天王木雕　　图4-45　犍陀罗罗里延唐盖出土《夜半逾城》浮雕

#### 4.2.1.5　楼兰LB.V出土湿婆木雕像

赫定在LB.V遗址还发现了一件湿婆木雕像。从它的尺寸(高41英尺,宽约29.5英尺)看,即使它不是这座佛寺供奉的主佛,至少也是主要的装饰之一。木板的上下边仍保留着凸缘边框,表面浮雕手持三叉戟的湿婆形象。湿婆坐在一个较高的束腰台座上,头上有肉髻或带着冠,左臂揽三叉戟,左手叉腰,腕戴手镯,腰身很细,颈部可见圆领的饰边或戴着项圈,上身从胸部向腰部两边分开两道弧线,表现穿着马甲或是绕在身上的带子,系着腰带,腿穿紧身裤,脚尖细长,身后有大背光。旁边是一立像,身量比湿婆小很多,着长袍,头戴冠,飘带从右臂垂下,右手抓住三叉戟,双腿开立,从腰部和胸部的曲线看,显然是女性形象,应为湿婆的配偶乌摩天后(图4-46)。[1]湿婆形象来自印度教,头长三只眼,以三叉戟为武器,公牛难底为坐骑,掌管着毁灭与再生。佛教称其为大自在天,长有三目八臂。犍陀罗地区出土的一件石雕,清楚地表现出湿婆的特征:手持三叉戟,长三头,头上三眼,年代在公元2世纪。[2]贵霜王朝时期,由于统治者采取了比较宽容的宗教政策,各种宗教的交流、融合十分突出,使得源于印度教的湿婆的形象,出现在了各种宗教中。

图4-46　楼兰 LB.V 的湿婆木雕像

〔1〕田边胜美、前田耕作:《世界美术大全集·东洋编15·中央アジア卷》,东京:小学馆,1999年,第233页,图232;樋口隆康:《シトフイールド考古学》,京都:法藏馆,1986年,第75页,图106。

〔2〕"Arms, armour: weapons and accoutrements of warriors in Bharat through the ages", http://www.hindunet.org/saraswati/indianarms.htm

在犍陀罗艺术中,湿婆被表现为一个菩萨形象,头戴宝冠,手持三叉戟,常与配偶乌摩天后在一起。阿富汗神庙中出土了一座湿婆与乌摩天后的石雕像,与LB.V木雕上的形象极为相似:湿婆呈现菩萨状,头戴宝冠,戴项圈,袒上身,下着大裙;乌摩天后头戴宝冠,上身服饰类似木雕中湿婆的服饰,从胸部向腰部分开两道弧线,下着长裙。年代在公元2至3世纪。[1]因此,LB.V的木雕湿婆形象也来自犍陀罗艺术。

图4-47　阿富汗出土湿婆与乌摩天后石雕

#### 4.2.1.6　尼雅出土木雕

1993年中日共同尼雅遗迹考察队在尼雅N.V佛寺中发现了4件木雕人像,高约64厘米、宽9厘米、厚3厘米,造型基本相同,在长方形木板上正反雕刻出相同样式的立像。人像头微侧,顶梳螺髻,身着长天衣,圆领、短袖、长裙,腰结带,裙下端呈波浪状。左臂屈曲,手上举,右手叉腰间。用黑色线条勾画出五官、手指及衣服上的褶襞,有的在下腹部有四个类似手指的黑色印痕。人像无头光、身光、白毫等,不披袈裟,不应是佛像；从其形象及头梳螺髻、身服长衣来看，似与龟兹壁画中的梵天相似，当为天人。这几件木雕像发现时散落在FD讲经堂的中心立柱周围，贾应逸认为应为建筑装饰，与乌兹别克斯坦南部铁尔梅兹阿伊尔塔姆佛寺建筑的伎乐天石质浮雕像为同类性质。由于自然资源不同，尼雅用的是木雕，形象也较为简单。[1]

图 4-48　尼雅木雕天人像

## 4.2.2　泥塑佛像

早期犍陀罗艺术主要是石雕作品，公元 3 世纪中叶灰泥塑佛像开始兴起，最早在阿富汗地区出现，公元 4—5 世纪逐渐扩展到犍陀罗广大地区，从印度河西岸的塔克西拉一直向西北延伸到大夏和阿姆河的西岸。[2]艺术史学者很早就注意到了这一材质上的区别。马歇尔和哈金将这一较晚出现的泥塑艺术称为"印度-阿富汗流派"。[3]

〔1〕贾应逸：《尼雅新发现的佛寺遗址研究》，载《敦煌学辑刊》1999 年第 2 期，第 53 页。

〔2〕F. R. Allchin & N. Hammond ed., *The Archaeology of Afghanistan*, London/New York/San Francisco: Academic Press, 1978, pp.255-299.

〔3〕马歇尔的发掘表明，塔克西拉地区石雕艺术在公元 3 世纪前半叶走向衰微，而黏土和灰泥塑像则自公元 4 世纪后半叶才出现。1959—1967 年间，水野清一领导的日本京都大学考古队对伊朗、巴基斯坦和阿富汗进行了七次较大规模的调查和发掘，通过对塔来里(Thareli)和麦哈桑达(Mekhasanda)遗址出土造像的统计表明，石雕流行的年代为公元 150—250 年，塑像流行的年代为公元 250—350 年。这说明泥塑佛像最早是在阿富汗出现，后来影响到了塔克西拉地区。参见 J. Marshall, *The Buddhist Art of Gandhara*, Cambridge: University Press, 1960, pp.109-112；水野清一、樋口隆康：《タレリ：ガンダーラ仏教寺院址の発掘報告 1963-1967》，京都：同朋舍，1978年，第 87 页。

　　楼兰泥塑佛像主要发现于第三期和第四期佛寺：在第三期佛寺中泥塑佛像主要依附于佛塔，包括佛塔四面装饰的列龛立像和真人大小的单体塑像两种形式；在第四期佛寺中泥塑佛像则成为佛寺崇拜的中心，除了列龛立像和真人大小的塑像外，还出现了巨型佛像（Monumental image）。

　　犍陀罗地区泥塑佛像的研究成果为楼兰泥塑佛像提供了标尺。如前文所述，列龛立像的形式最早出现在大夏毗摩兰金舍利盒上（公元1世纪），公元3—4世纪犍陀罗地区广泛流行以列龛佛像来装饰佛塔，楼兰地区第三期佛塔表面装饰的列龛立佛即受其影响而出现。于阗热瓦克（Rawak）佛寺中也延续了这种形式，年代在公元4至5世纪。

　　真人大小的单体塑像在犍陀罗从公元3世纪开始兴起，最早在阿富汗哈达地区出现，这里也是目前泥塑佛像发现材料最多的地区，有佛、菩萨、天人、魔鬼、世俗人像等，种类十分丰富。公元4世纪，这种真人大小的佛像传入楼兰地区，集中发现于米兰M.XV和孔路克阿旦B.Koy.I佛寺中，包括佛像、菩萨像和魔鬼像和世俗人像。

图4-49　孔路克阿旦B.Koy.I佛塔列龛立像装饰

图4-50 哈达佛塔列龛立像装饰

图4-51 米兰M.II佛塔列龛立像装饰

·欧·亚·历·史·文·化·文·库·

图 4-52　热瓦克佛塔列龛立像装饰

孔路克阿旦 B.koy.I.05,泥塑佛头,黏土质,掺杂纤维,粉红彩,闭目,有吉祥记(Tilaka)。面部表情安详,与集美博物馆藏哈达泥塑佛头十分相似。

米兰 M.XV.014、M.XV.017,菩萨头像,长脸,波浪形头发,眉目分明,作半圆形弧曲,鼻翼清晰,小嘴,下颐丰满,面部呈白色或淡粉色,用红线勾画轮廓,嘴唇涂红。表情略显僵硬,与哈达菩萨泥塑像如出一辙。

米兰 M.XV.015世俗人头像,风格与菩萨像一致,表情僵硬,头发厚垂卷曲,眼内角向下,嘴角亦下垂。

米兰 M.XV.013魔鬼头像,鼓目,扁鼻带皱纹,嘴作笑状,嘴角褶皱非常明显,脸呈粉红色,眼睛和嘴唇为红色。类似魔鬼像亦见于哈达佛寺。

图 4-53　米兰 M.XV 与 B.Koy.I 出土佛像

图 4-54　集美博物馆藏哈达出土泥塑像

　　从公元 5 世纪起,佛寺中开始出现巨型佛像,标志着佛寺的礼拜中心由佛塔转为佛像。这一转变亦见于楼兰地区。米兰 M.II 佛寺东北走廊外壁发现了这类巨型佛像,共 8 尊,均呈禅定印坐姿。斯坦因在地面上发现了掉落下来的佛头,高 50 厘米左右,眼睛细长而突出,高鼻,小嘴,螺发,面部残留白粉,神情安然超脱,与塔克提巴希巨型佛头非常接近。

图 4-55　米兰 M.II 出土巨型佛像

### 4.2.3　佛寺壁画

#### 4.2.3.1　米兰壁画

　　米兰 M.III 和 M.V 两座佛寺的回廊内壁上绘有大量蛋彩壁画,其布局、技法、风格等均十分相似,应为同一时期作品。这些壁画在楼兰佛教艺术中占有重要地位,历来最受艺术史学者关注。

　　(1)壁画配置

　　米兰 M.III 和 M.V 两座佛寺形制均为外方内圆,中心为圆形佛塔,壁画装饰在佛塔的环形回廊的内壁上。在佛寺功能上,回廊道是作为佛教信徒绕塔的礼拜道之用。从壁画构图上看,情节的表现也根据佛教徒的礼拜仪式"向右绕行"来设计,采用了从左向右的顺时针排列顺序。据巴萨格里研究,米兰壁画采用了一种透视处理法,使壁画随着参观者的转动而呈现出具有动感的效果,给参观者一种扑面而来的感觉。[1]佛教徒一边绕塔礼拜,一边观瞻和冥想回廊内壁的壁画,进行观像修行。

在塔身装饰各种佛教故事画以供礼拜者观瞻的做法是犍陀罗佛寺的传统。如斯瓦特的Saidu大塔塔身就装饰有石雕的佛教故事画,年代约在公元1世纪晚期至2世纪末。[2]在塔克西拉喀拉宛的A1佛寺中,后殿堂塔四周也堆满石雕的佛教故事画。[3]楼兰地区由于缺乏石材,因此变石雕为壁画,与石窟寺甬道中装饰的各种本生、佛传故事壁画的功能是一致的。

图4-56　斯瓦特Saidu佛塔

〔1〕M. Bussagli, *Painting of Central Asian*, Geneva: Skira, 1963, p.24.

〔2〕K. A. Behrendt, *The Buddhist Architecture of Gandhara*, Leiden/Boston: Brill, 2004, pp. 114-115.

〔3〕J. Marshall, *Taxila: An Illustrated Account of Archaeological Excavations Carried Out at Taxila under the Orders of The Government of India Between the Years 1913 and 1934*, vol. 1, Cambridge: At the University Press, 1951, pp. 327-330.

（2）壁画题材

两座佛寺均为在回廊内壁以黑色粗带隔成横栏,每栏描绘的场景环绕着墙壁呈一条连续带状。M.III整个壁面用黑色粗带分为三层,上层几乎已经全部残毁,中层表现佛传故事,下部为不同人物形象组成的花纲装饰带。M.V壁画推测也以黑色粗带分为三层横栏,仅中下部保存,中层描绘《须大拏太子逾城出家》本生故事画及希腊神话中的"阿里玛斯帕大战格里芬"故事画,下层也为花纲装饰带。[1]这些壁画在斯坦因的报告和许多文章中已有详细介绍[2],本书兹不赘述,仅对其中涉及的几种题材进行讨论。

①花纲装饰与"有翼天使"

两座米兰佛寺的壁画中,都是以一条波浪形彩带围绕起一系列的人物形象作为最下层护壁的。这种装饰形式称作"花纲(Garland)",源于西方古典艺术,构图的基本模式是一排裸体小天使肩上扛起由树叶、葡萄等组成的花纲,花纲波谷上方的半圆部分表现其他图案。花纲最初是希腊的一个装饰题材,后来被罗马艺术吸收,大量的使用在石棺装饰上。如美国大都会艺术博物馆收藏的罗马哈德良—安东尼早期（130—150）的一件石棺,表面就装饰着天使与花纲的图案。[3]

---

〔1〕M. A. Stein, *Serindia: Detailed Report of Explorations in Central Asia and Westernmost China Carried out and Described under the Orders of H. M. India Government*, vol. 1, Oxford: Clarendon Press, 1921, fig. 133.

〔2〕M. A. Stein, *Serindia: Detailed Report of Explorations in Central Asia and Westernmost China Carried out and Described under the Orders of H. M. India Government*, vol. 1, Oxford: Clarendon Press, 1921, pp. 492-533; Nakanishi Yumiko, *The Art of Miran*, Thesis (Ph.D.), University of California, Berkeley, 2000, pp. 113-268; 李青:《古楼兰鄯善艺术综论》,北京:中华书局,2005年,第347-358页。

〔3〕http://www.metmuseum.org/toah/hd/roem/ho_90.12a,b.htm

图 4-57　罗马石棺花纲装饰

　　随着罗马与印度间贸易的兴盛,花纲这种形式在深受希腊-罗马艺术影响的中亚犍陀罗艺术中,也被大量使用。[1]如著名的伽腻色迦元年金舍利盒上,也装饰有这一题材:形态各异的裸体天使扛着花纲,图像中央是被奉为太阳神和月神的伽腻色迦,花纲的波谷处表现坐佛等形象。[2]

图 4-58　伽腻色迦金舍利盒花纲装饰

　　在犍陀罗艺术中,这种来自古典艺术的题材顺利地与印度艺术融合在一起。如马歇尔在塔克西拉发现的两件花纲石雕,扛花纲的小天使已经完全是印度式形象了,都戴着脚钏,有的缠着裹腰布,花纲波谷

---

〔1〕 H. Ingholt & I. Lyons, *Gandharan Art in Pakistan*, New York: Pantheon Books, 1957, pl. 374-380.

〔2〕 田边胜美、前田耕作:《世界美术大全集·东洋编 15·中央アジア卷》,东京:小学馆,1999年,第115页,图151。

的半圆上方处表现的也是有翼的印度药叉形象。[1]日本学者宫治昭观察到,犍陀罗艺术中花纲的表现手法与希腊罗马相同题材的画面存在细微的不同:西方的花环无论是断开还是连续的,都是"悬挂着"的,是由一个个向下弯曲的半圆连接起来;而在犍陀罗,花环有固定的波形曲线,呈现一种规则的形状。他认为,犍陀罗的这种波状的表现手法,与巴尔胡特和桑奇遗址中常出现在同一画面中的莲花、蔓草的表现手法很接近,应是受印度艺术影响的结果。[2]

图4-59 犍陀罗石雕中的花纲装饰

同时,在深受希腊艺术影响的大夏艺术中,也可以见到花纲装饰题材。如在贵霜时期的铁尔梅兹卡尔查延(Khalchayan)神庙和苏尔赫·科塔尔(Surkh Kotal)神庙中,均可见到花纲被用于建筑装饰上。[3]大夏艺术是直接在希腊化浪潮中应运而生的,其花纲题材在形式上更接近古典艺术,花纲呈一个个悬挂的半圆状,不见印度艺术的痕迹。同时,

〔1〕J. Marshall, *Taxila: An Illustrated Account of Archaeological Excavations Carried Out at Taxila under the Orders of The Government of India Between the Years 1913 and 1934*, vol. 3, Cambridge: At the University Press, 1951, pl. 216, no. 72–73; *The Buddhist Art of Gandhara*, Cambridge: University Press, 1960, pp.71, 106, fig. 91, 148.

〔2〕宫治昭著,李萍译:《犍陀罗美术寻踪》,北京:人民美术出版社,2006年,第47页。

〔3〕C. A. Bromberg, "The Putto and Garland in Asia", in *Bulletin of the Asia Institute*, vol. 2 (1988), pp.69–71.

·欧·亚·历·史·文·化·文·库·

植根于中亚伊朗艺术的土壤中,大夏的花绳装饰也表现出了伊朗艺术的一些因素,如卡尔查延扛花绳的小男孩中,除了一些表现为希腊式的裸体外,也有一些穿着伊朗式的长袍、头戴有垂饰、带尖顶的帽子。[1]

图4-60　苏尔赫·科塔尔神庙出土石雕花绳装饰

图4-61　卡尔查延神庙花绳装饰

　　米兰壁画中的花绳装饰可分为两种。第一种见于M.III佛寺的下层护壁(见彩图17、18[2]),由一个个半圆形组成,半圆形上方绘"有翼天

　　[1] G. Frumkin, *Archaeology in Soviet Central Asia*, Leiden: E. L. Brill, 1970, pp.113-115; J. Harmatta, B. N. Puri & G. F. Etemadi ed., *History of Civilizations of Central Asia: The Development of Sedentary and Nomadic Civilizations, 700 B.C. to A.D. 250(vol. II)*, Paris: UNESCO, 1994, p. 342.

　　[2] M. A. Stein, *Serindia: Detailed Report of Explorations in Central Asia and Westernmost China Carried out and Described under the Orders of H. M. India Government*, vol. 4, Oxford: Clarendon Press, 1921, pl. XL.

使"半身像,这无疑是花纲的简化形式,用线条区分出的半圆形区域取代波浪形带,扛花纲的天使作为主体人物出现。正如许多艺术史学家所分析的,这些"有翼天使"形象表现出了典型的希腊绘画技法,除了花纲构图布局外,还有明暗处理法、肖像画法、透视视角等技巧的应用,人物表现手法也与希腊化艺术十分相似。[1]特别是"有翼天使"睁大的双眼、微微侧转的圆脸庞等特征,与埃及法雍墓地出土的希腊化时期蜡画肖像极为相似。

第二种见于M.V佛寺的下层护壁,表现裸体天使及其他形象扛花纲,花纲波谷的半圆形上方装饰不同的人物形象,其中包括:批垂衣、戴尖帽子的青年,斯坦因认为是波斯光明之神密特拉;演奏四弦曼陀林的少女;长胡须、手持酒杯的男性;与中层壁画表现的须大拏太子相同的印度王公形象;一手持细长颈瓶、一手捧浅碗的伊朗女性形象;罗马男子头像。

图4-62　米兰M.V佛寺南侧内墙壁画

从这些人物手持的酒器、乐器来看,这条花纲无疑表现的是古典艺术中的"大酒神节"题材。"大酒神节"题材来源于古希腊人对酒神狄奥尼索斯(Dionysus,相当于古罗马酒神Bacchus)的祭典,是古典艺术中十分流行的题材,对西方艺术有着深远影响。花纲作为一种重要的构图形式常被用于表现大酒神节的艺术作品中。如前文所引大夏卡尔查延神庙中的花纲,表现的就是大酒神节题材,花纲半圆部分饰有乐师、流浪艺人以及雅典娜、赫拉克勒斯等神的形象。

[1] M. Bussagli, *Painting of Central Asian*, Geneva: Skira, 1963, pp.19-29; M. M. Rhie, *Early Buddhist Art of China and Central Asia*, vol. I, Leiden/Boston/ Koln: Brill, 1999, pp. 380-385.

图 4-63　楼兰壁画墓与米兰壁画中饮酒人物图像对比

在深受希腊影响的犍陀罗石雕中，这一题材十分常见，表现人们饮酒作乐、欢歌乐舞的场景。米兰 M.V 佛寺花纲中的许多人物都可在犍陀罗"大酒神节"石雕中找到原型。如演奏曼陀林的少女，与哈达遗址一件"大酒神节"石雕中手持弦乐器的女子十分相似；手持饮器的女性和持高脚杯的男性形象，都与楼兰壁画墓前室的"大酒神节"宴饮图中的人物如出一辙。同时，米兰花纲与卡尔查延神庙中的许多人物形象也十分相似，如披垂衣、戴尖帽的伊朗青年见于卡尔查延泥塑像[1]，罗马男子形象则与卡尔查延出土的一件希腊男子头像壁画残片非常接近。[2]米兰花纲围绕的各色人物相貌特征与穿着打扮，表示他们来自罗马、伊朗、印度等不同民族，生动地反映出楼兰地处东西交通要塞、各种民族与文化交织荟萃的场景。

图 4-64　阿富汗出土大酒神节石雕　　图 4-65　米兰壁画持乐器人物形象

〔1〕B. Rowland, "Graeco-Bactrian Art and Gandhāra: Khalchayan and the Gandhāra Bodhisattvas", in *Archives of Asian Art*, vol. 25 (1971/1972), p.33, fig. 12.

〔2〕G. Frumkin, *Archaeology in Soviet Central Asia*, Leiden: E. L. Brill, 1970, p.113, pl. XLIII.

图 4-66　米兰与卡尔查延花纲人物对比

　　此外,M.V佛寺内壁南墙还发现了一幅独立的壁画,下层花纲上绘有大量云气纹,与上述花纲的装饰图案不同,二者应不相连。花纲波谷上方表现的是年轻女子形象的有翼天使,林梅村先生认为借鉴了希腊美神阿芙罗狄蒂的形象。同时,林梅村先生还指出,这幅壁画中层横栏中表现的是希腊神话中"阿里玛斯帕大战格里芬"的故事,这一题材也见于尼雅59MNM001墓葬出土的棉布画。[1]无论是题材还是绘画技巧,这幅壁画都表现出浓厚的古典艺术特征,与同佛寺的另一条花纲表现出的伊朗、印度、希腊多种艺术风格杂糅的特点不同,两条花纲上方也分别描绘了希腊神话故事和佛教本生故事这两种截然不同的题材。因此,M.V佛寺应是在统一规划设计之后,由不同画师共同创作完成的。

图 4-67　米兰 M.V 佛寺内壁南墙护壁

---

〔1〕林梅村:《汉代西域艺术中的希腊文化因素》,载《九州学林》2003年1卷2期,第13-21页。

271

②M.III佛寺中层佛传故事

M.III中层壁画大半已残损,较完整的仅剩两幅,据其推测应表现的是一个佛传故事。图4-68左上表现了一位男性,坐姿,面向右,双脚置于脚凳,左手放在大腿上,右手举起作说话状,袒上身,披肩从左肩上部穿过。右下方表现一个较小的印度王子形象,与M.V壁画中的须大拏形象相似,面向左,双手合掌作膜拜状。图左边露出第三位人物的左臂,手上抬,拇指、食指和小指前伸,中间两个手指曲于掌中。斯坦因认为这幅画表现的是释迦牟尼向王子说法的情节,壁画左上是释迦牟尼

图4-68　米兰 M.III佛传壁画

成佛之前作为太子的形象。[1]P. Banerjee提出这幅画表现的是须大拏本生中,须大拏被放逐之前面见他父亲的场景。[2]金维诺则认为这幅画描绘的是悉达多的母亲摩耶夫人夜晚感梦后,其父净饭王召相师占梦的情节,壁画左上为净饭王,右侧是为其占梦的相师。[3]从犍陀罗石雕来看,似应以金维诺说为是。如斯瓦特出土的一件"占梦图"浮雕,净饭王端坐于正中的宝座上,头顶有华盖,座背上靠着两个侍女,手持拂尘,净饭王左右两边坐着阿私陀(Asita)仙人和他的侄子那罗达多(Naradatta),整幅图构图方式同米兰壁画极为相似。[4]此外罗里延唐盖出土的奉献小塔的基座浮雕上也有类似的"占梦图",同样在这座小塔基座另一面的"占相图"几乎是同一形式的重复,故事场景和人物动态等都雷同,只是将人物着装稍加变换来表现这是在叙述不同的故事。[5]

图4-69　斯瓦特出土"占梦"石雕

〔1〕M. A. Stein, *Serindia: Detailed Report of Explorations in Central Asia and Westernmost China Carried out and Described under the Orders of H. M. India Government*, vol. 1, Oxford: Clarendon Press, 1921, pp.: 504–505.

〔2〕P. Banerjee, "Vessantara Jataka from Central Asia", in *Bulletin of Tibetology*, vol.XI, Namgyal Institute, Gangtok, Sikkim, 1974.

〔3〕金维诺:《中国美术全集·寺观壁画》,北京:文物出版社,1998年,第1页。

〔4〕J. Marshall, *The Buddhist Art of Gandhara*, Cambridge: University Press, 1960, pp. 42–43, fig. 54.

〔5〕宫治昭著,李萍译:《犍陀罗美术寻踪》,北京:人民美术出版社,2006年,第126页。

图 4-70　罗里延唐盖佛塔石雕"占梦图"

　　米兰 M.III 佛传壁画中左边露出第三个人物的手势值得注意。在伊朗艺术中,这个手势表示致敬的含义。如伊朗 Naqsh-i-Rajab 岩刻中表现的萨珊王朝大祭司科德(Karder),就以这个手势向萨珊王阿尔达希尔一世致敬。在铁尔梅兹法雅兹·特佩佛寺发现有表现这种手势、身着伊朗式装束的供养人壁画残片。米兰壁画中这一手势应是继承了大夏艺术中的伊朗因素。

 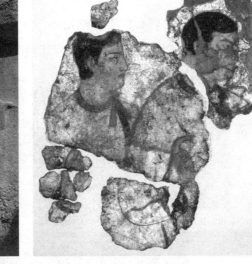

图4-71　伊朗 Naqsh-i-Rajab 岩刻　　　图4-72　法雅兹·特佩出土供养人壁画

图4-73表现了"佛与六比丘"的场景:左边为佛的上半身,面向左,大眼圆睁,鼻子呈钩状,有髭,头发曲于额上,肉髻部分残损,脑后有头光,右手上抬如施无畏印,但拇指向里弯,左手位置较低。佛后面有六个弟子,分成上下两排,每排三人,均为大眼钩鼻,上排左起第一人右手持一牦牛尾扇。壁画右面残存一支伸出的右臂,手抓着一把白花作撒

图4-73　米兰"佛与六比丘"壁画

花状。这一构图格局应来源于德国柏林印度艺术博物馆藏的"佛与金刚力士"石雕。这件石雕中佛陀面向左而立,大眼圆睁,有髭,右手上举并向内弯曲大拇指,有头光,身后为手持牛尾扇的金刚力士,构图与佛陀的相貌特点、身姿手势都完全一致。

**图 4-74 "佛与金刚力士"石雕**

从构图布局来看,米兰这幅壁画也受到了大夏艺术的影响。铁尔梅兹的卡拉·特佩佛寺发现了一幅佛传故事壁画,表现了佛与一组立于树下的僧人形象,其中佛为正面像,具头光和背光,左侧有三位比丘,每人立于一棵树下,树冠呈锥状,点缀着果实和花朵。苏联学者斯塔维斯基认为,这幅壁画构图元素与米兰"佛与六比丘"壁画类同,应为同一题材,只是细节略有出入。从画面布局看,佛的右边可能还有三位比丘。[1]米兰壁画的用笔、配色等绘画技法也与卡拉·特佩壁画十分相似,很可能是以后者为粉本略作变动而创作出来的。

**图4-75　卡拉·特佩佛寺出土佛传故事壁画**

佛传故事画是表现佛陀一生教化事迹的壁画。犍陀罗地区的佛传故事浮雕常将佛陀的生涯以编年的方式雕刻在佛塔周围,按照佛教徒礼拜右旋的方向依次展开。[2]从上述两幅壁画来看,图4-68表现了佛陀出生前"占梦"的情节,图4-73则是佛成道后某一说法的场景,据此推测,米兰 M.III佛寺中层壁画原应与犍陀罗类似,为表现佛陀生涯的连环画式佛传故事画。

③M.V佛寺《须大拏太子逾城出家》本生故事画

米兰 M.V佛寺廊壁中层主体壁画描绘了《须大拏太子逾城出家》本生故事画,其内容表现的是:佛生前的化身须大拏太子是皇室的继承人,他乐善好施,将具有降雨之能的神奇白象和极贵重的装饰品施舍给婆罗门。国人担心失去这头白象而遭到劫难,因此有很多怨言。须大拏的父王于是把他驱逐到林中。须大拏于是带着妻子和两个孩子,乘

〔1〕B. J. Stavisky, *Kunst der Kushan*, Leipzig: VEB E. A. Seemann Verlag, 1979, pp.146-147;〔俄〕斯塔维斯基著,路远译:《古代中亚艺术》,西安:陕西旅游出版社,1992年,第51页;林梅村:《楼兰——一个世纪之谜的解析》,北京:中央党校出版社,1999年,第155-156页。

〔2〕宫治昭著,李萍译:《犍陀罗美术寻踪》,北京:人民美术出版社,2006年,第123-125页。

一辆二轮马车离开王城。离城之时,他施舍了车上装载的贵重物品。走到林中时,须大拏又遇到了四个没有赶上大布施的婆罗门托钵僧,要他施舍驾车之马。须大拏给了他们之后继续往前走,又遇到一个婆罗门要他将马车施舍给他。须大拏依言照办,然后隐居到山中的一个偏僻小寺里。在那里他又按照神的意愿把自己的两个孩子和忠诚的妻子也施舍了出去。通过这些严酷的考验之后,神证明了他无尽的仁慈之心,将妻儿归还给了他,并让来找他的父亲加冕他为国王。

这个故事在《六度集经》《说一切有部毗奈耶破僧事》和《太子须大拏经》均有记载,是佛教艺术中的一个传统表现题材,印度的桑奇、巴尔胡特、阿玛拉瓦提、阿旃陀等地都能看到,在犍陀罗、新疆等地也十分常见。

犍陀罗石雕中这种本生故事有两种表现形式:一种是用若干独立的单幅浮雕前后相连来组成一个故事情景,即使这些单幅浮雕以饰带的形式排列,也总是用不同的图版或隔断分开[1];另一种以连续画面的形式描绘,不同的叙事场景间没有分隔线,采用以同一人物多次重复的方法来表现,如犍陀罗爱玛尔·朵儿出土的《须大拏太子本生》石雕,这件石雕原来用于装饰一座佛塔的台阶立面,共分三层,画面布局第一层从右至左,第二层从左向右,第三层再从右向左连续展开,其表现内容只限于主要出场人物和必要的最小限度的情景描写,因而故事情节简洁明快。画面与画面之间以树木为间隔,令场景区分一目了然。[2]

图4-76　犍陀罗爱玛尔·朵儿出土《须大拏太子本生》石雕

〔1〕M. A. Stein, *Serindia: Detailed Report of Explorations in Central Asia and Westernmost China Carried out and Described under the Orders of H. M. India Government*, vol. 1, Oxford: Clarendon Press, 1921, p. 501.

〔2〕宫治昭著,李萍译:《犍陀罗美术寻踪》,北京:人民美术出版社,2006年,第85页。

米兰壁画采用了第二种表现方式,壁画内容与布局均与爱玛尔·朵儿石雕十分相似,以树木间隔画面的做法也如出一辙。事实上,这种表现手法是印度艺术的传统,如巴尔胡特佛塔装饰的同一题材浮雕,即采用连续场景的方式,不同画面之间并不分割。后来这一形式又为新疆龟兹石窟壁画所继承,在克孜尔第81窟中,也可以见到连续表现的须大拏太子本生故事画。[1]

米兰壁画中所表现的须大拏的形象是一个典型的印度王公的形象:头戴王冠,佩戴华丽的臂钏、项饰、手镯,上身批一条长帔巾,穿过左肩垂下,下身缠印度式的裹腰布,赤足。这是犍陀罗艺术中表现印度王公的标准形象,前述M.III佛寺中层壁画"占梦图"中的净饭王和相师都采用了这种模式化的形象。在佛像起源的过程中,犍陀罗艺术家在制造佛像之前,先创造出了释迦作为太子和菩萨装的形象,也采用了这种形象,如斯瓦特布特卡拉一号佛寺(Butkara I)的一件菩萨立像浮雕。[2]欧洲私人收藏的一件释迦菩萨像浮雕,已经表现了头光,表明它正处于从表现菩萨的释迦向直接表现佛陀转变的阶段。[3]佛像被创造出来以后,这一形象一直是犍陀罗艺术中标准的菩萨头像。[4]如大英博物馆所藏一件韦陀(Skanda)菩萨石雕,亦采用这一形象。[5]这种印度王公形象的源头无疑是印度艺术,特别是对服饰和衣褶的表现方式,可以从巴尔胡特的天人[6]中看到,线条规矩严谨,与希腊式衣褶完全不同。

〔1〕史晓明:《克孜尔第81窟须大拏本生连环画的初步研究——兼论米兰壁画的相关问题》,收入新疆龟兹学会编:《龟兹学研究》第1辑,乌鲁木齐:新疆大学出版社,2006年,第362-369页。

〔2〕宫治昭著,李萍译:《犍陀罗美术寻踪》,北京:人民美术出版社,2006年,第66-70页;D. Faccenna & M. Taddei, *Sculptures from the Sacred Area of Butkara I (Swat, Pakistan)*, vol. II, Reports and Memoirs, Rome: IsMEO, 1962-1964, p.41, pl. CXLIII.

〔3〕栗田功:《ガンダーラ美術》II,东京:二玄社,1990年,第8页,图6。

〔4〕J. Marshall, *The Buddhist Art of Gandhara*, Cambridge: University Press, 1960, p. 31.

〔5〕R. Mann, "Parthian and Hellenistic Influences on the Development of Skanda's Cult in the North India", in *Bulletin of the Asia Institute*, 2001 (vol. 15), p. 119.

〔6〕http://dsal.uchicago.edu/images/aiis/aiis_search.html?depth=Get+Details&id=68652

图4-77　布特卡拉I出土菩萨立像

图4-78　欧洲藏释迦菩萨像

图4-79　大英藏韦陀石雕

图4-80　巴尔胡特天人

（3）壁画风格

①古典艺术风格

　　米兰壁画中表现出来的古典艺术风格最早为艺术史学家们所关注，除了在题材上描绘了花纲、"有翼天使"、希腊神话故事等，在绘画技法上更大量运用了古典艺术的表现手法。根据壁画上的画家签名分析,米兰壁画有希腊裔画师直接参与了创作。[1]

壁画的绘制技法是,先在黏土墙上涂一层掺和短芦苇草秆的灰泥地,在表层未干时涂上匀薄的一层浅红色颜料作底,再在底色上作画。绘制图形时常常是先用褐红色勾出物体或人物的轮廓,再进行着色、晕染及用墨色勾现和完成局部修饰。所用的颜料大都为矿物质制成,色彩较为牢固持久。斯坦因认为米兰壁画是以湿壁画或蛋彩壁画画法绘制,但李青经观察认为米兰壁画有草图依据,并可能经多次绘制完成,这都是湿壁画所无法做到的,故存疑。[2]

正如研究者所注意到的,米兰壁画中对于人物的表现方法与著名的"法雍肖像画(Fayyum portraits)"表现出强烈的相似性。法雍肖像画是指1920年在埃及法雍地区最先发现的为死者描绘的胸像或肖像,被认为是希腊绘画的代表作之一,通常画在木板上,然后贴在木乃伊上,年代主要在公元2世纪。[3]米兰壁画有两个十分突出的特点与法雍壁画十分接近:一是"明暗处理法(chiaroscuro)"的应用,如"有翼天使"和"佛与六比丘"壁画中,人物肌肤上都用较深的颜色来表示浓淡不等的灰色阴影,而在唇部轮廓线和眼睛等处则用浅颜色来表示高光的效果;二是将壁画中人物的眼睛无一例外都表现得非常大,富于表情。

②大夏艺术风格

大夏古称"巴克特里亚(Bactria)",本是古波斯帝国的东方行省,主要包括兴都库什山以北的今阿富汗东北部以及塔吉克斯坦和乌兹别克斯坦的一部分地区。公元前4世纪,亚历山大远征至此,大批的希腊人驻留了下来,经历了塞琉古帝国和希腊-大夏王国之后,希腊艺术深深地植根于当地艺术传统中。因此,大夏艺术表现出伊朗艺术和希腊艺

---

〔1〕林梅村:《西域文明——考古、语言、民族和宗教新论》,北京:东方出版社,1995年,第52-53页。

〔2〕M. A. Stein, *Serindia: Detailed Report of Explorations in Central Asia and Westernmost China Carried out and Described under the Orders of H. M. India Government*, vol. 1, Oxford: Clarendon Press, 1921, pp. 496-499;李青:《古楼兰鄯善艺术综论》,北京:中华书局,2005年,第385页。

〔3〕F. B. 塔贝尔著,殷亚平译:《希腊艺术史》,上海:格致出版社/上海人民出版社,2010年,第172-174页。

术两方面特点。公元前2世纪,大月氏人占领了大夏,并于公元1世纪建立起了贵霜帝国。日本学者樋口隆康将这一地区以石灰岩雕塑和泥塑为代表的艺术命名为"阿姆河流派"艺术,与印度西北的犍陀罗艺术、中印度的秣菟罗艺术为贵霜王朝时期共存的三大流派。[1]

大夏壁画目前发现的不多,集中在铁尔梅兹卡尔查延(Khalchay-an)、阿伊尔塔姆(Airtam)、卡拉·特佩(Kara Tepe)、达尔维津·特佩(Dalverjin Tepe)、法雅兹·特佩(Fayaz Tepe)、托普拉克·卡拉(Toprak Kala)等几处遗址中。由于受到希腊化浪潮的影响,大夏壁画中的人物也表现出了大眼睛等古典艺术的特征。[2]因此,单纯依靠艺术风格分析,无法确定米兰壁画中的古典艺术成分是直接来自罗马艺术还是大夏艺术。

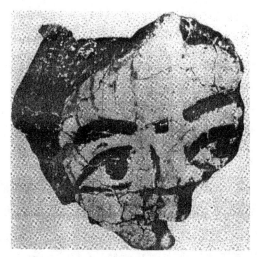

图4-81　托普拉克·卡拉出土壁画[3]

能够确定的大夏艺术对米兰壁画的影响主要表现在题材和人物造型、姿态等细节方面。如前文所述的米兰壁画和大夏卡拉·特佩佛寺均

〔1〕樋口隆康著,丛彦译,钟铭校:《西域美术上的阿姆河流派》,载《新疆文物》1989年第4期,第135-144页。

〔2〕普加琴科娃、列穆佩著,陈继周、李琪译:《中亚古代艺术》,乌鲁木齐:新疆美术摄影出版社,1994年,第46-51页。

〔3〕〔俄〕斯塔维斯基著,路远译:《古代中亚艺术》,西安:陕西旅游出版社,1992年,图76。

装饰有表现"大酒神节"场景、伊朗和希腊艺术特点杂糅的花绳题材；米兰"占梦图"中第三个人物的伊朗式手势也见于大夏法雅兹·特佩佛寺；"佛与六比丘"壁画也受到了卡拉·特佩佛传故事画在题材、构图以及用色等方面的影响。此外，米兰一些壁画残片表现出的伊朗艺术元素可能也是来自大夏艺术，如图4-82表现的两位女性供养人，发式和面相均表现出伊朗人的特点。

图4-82　米兰M.III出土女性供养人壁画

### ③犍陀罗艺术风格

尽管犍陀罗艺术主要是石雕和塑像艺术，壁画很少发现，但学术界一致认为米兰壁画在题材、构图、造型上都受到了犍陀罗艺术的强烈影响，在艺术史上被公认为属于犍陀罗艺术这流派的作品。[1]如前文所分析的，米兰佛寺中的花绳、占梦图、须大拏太子本生等题材均可与犍陀罗艺术的同类题材相类比。需要说明的是，犍陀罗艺术也以古典艺术的继承者而著名。米兰壁画中的古典艺术风格的来源仍不能肯定，但古典艺术与印度艺术相融合的成分则无疑是以犍陀罗艺术为媒介传播而来的，如扛花绳的裸体小男孩戴着手钏脚钏、占梦图中印度王公模式人物的表现手法、须大拏太子本生故事画中连续场景的表现方式等。

〔1〕H. J. Klimkeit, *Die Seidenstraße: Handelsweg und Kulturbrücke zwischen Morgen-und Abendland*, Köln: DuMont Buchverlag, 1988, pp. 178–182; B. N. Puri, *Buddhism in Central Asia*, Delhi: Motilal Banarsidass, 1987, pp.266–267; M. Bussagli, *Painting of Central Asian*, Geneva: Skira, 1963, pp.23–24.

(4)壁画年代

从艺术风格方面,研究者已经对米兰壁画的年代进行了许多有益的讨论,米兰壁画与埃及法尤姆肖像画、大夏艺术以及犍陀罗艺术早期阶段都表现出十分密切的关系,由此壁画的创作年代可早至公元2世纪。[1]这与米兰佛寺及佛塔的年代(公元2世纪末—3世纪上半叶)相符合。

对米兰壁画断代具有决定性意义的是佉卢文题记的发现。斯坦因最早根据这两条题记认为佛寺及壁画的年代应与尼雅佉卢文文书一致,在公元3至4世纪。[2]然而,这个年代明显晚于艺术风格分析的结果。[3]事实上,林梅村先生结合佉卢文文书的发现和贵霜与鄯善的历史研究情况认为,佉卢文传入塔里木盆地的时间应始于公元2世纪末。[4]因此,米兰壁画的创作年代应早至公元2世纪末,与艺术风格分析的结论相一致。

### 4.2.3.2 尼雅N.V佛寺壁画

1993年,中日共同尼雅遗迹考察队在N.V佛寺的FS佛殿行道东北角地面发现两件佛像壁画残片(见彩图19、20[5])。其中一件佛像的上半身保存基本完整,为正面像,头部稍残,周围有由三道红、黄褐和白色宽窄不等的线条组成圆形的头光。佛像体型健壮,面部呈椭圆形,用黑

---

[1] C. Paula, *Miran and the Paintings from Shrines M. III and M. V*, Thesis (Ph. D.), University of London, 1992.

[2] M. A. Stein, *Serindia: Detailed Report of Explorations in Central Asia and Westernmost China Carried out and Described under the Orders of H. M. India Government*, vol. 1, Oxford: Clarendon Press, 1921, p. 538.

[3] 对此 Yumiko Nakanishi 曾提出,壁画上的题记可能晚于壁画的绘制年代,是对壁画内容的一种解释而后加上去的,参见 Nakanishi Yumiko, *The Art of Miran*, Thesis (Ph.D.), University of California, Berkeley, 2000, p. 270。然而,我们认为,这种情况只能解释第一条题记,第二条题记中包含画家的签名,无疑是与壁画的创作年代同时的。

[4] 林梅村:《西域文明——考古、语言、民族和宗教新论》,北京:东方出版社,1995年,第51-53页。

[5] 中井真孝、小岛康誉编:《丝绸之路:尼雅遗址之谜》,天津:天津人民美术出版社,2005年,第119页;中日日中共同尼雅遗迹学术考察队:《中日日中共同尼雅遗迹学术调查报告书》第3卷,乌鲁木齐/京都:中日日中共同尼雅遗迹学术考察队,2007年,第182页。

色线条勾勒出头部轮廓及面部的五官。头发为黑色,额际线呈倒"U"形,弯弯的新月形长眉,两眉之间点有一圆点形白毫。杏仁形状的大眼眶,眼睑厚重,眼睛细而长,与眼眶线相连,眼位睁向下俯视。鼻孔宽大,鼻梁高且直,鼻梁线与上眼眶线相连。嘴唇紧闭,涂有红色,唇上有两撇以人中为间隔的"八"字胡。两只耳朵较长,耳尖为圆形,耳垂为"V"字形。佛像的双肩宽厚,身着底色为黑色,其上用白色横、竖宽线条间隔成方格状的通肩袈裟,袈裟上边领贴着脖际线,呈倒三角形,袈裟的右半幅搭在左肩上,整个佛像画面给人以端详、庄重的感觉。[1]另一件佛像眼睛细长、微闭,直鼻,双唇紧闭,表情与第一件壁画佛像类似,内着僧祇支,外穿双领下垂式袈裟。

佛像肩宽体壮,第一件壁画佛像嘴上留有八字小髭,与犍陀罗佛像及新疆米兰壁画的"佛与六比丘"图中的佛像相似。两件佛像的面部神情相似,双目微闭而俯视,风格接近大夏卡拉·特佩壁画中的佛像、孔路克阿旦B.Koy.I佛像以及哈达出土佛像。

图4-83　卡拉·特佩壁画佛像　　图4-84　孔路克阿旦出土佛像　　图4-85　哈达出土佛像

这种超凡脱俗的神情亦见于克里雅河喀拉墩佛寺壁画中的佛像。喀拉墩N61、62两座佛寺,均为双重回廊的回字形佛寺,较尼雅N.V佛寺多一重回廊,年代或稍晚,在公元3至4世纪。这一断年与碳十四测年数据相吻合。两座佛寺均装饰大型立佛壁画,此外还有一些小型坐佛像。仅举其中一幅保存较完整坐佛为例,佛交脚坐于莲花座上,双腿

〔1〕中日日中共同尼雅遗迹学术考察队:《中日日中共同尼雅遗迹学术调查报告书》第2卷,乌鲁木齐/京都:中日日中共同尼雅遗迹学术考察队,1999年,第58页。

较平,与楼兰LB木雕弥勒的坐姿一致;双手叠放于腹前呈禅定印,袈裟披于双肩,头略向右偏,肉髻突出,耳垂细长,眼睛细长微张,面部表情与尼雅壁画佛像十分接近而略带微笑,比尼雅佛像更进一步神化。头光和背光均为椭圆形,亦是年代晚于尼雅佛像的表现。

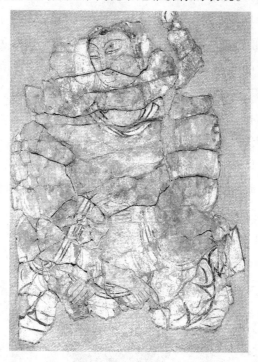

**图4-86 喀拉墩佛寺壁画**

尼雅佛像身着袈裟绘有方格状装饰,应即佛律中所谓"田相衣",如《十诵律》卷27、《四分律》卷40等,均有规定,即先将布割截成小片,而后再缝合而成,禁止直缝,乃为杜防法衣之他用,并使僧尼舍离对衣服之欲心,以及避免他人之盗取。由于两者纵横交错而显田形,故称田相。目前所知田相衣主要见于北魏时期遗存,如云冈第18窟东壁造像(约460—470年开凿)[1]和青州佛教造像(北魏晚期到东魏时期)[2],袒右袈裟、通肩大衣和双领下垂式袈裟中均可见到。尼雅佛像所穿法衣样

---

〔1〕李雪芹:《试论云冈石窟供养人的服饰特点》,载《文物世界》2004年第5期,第15—17页。

〔2〕中国历史博物馆:《山东青州龙兴寺出土佛教石刻造像精品》,北京:文物出版社,1999年。

式为通肩式,是目前发现最早的田相衣实例,犍陀罗艺术中也尚未发现。

## 4.3　小结

本章在前两章的基础之上,通过与犍陀罗佛教遗存的对比,建立起楼兰地区佛教遗存的发展序列:

第一期佛寺以米兰 M.III、M.V 两座佛寺为代表,形制为外方内圆,中心为圆形平面、单层塔基的佛塔,年代在公元 2 世纪末至 3 世纪上半叶。同时这一时期流行以壁画装饰佛寺。这与文献记载中洛阳白马寺"盛饰浮图、画迹甚妙"的记载完全一致。

第二期佛寺以尼雅 N.V 佛寺为代表,平面呈回字形,中心为方形平面佛塔、塔基呈现连续收分的多层结构,年代在公元 3 世纪下半叶。

第三期以且尔乞都克 Koy.I 和孔路克阿旦 B.Koy.I 两座佛寺为代表,平面亦为回字形,中心是方形佛塔,塔基开始出现以大量列龛佛像作为装饰,年代约为公元 4 世纪。

第四期以米兰 M.II 佛寺为代表,佛寺中开始出现大佛像,意味着佛教崇拜中心已从佛塔转为佛像,年代约在公元 5 世纪。

由此我们可以看出,楼兰地区采用犍陀罗式纵高的佛塔形制,流行回字形平面佛寺,同时佛寺的崇拜中心存在从佛塔向佛像转变的趋势,到第四期即公元 5 世纪时,这一转变过程已经基本完成。与此相对应的是,这一时期佛教的盛行引起了塔里木盆地丧葬制度的改变,楼兰地区的佛塔主要是为去世的佛教徒而立。法显在于阗所见到的"家家起小塔"正是这一史实的反映。

另外,我们通过对楼兰地区发现的大量佛教艺术品的分析可以看出,楼兰佛教受到了强烈的犍陀罗艺术的影响,在很多方面表现出与犍陀罗艺术的高度相似,这或许与贵霜大月氏人进入塔里木盆地这一史实有关。同时,楼兰佛教艺术也在一定程度上受到了大夏和帕提亚艺术的影响。

·欧·亚·历·史·文·化·文·库·

# 5 楼兰考古与中西文化交流

## 5.1 大月氏文化对楼兰的影响

公元2世纪末—4世纪,佉卢文突然在塔里木盆地广为流传,写有这一中亚文字的资料不断被发现,深受学术界关注。对于这一现象出现的原因,西方学者曾提出东汉王朝退出西域后,贵霜帝国统治了塔里木盆地的理论。[1]我国学者则认为,佉卢文的流行是公元2世纪以后贵霜内乱、大量大月氏难民涌入塔里木盆地的产物。[2]无论如何,佉卢文资料的出土证明,贵霜大月氏人在一定程度上对塔里木盆地的历史进程产生了重要影响,这是毋庸置疑的。本节即拟从考古角度来探讨大月氏文化对塔里木盆地的影响。

### 5.1.1 楼兰壁画墓的墓主人

2004年戴维在随中央电视台与NHK《新丝绸之路》摄制组考察楼兰壁画墓时,在前室东壁发现了一小段佉卢文题记,并请美国华盛顿大学的Andrew Glass博士进行了释读,其拉丁文转写为"yosa artalia",应为壁画画家的签名。[3]佉卢文是贵霜王朝三大官方语言之一,据此有研究者提出,这座墓葬的墓主人可能是侨居楼兰的贵霜大月氏人。[4]

公元2世纪中叶,贵霜帝国发生内乱,数以千计的大月氏人流亡东

〔1〕J. Brough , "Comments on Third-Century Shan-shan and the History of Buddhism", in *Bulletin of the School of Oriental and African Studies (BSOAS)*, vol. 28, no. 3 (1965), pp. 582–612.

〔2〕林梅村:《西域文明——考古、语言、民族和宗教新论》,北京:东方出版社,1995年,第33~67页。

〔3〕戴维:《鄯善地区汉晋墓葬与丝绸之路》,北京大学考古文博学院硕士学位论文,2005年,第37页。

〔4〕林梅村:《丝绸之路考古十五讲》,北京:北京大学出版社,2006年,第175~182页。

方,许多人定居鄯善。这些大月氏中的许多移民加入汉朝军队,听命于西域长史的调遣。楼兰地区出土的魏晋木简残纸中屡屡见到大月氏士兵的名字,如林编239号"出床卅一斛七斗六升,给禀将军伊宜部兵胡支鸾十二人……泰始二年(266)十月十一日";林编293号"胡支得失皮铠一领、皮兜鍪一枚、角弓一张、箭卅枚、木桐一枚,高昌物故";林编434号"兵支胡薄成、兵支胡重寅得";林编605号"兵支胡管支、赵君风明省"。[1]楼兰壁画墓的墓主人无疑正是这次贵霜东迁浪潮中的一位身份较高的人物。

除佉卢文之外,我们还可以从墓室壁画和结构上看到贵霜文化中的两个侧面:庆祝大酒神节的文化传统和对佛教的信仰。

#### 5.1.1.1　　"大酒神节"壁画

楼兰壁画墓前室东壁描绘了一幅"六人饮酒图"(见彩图21[2]),图中人物手中所持的饮器,器型与阿富汗西北大月氏王陵——黄金之丘(Tillya-Tepe)墓地出土器物一致,皆为贵霜典型器物。[3]男性人物服饰,特别是腰带的联结方法,也体现了典型的贵霜服饰特征,如白沙瓦博物馆(Peshawar Museum)所藏贵霜男子像腰带,就与楼兰壁画墓如出一辙。结合宴饮图的佉卢文题记分析,这幅壁画表现的无疑是贵霜人饮酒的场面。

图5-1　贵霜王陵出土饮器

图5-2　白沙瓦藏贵霜男子石雕

〔1〕林梅村:《楼兰尼雅出土文书》,北京:文物出版社,1985年。

〔2〕李军提供。

〔3〕サリアニディ著,加藤九祚译:《シルクロードの黄金遗宝:シバルガン王墓发掘记》,东京:岩波书店,1988年,第102页。

　　饮酒图是贵霜犍陀罗艺术中十分流行的题材,源于古典艺术中的"大酒神节"(Bacchanalian Festival)题材,表现古希腊人祭奠酒神狄奥尼索斯(Dionysus,相当于古罗马酒神 Bacchus)活动的场面。公元前4世纪,亚历山大东征将希腊文化带到了犍陀罗地区,这一艺术题材也植根下来,并与当地原有的印度艺术中象征繁殖与丰收的药叉神题材相结合,发展出了自己独特的表现形式。[1]贵霜人占领犍陀罗后,入乡随俗,继承了希腊侨民欢度"大酒神节"的文化传统,并且发扬光大,在艺术中大量使用这一题材。[2]如在乌兹别克斯坦达尔维津·塔佩(Dalverjin Tepe)的贵霜神庙发现的宴饮图壁画,与楼兰壁画墓饮酒图的人物姿势、酒器均十分相似。

图5-3　达尔维津·塔佩出土宴饮图

　　楼兰壁画墓中还出土了一件彩绘绢衫,也以酒神题材作为装饰。这件绢衫用素绢作面料,周围衣身及两袖上满绘花卉、璎珞,胸襟处以

---

〔1〕M. Carter, "Dionysiac Aspects of Kushan Art",in *Art Orientalis*, vol. 7 (1968), pp. 121-146.

〔2〕P. Brancaccio & X. Liu, "Dionysus and drama in the Buddhist art of Gandhara", in *Journal of Global History*, vol. 4 (2009), pp. 219-244.

手工描绘了一尊人像,颈部及上半身部分缺失,可见其着对襟红衫与长至膝部的灯笼裤,赤足踩莲花,左手执一长过其身高的细长杆状物,有背光和头光。[1] 对于这一形象,研究者多认为是一尊佛像。[2] 但是,人像头顶中部佩戴的头冠一类饰物与佛像的肉髻差异较大,人像左手所执杆状物、所着服饰也不见于佛教艺术中。

图 5-4　楼兰壁画墓绢衫人像

在中亚地区,各种文化密切交流融合,不同宗教神祇的艺术形象常常互相借用。[3] 在印度艺术中,药叉神常以手持酒杯或醉酒的形象出现。后来,这种形象又被用来表现药叉的首领——财神般阇迦(Panci-

〔1〕赵丰、伊弟利斯·阿不都热苏勒:《大漠联珠:环塔克拉玛干丝绸之路服饰文化考察报告》,上海:东华大学出版社,2007年,第57-75页。

〔2〕赵丰:《中国丝绸通史》,苏州:苏州大学出版社,2005年,第119页。

〔3〕J R Zwi Werblowsky, "Synkretismus in der Religionsgeschichte", in Walther Heissig & Hans-Joachim Klimkeit, *Synkretismus in den Religionen Zentralasiens*, Wiesbaden: Verlag Otto Harrassowitz, 1987, pp. 1-7.

ka)，佛教中称俱毗罗（Kubera），以酒杯象征财富。[1] 因此，来自希腊的
酒神狄奥尼索斯常与印度的财神俱毗罗互相借鉴艺术形象。例如，巴
基斯坦发现的一件俱毗罗与其配偶诃利帝（Hariti）的石雕像，俱毗罗就
借用了头戴橄榄枝、裸体的希腊酒神形象。

图5-5　巴基斯坦财神及其配偶石雕像

我们认为，楼兰绢衫上绘制的是酒神狄奥尼索斯的形象，与墓葬前
室的饮酒图相呼应。人像左手持的细长杆状物，应为顶端饰有松果的
权杖，这正是狄奥尼索斯的标志之一。[2] 如意大利那不勒斯国家考古
博物馆（Museo Archeologico Nazionale di Napoli）收藏的一件希腊陶瓶，
表面装饰的狄奥尼索斯的形象，手中就持有顶端饰松果的权杖。而头
光、背光、脚踩莲花等佛教特征则是借鉴俱毗罗形象。迦腻色迦王的钱
币上的财神形象，有头光，左手持杆状物，双足分立，就融合了佛教的头

〔1〕R. C. Sharma, *Buddhism Art of Mathura*, Delhi: Agam Kala Prakashan, 1984, pp. 133-134.

〔2〕T. H. Carpenter, *Dionysian Imagery in Fifth-Century Athens*, Oxford: Clarendon Press, 1997.

光和酒神的权杖。[1] 脚踩莲花在印度艺术中最早也是药叉的特点,后来才成为佛像专用。[2] 楼兰绢衫酒神的这一特征无疑也是来自印度药叉之首——俱毗罗。

图 5-6　那不勒斯藏希腊陶瓶　　　　图 5-7　迦腻色迦金币

从艺术风格看,楼兰壁画墓绢衫上的狄奥尼索斯形象先以手描线条勾勒,再平涂填色,特别是人像的眼部,以较粗的线条勾画大盹的眼睛和眉毛,略微弯曲,与米兰壁画的表现手法如出一辙,表现出犍陀罗艺术的影响。这件绢衫的织料无疑来自中原,但中原没有用手绘方法装饰织物的传统,因此绢衫应是使用中原的织料在楼兰本地制造的。在款式上,既借鉴了汉式服装的设计,又体现了西域地方服制的特点。[3]

绢衫制作于当地,但又以贵霜酒神题材为装饰,这说明墓主人应是一位定居鄯善的贵霜移民。在随葬品中,楼兰壁画墓出土的彩绘箭杆、

〔1〕K. Tanabe, *Silk Road Coins: The Hirayama Collection*, Exhibition Illustration, Kamakura: The Institute of Silk Road Studies, 1993, p.33; 田边胜美著,赵静译:《丝绸之路钱币艺术及造型》,载《新疆钱币杂志》1997年第1期、1998年第2期。

〔2〕林良一:《東洋美術の装飾文樣:植物文篇》,京都:同朋舎,1992年,第74–79页;林良一著,林保尧译:《佛教美术的装饰纹样》,载《艺术家》1981—1982年,总第76–91号。

〔3〕赵丰、伊弟利斯·阿不都热苏勒:《大漠联珠:环塔克拉玛干丝绸之路服饰文化考察报告》,上海:东华大学出版社,2007年,第73页。

·欧·亚·历·史·文·化·文·库·

皮囊、马鞍冥器、木杯等物品,应是男性墓主人的随葬物。贵霜大月氏人本为游牧民族,这些随葬物反映了其原始游牧民族的丧葬习俗,其制作极精美,特别是马鞍以冥器的形式陪葬,表明它们已经不再具有实用功能,而只是作为一种象征了。另外,墓葬前室后壁西部绘有一前蹄扬起的牡马。研究表明,大月氏人擅长养马,并且以马为图腾,马在其本族语言吐火罗语中被称"龙",月氏人也被称为"龙部落"。[1]月氏人早期游牧时期和马的密切关系仍能从楼兰壁画墓中的牡马图像窥见一斑。

图5-8　楼兰壁画墓前室绘牡马图

### 5.1.1.2　楼兰壁画墓所见佛教因素

公元前2世纪,贵霜帝国统治者大力推崇佛教,大大促进了佛教和佛教艺术的发展。[2]楼兰壁画墓在墓室结构和壁画上都可见到佛教文化特征,这正是贵霜人信仰佛教的见证。

---

〔1〕林梅村:《汉唐西域与中国文明》,北京:文物出版社,1998年,第70-86页。

〔2〕J. M. Rosenfield, *The Dynastic Arts of the Kushans*, Berkeley & Los Angeles: University of California Press, 1967.

正如研究者们所指出的,楼兰壁画墓中最明确表现佛教文化特征之处,在于前室墓门东侧所描绘"佛与供养人"图像。佛像身着红袍,头部已残,双腿结跏趺坐,双手呈禅定印;一供养人跪其身侧,双手合十,身着蓝衣。

图5-9　楼兰壁画墓前室墓门东侧绘"佛与供养人"图

在犍陀罗艺术中,这种结跏趺坐、禅定印的佛像与跪姿、双手合十形象结合的形式最早出现在"梵天劝请"的图像中。荷兰学者德立芙(J. E. van Lohuizen-deleeuw)认为,这类"梵天劝请"图像属于犍陀罗最早的佛像。[1]如巴基斯坦拉合尔博物馆(Lahore Museum)藏罗里延唐盖(Loriyan Tangai)遗址出土的一件"梵天劝请"石雕,年代在公元1世纪。[2]后来,这种构图形式被用在了表现佛陀与世俗的供养人形象上。巴基斯坦斯瓦特河谷的布特卡拉一号(Butkara I)遗址出土的蛋彩画上,就发现了这种双手合十作崇拜状的跪姿供养人形象,年代在公元2至4世纪。[3]楼兰壁画墓采用了这种早期佛教艺术的表现形式。后来这种以跪姿表现供养人像的形式又被克孜尔早期石窟所沿袭,多绘

〔1〕J E van Lohuizen-de Leeuw, "New Evidence with Regard to the Origin of the Buddha Image", in H. Hartel ed. *South Asian Archaeology 1979*, Berlin:Dietrich Reimer Verlag, 1981, pp. 377–400.

〔2〕东京国立博物馆、NHK、NHKプロモーション:《日本·パキスタン国交树立50周年记念　パキスタン·ガンダーラ雕刻展》,东京:NHK、NHKプロモーション,2002年,第26页。

〔3〕D. Faccenna, *Butkara I (Swat, Pakistan) 1956–1962*, vol. 1, Rome: IsMEO, 1980, p.715.

于窟壁的最下端。[1]

图5-10　罗里延唐盖出土"梵天劝请"石雕　　图5-11　布特卡拉出土供养人画像

　　楼兰壁画墓前室正中的中心柱、后室四壁以及顶部都满绘轮形图案（见彩图22、23[2]）。戴维认为，这类轮形图案表现的应是佛教中的"法轮"，佛教文本中的"法轮三相"特征都得到了清晰的描绘，而墓葬前室的中心柱则与克孜尔中心柱窟中的中心柱一样，具有佛教中"塔"的意蕴。[3]

　　法轮，梵文作 Dharmacakra，巴利文 Dhammacakka，它由"法（Dharma，指世界一切事物的原则、真理）"和"轮（Cakra，指战争中所用的战车，泛指轮状武器）"合成。[4]在古印度传说中，凡能征服四方、统一世界、造福人类的王者被称为"转法轮王""转轮圣王"，当转轮圣王出生和征服四方时，便有轮相出现在空中，这就是转轮圣王区别于其他王者的"轮宝（Cakra-ratna）"。佛教创立后，借用了"法轮"及"转轮圣王"的概念，用法轮来指代佛法，显示佛法的无比威力，用转轮圣王指代护持佛

〔1〕项一峰：《初谈佛教石窟供养人》，载《敦煌研究》1997年第1期，第96-100页。

〔2〕李军提供。

〔3〕戴维：《鄯善地区汉晋墓葬与丝绸之路》，北京大学考古文博学院硕士学位论文，2005年，第39-40页。

〔4〕L Frédéric，*Buddhismus: Götter, Bilder und Skulpturen*，París：Éditions Flammarion，2004，pp. 62-63.

教的帝王。[1]《俱舍论》卷24载："唯依见道,世尊有处说名法轮,如世间轮有速等相。见道似彼,故名法论。见道云何与彼相似？由速行等似彼轮故,谓见谛道速疾行故,有舍取故,降未伏故,镇已伏故,上下转故,具此五相似世间轮。尊者妙音作如是说,如世间轮有辐等相,八支圣道似彼名轮,谓正见正思惟正勤正念似世轮辐。正语正业正命似毂,正定似辋,故名法轮。"

《长阿含·转轮圣王修行经》提到,君主若能奉行正法,则会成为"转轮圣王","轮宝"自会显现空中。据《起世经》卷2《转轮圣王品》载："转轮圣王出阎浮洲,以水灌顶作刹利主。……亲属群臣前后围绕,是时王前有金轮宝忽然来应。轮径七肘,千辐毂辋众相满足,自然成就,非工匠造。"[2]例如,孔雀王朝大力推行佛教的阿育王就被尊为"转轮圣王",原伫立于佛教圣地鹿野苑、现藏印度萨尔纳特考古博物馆(Sarnath Archaeological Museum)的阿育王石柱的柱头上,就雕刻有法轮的图案。

在早期佛教艺术中,法轮常作为佛法的象征出现。佛教兴起之初,禁止在艺术中直接表现佛的形象,而使用一些象征符号来表现佛陀的存在,如窣堵波(佛塔)、圣树、圣坛、法轮、三宝标等。例如,在印度孔雀王朝时期的桑奇1号大塔(Sanchi Stupa)塔门上,可以看到用莲花、菩提树、法轮和窣堵波四个象征图像来表现释迦生平的四件大事"诞生""觉悟成道""初次说法"和"涅槃"。

到了犍陀罗艺术中,印度用来表现佛陀存在的菩提树、圣坛等象征形式明显减少,而更多地采用了"法轮"的形式,并且融入了伊朗文化中的"日轮"图案,有时这种象征的形式又和佛陀像一起出现。例如,东京国立博物馆收藏的一件犍陀罗石雕上,中央为一根圆柱托起象征佛、法、僧三宝的三个法轮,台座的两只鹿和周围的五身比丘明确显示石雕的主题为"鹿野苑初转法轮",法轮柱后则以一个很大的日轮来表示佛

---

〔1〕古正美:《贵霜佛教政治传统与大乘佛教》,台北:允晨文化实业股份有限公司,1993年,第55-62页。

〔2〕此外,《杂阿含经》卷27,《中阿含经》卷11、14、15(《转轮王经》等),《长阿含经》卷7、18(《转轮圣王修行经》等),《大楼炭经》卷1中的"转轮王品",《轮王七宝经》,《大宝积经》卷59、75、76,《菩萨璎珞本业经》卷上,《大智度论》卷4、24、25、82等佛经中都有关于"轮宝"和"转轮圣王"的记载。

陀的存在。而在日本私人收藏的一件"初转法轮"石雕中,法轮柱右边直接出现了结肉髻、身着通肩大衣的佛陀形象,年代在公元2至3世纪。[1]这表明,这一时期的犍陀罗艺术处在从佛陀的象征形式向具象形式的演变过程之中。[2]

图5-12　东京国立博物馆藏"初转法轮"石雕

图5-13　日本私人藏"初转法轮"石雕

楼兰壁画墓正体现了这一从象征向具象形式过渡阶段的佛教艺术

[1]栗田功:《ガンダーラ美術》I,东京:二玄社,1988年,图151,148。

[2]宫治昭著,李萍译:《犍陀罗美术寻踪》,北京:人民美术出版社,2006年,第72页。

概念,象征手法和直接表现两种形式并存:前室中心柱与后室满绘法轮,象征佛法;同时,前室墓门东侧又清晰地描绘了"佛与供养人"的形象。

　　楼兰壁画墓在前室立中心柱表现佛塔的做法亦其来有自。柱子(Pillar)是一种典型的印度传统建筑形式,孔雀王朝的阿育王在印度各地敕建了三十余根石柱,镌刻铭文,以弘扬佛法。在犍陀罗艺术中,我们也可以经常见到佛教徒膜拜"法轮柱"的图像。事实上,这种法轮柱脱胎于印度古代对圣树的信仰。圣树信仰在佛教产生之前就已存在,被佛教艺术吸收改造,用菩提树来象征释迦的觉悟成道。研究者认为,佛塔信仰的起源也与圣树信仰有关。[1]后来,佛教以佛塔作为崇奉中心,信徒围绕佛塔向右绕行进行礼拜。佛塔成为佛陀的化身、佛法的象征。乌兹别克斯坦法雅兹·特佩(Fayaz Tepe)遗址发现过一座公元前1世纪的佛塔,表面绘有石膏勾勒的莲瓣纹饰和法轮图像。楼兰壁画墓前室的中心柱表面绘满法轮,表明它与犍陀罗艺术中的"法轮柱"以及法雅兹·特佩佛塔一样,都是佛法的象征。

图5-14　犍陀罗"法轮柱"石雕

〔1〕湛如:《净法与佛塔:印度早期佛教史研究》,北京:中华书局,2006年,第176-181页。

图 5-15　乌兹别克斯坦法雅兹·特佩佛塔（公元前 1 世纪）

李崇峰在讨论印度与中国塔庙窟的渊源关系时提到,印度本土早期塔庙窟平面呈马蹄形,两侧及后部建有列柱,窟内佛塔与露天佛塔一致,塔顶与窟顶不相连;到了较晚的功利主义时期时,塔庙窟平面改作长方形或方形,窟内列柱消失,佛塔的平头、轮盖等外在特征被舍弃,仅保留覆钵和塔身部分。中国克孜尔等地的中心柱窟,是采纳了印度晚期功利主义塔庙窟的做法,窟内佛塔仅保留主体,舍弃了平头、轮盖,同时受到了犍陀罗佛塔方形平面、塔身纵高的影响,因此表现为质朴的中心塔柱形制。[1]

楼兰壁画墓前室的中心柱,借鉴了新疆等地中心柱窟的做法,将中心塔柱这一佛法象征和崇奉中心移植到墓葬中。中心柱尽管在外在特征上已经不见佛塔原型的痕迹,但是墓主人将其作为佛塔的象征,与墓室壁画所绘法轮、佛像等因素一起,为自己营造出了一个佛教信仰空间。研究者认为,克孜尔中心柱窟与印度支提窟在"满足信徒进行右绕

---

〔1〕李崇峰:《中印佛教石窟寺比较研究:以塔庙窟为中心》,新竹:觉风佛教艺术文化基金会,2002年,第177-182页。

的宗教活动上,它们并没有什么本质区别"。[1]如果说石窟寺的中心塔柱仍然承载着供僧人进行右绕礼拜的功能,那么楼兰壁画墓中的中心柱则连这一功能也不需要,仅仅是作为一种佛塔或佛法在意义层面上的象征物而存在。

公元前后,佛教传入塔里木盆地。[2]楼兰鄯善地区作为中西交通孔道,成为塔里木盆地南缘的佛教中心之一。姚秦弘始二年(400),法显西行求法路过鄯善,在游记中记录了鄯善佛教盛行的情形:"得至鄯善国……其国王奉法,可有四千余僧,悉小乘学。诸国俗人及沙门尽行天竺法,但有精粗。"[3]法显所记述的是公元5世纪初的情况,不难推测,佛教在当地已经流行了相当长一段时间。英国学者布腊夫(J. Brough)通过对佉卢文文书的考察,探讨了公元3世纪佛教在鄯善王国的兴盛情况:许多人被认为是僧人,佛教僧团也经常被提到。[4]事实上,这一时期楼兰地区佛教的兴盛正是与贵霜大月氏人的到来有着密切关系的。公元2世纪,贵霜帝国内乱,这次内乱的重要原因之一正是佛教大小乘派系的矛盾。伽腻色迦王晚期,大乘佛教教团在印度东部兴起,危及了信奉小乘的北方大月氏人的地位。北方王朝在内乱中失利后,作为小乘信徒的大月氏人向东流亡,来到鄯善地区,不仅直接推动了佛教的兴盛,而且使得佉卢文成为这一时期鄯善的流行语言甚至官方用语。[5]

值得一提的是,据《出三藏记集》载:"竺法护,其先月氏人也,世居敦煌郡。"法护是西晋时期最重要的译经师,极大地推动了佛教在中国的发展,《高僧传》称其"死而化道周洽,时人咸谓敦煌菩萨也"。如前所述,楼兰在西晋时期属于敦煌的凉州刺史管辖,魏晋文献中所谓"凉州"

〔1〕马世长:《克孜尔中心柱窟主室券顶与后室的壁画》,载《中国石窟·克孜尔石窟·二》,北京:文物出版社,1996年,第175页。

〔2〕佛教传入西域的确切时间,目前仍无定论。从现有材料分析,学术界一般认为将其笼统地定在两汉之际。参见任继愈:《中国佛教史》第2卷,北京:中国社会科学出版社,1985年,第45页。

〔3〕章巽:《法显传校注》,上海:上海古籍出版社,1985,第7—8页。

〔4〕J. Brough, "Comments on Third-Century Shan-shan and the History of Buddhism", in *Bulletin of the School of Oriental and African Studies (BSOAS)*, vol. 28, no. 3(1965), pp. 582–612.

〔5〕林梅村:《西域文明——考古、语言、民族和宗教新论》,北京:东方出版社,1995年,第33—67页。

或"敦煌"有时泛指塔里木盆地。楼兰地区在西晋时期佛教十分发达，因此，竺法护很可能是出身于世居楼兰的大月氏人家族。

### 5.1.2 偏洞室墓与大月氏人

偏洞室墓又被称为"早期土洞墓""竖穴洞室墓""地下横穴室墓"[1]等，是指先从地表向下挖出竖穴墓道，在其底部再挖横穴墓室的墓葬形制，一般认为与游牧文化有着密切的关系。有学者提出，中亚地区公元前2—前1世纪的大月氏人墓葬可能也采取了偏洞室墓这种形式，在谢米列契、费尔干纳谷地和泽拉夫善谷地三个地区发现的偏洞室墓可能是史书记载的大月氏人向西迁徙所留下来的遗存；新疆察吾呼沟三号墓地的偏洞室墓与谢米列契、费尔干纳地区许多特征相似，其族属应是大月氏人；月氏的起源地——蛤蟆墩墓地亦可见偏洞室墓。[2]这一观点过于简单化，曾受到研究者的批评[3]，但在把偏洞室墓和大月氏人联系起来这一点上却很具启发性。

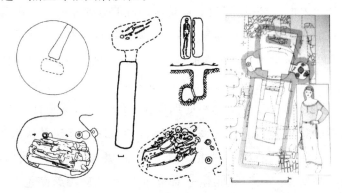

图5-16 中亚偏洞室墓

---

[1] 谢端琚:《试论我国早期土洞墓》，载《考古》1987年第12期，第1097—1104页；陈戈:《新疆发现的竖穴洞室墓》，收入中国社会科学院考古研究所编著:《中国考古学论丛》，北京:科学出版社，1993年，第401—414页；〔日〕高滨侑子著，韩钊译:《中国古代洞室墓》，载《文博》1994年第1期，第17—23页。

[2] 〔俄〕扎德涅普罗夫斯基，梅建军译:《由考古证据论月氏的迁徙路线》，载《吐鲁番学研究》2001年第2期，第98—101页。需要说明的是，关于沙井文化是月氏人遗存的观点，学术界仍存在很多质疑，未获普遍承认。

[3] 吕恩国:《新疆的偏室墓不一定是月氏遗存——简评〈由考古证据论月氏的迁徙路线〉》，载《吐鲁番学研究》2001年第2期，第102—103页。

考古工作者在中亚发掘了许多贵霜时期的偏洞室墓,如塔拉斯河流域的肯特尔(Kenkol)墓地、锡尔河中游沿岸的查达拉(Chardara)墓地,随葬品表现出明显的游牧文化特征,年代在公元1至4世纪。[1] 2007年,法国考古队在撒马尔干也发掘了一座偏洞室墓,出土有汉代铜镜,年代在西汉末至东汉初(约公元1世纪)。这些墓葬所在地区属于贵霜控制范围,可能与大月氏人有关。

1985年,新疆文物考古研究所在温宿县包孜东墓地发掘了一座游牧人石堆丛葬墓(85WBBM41),墓室内尸骨达20具之多,器物出土较为丰富,有陶器、铜器、骨器、石器等类共计565件,从出土汉镜看,墓葬年代大约在公元2世纪。[2]值得注意的是,这座游牧人古墓出土的陶器与犍陀罗奇特拉(Chitral)地区出土的陶器十分相似。[3]贵霜大月氏人曾经统治犍陀罗,丧葬制度或受到后者影响。因此,包孜东这座游牧人墓葬可能是来自中亚犍陀罗的大月氏人。

图5-17 温宿包孜东墓葬出土陶器

偏洞室墓在欧亚草原西部、中亚及中国西北地区都有发现,其起

---

〔1〕J. Harmatta, B. N. Puri & G. F. Etemadi ed., *History of Civilizations of Central Asia: The Development of Sedentary and Nomadic Civilizations, 700 B.C. to A.D. 250(vol. II)*, Paris: UNESCO, 1994, pp. 469-472; http://frantz.grenet.free.fr/index.php?choix=koktepe.

〔2〕新疆博物馆、阿克苏文管所、温宿文化馆:《温宿县包孜东墓葬群的调查和发掘》,载《新疆文物》1986年第2期。

〔3〕F. R. Allchin, "A Pottery Group from Ayun, Chitrāl", in *Bulletin of the School of Oriental and African Studies (BSOAS)*, vol. 33, no. 1 (1970), pp. 1-4.

源、流行和文化内涵均十分复杂,对此本书暂不涉及。[1]这里所论及的贵霜大月氏人偏洞室墓是伴随佉卢文在塔里木盆地的流行为特征的,年代在公元2世纪末至4世纪末之间。

2003—2004年,考古工作者在偃师市西部的邙山冲积扇上发现了一座侨居洛阳的大月氏人后裔的纪年墓。这座墓葬采用长方形竖井墓道的单室土洞墓,弧形拱顶,墓中出土扇形铭文砖,正面阴刻隶书3行17字:"永康元年(300)二月廿一日安文明妻支伯姬丧"。从姓氏分析,墓主人显然是大月氏人后裔,其夫君应为安息人。[2]据《出三藏记集》记载:"支谦字恭明,大月氏人也,祖父法度,以汉灵帝世率国人数百归化,拜率善中郎将。"由此可知东汉灵帝年间,这批流亡东方的大月氏人最后有数百人抵达了洛阳。研究者曾对于北京大学赛克勒博物馆所藏洛阳出土的井阑石刻进行了研究,认为这正是东汉年间抵达洛阳的贵霜大月氏人僧团的遗存。[3]支伯姬无疑也是这批月氏移民的后裔。

图5-18　犍陀罗出土陶器

〔1〕谢端琚:《试论我国早期土洞墓》,载《考古》1987年12期,第1097-1104页;陈戈:《新疆发现的竖穴洞室墓》,收入中国社会科学院考古研究所编著:《中国考古学论丛》,北京:科学出版社,1993年,第401-414页;李高峰:《天山至河西走廊早期铁器时代文化比较》,北京大学考古文博学院学士学位论文,2003年;韩建业:《中国先秦洞室墓谱系初探》,载《中国历史文物》2007年第4期,第16-25页。

〔2〕洛阳市第二文物工作队、偃师商城博物馆:《河南偃师西晋支伯姬墓发掘简报》,载《文物》2009年第3期,第36-40页。

〔3〕林梅村:《西域文明——考古、语言、民族和宗教新论》,北京:东方出版社,1995年,第387-404页。

从墓葬形制来看,长方形竖井墓道的单室土洞墓在洛阳地区西晋墓中很少见到,但与扎滚鲁克第三期墓葬中的偏洞室墓却较为接近,所不同的是受到了一些汉地墓葬因素的影响,如在墓道和洞室之间设置有甬道、墓底使用铺地砖。

因此,支伯姬墓的发现提示我们,偏洞室墓在扎滚鲁克第三期文化中出现得极为突兀,这意味着当时有一支外来人群到达了该地区,而这支外来人群可能即和流亡塔里木盆地的大月氏人有关。

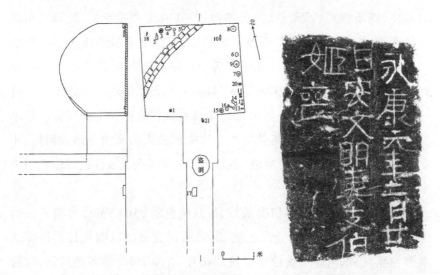

**图5-19 河南偃师支伯姬墓平剖面图及出土铭文砖**

属于这一时期的偏洞室墓还可见于营盘墓地。营盘遗址位于库鲁克塔格山南麓、孔雀河三角洲西北缘,东距楼兰LA古城约200公里,是一处大型聚落遗址,遗址区内有古城、佛寺、烽燧和大型公共墓地。墓地在古城外东北1公里的山前台地上,南距孔雀河干河床5公里,经调查约有古墓300座。新疆文物考古研究所先后于1989、1995、1999年三次对墓地进行了清理发掘,共发掘墓葬112座,清理被盗墓100余座,其年代被定为"上限到汉,下限到魏晋或略晚"。[1]我们认为,这个年代范

　[1]新疆文物考古研究所:《新疆尉犁县因半古墓调查》,载《文物》1994年第10期,第19-30页;《新疆尉犁县营盘墓地1995年发掘简报》,载《文物》2002年第6期,第4-45页;《新疆尉犁县营盘墓地1999年发掘简报》,载《考古》2002年第6期,第58-74页。

围过于笼统。事实上，通过与楼兰地区墓葬对比，我们可以明确地将营盘墓地分为东汉和魏晋两期：东汉时期均为长方形竖穴土坑墓，使用独木船形棺和没有彩绘的箱式木棺两种葬具，随葬大量木器，其中许多器形如木盘、带把木杯、木碗等与尼雅95MN1号墓地、黄文弼发掘L3墓地等东汉墓葬中所出器物完全一样；魏晋时期有竖穴土坑和竖穴偏室两种墓葬形制，低等级墓无葬具，高等级墓出现以彩绘箱式木棺为葬具。竖穴偏室墓均分布在台地下，偏室依靠台地沙壁向内掏挖形成，口用木柱、柳条栅栏、芦苇草、门板等封堵，其内无木质葬具，随葬三角状唇部陶罐、漆奁、木杯等。值得一提的是，偏洞室墓M59出土了一封佉卢文书信，字体明显表现出晚于鄯善王童格罗迦时代的特征。[1] 曾经有研究者提出，营盘的偏洞室墓不排除与月氏人有关的可能性。[2] 这一观点与我们关于扎滚鲁克第三期偏洞室墓葬的推测不谋而合。只不过，由于这批大月氏人显然并非西迁途中留在天山绿洲盆地或河西"小众不能去者、保南山羌"的所谓"小月氏"[3]，而是公元3世纪时流亡塔里木盆地的贵霜大月氏人。

另外，营盘墓地保存情况最好、最具特色的95BYYM15号墓葬值得注意。这座墓为长方形竖穴土坑墓，采用营盘M15以四足长方形箱式木棺为葬具，木棺外壁满绘穿璧纹和花卉、卷草、树叶等各种纹饰，与楼兰壁画墓和1998年被盗的彩棺墓(09LE14M2)所使用的彩绘箱式木棺从形制到纹饰都十分接近；木棺外覆盖一条长方形彩色狮纹栽绒毛毯，这一做法亦见于彩棺墓；木棺内葬一人，头向东北，仰身直肢；墓主人头枕鸡鸣枕，面部罩盖麻质面具，鼻孔用织物封塞，身着红地对人兽树纹罽袍，袍面以裸体小男孩的形象作为装饰，表现出浓厚的希腊罗马艺术风格。[4] 从文化内涵上来看，M15规格较高，表现出受到汉文化(彩绘

〔1〕林梅村：《新疆营盘古墓出土的一封佉卢文书信》，载《西域研究》2001年第3期，第44-45页。

〔2〕李文瑛：《新疆尉犁营盘墓地考古新发现及初步研究》，收入巫鸿主编：《汉唐之间的视觉文化与物质文化》，北京：文物出版社，2003年，第314-315页。

〔3〕荣新江：《小月氏考》，收入余太山、陈高华等主编：《中亚学刊》第3辑，北京：中华书局，1990年，第47-62页。

〔4〕新疆文物考古研究所：《尉犁县营盘15号墓发掘简报》，载《文物》1999年第1期，第4-16页。

木棺)和希腊文化(墓主人所穿屩袍)两方面的影响,这些与楼兰壁画墓十分相似。因此我们猜测,营盘M15号墓的墓主人可能亦与贵霜大月氏人有关,或即营盘偏洞室墓所葬大月氏移民团中的高层人物。

据体质人类学的研究成果,营盘墓地的人骨特征与蒙古人种差异较大,更接近欧洲人种的特点,但有蒙古人种特征的混杂。而在周邻地区的人骨材料中,营盘墓地与察吾呼三号墓地的关系最为密切,而与楼兰城郊墓地的关系最远。[1]楼兰城郊墓一般认为是楼兰土著居民,其种族主要是欧洲人种的地中海东支类型。[2]

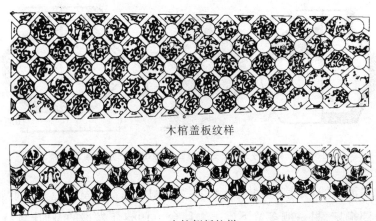

木棺盖板纹样

木棺侧板纹样

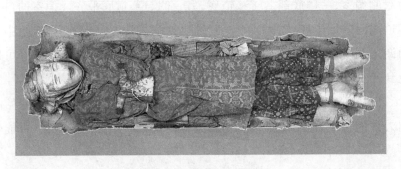

图5-20 营盘M15号墓

〔1〕陈靓:《新疆尉犁县营盘墓地古人骨的研究》,收入吉林大学边疆考古研究中心:《边疆考古研究》第1辑,北京:科学出版社,2002年,第323-341页。

〔2〕韩康信:《新疆楼兰城郊古墓人骨人类学特征的研究》,载《人类学学报》1986年第3期,第227-242页。

察吾呼三号墓地位于新疆巴音郭楞蒙古自治州和静县县城西北30公里处。1983—1988年间，新疆文物考古研究所等多家单位先后在此做过工作，共发掘了40座墓葬。[1]发掘者认为，察吾呼三号墓地中殉牲的习俗以及墓葬内出土的陶罐与宁夏同心倒墩子、内蒙古东胜补洞沟和凉城毛庆沟以及诺颜乌拉匈奴墓地中的陶罐接近，从而推测墓地埋葬人群的族属是东汉前期匈奴。然而，我们发现，在1984年发掘的墓葬中曾出土有三角状唇部的陶罐，这是楼兰第三期墓葬出土陶器的典型特征，因此察吾呼三号墓地的年代至少沿用到了魏晋时期。

图5-21　察吾呼三号、交河沟西墓地出土三角状唇部陶罐

在清理的40座墓葬中，有16座为偏洞室墓。偏室在竖井墓道底部向一侧掏挖，另一侧多留下生土二层台。1988年发掘的M1比较特殊，为双侧偏室，一侧底部低于墓道底，另一侧与墓道底平齐。偏室的口与墓道之间多用土坯、立木或石头封挡。这一做法亦见于营盘墓地、中亚的谢米列契和费尔干纳地区，早在蛤蟆墩沙井文化的M18[2]中也可以见到。

据体质人类学分析，察吾呼三号墓地的人骨整体上表现出原始欧洲人种的特征，但出现了很多变异趋势使得一些特征显得弱化，可能带

〔1〕中国社会科学院考古研究所新疆队、新疆巴音郭楞蒙古自治州文管所：《新疆和静县察吾乎沟口三号墓地发掘简报》，载《考古》1990年第10期，第882-889页；新疆文物考古研究所：《新疆察吾呼——大型氏族墓地发掘报告》，北京：东方出版社，1999年，第253-271页。

〔2〕甘肃省文物考古研究所：《永昌三角城与蛤蟆墩沙井文化遗存》，载《考古学报》1990年第2期，第219页。

有某种蒙古人种混合特征。[1] 这一结论与营盘墓地完全一致。正如发掘者从器物、葬具、葬式等方面注意到的：察吾呼三号墓地是一支外来文化，其中的偏室墓也不是当地发展起来的。事实上，这批墓葬的随葬品比较简单，其中的铜带扣、弓弭、弓弣、铁镞、动物纹饰件等均为游牧文化墓葬常见物品，并不能说明墓葬族属一定是匈奴。因此，我们认为，察吾呼三号墓地的偏洞室墓不能排除是大月氏人墓葬的可能性。

此外，1996年考古工作者在吐鲁番交河沟西墓地也发掘了8座竖穴偏室墓，发掘者认为其大部分与共存的竖穴土坑墓年代相近，将年代定为西汉时期。其中96TYGXM4则在墓葬形制、随葬品明显与其他墓葬不同，偏室较为宽大，内四壁比较平直，墓道底部出土1件轮制灰陶罐，为三角状唇部。因此，这座墓葬应为魏晋时期，可能也与大月氏人有关。[2]

### 5.1.3　佉卢文在塔里木盆地的流传

佉卢文是起源于古代犍陀罗，后来流行于中亚广大地区的一种古文字。就目前所知，这种文字最早见于印度孔雀王朝阿育王统治犍陀罗时颁布的摩崖法敕，但从其字体及流行地区的历史发展进程表明，这种文字的创立应始于公元前5世纪古波斯阿契美尼德王朝大流士统治犍陀罗时。19世纪80年代以来，新疆地区不断发现大批佉卢文资料，计有木牍、残纸、帛书、皮革文书、题记、碑铭和汉佉二体钱，这些资料对研究公元2—4世纪塔里木盆地的语言和历史具有重要意义，自发现以来就深受学术界重视。按照出土地点，这些佉卢文资料主要出自于阗、龟兹和鄯善三个古代绿洲王国，其中以鄯善出土的数量最多，绝大部分出自尼雅遗址。1988年出版的《沙海古卷》一书曾对当时已出土佉卢文文书进行了统计和释译工作。[3] 此后，中日日中共同尼雅遗迹学术考

---

〔1〕新疆文物考古研究所：《新疆察吾呼——大型氏族墓地发掘报告》，北京：东方出版社，1999年，第299-337页。

〔2〕新疆文物考古研究所：《1996年新疆吐鲁番交河故城沟西墓地汉晋墓葬发掘简报》，载《考古》1997年第9期，第46-54页；《交河沟西——1994—1996年度考古发掘报告》，乌鲁木齐：新疆人民出版社，2001年，第11-13页。

〔3〕林梅村：《沙海古卷——中国所出佉卢文书初集》，北京：文物出版社，1988年。

欧·亚·历·史·文·化·文·库·

察队又于1991至1995年新获得一批佉卢文文书。[1]

关于这些佉卢文文书的年代，前辈学者们已经做了大量的工作，特别是佉卢文时代鄯善王世系的建立，极大地推进了人们对这种文字的认识。[2]然而，仍有部分学者对于佉卢文传入塔里木盆地的上限存在疑问，而这是由于对考古遗址的年代认识不清造成的。在第二章中，我们已经对楼兰墓葬的年代进行了详细分析，建立了三期墓葬的编年序列。由此，我们可以从考古学的角度，依靠文书和出土单位的对应关系来确定文书的年代。

在楼兰墓葬中，佉卢文文书最早见于第二期墓葬中，主要包括：

（1）楼兰考古队1980年在孤台墓地MB2发现的"延年益寿大宜子孙锦"幅边背面有一行佉卢文题记，林梅村先生对其进行了考释，意为"频婆·室利诃陀之锦，（价值）百钱"，并认为这件佉卢文织锦当在东汉桓、灵之际，并且不晚于公元188年。[3]

（2）尼雅95MN1M1号和95MN1M8号两座墓出土的木弓上发现缠有写佉卢文的绢带。[4]

（3）斯文·赫定在孔雀河三角洲发现的Grave号墓中出土的一件丝织品上写有佉卢文题记，挪威奥斯陆大学的柯若教授对这条题记进行了释读和研究，释文为"siṃdhācāriyasa paṭa 2020"，意为"印度法师之绸缎40（匹）"，同时认为其年代应该在公元2世纪最后几十年的范围之内。[5]

如前文所述，这几座墓均为第二期晚期墓葬，其年代在公元2世纪末至3世纪上半叶，与语言学家从语言和书体特征判断所得到的结论

---

［1］这批文书由莲池利隆和林梅村两位先生分别进行了释读，参见中日日中共同尼雅遗迹学术考察队：《中日日中共同尼雅遗迹学术调查报告书》第1卷，乌鲁木齐/京都：中日日中共同尼雅遗迹学术考察队，1996年，第281-337页；第2卷，1999年，第161-176页、第227-244页。

［2］刘文锁：《沙海古卷释稿》，北京：中华书局，2007年，第1-14页。

［3］林梅村：《西域文明——考古、语言、民族和宗教新论》，北京：东方出版社，1995年，第193-196页。

［4］中日日中共同尼雅遗迹学术考察队：《中日日中共同尼雅遗迹学术调查报告书》第2卷，乌鲁木齐/京都：中日日中共同尼雅遗迹学术考察队，1999年，第116页、第126页。

［5］F. Bergman, *Archaeological Researches in Sinkiang, Especially the Lop-Nor Region*, Stockholm: Bokförlags Aktiebolaget Thule, 1939, pp. 231-234.

相一致。这就有力地证明了,佉卢文在东汉晚期已经传入塔里木盆地。

从内容上来看,这三件帛书均涉及丝绸的所有者、长度与价钱。这些佉卢文题记与前文所引尼雅出土的"河内修若东乡杨平缣"及斯坦因在敦煌烽燧线附近发现的"任城国亢父缣"题记均属于同一性质,应与当时的丝绸贸易有关,用于记录所交易丝绸的信息。

戴维注意到,山普拉墓地84LSIM48号墓出土的一件所谓于阗文绢书,实际上是佉卢文文书,并请华盛顿大学亚洲语言文学系的Andrew Glass博士和Stefan Baums博士对其进行了释读,释文为"eṣa paṭa [diṭhi] 4",意为"这捆丝绸54尺",根据字体与语言特征,其年代指向公元2世纪末。[1]这件帛书无疑与楼兰出土的佉卢文帛书属于同一性质。

此外,斯坦因1906年还曾在LA古城采集到一条素绢(LA.VI.ii 0235),上面写着两行佉卢文。[2]

可与这些佉卢文帛书相类比的还有斯坦因在敦煌汉长城烽燧发现的另一件原色丝绸,上面用婆罗谜文写着相似的内容"……短丝绸46拃",其年代被定在公元前61年到公元9年之间。[3]季羡林先生指出,这条题记使用的文字是印度俗语,字母是婆罗谜文,说明"印度俗语在公元前后几十年内已经成为西域一带的商业通用语言了"。[4]

从汉文史料来看,《后汉书·西域传》所记关于西域史实止于灵帝熹平四年(175),其中没有任何关于佉卢文的记载,佉卢文传入塔里木盆地应在公元175年之后。但上述分析表明,至迟在公元2世纪末,佉卢文已经被应用于当时的丝绸贸易之中。这意味着佉卢文在起初进入塔

〔1〕戴维:《鄯善地区汉晋墓葬与丝绸之路》,北京大学考古文博学院硕士学位论文,2005年,第9页。

〔2〕M. A. Stein, *Serindia: Detailed Report of Explorations in Central Asia and Westernmost China Carried out and Described under the Orders of H. M. India Government*, vol. 1, Oxford: Clarendon Press, 1921, p. 383.

〔3〕M. A. Stein, *Serindia: Detailed Report of Explorations in Central Asia and Westernmost China Carried out and Described under the Orders of H. M. India Government*, vol. 1, Oxford: Clarendon Press, 1921, pp. 701–704;林梅村:《古道西风——考古新发现所见中外文化交流》,北京:生活·读书·新知三联书店,2000年,第374页.

〔4〕季羡林:《中印文化关系史论文集》,北京:三联书店,1982年,第63页。

里木盆地时,除了出现在佛经、钱币上外,还有一种形式是作为一种商业语言、由丝绸之路上的商人们带入塔里木盆地中的,而这种形式所使用的书写材料主要是丝绸。

除了商业用语之外,佉卢文在传入塔里木盆地早期的另一种形态是佛教用语,于阗出土的著名的佉卢文《法句经》即是最突出的代表。此外,佉卢文还见于米兰佛寺:

(1)斯坦因在米兰 M.III 佛寺发现了三块丝幡(M.III.0015),上面用佉卢文写着9条短语。经波叶尔解读,丝幡上每一段短语都包含一个印度俗语的祈求健康的祝愿,其中使用的短语 arughadachinae bhavadu 常见于贵霜碑铭中。此外保存下来的7个人名应源自印度和伊朗语。[1]语言学分析表明,这件文书的书写者与贵霜文化有着千丝万缕的关系,很可能不是本地土著居民;同时,它使用丝绸作为书写材料,早于公元3世纪以后通行的木牍或封检,应属于佉卢文初传塔里木盆地时期的文书。

(2)米兰 M.V 佛寺壁画中发现了两则佉卢文题记:其一见于《须大拏太子逾城出家》本生故事画中须大拏乘马出城的场景中,题写在城门的门楣上,意为"此系仙授,布阇弥之子"。须大拏称号甚多,仙授乃其中之一。其二写在画面中有降雨之能的白象的右臀部,意为"此系蒂陀之作品,彼为之获般摩伽钱,三千"。斯坦因指出,题记中画家蒂陀(Tita)实为希腊名字 Titus 用在梵文或印度俗文字中的一种特定形式,在公元初期的罗马帝国远东诸省,包括叙利亚以及其他靠近波斯的边境地区之中是一个很常用的名字,因此,蒂陀可能是一位精通佉卢文的希腊裔画师。[2]从壁画风格和佛寺形制来看,M.V 佛寺的年代在公元2世

---

〔1〕 M. A. Stein, *Serindia: Detailed Report of Explorations in Central Asia and Westernmost China Carried out and Described under the Orders of H. M. India Government*, vol. 1, Oxford: Clarendon Press, 1921, p. 495; vol. 4, Pl. XXXIX; A. M. Boyer, "Inscriptions de Miran", in *Journal Asiatique*, mai-juin(1911), p.418.

〔2〕 M. A. Stein, *Serindia: Detailed Report of Explorations in Central Asia and Westernmost China Carried out and Described under the Orders of H. M. India Government*, vol. 1, Oxford: Clarendon Press, 1921, p. 538.

纪末至 3 世纪初,因此这两条题记也属于塔里木盆地最早的佉卢文文书之一。

　　丝绸以外,作为过渡时期佉卢文的书写材料的还有皮革,早于中原风格的简牍。以皮革为书写材料属于西方传统,《史记·大宛列传》中曾提到,安息正是使用皮革作为书写材料("画革旁行以为书记")。[1]在第二章中我们提到,尼雅 N.XIV 遗址的第二层堆积中发现了一件皮革文书,和汉文文书共出,大致为东汉时期。尼雅遗址共出土有 25 件皮革文书,其中许多与简牍文书有共存关系,从内容看不乏官方文书(国王敕谕),说明简牍作为书写材料出现后,皮革文书虽退居次要地位,但仍被使用。

　　综上,我们可以确定,东汉晚期佉卢文已经传入塔里木盆地。可以看出,在这一时期,佉卢文作为外来语的特征十分明显,使用者主要是外来人群体,主要用于商业和佛教等领域,其书写材料最早是丝绸,其次是皮革,后来受中原文化影响开始使用简牍。

　　对于佉卢文在塔里木盆地流传的原因,西方学者曾提出是因为东汉王朝退出西域后,贵霜帝国统治了塔里木盆地。[2]我国学者则提出,佉卢文的流行是公元 2 世纪以后贵霜内乱、大量难民涌入塔里木盆地的产物。[3]以上分析也证明了这一点,即佉卢文在初传塔里木盆地时是作为商业、佛教等民间用语,在逐渐流行日广之后才被鄯善定为官方文字。

## 5.2　　帕提亚文化对楼兰的影响

　　公元前 238 年,波斯西部游牧部落首领阿萨息斯(Arsaces)建立了

---

〔1〕刘文锁:《楼兰的简纸并用时代与造纸技术之传播》,收入吉林大学边疆考古研究中心:《边疆考古研究》第 2 辑,北京:科学出版社,2003 年,第 409 页。

〔2〕J. Brough, "Comments on Third-Century Shan-shan and the History of Buddhism", in *Bulletin of the School of Oriental and African Studies (BSOAS)*, vol. 28, no. 3(1965), pp. 582–612.

〔3〕林梅村:《西域文明——考古、语言、民族和宗教新论》,北京:东方出版社,1995 年,第 33–67 页。

阿萨息斯王朝,以尼萨(今土库曼斯坦阿什哈巴德)为首都,中国史书称之为"安息",西方史家称之为"帕提亚"。至公元前2世纪下半叶,帕提亚已成为领有全部伊朗高原及两河流域的庞大帝国,控制着中国与罗马帝国之间的贸易交通线。张骞第二次出使西域时,曾派遣副使出访安息。据《史记·大宛列传》记载:"初,汉使至安息,安息王令将二万骑迎于东界。东界去王都数千里。行比至,过数十城,人民相属甚多。汉使还,而后发使随汉使来观汉广大,以大鸟卵及犁靬善眩人献于汉。"又据《后汉书·西域传》载,东汉章帝章和元年(87),帕提亚曾"遣使献师子、符拔";和帝永元九年(97),西域都护班超派遣甘英出使罗马,"抵条支,临大海欲度,而安息西界船人谓英曰:'海水广大,往来者逢善风三月乃得度,若遇弶风,亦有二岁者,故入海人皆赍三岁粮。海中善使人思土恋慕,数有死亡者。'英闻之乃止。十三年,安息王满屈复献师子及条支大鸟,时谓之安息雀"。帕提亚为了垄断丝绸之路上的巨额贸易差价,极力阻止中国与其他国家的直接交通。同时,帕提亚的物产则通过丝绸之路贸易不断传入中国。

### 5.2.1　楼兰出土帕提亚方物

#### 5.2.1.1　帕提亚箜篌

且末扎滚鲁克西汉墓葬中出土了几件木箜篌。有研究者提出,这类箜篌这个时期在楼兰地区的出现可能与帕提亚人有关。[1]

据《史记·封禅书》载:"于是塞南越,祷祠太一、后土,始用乐舞,益诏歌儿,作二十五弦及空侯琴瑟自此起。"《后汉书·五行志》又载:"灵帝好胡服、胡帐、胡床、胡坐、胡饭、胡空侯、胡笛、胡舞,京都贵戚皆竞为之。"汉代长安流行的应就是扎滚鲁克出土的这种箜篌,后来被称作"竖箜篌"。据《隋书·音乐志》记载:"今曲颈琵琶,竖箜篌之徒,并出西域,非华夏旧器。"《旧唐书·音乐志》亦载:"竖箜篌,胡乐也。汉灵帝好之。体曲而长,二十有二弦,置抱怀中,用两手齐奏,俗谓之'臂箜篌'。"

箜篌最早起源于北非埃及,最早出现在公元前3000至前2000年间

---

[1] 林梅村:《丝绸之路考古十五讲》,北京:北京大学出版社,2006年,第122–123页。

法老墓,埃及人称作 harp(哈卜)。公元前 2004—前 1595 年,箜篌从埃及传入巴比伦,美国芝加哥大学考古队在巴比伦遗址发现一个演奏箜篌的乐师浮雕泥版,与且末出土箜篌几乎完全相同。

图 5-22　巴比伦出土泥版

两河流域的古文明后为亚述人继承,亚述人把这种古乐器改称 Cank(箜篌)。苏联考古学家马松(Masson)在乌兹别克斯坦铁尔梅兹城以北 18 公里阿伊尔塔姆(Airtam)遗址发现一座公元 1—2 世纪的佛教寺院遗址。这所佛寺石柱头浮雕上雕刻了一个演奏箜篌、琵琶和皮鼓的乐队,上面的女乐师衣着打扮,与波斯王宫浮雕上帕提亚女子相同。这个发现说明,公元 1—2 世纪箜篌已从帕提亚传入中亚。汉语“箜篌”之名与亚述语 Cank 读音相近,这或许表明,扎滚鲁克出土西汉箜篌可能也来自帕提亚。

图 5-23　阿伊尔塔姆石雕

### 5.2.1.2　帕提亚式复合弓

尼雅墓葬和孔雀河三角洲中期墓葬中都出土有较完整的复合弓，这类复合弓与早期欧亚草原流行的斯基泰蛇形弓代表两种不同的系统，类似的复合弓在幼发拉底河 Baghouz 古墓中可以见到[1]，而且在著名的图拉真石柱(Trajan's Column)表现罗马与帕提亚军队作战的图像中，帕提亚士兵手中手持的复合弓正是与尼雅东汉墓出土的帕提亚式复合弓如出一辙。研究者提出，这类复合弓在塔里木盆地的流行，显然

---

〔1〕F. Bergman, *Archaeological Researches in Sinkiang, Especially the Lop-Nor Region*, Stockholm: Bokförlags Aktiebolaget Thule, 1939, p.122.

是西域诸国与帕提亚帝国文化交流的结果。[1]

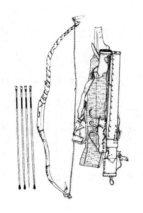
图5-24　尼雅出土帕提亚式弓

图5-25　帕提亚式弓复原

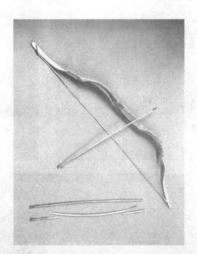
图5-26　营盘墓地出土帕提亚式弓

### 5.2.1.3　帕提亚蜂窝纹玻璃杯

扎滚鲁克96QZIM49号墓出土有一件玻璃杯,学者们原来多认为这属于萨珊玻璃器。[2]然而,且末扎滚鲁克第三期墓葬随葬品不见任何萨珊波斯文物,这个说法颇多疑问。事实上蜂窝纹是亚述和埃兰艺术

〔1〕林梅村:《丝绸之路考古十五讲》,北京:北京大学出版社,2006年,第203-204页。

〔2〕安家瑶:《北周李贤墓出土的玻璃碗——萨珊玻璃器的发现与研究》,载《考古》1986年第2期,第173-181页。

的典型纹饰之一,后又经波斯艺术,被帕提亚艺术所沿袭。帕提亚艺术后来主要为萨珊波斯工匠所继承。美国大都会艺术博物馆收藏了一件萨珊波斯艺术风格的蜂窝纹玻璃杯,年代定在公元5至7世纪。从器物形态上看,扎滚鲁克出土的蜂窝纹玻璃杯,形体高瘦,似早于萨珊波斯的矮胖形玻璃杯。尽管罗马皇帝图拉真在公元116至117年间从帕提亚人手中夺取了叙利亚,但是叙利亚工匠此后制作的玻璃器仍保留了一些帕提亚艺术风格。例如,1973年朝鲜新罗古墓天马冢发现的叙利亚玻璃杯就装饰有帕提亚风格的蜂窝纹,年代在公元5世纪末至6世纪初。研究者指出,扎滚鲁克这种外表饰有成排蜂窝纹的玻璃杯或正应与帕提亚文化有关。[1]

帕提亚蜂窝银钵(公元前2—1世纪)

萨珊蜂窝纹玻璃杯

扎滚鲁克玻璃杯

朝鲜天马冢出土罗马玻璃杯

图 5-27　蜂窝纹器具

## 5.2.2　楼兰佛寺所见帕提亚影响

据汤用彤先生分析,"佛法来华,先经西域。在汉代,我国佛教渊

---

〔1〕林梅村:《古道西风——考古新发现所见中外文化交流》,北京:生活·读书·新知三联书店,2000年,第206页。

源,首称大月氏、安息与康居三国"[1],至迟在公元前后,帕提亚地区已有佛教传播,考古学家在今阿富汗西部的安息旧址,曾发现过一些公元1—2世纪的佛塔遗址。[2] 据《高僧传》载,中国历史上第一位佛经译者安世高,即来自安息,原为王族太子,父死即舍王位出家。由此可知,帕提亚文化必曾对佛教产生重要影响。例如上文所提到的表现佛像最常见的手印之———施无畏印就来自帕提亚表现王族右手上举的姿势。[3]

楼兰佛寺中亦可以见到帕提亚文化的影响。如前所述,米兰 M.III、M.V 两座佛寺平面均为外方内圆,渊源应在帕提亚,帕提亚旧都旧尼萨圆庙建筑采用了这一形制。[4] 犍陀罗斯尔卡普(Sirkap)大塔庙佛寺的后殿也采用了圆形平面,年代约在公元 1 世纪[5],可能亦受到了帕提亚建筑的影响。

图 5-28　塔克西拉斯尔卡普大塔庙佛寺

在第 3 章中,我们曾讨论到楼兰的木结构建筑和木质家具,其中许多佛寺木雕都装饰着帕提亚艺术风格的雕刻纹样,如菱格纹、几何形四瓣花纹、月桂枝纹等。[6] 除此之外,楼兰佛寺还发现过一种"格里芬守

〔1〕汤用彤:《汉魏两晋南北朝佛教史》,北京:中华书局,1955年,第80页。

〔2〕任继愈:《中国佛教史》第1卷,北京:中国社会科学出版社,1981年,第81-82页。

〔3〕见本书4.2。

〔4〕见本书4.1。

〔5〕J. Marshall, *Taxila: An Illustrated Account of Archaeological Excavations Carried Out at Taxila under the Orders of The Government of India Between the Years 1913 and 1934*, vol. 1, Cambridge: At the University Press, 1951, pp. 151-154.

〔6〕见本书3.2。

欧·亚·历·史·文·化·文·库·

护花瓶"图案的木雕装饰,亦来源于帕提亚。

"格里芬(griffin)"是欧亚古代艺术中一种十分常见的艺术主题,形象种类十分丰富,均表现为有翼的怪兽,早在公元前三千纪,它就已经出现在两河流域。值得注意的是,楼兰地区的木雕中这一艺术形象十分多见,如第3章第2节介绍的木柜拉门上就有这一形象。此外,楼兰木雕中还见到格里芬以守护花瓶的形式出现,我们认为这一图像可能是受到了帕提亚艺术的影响。

楼兰地区保存最好的格里芬守护花瓶木雕见于尼雅N.XXVI遗址的木雕托架:正面分为三格,中间雕花瓶,并向两端伸出花枝,两侧为相向奔跑的两只有翼狮子;背面图案与正面相似,只是狮子不带翼。[1]斯文·赫定在LB.II也曾发现有翼狮子和花瓶的木雕,由尼雅木雕可知原来亦应为格里芬守护花瓶主题,其上下边缘皆有凸榫,应是用于室内装饰。[2]斯坦因在LB.II也有类似的发现。[3]

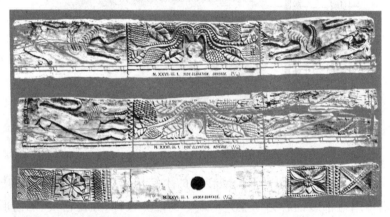

图5-29 尼雅出土格里芬守护花瓶木雕托架

〔1〕 M. A. Stein, *Serindia: Detailed Report of Explorations in Central Asia and Westernmost China Carried out and Described under the Orders of H. M. India Government*, vol. 1, Oxford: Clarendon Press, 1921, fig. 63; vol. 4, pl. XVIII.

〔2〕 F. Bergman, "Loulan Wood-Carvings and Small Finds Discovered by Sven Hedin",in *Bulletin of the Museum of Far East Antiquities (BMFEA)*, No.7 (1935), p.83.

〔3〕 M. A. Stein, *Serindia: Detailed Report of Explorations in Central Asia and Westernmost China Carried out and Described under the Orders of H. M. India Government*, vol. 1, Oxford: Clarendon Press, 1921, pp. 397, 442; vol. 4, pl. XXXIII.

图5-30 楼兰LB.II出土格里芬守护花瓶木雕

大英博物馆藏帕提亚出土的公元前1世纪至公元2世纪格里芬守护花瓶浮雕石板,揭示了这种有翼狮子与花瓶组合的艺术渊源。在这件石板中,两只带翼狮子相向而立,中间雕刻花瓶,向两端传出花枝,题材和布局与楼兰木雕几乎完全一样。显然,帕提亚石板是有翼狮子与花瓶组合题材的源头。

图5-31 大英博物馆藏帕提亚格里芬守护花瓶石雕

中国古代艺术中的"有翼神兽"形象一直吸引着许多学者的注意,特别是以南朝陵墓的神道石刻最引人注目,其渊源问题至今仍未解决。李零曾对这一问题进行探讨,认为中国的"有翼神兽"源于外来文化,与西亚、中亚和欧亚草原有着密切关系,其传播存在着两种可能的渠道:一是沿丝绸之路从新疆方向接受中亚和西亚的影响,二是从内蒙古和东北接受欧亚草原的影响。[1]从楼兰地区发现木雕来看,"格里芬守护花瓶"主题的源头是在帕提亚艺术,这一发现或可为解决中国"有翼神兽"的渊源问题提供一定线索。

## 5.3　中原文化对楼兰的影响

### 5.3.1　中原建筑在楼兰的兴起

楼兰是汉王朝经略西域的重要据点,在此实施屯田、设置行政管理机构,随着大量汉人的到来,中原汉式建筑在楼兰兴起。

#### 5.3.1.1　汉式方城

张骞凿空之前,塔里木盆地流行圆形古城。随着汉文化的到来,汉式方城逐渐取代圆城成为当地主流城制。

据《周礼·考工记》载:"匠人营国,方九里,旁三门,国中九经九纬,经涂九轨,左祖右社,面朝后市,市朝一夫。"中国传统文化中有"崇方"的观念,方形古城显得庄重大方,具有端正、威严的形态,因而成为中原古城的传统形制。由于方形古城对地形要求比较高,需要有较为平坦的土地为基础,因此小型古城容易满足条件,多能够建成方形,而大型古城往往无法严格建造成正方形。

汉代古城根据级别分为不同规模。楼兰地区现存古城规模一般不大,平面形状较为规整。在西汉古城中,小河西北古城是"护鄯善以西诸国"的卫司马治所,边长220米,约相当于"都尉"一级的古城。扜泥城(且尔乞都克)作为鄯善国都,规模比卫司马治所略小,边长200米。LE古城可能是在原楼兰城基础上改建的汉朝的行政机构,属卫司马治下,规模比扜泥城更小,边长120米至130米。安迪尔古城的性质和规模都与LE古城相似,可能是卫司马设在精绝国的行政机构,边长110米。而魏晋时期兴建的LA古城作为西域长史的治所,统领整个西域的事务,因此规模更大,边长330米左右。

---

[1] 李零:《论中国的有翼神兽》,载《中国学术》2001年第1期,北京:商务印书馆,第1-64页。

西汉王朝开始在楼兰地区筑城时,人们尚未注意到当地盛行风向,因此机械地按照汉式方城的筑城方法,将城墙都朝向正方向。魏晋时期筑城工匠已考虑到沙漠地区的自然地理环境,对城墙朝向做了调整,使之与正方向略成偏角,以减小盛行风的侵蚀作用。

与方城一起传入的还有中原的夯土版筑技术。版筑即用木板做边框,在框内填土用木杵打实,然后将木板拆除向上移动,再依次填土夯实,俗称"打土墙"或"干打垒"。早在4000年前的龙山文化时代,中原地区就已经出现了夯土建造的城墙,殷商时期出现了版筑技术。[1]汉代夯土版筑技术已经十分成熟和规范,夯土纯净,一般不含杂质。[2]夯土版筑的墙体,一般都在夯筑过程中添铺加筋材料,以加强夯土的坚固性、增加抗拉强度。甘肃河西地区的汉长城在修建时,用红柳、芦苇、罗布麻以及胡杨树等的枝条为筋材,夹在夯层之中。敦煌大方盘城即以夯土层夹红柳枝层修筑而成。楼兰地区的方形古城也多采用这种方法,其来源应是河西地区。

### 5.3.1.2 烽燧系统

烽燧又称亭燧、烽火台,是边境地区用来燃烟示警的军事设施。据文献记载,西周时期就已经有了烽燧一类的报警系统,东周秦汉时期沿用此制。[3]汉武帝伐大宛后,"自敦煌西至盐泽,往往起亭"(《汉书·西域传》),即在敦煌和罗布泊之间修筑了亭燧系统。不过,从考古发现来看,西汉时期的亭燧系统事实上并不止于罗布泊,在罗布泊以西也有大量分布。这些烽燧与土垠居卢仓、轮台和龟兹等地设置的屯戍等一起构成了西汉王朝的军事防御系统。

烽燧一般设置在战略要地和重要交通沿线,在罗布泊以西,西汉王朝共设置了纵横两条烽燧线。

一是沿孔雀河故道向西延伸,自营盘至库尔勒设置的一系列烽

---

〔1〕张虎元、赵天宇、王旭东:《中国古代土工建造方法》,载《敦煌研究》2008年第5期,第83-84页。

〔2〕王银田、何培:《汉代城墙浅议》,载《中原文物》2010年第2期,第51页。

〔3〕程喜霖:《汉唐烽堠制度研究》,西安:三秦出版社,1990年,第1-33页。

燧。1914年斯坦因对这些烽燧进行了系统考察,记录了9个烽燧遗址,编号为Y.I-IX。这些烽燧的建筑风格、技术和形制布局都与疏勒河终端以东长城沿线的烽燧是一致的,以Y.I烽燧为例:烽燧底部10米见方,残高9米,顶部有内室,3.6米见方,周围环绕一圈方形围墙,围墙外侧边长23米,四边朝向正方向。烽燧与围墙为土坯夹芦苇构筑而成,建筑方式和土坯尺寸均与敦煌长城沿线的烽燧相同,且朝向均为正方向。因此,这条烽燧线应是汉武帝前后时期为抵御匈奴而修筑的。罗布泊北岸的土垠遗址(居卢仓)也属于这个烽燧系统。

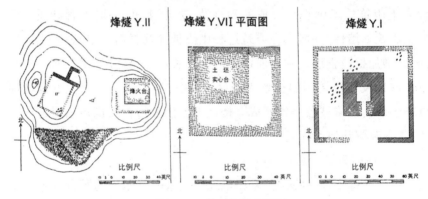

图5-32　营盘烽燧平面图

　　二是经小河古城的南北交通线与丝路南道连接的烽燧线。1939年,贝格曼在小河5号墓地西南18公里处发现了一座烽燧遗址,残高7米,平面方形,约16米×19米,四周有一道低围墙。

　　1989—1990年,巴州在进行文物普查工作中,在且末、若羌都发现了烽燧遗址。且末县现存两座汉代烽燧:一座位于巴格日克乡坚达铁日木村东南约1公里处,东距呈南北走向的车尔臣河约1.5公里,毁坏较严重,仅存直径6.5米、高1米的圆形土墩,烽体中夹筑红柳枝;另一座在塔他浪乡下塔浪村西北约1.7公里,距现车尔臣河床2至3公里,邻近车尔臣河的故河道,东西宽11.8米、南北长14.3米、残高约6米,由土坯与红柳枝、芦苇夹筑而成。

图5-33　小河5号墓地西南烽燧

若羌县目前所知有三座烽火台:一位于若羌县城第一小学院内,情况不详;二位于县城西北约1.5公里处,呈二层台式,上层为土坯建筑,中部见土黄色轮制和土红色的夹砂陶片;三位于县城东南约4公里处的吾塔木老渠旁,基部呈长方形,东西长10米、南北宽7米,底部铺有石基,以上为土坯砌筑,残高4米,旁边可见轮制夹砂褐色陶片,其东约7米处见一方形地下式房址。从迹象判断,后两座可能是汉代烽燧。[1]

如前文所述,小河沿岸应存在一条南北交通线[2],由小河古城向南经麦德克古城,南通米兰或若羌,合于丝路南道。以上小河沿岸、若羌和且末县发现的这些烽燧,与小河古城、麦德克古城、安迪尔古城及安迪尔佛塔南部戍堡等军事设施无疑正是为保护这条南北交通线和丝路南道所设置的。

### 5.3.1.3　民居建筑

楼兰的民居建筑为木结构,可能在一定程度上受到了中原建筑的影响,如使用转轴门、菱格纹和穿璧纹的窗格木、初级的斗拱、斗形础等构件。

[1]巴州文物普查队:《巴音郭楞蒙古自治州文物普查资料》,载《新疆文物》1993年第1期,第36-42页。

[2]见本书3.1。

（1）门窗

楼兰建筑的房门一般为单扇或双扇的转轴门,采用细腰嵌榫的方法将长方形木板组合而成,即在两块木板相对的侧面插入榫木使其连接,再用梢木将榫木与木板做垂直穿透来加固。门的一侧上下两端做出门轴,相应地在门框和门槛上分别凿有轴窝。有的门楣上还插入护口,将门轴穿过其中,使房门保持水平转动,这种方法在中原地区的建筑中较为流行。

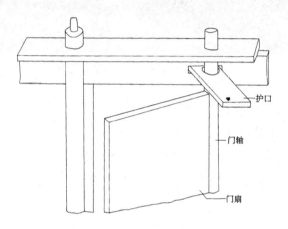

图 5-34　尼雅木门复原示意图

房屋的窗户是木骨泥墙中围护木柱留出的空档。此外斯坦因在 LB 遗址发现了一些"透雕木板",上下都有榫头,应即窗格木。窗格的设计包括菱格纹和穿璧纹两种,前者可见于汉代明器中[1],后者常见于汉代画像石中,装饰性强,无疑受到了中原文化的影响。

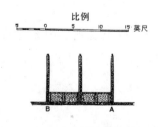

图 5-35　尼雅 N.XXIV 木板窗示意图

图 5-36　LB 出土窗格木

[1] 刘敦桢:《中国古代建筑史》,北京:中国建筑工业出版社,1984年,第50-51页。

（2）斗拱

斗拱是中国古代建筑特有的木构件,中原地区在战国至西汉时已初具形态,东汉时日趋成熟。斗拱是"斗"与"拱"的统称,多用于梁、柱、檩等构件的汇集处,以及檩、枋之间。

图5-37　楼兰、尼雅出土木斗

根据考古发现,楼兰地区已较普遍使用"斗","拱"数量较少,但也有发现。我国古代建筑学中将"斗"从上到下分为斗耳、斗腰、斗底,三者高度比例为2∶1∶2,而楼兰实际发现的许多"斗"的比例正好与此相符。从"斗"的形状及作用看,多数"斗"应是放在柱子上作为"坐斗"(也称栌斗)使用的。除此之外,在N.V遗址还发现有柱头上置带榫眼的替木(类似短木枋)以及在柱头上置坐斗和替木的木构件组合。这些木构件在中原地区最早见于战国时期,它是斗拱的最初表现形式,其作用在于加固建筑材料的衔接点,加大柱头的支承面,缩短所承托构件的净跨。

斯坦因在楼兰LB.IV发现过一件木构件,已初具"一斗三升"式斗拱的形状,拱眼、拱头卷杀等形象特征与中原同时期的斗拱已经十分接近。[1]

〔1〕丁垚:《西域与中土:尼雅、楼兰等建筑遗迹所见中原文化影响》,载《汉唐西域考古:尼雅-丹丹乌里克国际学术讨论会会议论文提要》,2009年,第108页。

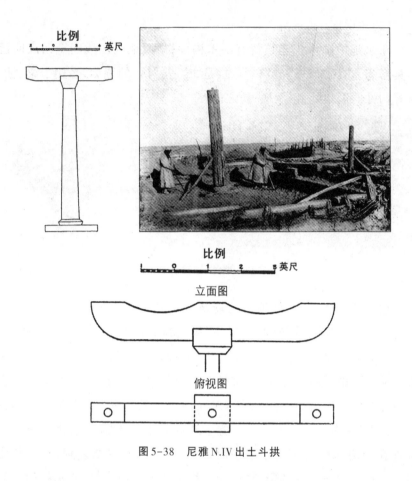

图 5-38　尼雅 N.IV 出土斗拱

（3）柱础

建筑的立柱有两种形式：一是直接在地面挖洞将柱子埋进去，二是用木材做成柱础，立柱以榫卯插在柱础上。[1] 这种柱础一般位于房屋的中央，埋置于地面以下，以安插木柱，增加木柱的牢固性和受力能力，以支撑跨度较大的梁、檩等。因其形状类似斗，被称为"斗形础"，其构造为柱础的底部呈长方形，上部凿成半圆形，中心为安插木柱的榫眼。尼雅 N.V 佛寺中心土台的四角也使用了这种柱础。斗形础在汉代中原地区较常见，如孝堂山石室正中的柱上施坐斗一枚，其下以同形之斗覆

―――――――

〔1〕中日日中共同尼雅遗迹学术考察队：《中日日中共同尼雅遗迹学术调查报告书》第 2 卷，乌鲁木齐/京都：中日日中共同尼雅遗迹学术考察队，1999 年，第 53 页。

置为础,在汉代出土的墓砖上刻有斗形础的形象,推测楼兰地区使用斗形础等木构件也是受到中原地区的影响(见彩图24、25[1])。

### 5.3.2　汉文在楼兰的传播

在第2章中,我们对墓葬中出土的大量汉式物品进行了讨论,如中原的丝绸、铜镜、斗瓶等,第三期墓葬中的带斜坡墓道的洞室墓也是典型的汉式墓葬形制。这些都证明了汉文化在楼兰有着广泛而深入的影响。这里我们主要讨论汉文及其书写系统在楼兰的传播。

楼兰、尼雅遗址出土了大量汉文文书,按照年代可分为西汉、东汉和魏晋三个时期。属于西汉时期的主要出自土垠和尼雅遗址。20世纪初,黄文弼在土垠发现71件木简,其中纪年简最早为黄龙元年(前49),最晚为元延五年(前8)。[2]据研究者分析,土垠汉简的年代上下限大致与西汉在盐泽一带开始列亭至西汉绝西域之时相当,约从汉武帝时期到王莽新室后期。[3]这批西汉简主要反映这一时期西汉王朝对西域的统辖情况。尼雅汉简主要出自N.XIV和N.II两个遗址,其中大多为西汉简,东汉简可确定的只有两枚。[4]

尼雅N.XIV遗址还出土了一组西汉简牍(N.XIV.iii.1-2、3-9、10,林编718-726号)[5]录文为:

N.XIV.iii.1:大子大子美夫人叩头,谨以琅玕致问(正面)/夫人春君(背面)

N.XIV.iii.2:臣承德叩头,谨以玫瑰再拜致问(正面)/大王(背面)

N.XIV.iii.4:王母谨以琅玕致问(正面)/王(背面)

N.XIV.iii.5:奉谨以琅玕致问(正面)/春君,幸毋相忘(背面)

〔1〕朝日新闻社:《日中国交正常化20周年记念展:楼兰王国と悠久の美女》,东京:朝日新闻社,1992年,第38页;中井真孝、小岛康誉:《丝绸之路:尼雅遗址之谜》,天津:天津人民美术出版社,2005年,第74页。

〔2〕黄文弼:《罗布淖尔考古记》,北平:国立北京大学出版部,1948年,第179-220页。

〔3〕孟凡人:《楼兰新史》,北京:光明日报出版社,1990年,第62-65页。

〔4〕林梅村:《松漠之间:考古新发现所见中外文化交流》,北京:生活·读书·新知三联书店,2009年,第90-109页。

〔5〕林梅村:《楼兰尼雅出土文书》,北京:文物出版社,1985年,第88页。

N.XIV.iii.6：休乌宋耶谨以琅玕致问（正面）／小大子九健持（背面）

N.XIV.iii.7：苏且谨以琅玕致问（正面）／春君（背面）

N.XIV.iii.8：苏且谨以黄琅玕致问（正面）／春君（背面）

N.XIV.iii.10：君华谨以琅玕致问（正面）／且末夫人（背面）

图5-39　尼雅N.XIV出土西汉木简

这些简牍记述的是精绝王公贵族相互送礼问候的贺词。"大王"和"王"当指精绝国王，"王母"指精绝王太后，"小大子"和"大子"当指精绝太子，"大子美夫人"则指太子妃，"夫人春君"似为精绝王妃，"且末夫人"似指精绝王妃是且末王之女。由此可知，早在西汉时期，汉文就已经成为上层人士和官方使用的文字。

楼兰汉文文书中数量最多的是魏晋文书，主要出自尼雅和楼兰地区。其中尼雅遗址N.V中出土了63件西晋木简。楼兰各遗址出土汉文文书共700余件，均为魏晋文书，年代范围在曹魏嘉平四年（252）到前凉建兴十八年（330）之间。

这些文书中，有些是在楼兰戍边的中原将士留下的，有些则是楼兰当地人所写。LA古城发现的一件文书（LA.VI.ii出土，林编427号）[1]，一面写有佉卢文，另一面则用汉文写有"敦煌具书畔毗再拜／备悉自后日遂"的字样。显然，这是一位名为"畔毗"的楼兰人用汉语写的书信，这说明汉文已经成为楼兰的通用语言。尼雅遗址出土了大量西晋时期

---

〔1〕林梅村：《楼兰尼雅出土文书》，北京：文物出版社，1985年，第66页。

木简,多为官方文书,如"泰始五年十月戊午朔廿日丁丑敦煌太守都"(林编706号)和"晋守侍中大都尉奉晋大侯亲晋鄯善焉耆龟兹疏勒"(林编684号)简[1]等,尼雅当时被纳入了西晋的政治体系之中,受到了中原政治制度的影响。

汉文还进一步影响到了楼兰胡语——佉卢文的书写形式。佉卢文原来用桦树皮、羊皮或贝叶作为主要书写材料,传入塔里木盆地以后,受汉简影响改用简牍作为主要书写材料。佉卢文简牍形制可分为楔形(Wedge)、矩形(Rectangular)、长方形(Oblong)、棒形(Stick)、标签形(Label)、Takht形和杂类,其中前三种发现的数量最多,无疑是受汉文竹简和木牍影响的。[2]另外,佉卢文简牍还借鉴了汉简中的"封检"形式。检,《说文解字》曰:"书署也。"徐铉注:"书函之盖三刻其上绳缄之,然后填以泥,题书其上而印之也。"楼兰、尼雅出土的许多佉卢文双简分为底牍和封牍,书写时先从底牍开始写,写不下的内容续写在封牍上,然后把两片木牍合起来,有文字的部分合在里面,再用绳索缠绕,最后加印封泥,形式与汉简中的"封检"几乎完全一样。[3]尼雅N.V出土的一件汉文木牍,中间为封泥处,刻有三个线槽,封泥座上方有"鄯善王"字样,右边的一个残字沙畹推测为"诏"字,文书形制与佉卢文封牍完全一致,说明当时尼雅的两种文字都使用这种书写形式。

图5-40　尼雅出土佉卢文楔形、矩形双简与汉文矩形封牍

〔1〕林梅村:《楼兰尼雅出土文书》,北京:文物出版社,1985年,第86—87页。

〔2〕中日日中共同尼雅遗迹学术考察队:《中日日中共同尼雅遗迹学术调查报告书》第2卷,乌鲁木齐/京都:中日日中共同尼雅遗迹学术考察队,1999年,第245—259页。

〔3〕胡平生、马月华:《简牍检署考校注》,上海:上海古籍出版社,2004年。

# 5.4 楼兰对汉地早期佛教的影响

楼兰地处中西交通要冲,是汉晋时期塔里木盆地南缘佛教传播中心之一。公元5世纪初,法显西行经过这里,曾有记载:"其国王奉法,可有四千余僧,悉小乘学。诸国俗人及沙门尽行天竺法,但有精粗。"佉卢文文书中也对楼兰地区的佛教兴盛情况有许多记载。因此,楼兰佛教遗存对于认识中国早期佛教形态有着重要意义。这里主要从八面体佛塔、回字形佛寺和丧葬习俗三个方面来考察楼兰佛教对于汉地早期佛教形态的影响。

## 5.4.1 八面体佛塔

在第4章中,我们对楼兰LA古城东北角的大佛塔LA.X进行了介绍,指出这种佛塔形制渊源于犍陀罗佛塔,年代在公元3世纪下半叶。特别的,楼兰LA.X大佛塔的塔基与塔身之间存在一个八角形部分,我们将这种佛塔称为"八面体佛塔"。著名的"北凉石塔"就沿袭了这一形式。因此,我们认为有必要对这种佛塔进行深入探讨。

目前所知最早的八面体佛塔见于犍陀罗塔克西拉的法王塔(Dharmarajika Stupa)佛寺,在中央大塔附近的一座小塔庙中,佛塔及塔庙均为八面体形制,从建筑技法判断其年代约在公元1世纪末。喀拉宛(Kalawan)佛寺中也发现了一座平面为八面体的小塔庙。[1] 然而,由于这两座佛塔均残毁较甚,我们无法获知更多的信息。

---

[1] J. Marshall, *Taxila: An Illustrated Account of Archaeological Excavations Carried Out at Taxila under the Orders of The Government of India Between the Years 1913 and 1934*, vol. 3, Cambridge: At the University Press, 1951, pl. 45, 72.

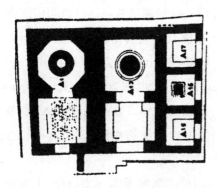
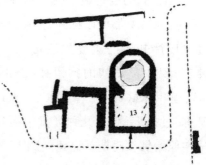

图5-41　法王塔佛寺中的八面体佛塔　　　图5-42　喀拉宛八面体塔庙

　　印度勒克瑙考古博物馆（Lucknow Archaeological Museum）藏的一件小石塔揭示了八面体部分的含义。这件石塔出自秣菟罗（Marthura）地区，残存方形塔基、八面体塔身和覆钵，塔基四面浮雕立佛像，八面体部分每面装饰禅定印的坐佛像。[1]由"北凉石塔"可知，这些坐佛像表现的应是"七佛一菩萨"图像。

图5-43　勒克瑙八面体石塔

　　〔1〕该石塔无纪年，Rhie从佛塔形制判断其约在3世纪，不晚于4世纪；阿布贤次认为从造像风格看约在420至440年，参见 M. M. Rhie, *Early Buddhist Art of China and Central Asia*, vol. I, Leiden/Boston/ Koln: Brill, 1999, pp. 400–401, fig.5.53f；〔日〕阿布贤次撰，陈浩译：《北凉石塔研究》，载《吐鲁番学研究》2008年第1期，第137页。

·欧·亚·历·史·文·化·文·库·

"七佛"的成说极早,在南传的四部《尼柯耶(Nikaaya)》和北传汉译《长阿含经》中都可以见到,指释迦牟尼佛及其之前出现的六位佛陀,即过去庄严劫末的毗婆尸(Vipâsyi)、尸弃(Šikhî)、毗舍浮(Višvabhu)三佛,与现在贤劫初的拘留孙(Krakucchanda)、俱那含牟尼(Kanakamuni)、迦叶(Kâyšâpa)、释迦牟尼(Sâkyamuni)四佛。这七佛皆已入灭,故又称"过去七佛"。几种经藏中提到的七佛名字均相同,说明这一概念早在原始佛教时期就已建立。[1]

1895年,尼泊尔尼葛利娃(Nigliva)村南部发现阿育王石柱,上有婆罗谜文碑铭曰"天爱喜见王灌顶十四年后,俱那含牟尼塔再度增建。灌顶二十年后,亲来供养"。[2]这是目前所知关于七佛的最早的资料。

图像中最早的七佛材料见于公元前2世纪的印度巴尔胡特(Bharhut)大佛塔浮雕,以七棵圣树来象征七佛。[3]桑奇大佛塔的塔门雕刻中可以见到以七座佛塔来代表七佛。[4]此时佛教艺术仍恪守着不能直接表现佛像的禁律。

犍陀罗艺术中开始表现七佛的形象,并且增加了未来佛——弥勒菩萨,形成了完整的"七佛—菩萨"图像。目前发现的"七佛—菩萨"图像中,多数为立像,少数为坐像。如塔克提巴希(Takht-i-bahi)出土的一件过去七佛石雕,八身造像均有头光,弥勒位于最左侧,着菩萨装。[5]

〔1〕高田修:《仏像の起源》,东京:岩波书店(高田修著,高桥宣治、杨美莉译:《佛像的起源》,台北:华宇出版社,1985年)1967年,第262页;J. Ph. Vogel, "The Past Buddhas and Kaasyapa in Indian Art and Epigraphy",in *Asiatica*, vol. 65 (1954), p. 808.

〔2〕A. Führer, *Monograph on Buddha Saakyamuni's Birth - Place in the Nepalese Tarai*, Allahabad: Government Press, 1897, p. 33f; E. Hultzsch, *Inscriptions of Asoka*, Oxford: Clarendon Press, 1925, vol. 1, p. 165.

〔3〕A. Cunningham, *The Stupa of Bharhut*, London: W.H. Allen and Co., 1879, p. 45f, 132, 135, 137; pl. 29-30.

〔4〕J. Marshall & A. Foucher, *The Monuments of Sanchi*, Calcutta: Government of India, 1940, p. 38, 142, 200, 231, 234; pl. 15, 21, 39, 54.

〔5〕东京国立博物馆、NHK、NHKプロモーション:《日本·パキスタン国交树立50周年记念 パキスタン·ガンダーラ雕刻展》,东京:NHK、NHKプロモーション,2002,图一,3。

图 5-44　塔克提巴希出土过去七佛石雕

　　虽然楼兰 LA.X 毁坏较为严重,已无法得知八面体部分表面情况,但 LA.II 和 LB.II 遗址中都曾发现过"七佛一菩萨"的坐佛木雕[1],LB.II 佛寺还出土了一件交脚弥勒坐佛木雕,这证明当时楼兰对"七佛一菩萨"的信仰十分流行。除此之外,斯坦因在尼雅发现一件小乘佛教法藏部的佛教偈颂抄本,波叶尔编号为第 510 号佉卢文文书,其内容正是过去七佛的语录。这件文书的出土,有力地证明了楼兰地区信仰"七佛一菩萨"的事实。[2]此外楼兰第四期佛寺米兰 M.II 中也发现了"七佛一菩萨"题材的大型塑像。

图 5-45　楼兰 LA.II 出土七佛一菩萨木雕

　　著名的"北凉石塔"是宿白先生提出的中国早期佛教石窟模式——

〔1〕见本书 4.2。

〔2〕林梅村:《汉唐西域与中国文明》,北京:文物出版社,1998 年,第 142-150 页。

·欧·亚·历·史·文·化·文·库·

"凉州模式"的重要组成部分,年代约在公元5世纪前半期。[1]值得注意的是,这些石塔最下面部分均为八面体形制。其中,白双咀塔、高善穆塔、田弘塔、王具坚塔的八面体下面还残存榫头,由此可知这些石塔应与犍陀罗佛塔形制一样,下面还应有方形塔基,而其八面体部分应与楼兰 LA.X 一样,属于塔身的一部分。石塔的覆钵部分皆开圆拱形龛,龛内浮雕或浅刻"七佛一菩萨"坐像,龛上部装饰覆莲瓣。[2]

图 5-46　北凉石塔

图 5-47　酒泉高善穆塔"七佛一菩萨"浮雕拓片

八面体佛塔和"七佛一菩萨"信仰还进一步东传,影响到甘肃陇东地区的北朝石窟寺。如庆阳北1号窟和泾川王母宫石窟,其中心塔柱均是下层方形塔基、上层八面体塔身的形制。此外,由北魏泾川刺史创建、著名的庆阳北165号窟和泾川南1号窟,并称南北石窟寺,均以七佛

---

〔1〕宿白:《中国石窟寺研究》,北京:文物出版社,1996年,第39—51页。

〔2〕张宝玺:《甘肃佛教石刻造像》,兰州:甘肃人民美术出版社,2001年。

和弥勒为主要造像内容,不同的是每窟各表现了2尊弥勒像。[1]据研究,陇东北朝石窟中七佛题材的流行与当时的政治环境有着密切关系,或遵循云冈昙曜五窟之例,以七佛来代表北魏太祖到宣武帝的七位皇帝。[2]但是,就七佛题材和八面体佛塔形制来说,其源头应是从楼兰—北凉石塔传下来的。

王母宫石窟平面图 1:300 →北

王母宫石窟中心柱南面 1:150 →东

图5-48　甘肃庆阳北1号窟与泾川王母宫石窟

〔1〕李裕群:《古代石窟》,北京:文物出版社,2003年,第115-119页。

〔2〕李红雄:《论北石窟寺诞生的历史根源》,收入李红雄、宋文玉主编:《北石窟寺》,兰州:甘肃文化出版社,1999年,第75页;杜斗城、宋文玉:《南、北石窟与奚康生》,载《丝绸之路》2004年第S2期,第31-34页。

### 5.4.2　回字形佛寺

"回字形佛寺"是指平面呈方形,以内外两重建筑元素构成"回"字形的佛教寺院。这一概念由奥地利学者弗兰茨(Franz)提出的"带回廊佛寺(Umgangstempel)"引申而来,后者指的是印度的塔庙窟在向中亚传播过程中衍生出一些带有回廊的方形佛寺。带有回廊是这类佛寺最典型的建筑特征。关于这类佛寺的起源,目前所知最早的回字形佛寺出现于大夏地区,因此人们很可能是将火祆教神庙中回廊结构用于建造佛寺中的礼拜道,从而形成了回字形佛寺。

目前中国所知最早的回字形佛寺就见于楼兰地区。由第4章的讨论可知,楼兰地区的四期佛寺中均有回字形佛寺。楼兰第一期佛寺中的米兰 M.III、M.V 两座佛寺,均为外方内圆,虽然并非真正意义上的"回"字形平面,但中心佛塔与佛寺内壁形成了环形的礼拜回廊,与回字形佛寺结构相同,其年代在公元2世纪末至3世纪上半叶。从第二期开始,楼兰出现了典型的回字形佛寺:平面方形,中心为方形佛塔或佛坛,各期的变化在于佛寺的崇拜对象逐渐从佛塔转为佛像。

受楼兰佛寺影响,回字形佛寺首先传入邻近的于阗地区。克里雅河西岸喀拉墩遗址的 N61、N62 两座佛寺,建筑技法及布局都与尼雅 N.V 佛寺十分相似,平面方形,墙壁用"木骨泥墙法"构筑,所不同的是佛塔外围以双重围墙。内墙外壁和外墙内壁均绘有壁画,风格亦与尼雅 N.V 佛寺所出壁画接近。参考碳十四测年数据来看,喀拉墩这两座佛寺年代应与尼雅 N.V 佛寺一致,在公元3世纪下半叶。[1]

---

[1]中法克里雅河考古队:《新疆克里雅河流域考古调查概述》,载《考古》1998年第12期,第30–32页。

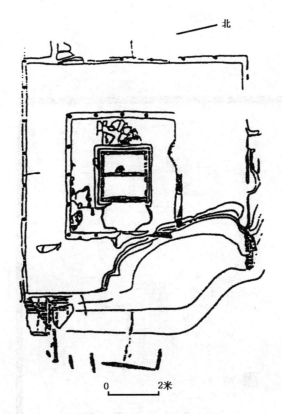

北

0　　　　2米

图5-49　喀拉墩N61佛寺平面图

于阗地区今洛浦县城西北50公里处的热瓦克(Rawak)佛寺,中心为露天大塔,塔基方形,四面修出阶道,圆柱形塔身中心有舍利室,塔周围环绕双层围墙形成回廊,内墙的内外都装饰塑像和壁画,从佛像看来与楼兰第三期佛寺的始建年代接近,在公元4世纪左右。[1] 于阗东部的阿克铁热克(Ak-terek)佛寺形制与热瓦克佛寺相似,回廊塑像、壁画的艺术风格相仿,属于同一年代。[2]

〔1〕M. A. Stein, *Ancient Khotan: Detailed Report of Archaeological Explorations in Chinese Turkestan*, vol. 1, Oxford: Clarendon Press, 1907, pp.482–506; E. Trinkler, *Im Land der Stürme, mit Yak-und Kamelkaravanen durch Innerasien*, Leipzig: Brockhaus, 1930, p. 97.

〔2〕M. A. Stein, *Serindia: Detailed Report of Explorations in Central Asia and Westernmost China Carried out and Described under the Orders of H. M. India Government*, vol. 1, Oxford: Clarendon Press, 1921, pp. 133–139.

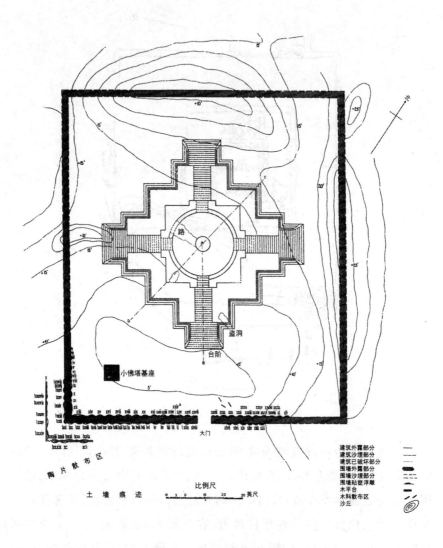

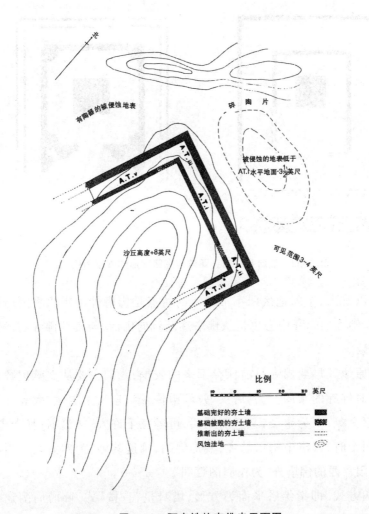

图中文字：
北
有陶器的被侵蚀地表
碎陶片
被侵蚀的地表低于
AT.i 水平地面 $3\frac{1}{2}$ 英尺
A.T.v
A.T.ii
A.T.i
A.T.iii
可见范围 3~4 英尺
沙丘高度 +8 英尺
A.T.iv

比例
10    0    10    20    30  英尺
基础完好的夯土墙
基础被毁的夯土墙
推断出的夯土墙
风蚀洼地

图 5-51　阿克铁热克佛寺平面图

　　于阗喀达里克北部的法哈特·伯克·亚依拉克(Farhad‑Beg‑Yaila‑ki)遗址中的 F.II.iii 和 F.III.i 两处回字形佛寺,外围双重墙壁,中心为塑像台,说明此时佛像已经取代佛塔成为佛寺的崇拜中心。斯坦因根据出土文书和遗物认为遗址废弃于唐代以前,年代为公元 5—6 世纪。[1]

---

〔1〕M. A. Stein, *Serindia: Detailed Report of Explorations in Central Asia and Westernmost China Carried out and Described under the Orders of H. M. India Government*, vol. 1, Oxford: Clarendon Press, 1921, pp.1247–1250.

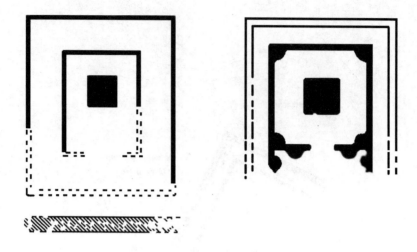

**图 5-52　法哈特·伯克·亚依拉克回字形佛寺平面图**

可以看出,于阗地区回字形佛寺的特点是佛塔外使用双重围墙形成回廊,佛寺的崇拜中心也是从佛塔逐渐转向佛像,与楼兰佛寺的发展趋势一致。

中原地区早期佛寺目前保存下来的较少,我们主要从文献记载来了解当时佛寺的布局。据《后汉书·陶谦传》载,东汉末笮融"大起浮图寺,上累金盘,下为重楼,又堂阁周回,可容三千许人"。《魏书·释老志》载,汉明帝时"自洛中构白马寺,盛饰佛图,画迹甚妙,为四方式";魏明帝在洛阳宫西的佛塔外"为作周阁百间"。

"四方式"即指佛塔平面为方形,塔身呈"重楼"式,佛塔周围建有"周阁",即礼拜道。由此可知,东汉迄西晋时期汉地佛寺也采用了"回字形佛寺"的形式,只是中心佛塔采用了中原传统的楼阁式。[1]这种布局并非如文献中所称"依天竺旧状",而是来自中亚或西域地区的"回字形佛寺"形制。此外,"画迹甚妙"说明洛阳白马寺也用壁画进行装饰,这与米兰佛寺是一致的。

---

〔1〕宿白:《东汉魏晋南北朝佛寺布局初探》,收入田余庆主编:《庆祝邓广铭教授九十华诞论文集》,石家庄:河北教育出版社,1997年,第31–33页;李裕群:《隋唐以前中国佛教寺院的空间布局及其演变》,收入王仁湘、刘文锁主编:《边疆民族考古与民族考古学集刊》第1集,北京:文物出版社,2009年,第287–290页。

尽管中原地区早期的地面佛寺现今多已不存,但石窟寺仍保存较好。石窟是印度先民为防止炎热而开凿山崖建造的建筑。佛教创立之后,石窟被僧人们用作修习禅定之所,因此被称为"石窟寺"。一般认为,石窟寺为模仿地面佛寺而建,二者的建筑形制是一致的。[1]中国石窟寺最主要的形式称为"塔庙窟"或"中心柱窟",一般平面为方形或长方形,中心凿出方形塔柱,塔柱与石窟内壁形成甬道。中国现存最早的中心柱窟见于龟兹地区,如克孜尔第13窟和第38窟,年代约在公元3世纪末至4世纪中叶。中原北方地区最早的中心柱窟也大致在这个时间段之内,如武威天梯山第1、4、38窟,开凿于北凉时期。从平面形制来看,这些中心柱窟实际上都是按照"回字形佛寺"的形制来开凿建造的。

中原北方地区现存最早的地面佛寺是今山西大同旧城北约20公里的"思远灵图"佛寺。这座佛寺见于《魏书·高祖纪上》:"太和三年(479)八月乙亥,幸方山,起思远佛寺。"据考古调查,思远灵图遗址平面为长方形;中心为30米×40米的长方形塔基,塔基前面正中有阶梯,中心为10米见方的塔柱,塔柱四周残存9个方形础石,附近出土有影塑佛像和菩萨像残件;佛塔外围以院墙,东西宽50米、南北长85.5米。[2]由此可知,至少在公元5世纪,中原北方地区仍在使用由中亚—楼兰—于阗所延续下来的"回字形佛寺"布局。不过,佛塔之北发现了殿堂,应为前塔后殿,这说明此时佛寺布局已由单塔配置转变为塔、佛殿(包括讲堂)等多种形式的配置。[3]

〔1〕李崇峰:《中印佛教石窟寺比较研究:以塔庙窟为中心》,新竹:觉风佛教艺术文化基金会,2002年,第13—14页。

〔2〕大同市博物馆:《大同北魏方山思远佛寺遗址发掘报告》,载《文物》2007年第4期,2007年,第4—26页。

〔3〕李裕群:《隋唐以前中国佛教寺院的空间布局及其演变》,收入王仁湘、刘文锁主编:《边疆民族考古与民族考古学集刊》第1集,北京:文物出版社,2009年,第290—300页。

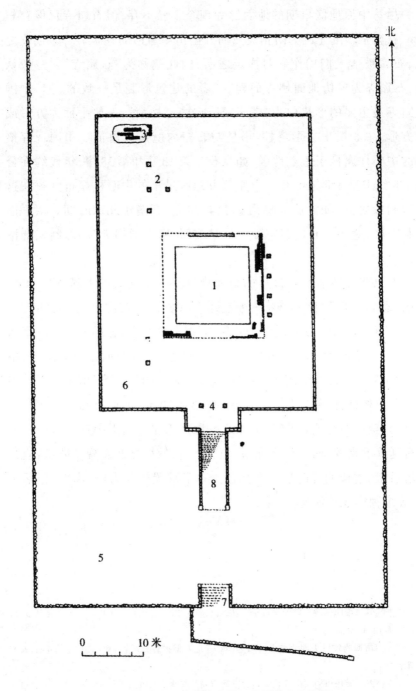

图 5-53　大同方山思远灵图佛寺平面图

### 5.4.3　丧葬习俗的变迁

　　公元 3 世纪中叶,佛教在塔里木盆地已十分兴盛,深刻地影响着当地文化的各个方面,其中最重要的表现之一,就是丧葬习俗的改变。在前面的章节中,我们发现,公元 3 世纪中叶以后的墓葬数量剧减,尼雅地区迄今尚未发现第三期墓葬,而公元 4 世纪中叶至 5 世纪的墓葬也没有发现。与之相应的是,公元 4 至 5 世纪楼兰佛教却十分发达,这一时期的佛寺如米兰佛寺、于阗热瓦克佛寺等均规模宏伟、浮图盛饰。这一考古遗存上的不对等现象提示我们,公元 3 世纪中叶以后,塔里木盆地的丧葬制度发生了巨大改变,人们由于信奉佛教而采用了火葬。

　　传世文献中记载了塔里木盆地采用佛教火葬制度的情况。公元 3 世纪下半叶,西行求法的中原高僧朱士行在于阗去世,"依西方法阇维之,薪尽火灭,尸犹能全,众咸惊异,乃呪曰:'若真得道,法当毁败。'应声碎散,因敛骨起塔焉"(《高僧传》卷 4)公元 413 年[1],西域大德鸠摩罗什卒于长安,也是"依外国法,以火焚尸"。公元 518 年,北魏宋云出使西域到达于阗,他在游记中记录了于阗的火葬制度:"死者以火焚烧,收骨葬之,上起浮图。……唯王死不烧,置之棺中,远葬于野,立庙祭祀,以时思之。"(《洛阳伽蓝记·宋云惠生使西域》)由此可知,受佛教影响,西域自公元 3 世纪中叶以后普通人已广泛实行火葬,并将烧剩的骨灰埋葬,在上面建立佛塔;高等级的人则仍为土葬,应为本地传统的丧葬形式。这也说明佛教的火葬最早是在一般平民中流行起来的。

　　公元 401 年,法显西行来到于阗,据他描述,于阗"彼国人民星居,家家门前皆起小塔,最小者可高二丈许"。这些小佛塔无疑正是为各家去世的佛教徒而立,佛塔下面应埋有舍利盒或墓葬。

　　从文献记述可知,火葬制度原为"外国法",其来源应是中亚犍陀罗地区。火葬和建佛塔原是印度文化的传统。佛塔的梵文"Stupa"原意就是坟冢的意思。佛灭后,舍利被八个古印度国王分别带回各国建塔

---

　　[1] 关于鸠摩罗什的卒年,学术界曾有《高僧传》所称的 409 和《鸠摩罗什法师诔》所称的 413 年两种说法,今已公认为 413 年。参见陈世良:《鸠摩罗什年表考略》,载《新疆社会科学研究》1982 年第 11 期。

供奉,史称"八王分舍利"。这是佛教实行火葬与建塔的开始。除佛陀外,《长阿含经》载:"天下有四种人应得起塔,香花缯盖伎乐供养。何等为四?一者如来应得起塔,二者辟支佛,三者声闻人,四者转轮王。"由此可知,高僧和王族都是起塔供养的对象。

在犍陀罗地区,舍利的安放位置有两种情况:一是置于佛塔塔身中心,如第4章所提到的许多佛塔都是如此;二是埋于佛塔地基下,如塔克西拉法王塔佛寺中的R4佛塔,它的舍利盒就是在地面以下1.5米深处发现的,同出的还有阿泽斯一世(Azes I)钱币,年代在公元前1世纪。[1]

考古发现证实了西域实行火葬习俗。一方面,以龟兹地区为代表,盛装骨灰的舍利盒不断被发现,而且其出土地点不仅限于佛教寺窟中,也见于遗址中。如考古工作者曾在库车南部塞克森塔木古城址北郊处发现大批人骨灰和舍利罐,新和县通古斯巴什古城曾出过一件"飞马纹黑陶钵",据考证应为公元4至5世纪的舍利罐。[2]。这种普通人的舍利罐较为简陋,一般以素面为多。

另一方面,高等级人群使用的塔墓也有发现。1978年,考古人员在库车昭怙厘西寺塔下发现了一座魏晋时期的墓葬,于圆木椁室内置彩绘木棺,棺内有一女性骨架和一婴儿的骨头。女性头骨前额平扁,与《大唐西域记·屈支国》中"其俗生子以木押头,欲其匾厉也"的记载相符,应为本地人;从其衣着残片上饰有金粉来看,其地位非同寻常;出土陶器的年代约在魏晋时期。[3]这座墓葬说明,龟兹地区的丧葬制度与于阗一致。同时,佛教丧葬习俗的影响范围已经开始从一般平民扩大到上层人士中。

〔1〕J. Marshall, *Taxila: An Illustrated Account of Archaeological Excavations Carried Out at Taxila under the Orders of The Government of India Between the Years 1913 and 1934*, vol. 1, Cambridge: At the University Press, 1951, p. 242.

〔2〕刘松柏:《龟兹葬俗与墓葬》,收入新疆龟兹学会编:《龟兹学研究》第2辑,乌鲁木齐:新疆大学出版社,2007年,第154—157页。

〔3〕新疆博物馆、库车文管所:《新疆库车昭怙厘西大寺塔墓清理简报》,载《新疆文物》1987年第1期,第10—12页。

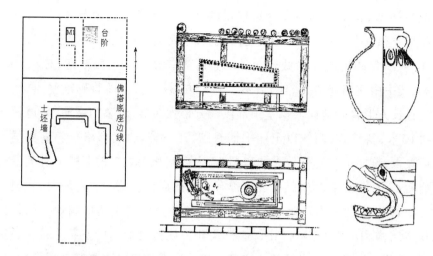

图 5-54　库车昭怙厘西大寺塔墓

　　楼兰壁画墓也采用了这种在墓上地表建立佛塔的丧葬制度。据实地考察可知,墓葬坐落于一个长方形台地南端,台地中部现存一座呈塔形的土坯建筑,墓葬是从台地一侧东部向内掏出墓道和洞室。[1] 从空间关系和墓葬结构、墓室壁画中表现出的大量佛教因素[2]来看,这座土坯建筑无疑是建在楼兰壁画墓这座高等级墓葬上方的一座佛塔(见彩图 26[3])。据发掘者调查,这类建筑在壁画墓以东、楼兰 LE 城以东还有两座。[4] 若我们所推测的不误,这两座佛塔建筑下面也必有墓葬或舍利盒发现。

　　值得一提的是,上建佛塔、下修地宫的丧葬形式在居延地区也有发现。据魏坚教授介绍,居延绿城之南和城东两处共有 150 余座夯土高台建筑。1999 和 2001 年,居延联合考古队对这些夯土高台进行了详细而科学的测绘,并清理了其中的两座,经发掘确认,这些高台建筑均为墓葬的墓上建筑。高台多以河里的胶泥土分层夯筑,一般厚 10—15 厘米,台子只夯筑四壁,厚 50—120 厘米不等,基本呈方形,边长 3—7 米,

────────────

〔1〕该情况由新疆文物局的李军先生告知并惠赠其在现场拍摄的照片,谨致谢忱!

〔2〕见本书 5.1。

〔3〕李军提供。

〔4〕由新疆文物考古研究所的张玉忠先生告知,谨致谢忱!

·欧·亚·历·史·文·化·文·库·

高3—6米,台子中间填充就地取出的沙土。台子多数为单体建筑,也有两个和三个一排的,既有南北向,也有东西向排列的。高台下方为墓室,多以青砖砌成。绿城东清理的M1,墓室分前、中、后三室,总长10米,其中中室略呈方形,前、后室呈扁长方形,以大青砖直砌墓壁,墓地铺有长方形青砖地面。墓室顶部以长方形大砖券顶,墓门南向,墓道长约10米,斜坡式,两侧以土坯平铺叠砌,开口较宽,底部略窄。墓葬早年被盗,墓门上方有一较大的盗洞,墓内后室积土之上的墓壁上有大量烟垢。说明此墓被盗掘后,可能曾有人在此居住。清理到墓底时,发现有腿骨和其他零散人骨,并在后室出土1件完整的半圆形陶灶。根据墓室结构和出土的陶灶判断,这类墓葬为魏晋时期的砖室墓无疑。[1]我们判断,居延绿城附近的这些高台建筑应即佛塔。据魏坚教授介绍,在高台附近的房址中曾发现过佛塔。[2]由此可知,魏晋时期佛教丧葬制度已传入居延地区。

佛教丧葬形式也很快传入中国内地。如上文提到的思远灵图,即属于北魏开明太后冯氏的永固陵。这座陵园始建于太和五年(481),历时八年,太和十四年(490)冯氏死,同年下葬。陵园工程浩大,现存墓冢朝南,底基呈方形,南北长117米、东西宽124米,上部作圆形,总高22.87米。其前有一平面呈长方形的建筑遗址——永固堂,分布有柱础和砖瓦等建筑材料,还有原来树碑用的石龟趺。永固堂前200米即周绕回廊的方形塔基遗迹——思远灵图。冯氏生前虔信佛教,方山墓地系其生前所自选,这种将墓地与佛寺相结合的布局,反映了佛教对于北魏高等级丧葬文化的重要影响,并持续影响到北朝以后。[3]

〔1〕魏坚:《额济纳汉简》,桂林:广西师范大学出版社,2005年,第4-5页;《居延考古与额济纳汉简》,载《新疆文物》2009年第3-4期,2009年,第101-102页。

〔2〕由中国人民大学魏坚教授告知,谨致谢忱!

〔3〕宿白:《盛乐、平城一带的拓跋鲜卑—北魏遗迹》,载《文物》1977年第11期,第42-43页。

# 6　结语

本书所讨论的楼兰地区包括西起尼雅河、东到罗布泊地区的地域范围,大约为塔里木盆地南缘的东半部。在这个空间范围内,一百多年来的考古工作发现了大量的墓葬、古城、居址和佛教遗址。然而,目前学术界对这批材料的认识和研究却不尽如人意。特别是在遗址年代的判断上,许多遗址被冠以"汉晋时期"这一界定十分模糊的字眼。因此,本书最主要的目的是深入分析遗迹遗物的文化内涵,期冀确定各遗址的绝对年代,构建起楼兰考古的编年序列,为将来进一步的工作建立基础性的框架。这一工作的完成,不仅能够进一步推动楼兰考古工作的进展,而且可以为周边地区的考古工作树立一个标尺,具有示范性的意义。

本着这一宗旨,本书首先从墓葬着手,在第2章中,以经过系统发掘的扎滚鲁克墓地、尼雅95MN1号墓地、楼兰平台和孤台墓地等材料为主要依据,将楼兰墓葬分为刀形墓、竖穴土坑墓、竖穴偏室墓和带斜坡墓道的洞室墓四个类型进行分析。在型式分析的基础上,我们总结出楼兰墓葬发展的三个阶段:

西域诸国时期:以且末扎滚鲁克二号墓地为代表,使用刀形墓和竖穴土坑墓两种形制,二者分别对应的葬俗是大型丛葬墓和小型合葬、单人葬墓。随葬品以手制黑衣陶器为代表,典型器物有带流罐、单耳罐和钵;木器也很发达,流行动物纹和涡旋纹装饰,木梳为原始的梳柄嵌齿形式。

鄯善前期:以尼雅95MN1号墓地为代表,墓葬形制为竖穴土坑墓或沙室墓;葬俗为单人葬和5人以下的合葬,高等级墓葬流行夫妇合葬;葬具有箱式木棺和船形独木棺两种;葬式多仰身直肢。随葬品为墓主人日常生活用品,性别特征突出,陶器主要是带流罐、双系罐两种,木器以带把杯、木器座、木碗、马蹄形木梳、弓箭、楎椸等为特色,来自中原的铜镜、纺织品亦有大量出土。

鄯善后期:以扎滚鲁克第三期墓葬、楼兰 LE 以北墓葬群为代表,墓葬形制有竖穴土坑墓、竖穴偏室墓和带墓道的土洞墓三种;葬具有箱式木棺和木尸床两种,高等级墓使用彩绘木棺。陶器特征明显,均为三角状唇部、汉式泥质灰陶。少量高级墓中见到佛教的影响。

在建立墓葬编年的基础之上,第3章按照平面形制把古城分成圆城和方城两大类,提出圆城是塔里木盆地早期采用的形制,《汉书·西域传》提到的西域绿洲城市均应是圆形古城。张骞凿空之后,中原王朝经营西域带来了汉式方城建造技术。由于各时期盛行风向的不同,两汉时期和魏晋以后的古城表现出城墙朝向的差异:汉代古城基本为正方向,而魏晋以后古城则多与正方向有一定偏离。该序列的建立为塔里木盆地古城的研究提供了一个标尺。我们由此出发,再结合建筑技法、城内出土物及与周边遗存的共存关系对楼兰古城进行了考察和年代判定。在断年的基础上,本书对楼兰各古城的性质进行了判定。此外,第3章还对楼兰居址及建筑的特点进行了讨论:由于缺少石材,楼兰人创造出了发达的木构建筑和木雕装饰艺术;楼兰木质家具特别是高坐具的发现则为中国家具史研究提供了研究实例。

第4章对楼兰的佛教遗存进行了考察。据《后汉书·西域传》载:"至于佛道神化,兴自身毒,而二汉方志莫有称焉。张骞但着地多暑湿,乘象而战,班勇虽列其奉浮图,不杀伐,而精文善法导达之功靡所传述。"班勇于公元124至127年出任西域长史,他已经知道印度信奉佛教,但对楼兰地区的佛教流传情况却并未记述,这说明公元2世纪上半叶时楼兰尚未建造佛寺。分析表明,从公元2世纪末开始至公元5世纪,楼兰逐渐成为塔里木盆地的佛教传播中心之一;在此期间,与整个楼兰文化的发展阶段相符合,楼兰佛教亦表现出渐次变化的规律,佛教的崇拜中心从佛塔逐渐转向了佛像。在来源上,楼兰佛教主要受到了犍陀罗、帕提亚和大夏地区的影响,这一点在楼兰佛教艺术中表现得最为明显。

在上述研究框架的基础上,本书对相关的几个中外文化交流方面的问题进行了探讨。

(1)公元2世纪,贵霜帝国发生内乱,一支贵霜大月氏人为避难而进入塔里木盆地。我们认为,楼兰第三期墓葬中的偏洞室墓或许正是这些大月氏人的墓葬,而LE东北壁画墓的墓主人或为这些移民中的高等级人物之一。这支大月氏人移民的到来与这一时期塔里木盆地的许多文化现象密切相关,如佉卢文的流传和佛教的盛行。至少在公元2世纪末,塔里木盆地已经开始在商业和佛教领域中使用佉卢文,最早的书写材料是丝绸,其次是皮革,后来才受汉文化影响使用简牍,这些与佉卢文作为外来文字的身份相吻合。从考古遗存和艺术品分析,楼兰佛教的主要来源是犍陀罗和大夏,亦均在贵霜大月氏人统辖之下。

(2)公元前2世纪—公元2世纪,帕提亚帝国称雄西亚,领有整个伊朗高原与两河流域。从文献记载可知,两汉王朝都曾与帕提亚有过官方正式交往。同时,帕提亚文化还随着丝绸之路的兴盛不断地向东传播。楼兰作为西域丝绸之路的重要枢纽,在物产、佛教等方面都可以见到帕提亚文化的影响。

(3)张骞凿空之后,楼兰成为中原王朝经营西域的重要据点,大量汉文化进入楼兰地区。随着一系列行政、军事系统的设立,中原建筑在楼兰兴起:汉式方城逐渐取代传统的圆形古城成为当地的主流城制,夯土版筑技术也随之而来;中原的烽燧亭障也向西延伸到了罗布泊以西地区,它们与土垠居卢仓、轮台等地设置的屯田机构一起构成了汉王朝的军事防御系统;民居建筑中也可以见到斗拱等中原建筑构件。同时,汉文作为汉文化的重要标志也进入了楼兰,成为西汉时期楼兰的官方文字和本地人的通用语言,并进一步影响到了佉卢文的书写形式,后者原以桦树皮为书写材料,后受汉简影响改为用简牍。

(4)楼兰在佛教东渐入华的过程中扮演着重要角色,对于中国早期佛教形态的塑造有着深远的影响。例如,凉州模式的重要组成部分之一——八面体佛塔就是从楼兰延续下来的;中原北方地区早期佛寺的平面形制——回字形佛寺,最早亦出现在楼兰;佛教的传入还深刻引起了塔里木盆地丧葬制度的改变——死后火葬、上建佛塔的做法开始流行。

由于特殊的自然地理环境,新疆地区考古工作的开展往往受到许多限制,材料难成系统或不能提供足够的信息。本书利用中原考古序列中的典型器物来确定楼兰考古材料的年代,并尽力多方面进行比照佐证,以构建楼兰考古的整体框架。然而,由于作者的学识所限,很多地方论述得十分粗糙,仅涉及了楼兰考古研究中的很小一部分,更多的问题期待着在将来的研究中进一步探索和深入。

# 文中插图目录及出处

中日日中共同尼雅遗迹学术考察队:《中日日中共同尼雅遗迹学术调查报告书》第3卷,乌鲁木齐/京都:中日日中共同尼雅遗迹学术考察队,2007年,第22-24页。

吐尔逊·艾沙:《罗布淖尔地区东汉墓发掘及初步研究》,载《新疆社会科学》1983年第1期,第129页。

中法克里雅河考古队:《新疆克里雅河流域考古调查概述》,载《考古》1998年第12期,第34-35页。

中国社会科学院考古研究所新疆队、新疆巴音郭楞蒙古自治州文管所:《新疆且末县加瓦艾日克墓地的发掘》,载《考古》1997年第9期,第30页。

新疆楼兰考古队:《新疆城郊古墓群发掘简报》,载《文物》1988年第7期,第25页。

新疆楼兰考古队:《新疆城郊古墓群发掘简报》,载《文物》1988年第7期,第24、27-28页;朝日新闻社:《日中国交正常化20周年纪念展:楼兰王国と悠久の美女》,东京:朝日新闻社,1992年,第42-43页;新疆文物考古研究所:《交河沟西——1994—1996年度考古发掘报告》,乌鲁木齐:新疆人民出版社,2001年,第98页。

巴音郭楞蒙古自治州文管所:《且末县扎洪鲁克墓葬1989年清理简报》,载《新疆文物》1992年第2期,第3、7页。

巴音郭楞蒙古自治州文管所:《且末县扎洪鲁克墓葬1989年清理简报》,载《新疆文物》1992年第2期,第5、8页。

调查报告书》第2卷,乌鲁木齐/京都:中日日中共同尼雅遗迹学术考察
队,1999年,图版三十二。

中日日中共同尼雅遗迹学术考察队:《中日日中共同尼雅遗迹学术
调查报告书》第2卷,乌鲁木齐/京都:中日日中共同尼雅遗迹学术考察
队,1999年,图版三十二。

中日日中共同尼雅遗迹学术考察队:《中日日中共同尼雅遗迹学术
调查报告书》第2卷,乌鲁木齐/京都:中日日中共同尼雅遗迹学术考察
队,1999年,图版二十二、二十八、三十三;第3卷,2007年,第56页、图
版十三;新疆博物馆:《新疆民丰县北大沙漠中古遗址墓葬区东汉合葬
墓清理简报》,载《文物》1960年第6期,第11页。

中日日中共同尼雅遗迹学术考察队:《中日日中共同尼雅遗迹学术
调查报告书》第2卷,乌鲁木齐/京都:中日日中共同尼雅遗迹学术考察
队,1999年,图版二十六、二十八、三十三。

中日日中共同尼雅遗迹学术考察队:《中日日中共同尼雅遗迹学术
调查报告书》第1卷,乌鲁木齐/京都:中日日中共同尼雅遗迹学术考察
队,1996年,图版五三;第2卷,1999年,图版二十八、三十三;朝日新闻
社:《日中国交正常化20周年記念展:楼兰土国と悠久の美女》,东京:
朝日新闻社,1992年,第93页。

中日日中共同尼雅遗迹学术考察队:《中日日中共同尼雅遗迹学术
调查报告书》第2卷,乌鲁木齐/京都:中日日中共同尼雅遗迹学术考察
队,1999年,图版二十三、三十、七十三。

中日日中共同尼雅遗迹学术考察队:《中日日中共同尼雅遗迹学术
调查报告书》第2卷,乌鲁木齐/京都:中日日中共同尼雅遗迹学术考察

队,1999年,图版二十三、三十。

226–227, fig. 50–52.

F. Bergman, *Archaeological Researches in Sinkiang*, *Especially the Lop-Nor Region*, Stockholm: Bokförlags Aktiebolaget Thule, 1939, pl. 19–22.

F. Bergman, *Archaeological Researches in Sinkiang*, *Especially the Lop-Nor Region*, Stockholm: Bokförlags Aktiebolaget Thule, 1939, pl. 23–24.

F. Bergman, *Archaeological Researches in Sinkiang*, *Especially the Lop-Nor Region*, Stockholm: Bokförlags Aktiebolaget Thule, 1939, pl. 21.

甘肃省文物考古研究所:《敦煌祁家湾——西晋十六国墓葬发掘报告》,北京:文物出版社,1994年,图版一四、三五。

新疆楼兰考古队:《新疆城郊古墓群发掘简报》,载《文物》1988年第7期,第28,图一九。

新疆楼兰考古队:《新疆城郊古墓群发掘简报》,载《文物》1988年第7期,第30页,图二一。

朝日新闻社:《日中国交正常化20周年记念展:楼兰王国と悠久の美女》,东京:朝日新闻社,1992年,第35页;新疆楼兰考古队:《新疆城郊古墓群发掘简报》,载《文物》1988年第7期,第31-32页。

M. A. Stein, *Innermost Asia*: *Report of Exploration in Central Asia Kan-su and Eastern Iran*, vol. 4, Oxford: Clarendon Press, 1928, pl. XXIV.

新疆维吾尔自治区博物馆、巴音郭楞蒙古自治州文物管理所、且末县文物管理所:《1998年扎滚鲁克第三期文化墓葬发掘简报》,载《新疆文物》2003年第1期,第4页。

于建军提供。

新疆维吾尔自治区博物馆、巴音郭楞蒙古自治州文物管理所、且末县文物管理所:《新疆且末扎滚鲁克一号墓地发掘报告》,载《考古学报》2003年第1期,第128-129页;新疆维吾尔自治区博物馆、巴音郭楞蒙古自治州文物管理所、且末县文物管理所:《1998年扎滚鲁克第三期文化墓葬发掘简报》,载《新疆文物》2003年第1期,第10页。

新疆维吾尔自治区博物馆、巴音郭楞蒙古自治州文物管理所、且末县文物管理所:《新疆且末扎滚鲁克一号墓地发掘报告》,载《考古学报》2003年第1期,图版拾伍;新疆维吾尔自治区博物馆、新疆文物考古研究所:《中国新疆山普拉:古代于阗文明的揭示与研究》,乌鲁木齐:新疆人民出版社,2000年,第97页、图版96;新疆文物考古研究所:《新疆尉犁县营盘墓地1995年发掘简报》,载《文物》2002年第6期,第26页、图三九;甘肃省文物考古研究所:《敦煌祁家湾——西晋十六国墓葬发掘报告》,北京:文物出版社,1994年,第54页;甘肃省文物考古研究所:《敦煌佛爷庙湾——西晋画像砖墓》,北京:文物出版社,1998年,第42页;F. Bergman, *Archaeological Researches in Sinkiang, Especially the Lop- Nor Region*, Stockholm: Bokförlags Aktiebolaget Thule, 1939, pl. 21;青海省文物考古研究所:《上孙家寨汉晋墓》,北京:文物出版社,1993年,第92页;新疆文物考古研究所:《1996年新疆吐鲁番交河故城沟西墓地汉晋墓葬发掘简报》,载《考古》1997年第9期,第50页。

M. A. Stein, *Innermost Asia: Report of Exploration in Central Asia*

*Kan-su and Eastern Iran*，vol. 4，Oxford：Clarendon Press，1928，pl. CX；新疆文物考古研究所：《新疆尉犁县营盘墓地1995年发掘简报》，载《文物》2002年第6期，第36页、图五九；新疆维吾尔自治区博物馆、巴音郭楞蒙古自治州文物管理所、且末县文物管理所：《新疆且末扎滚鲁克一号墓地发掘报告》，载《考古学报》2003年第1期，图版拾陆。

新疆维吾尔自治区博物馆、巴音郭楞蒙古自治州文物管理所、且末县文物管理所：《新疆且末扎滚鲁克一号墓地发掘报告》，载《考古学报》2003年第1期，第129页。

江西省文物考古研究所、南昌市博物馆：《南昌火车站东晋墓葬群发掘简报》，载《文物》2001年第2期，第20页，图一六。

南京市博物馆：《南京象山5号、6号、7号墓发掘简报》，载《文物》1972年第11期，页30，图三十二。

国家文物局、中国科学技术协会：《奇迹天工——中国古代发明创造文物展》，北京：文物出版社，第183页。

新疆维吾尔自治区博物馆、巴音郭楞蒙古自治州文物管理所、且末县文物管理所：《新疆且末扎滚鲁克一号墓地发掘报告》，载《考古学报》2003年第1期，图版拾伍。

新疆维吾尔自治区文物事业管理局等：《新疆文物古迹大观》，乌鲁木齐：新疆美术摄影出版社，1999年，第49页。

赵丰：《汉代丝绸纹样中的祥瑞意念及题材》，载《丝绸》2007年第11期，第48页。

A. Wieczorek & C. Lind, *Ursprünge der Seidenstraße*: *Sensationelle Neufunde aus Xinjiang*, China, Stuttgatt: Konrad Theiss Verlag GmbH/ Mannheim: Reiss-Engelhorn-Museen, 2007, p. 245;汤池主编:《中国画像石全集·陕西山西汉画像石》,郑州:河南美术出版社/济南:山东美术出版社,2000年,第76页。

于建军提供;李军提供;国家文物局:《2007年中国重要考古发现》,北京:文物出版社,第87页。

国家文物局:《2007年中国重要考古发现》,北京:文物出版社,第94、97页。

新疆维吾尔自治区博物馆、巴音郭楞蒙古自治州文物管理所、且末县文物管理所:《新疆且末扎滚鲁克一号墓地发掘报告》,载《考古学报》2003年第1期,第102页。

新疆维吾尔自治区博物馆、巴音郭楞蒙古自治州文物管理所、且末县文物管理所:《新疆且末扎滚鲁克一号墓地发掘报告》,载《考古学报》2003年第1期,第110、115;A. A. 科瓦列夫著,水涛译:《公元前4—前2世纪楼烦的方位及其对中原和南方地区文化的影响》,收入《鄂尔多斯青铜器国际学术研讨会论文集》,北京:科学出版社,2009年,第401页,图三-2;田广金、郭素新:《鄂尔多斯式青铜器》,北京:文物出版社,1986年,第180页。

新疆维吾尔自治区博物馆、巴音郭楞蒙古自治州文物管理所、且末县文物管理所:《新疆且末扎滚鲁克一号墓地发掘报告》,载《考古学报》2003年第1期,第110页;新疆博物馆文物队:《且末县扎滚鲁克五座墓葬发掘报告》,载《新疆文物》1998年第3期,第8页。

新疆维吾尔自治区博物馆、巴音郭楞蒙古自治州文物管理所、且末县文物管理所:《新疆且末扎滚鲁克一号墓地发掘报告》,载《考古学报》2003年第1期,图版拾壹。

李军提供。

图2-87至图2-90出处已在前文注明,此处不再一一出注。

据 F. Bergman, *Archaeological Researches in Sinkiang*, *Especially the Lop-Nor Region*, Stockholm: Bokförlags Aktiebolaget Thule, 1939, p. 163, fig. 36改绘。

中日日中共同尼雅遗迹学术考察队:《中日日中共同尼雅遗迹学术调查报告书》第2卷,乌鲁木齐/京都:中日日中共同尼雅遗迹学术考察队,1999年,图版三十八。

中法克里雅河考古队:《新疆克里雅河流域考古调查概述》,载《考古》1998年第12期,第33—36页。

戴蔻琳、伊弟利斯·阿不都热苏勒:《在塔克拉玛干的沙漠里:公元初年丝绸之路开辟之前克里雅河谷消逝的绿洲》,收入陈星灿、米盖拉主编:《考古发掘与历史复原》,北京:中华书局,2005年,第56页。

〔英〕奥雷尔·斯坦因著,巫新华等译:《亚洲腹地考古图记》第3卷,桂林:广西师范大学出版社,2004年,附图XXXVI。

〔英〕奥雷尔·斯坦因著,巫新华等译:《亚洲腹地考古图记》第3卷,桂林:广西师范大学出版社,2004年,附图IX。

〔英〕奥雷尔·斯坦因著,巫新华等译:《西域考古图记》第3卷,桂林:广西师范大学出版社,1998年,附图20。

〔英〕奥雷尔·斯坦因著,巫新华等译:《古代和田:中国新疆考古发掘的详细报告》第2卷,济南:山东人民出版社,2009年,图版XXXIX。

据亚诺什·哈尔马塔主编,徐文勘、芮传明译:《中亚文明史·第二卷·定居文明与游牧文明的发展:公元前700年至公元250年》,北京:中国对外翻译出版公司,2002年,第102页,图4改绘。

王英健:《外国建筑史实例集II——东方古代部分》,北京:中国电力出版社,2006年,第73页。

http://whc.unesco.org/en/list/277.

D. Schlumberger, "La prospection archeologique de Bactres (printemps 1947) Rapport sommaire", in Syria, T. 26, Fasc. 3/4 (1949), p. 174.

自治区文物普查办公室、阿克苏地区文物普查队:《阿克苏地区文物普查报告》,《新疆文物》1995年第4期,第18、21页,图十一。

自治区文物普查办公室、阿克苏地区文物普查队:《阿克苏地区文物普查报告》,《新疆文物》1995年第4期,第18、21页,图十一。

自治区博物馆文物队、轮台县文教局:《轮台县文物调查》,载《新疆文物》1991年第2期,第5-6页,图五、七。

吉林大学边疆考古研究中心、内蒙古自治区文物考古研究所:《额济纳古代遗址测量工作简报》,收入吉林大学边疆考古研究中心:《边疆考古研究》第7辑,北京:科学出版社,2008年,第356页。

〔英〕奥雷尔·斯坦因著,巫新华等译:《亚洲腹地考古图记》第3卷,桂林:广西师范大学出版社,2004年,附图XII。

梁涛、再帕尔·阿不都瓦依提等:《新疆安迪尔古城遗址现状调查及保护思路》,载《江汉考古》2009年第2期,第142页;〔英〕奥雷尔·斯坦因著,巫新华等译:《西域考古图记》第3卷,桂林:广西师范大学出版社,1998年,附图21。

〔英〕奥雷尔·斯坦因著,巫新华等译:《亚洲腹地考古图记》第3卷,桂林:广西师范大学出版社,2004年,附图VIII。

韩国国立中央博物馆:《中央アジアの美术》,汉城:三和出版社,1989年,第96-96页,图92-94。

冈内三真:《新疆奇台县石城子遗跡の考古学的考察》,载《早稻田大学大学院文学研究科纪要》第49卷(2003年第4分册),第95、99页。

新疆楼兰考古队:《楼兰古城址调查与试掘简报》,载《文物》1988年第7期,第2页。

新疆楼兰考古队:《楼兰古城址调查与试掘简报》,载《文物》1988年第7期,第13页、图三八-四○。

T. Higuchi ed., *Gandhara Art of Pakistan*, Tokyo: NHK Press, 1984, p. 108, pl. VIII-20.

新疆楼兰考古队:《楼兰古城址调查与试掘简报》,载《文物》1988年第7期,第12页、图三三-三七;M. A. Stein, *Innermost Asia: Report of Exploration in Central Asia Kan-su and Eastern Iran*, vol. 4, Oxford: Clarendon Press, 1928, pl. XXVII。

M. A. Stein, *Serindia: Detailed Report of Explorations in Central Asia and Westernmost China Carried out and Described under the Orders of H. M. India Government*, vol. 4, Oxford: Clarendon Press, 1921, pl. XXIX; 1928: pl. XXIV.

朝日新闻社:《日中国交正常化20周年记念展:楼兰王国と悠久の美女》,东京:朝日新闻社,1992年,第33页。

http://en.wikipedia.org/wiki/File:Plate_XX_Vima_Kadphises.jpg.

M. A. Stein, *Innermost Asia: Report of Exploration in Central Asia Kan-su and Eastern Iran*, vol. 4, Oxford: Clarendon Press, 1928, pl. XVI; 新疆楼兰考古队:《楼兰古城址调查与试掘简报》,载《文物》1988年第7期,第13-17页;朝日新闻社:《日中国交正常化20周年记念展:楼兰王国と悠久の美女》,东京:朝日新闻社,1992年,第37-39页。

M. A. Stein, *Innermost Asia: Report of Exploration in Central Asia Kan-su and Eastern Iran*, vol. 4, Oxford: Clarendon Press, 1928, pl. XV, XXVI.

·欧·亚·历·史·文·化·文·库·

M. A. Stein, *Ancient Khotan*: *Detailed Report of Archaeological Explorations in Chinese Turkestan*, vol. 2, Oxford: Clarendon Press, 1907, pl. LXX；戴尔·布朗主编、王淑芬译:《波斯人:帝国的主人》,北京:华夏出版社,2002年,第34页。

M. A. Stein, *Serindia*: *Detailed Report of Explorations in Central Asia and Westernmost China Carried out and Described under the Orders of H. M. India Government*, vol. 4, Oxford: Clarendon Press, 1921, pl. XXXIII, XIX; F. Bergman, "Loulan Wood-Carvings and Small Finds Discovered by Sven Hedin", in Bulletin of the Museum of Far East Antiquities (BMFEA), No.7 (1935), pl. VII.

田边胜美、前田耕作:《世界美术大全集·东洋编15·中央アジア卷》,东京:小学馆,1999年,第307页、图244。

J. Marshall, The Buddhist Art of Gandhara, Cambridge: University Press, fig. 62.

M. A. Stein, *Serindia*: *Detailed Report of Explorations in Central Asia and Westernmost China Carried out and Described under the Orders of H. M. India Government*, vol. 4, Oxford: Clarendon Press, 1921, pl. XLVII; M. A. Stein, Ancient Khotan: Detailed Report of Archaeological Explorations in Chinese Turkestan, vol. 2, Oxford: Clarendon Press, 1907, pl. IX.

新疆维吾尔自治区文物事业管理局等:《新疆文物古迹大观》,乌鲁木齐:新疆美术摄影出版社,1999年,第54页;中日日中共同尼雅遗迹学术考察队:《中日日中共同尼雅遗迹学术调查报告书》第3卷,乌鲁木齐/京都：中日日中共同尼雅遗迹学术考察队，2007年，第87页。

131.

fig. 10.

J. Marshall, *Taxila*: *An Illustrated Account of Archaeological Excavations Carried Out at Taxila under the Orders of The Government of India Between the Years 1913 and 1934*, vol. 3, Cambridge: At the University Press, 1951, pl. 72.

J. Marshall, *Taxila*: *An Illustrated Account of Archaeological Excavations Carried Out at Taxila under the Orders of The Government of India Between the Years 1913 and 1934*, vol. 3, Cambridge: At the University Press, 1951, pl. 98.

新疆楼兰考古队:《楼兰古城址调查与试掘简报》,《文物》1988年第7期,第7页。

石刚提供。

栗田功:《ガンダーラ美術》I,东京:二玄社,1988年,第129页、图252。

J. Marshall, *Taxila*: *An Illustrated Account of Archaeological Excavations Carried Out at Taxila under the Orders of The Government of India Between the Years 1913 and 1934*, vol. 3, Cambridge: At the University Press, 1951, pl. 80.

〔英〕奥雷尔·斯坦因著,巫新华等译:《西域考古图记》第3卷,桂林:广西师范大学出版社,1998年,附图26。

〔英〕奥雷尔·斯坦因著,巫新华等译:《古代和田:中国新疆考古发掘的详细报告》第2卷,济南:山东人民出版社,2009年,图版XXIX;中日日中共同尼雅遗迹学术考察队:《中日日中共同尼雅遗迹学术调查报告书》第2卷,乌鲁木齐/京都:中日日中共同尼雅遗迹学术考察队,1999年,图版三十九。

加藤九祚:《中央アジアの仏教と遺跡》,《仏教芸術》第205号,每日新闻社,1992年,第19页、图2-13。

http://www.thewalt.de/afghanistan/shotur1/pages/d9_69_04.htm.

R.Whitefield & A.Farrer, Cave of The Thousand Buddhas: Chinese Art from the Silk Road, London: The Trastees of the British Museum, 1990: 148–149, fig. 118; M. A. Stein, *Serindia: Detailed Report of Explorations in Central Asia and Westernmost China Carried out and Described under the Orders of H. M. India Government*, vol. 4, Oxford: Clarendon Press, 1921, pl. XXXII.

J. Marshall, *Taxila: An Illustrated Account of Archaeological Excavations Carried Out at Taxila under the Orders of The Government of India Between the Years 1913 and 1934*, vol. 3, Cambridge: At the University Press, 1951, pl. 34.

中日日中共同尼雅遗迹学术考察队:《中日日中共同尼雅遗迹学术调查报告书》第2卷,乌鲁木齐/京都:中日日中共同尼雅遗迹学术考察队,1999年,第56页,图版十。

M. A. Stein, *Serindia: Detailed Report of Explorations in Central Asia and Westernmost China Carried out and Described under the Orders of H. M. India Government*, vol. 1, Oxford: Clarendon Press, 1921, p.

247.

〔英〕奥雷尔·斯坦因著,巫新华等译:《亚洲腹地考古图记》第 3 卷,桂林:广西师范大学出版社,2004 年,附图 VIII。

〔英〕奥雷尔·斯坦因著,巫新华等译:《亚洲腹地考古图记》第 3 卷,桂林:广西师范大学出版社,2004 年,附图 IX。

栗田功:《ガンダーラ美術》II,东京:二玄社,1990 年,第 257、261 页,图 528、543;A. Foucher, *L'Art Gréco-Bouddhique du Gandhāra*, vol. 1, Paris: E. Lerous, fig. 41。

B. J. Stavisky, *Kunst der Kushan, Leipzig: VEB E. A. Seemann Verlag*, 1979, p. 133.

〔英〕奥雷尔·斯坦因著,巫新华等译:《西域考古图记》第 3 卷,桂林:广西师范大学出版社,1998 年,附图 31。

M. A. Stein, *Serindia: Detailed Report of Explorations in Central Asia and Westernmost China Carried out and Described under the Orders of H. M. India Government*, vol. 1, Oxford: Clarendon Press, 1921, fig. 123-124.

K. A. Behrendt, *The Buddhist Architecture of Gandhara*, Leiden/Boston: Brill, 2004, fig. 50.

田边胜美、前田耕作:《世界美术大全集·东洋编 15·中央アジア卷》,东京:小学馆,1999 年,第 233 页、图 231。

加藤九祚:《中央アジアの仏教と遺跡の研究》,《シルクロード学研究》第 4 卷,1997 年,第 14 页、图 2-3。

田边胜美、前田耕作:《世界美术大全集·东洋编 15·中央アジア卷》,东京:小学馆,1999 年,第 118 页、图 154。

James C. Y. Watt ed., *China: Dawn of A Golden Age, 200-750 AD*, New York/ New Haven /London: The Metropolitan Museum of Art/ Yale University Press, 2004, p. 134, pl. 44.

F. Bergman, "Loulan Wood-Carvings and Small Finds Discovered by Sven Hedin", in *Bulletin of the Museum of Far East Antiquities (BM-FEA)*, No.7 (1935), pl. IV-4.

栗田功:《ガンダーラ美術》I,东京:二玄社,1988 年,第 83 页、图 147。

田边胜美、前田耕作:《世界美术大全集·东洋编 15·中央アジア卷》,东京:小学馆,1999 年,第 114 页、图 145;Tanabe Katsumi, "A Study of the Sasanian Disk-Nimbus: Farewell to Its Xvarnah Theory", in *Bulletin of the Ancient Orient Museum*, vol.. VI, 1984, p.42, pl.XX-1; E. Errington & J. Cribb, The Crossroads of Asia, London: The Ancient India and Iran Trust, 1992, p. 191。

F. Bergman, "Loulan Wood-Carvings and Small Finds Discovered by Sven Hedin," *Bulletin of the Museum of Far East Antiquities (BMFEA)*, No.7 (1935), pl. V-2.

2006年,第85页。

D. Faccenna & M. Taddei, *Sculptures from the Sacred Area of Butkara I（Swat, Pakistan）*, vol. II, Reports and Memoirs, Rome：IsMEO, 1962, p. 41, pl. CXLIII.

栗田功:《ガンダーラ美術》II,东京:二玄社,1990年,第8页、图6。

R. Mann, "Parthian and Hellenistic Influences on the Development of Skanda's Cult in the North India", in *Bulletin of the Asia Institute*, 2001（vol. 15）, p. 119.

http://dsal.uchicago.edu/images/aiis/aiis_search.html?depth=Get+Details&id=68652.

〔俄〕斯塔维斯基著,路远译:《古代中亚美术》,西安:陕西旅游出版社,1992年,图76。

M. A. Stein, *Serindia：Detailed Report of Explorations in Central Asia and Westernmost China Carried out and Described under the Orders of H. M. India Government*, vol. 4, Oxford：Clarendon Press, 1921, pl. XLIV.

B.J.Stavisky,*Kunst der Kushan*, Leipzig:VEB.A.Seemann Verlag, 1979,p.129.

M. A. Stein, *Innermost Asia：Report of Exploration in Central Asia Kan-su and Eastern Iran*, vol. 4, Oxford：Clarendon Press, 1928, pl. XX.

晁华山:《佛陀之光——印度与中亚佛教胜迹》,北京:文物出版社,2001年,第134页,图2-3。

新疆维吾尔自治区文物事业管理局等:《新疆文物古迹大观》,乌鲁木齐:新疆美术摄影出版社,1999年,第71页。

サリアニディ著,加藤九祚译:《シルクロードの黄金遗宝:シバルガン王墓发掘记》,东京:岩波书店,1988年,第102页。

H. Ingholt & I. Lyons, *Gandharan Art in Pakistan*, New York: Pantheon Books, 1957, pl. 417.

樋口隆康:《シトフイールド考古学》,京都:法藏馆,1986年,第123页。

赵丰:《中国丝绸通史》,苏州:苏州大学出版社,2005年,第118页。

栗田功:《ガンダーラ美術》I,东京:二玄社,1988年,第171页,图497。

T. H. Carpenter, *Dionysian Imagery in Fifth-Century Athens*, Oxford: Clarendon Press, 1997.

E. Errington & J. Cribb, *The Crossroads of Asia*, London: The Ancient India and Iran Trust, 1992, p. 199.

李军提供。

（1970），pl. I–II.

洛阳市第二文物工作队、偃师商城博物馆:《河南偃师西晋支伯姬墓发掘简报》,载《文物》2009年第3期,第37、40页。

新疆文物考古研究所:《尉犁县营盘15号墓发掘简报》,载《文物》1999年第1期,第8页;A. Wieczorek & C. Lind, *Ursprünge der Seiden-straße: Sensationelle Neufunde aus Xinjiang*, China, Stuttgatt: Konrad Theiss Verlag GmbH/Mannheim: Reiss- Engelhorn- Museen, 2007, p. 260.

中国社会科学院考古研究所新疆队、新疆巴音郭楞蒙古自治州文管所:《新疆和静县察吾乎沟口三号墓地发掘简报》,载《考古》1990年第10期,第886、888页;新疆文物考古研究所:《1996年新疆吐鲁番交河故城沟西墓地汉晋墓葬发掘简报》,载《考古》1997年第9期,第50页。

http://www.zionpress.org/the_israelites.html.

边胜美、前田耕作:《世界美术大全集·东洋编15·中央アジア卷》,东京:小学馆,1999年,第120页、图158。

中日日中共同尼雅遗迹学术考察队:《中日日中共同尼雅遗迹学术调查报告书》第2卷,乌鲁木齐/京都:中日日中共同尼雅遗迹学术考察队,1999年,图版三十。

F. Bergman, *Archaeological Researches in Sinkiang, Especially the Lop- Nor Region*, Stockholm: Bokförlags Aktiebolaget Thule, 1939, p.122.

新疆文物考古研究所:《新疆尉犁县营盘墓地 1995 年发掘简报》,载《文物》2002 年第 6 期,第 25 页、图三十七。

林梅村:《丝绸之路考古十五讲》,北京:北京大学出版社,2006 年,第 124 页。

J. Marshall, *Taxila: An Illustrated Account of Archaeological Excavations Carried Out at Taxila under the Orders of The Government of India Between the Years 1913 and 1934*, vol. 3, Cambridge: At the University Press, 1951, pl. 10.

M. A. Stein, *Serindia: Detailed Report of Explorations in Central Asia and Westernmost China Carried out and Described under the Orders of H. M. India Government*, vol. 4, Oxford: Clarendon Press, 1921, pl. XVIII.

F. Bergman, "Loulan Wood−Carvings and Small Finds Discovered by Sven Hedin", in *Bulletin of the Museum of Far East Antiquities（BMFEA）*, No.7（1935）, fig.2, pl. II, IV−6.

大英博物馆网站。

〔英〕奥雷尔·斯坦因著,巫新华等译:《亚洲腹地考古图记》第 3 卷,桂林:广西师范大学出版社,2004 年,附图 XXXVIII。

F. Bergman, *Archaeological Researches in Sinkiang, Especially the Lop-Nor Region*, Stockholm: Bokförlags Aktiebolaget Thule, 1939, p. Pl. XIV.

pl. XCV, XCVIII; M. A. Stein, *Serindia*: *Detailed Report of Explorations in Central Asia and Westernmost China Carried out and Described under the Orders of H. M. India Government*, vol. 4, Oxford: Clarendon Press, 1921, pl. CXIV.

J. Marshall, *Taxila*: *An Illustrated Account of Archaeological Excavations Carried Out at Taxila under the Orders of The Government of India Between the Years 1913 and 1934*, vol. 3, Cambridge: At the University Press, 1951, pl. 45.

J. Marshall, *Taxila*: *An Illustrated Account of Archaeological Excavations Carried Out at Taxila under the Orders of The Government of India Between the Years 1913 and 1934*, vol. 3, Cambridge: At the University Press, 1951, pl.72.

M. M. Rhie, *Early Buddhist art of China and Central Asia*, vol. I, Leiden/Boston/ Koln: Brill, 1999, fig. 5.53f.

东京国立博物馆、NHK、NHKプロモーション：《日本・パキスタン国交樹立50周年記念　パキスタン・ガンダーラ雕刻展》,东京：NHK、NHKプロモーション,2002年,图一-3。

田边胜美、前田耕作：《世界美术大全集・东洋编15・中央アジア卷》,东京：小学馆,1999年,第233页、图231。

张宝玺：《甘肃佛教石刻造像》,兰州：甘肃人民美术出版社,2001年,第44、52、57、71、75页。

张宝玺：《甘肃佛教石刻造像》,兰州：甘肃人民美术出版社,2001

年,第45页。

甘肃省文物工作队、庆阳北石窟文物保管所编:《陇东石窟》,北京:文物出版社,1987年,第2-10页。

中法克里雅河考古队:《新疆克里雅河流域考古调查概述》,载《考古》1998年第12期,第31页。

〔英〕奥雷尔·斯坦因著,巫新华等译:《古代和田:中国新疆考古发掘的详细报告》第2卷,济南:山东人民出版社,2009年,图版XL。

〔英〕奥雷尔·斯坦因著,巫新华等译:《西域考古图记》第3卷,桂林:广西师范大学出版社,1998年,附图4。

M. A. Stein, *Serindia*: *Detailed Report of Explorations in Central Asia and Westernmost China Carried out and Described under the Orders of H. M. India Government*, vol. 3, Oxford: Clarendon Press, 1921, plan 57.

大同市博物馆:《大同北魏方山思远佛寺遗址发掘报告》,载《文物》2007年第4期,第7页。

新疆博物馆、库车文管所:《新疆库车昭怙厘西大寺塔墓清理简报》,载《新疆文物》1987年第1期,第11页。

# 参考文献

**中日文部分**

〔日〕阿布贤次. 北凉石塔研究. 陈浩,译. 吐鲁番学研究,2008 (1):136-149.

安家瑶. 北周李贤墓出土的玻璃碗——萨珊玻璃器的发现与研究. 考古,1986(2):173-181.

巴音郭楞蒙古自治州文管所. 且末县扎洪鲁克墓葬1989年清理简报. 新疆文物,1992(2):1-14.

巴州文物普查队. 巴音郭楞蒙古自治州文物普查资料. 新疆文物,1993(1)1-94.

〔印〕查娅·哈斯奈尔. 尼雅文书中有关织物的名词及对应的印度语含义. 苏玉敏,译. 新疆文物,2004(4):109-116.

晁华山. 佛陀之光——印度与中亚佛教胜迹. 北京:文物出版社,2001.

長沢和俊. シルク·ロード史研究. 東京:国書刊行会,1979.(长泽和俊. 丝绸之路史研究. 钟美珠,译. 天津:天津古籍出版社,1990.)

長沢和俊. 楼蘭王国. 東京:德間書店,1988

長沢和俊. 楼蘭王国史の研究. 東京:雄山閣出版,1996.

陈戈. 新疆米兰灌溉渠道及相关的一些问题. 考古与文物,1986 (4):91-102.

陈戈. 新疆古代交通路线综述. 新疆文物,1990(3):55-92.

陈戈. 新疆发现的竖穴洞室墓//中国社会科学院考古研究所. 中国考古学论丛. 北京:科学出版社,1993:401-414.

陈戈．察吾乎沟口文化的类型划分和分期问题．考古与文物，2001(5)：30-39.

陈靓．新疆尉犁县营盘墓地古人骨的研究//吉林大学边疆考古研究中心．边疆考古研究：第1辑．北京：科学出版社，2002：323-341.

陈凌．斯文赫定收集品的新刊楼兰文书//欧亚学刊：第5辑．北京：中华书局，2005：105-132.

陈梦家．汉简缀述．北京：中华书局，1980.

陈汝国．楼兰古城历史地理若干问题探讨．新疆大学学报：哲学人文社会科学版，1984(3)：50-61.

陈世良．魏晋时代的鄯善佛教．世界宗教研究，1982(3)：79-89.

程林泉，韩国河．长安汉镜．西安：陕西人民出版社，2002.

赤井清美．敦煌·楼蘭漢簡．東京：東京堂，1977.

赤松明彦．楼蘭王国：ロプ·ノール湖畔の四千年．東京：中央公論新社，2005.

楚启恩．中国壁画史．北京：北京工艺美术出版社，2000.

大同市博物馆．大同北魏方山思远佛寺遗址发掘报告．文物，2007(4)：4-26.

戴蔻琳，伊弟利斯·阿不都热苏勒．在塔克拉玛干的沙漠里：公元初年丝绸之路开辟之前克里雅河谷消逝的绿洲//陈星灿，米盖拉．考古发掘与历史复原．北京：中华书局，2005：49-63.

戴维．鄯善地区汉晋墓葬与丝绸之路．北京大学考古文博学院硕士学位论文，2005.

丁晓仑．楼兰故城．乌鲁木齐：新疆美术出版社，2004.

丁垚．西域与中土：尼雅，楼兰等建筑遗迹所见中原文化影响//汉唐西域考古：尼雅-丹丹乌里克国际学术讨论会会议论文提要，2009：108.

東京国立博物館．西域美術展：ドイツ·トゥルファン探検隊．東京：朝日新聞社，1991.

東京国立博物館．东洋美术一五〇选．东京：东京国立博物馆，

1998.

東京国立博物館,大阪市立美術館,日本経済新聞社. シルクロードの遺宝:古代・中世の東西文化交流. 東京:日本経済新聞社,1985.

东京国立博物馆,NHK,NHKプロモーション. 日本・パキスタン国交樹立50周年記念　パキスタン・ガンダーラ雕刻展. 东京:NHK,NHKプロモーション,2002.

〔俄〕杜丁. 中国新疆的建筑遗址. 何文津,方久忠,译. 北京:中华书局,2006.

杜斗城. 河西汉墓记. 敦煌学辑刊,1992(1-2):79-84.

杜斗城. 北凉佛教研究. 台北:新文丰出版公司,1998.

肥塚隆. 莫高窟第275窟交脚菩萨像与犍陀罗的先例. 敦煌学辑刊,1990(1):16-24.

冯承钧. 西域南海史地考证论著汇辑. 北京:中华书局,1957.

傅熹年. 中国古代建筑史·第二卷:两晋,南北朝,隋唐,五代建筑. 北京:中国建筑工业出版社,2000.

富谷至. 流沙出土の文字資料:楼蘭・尼雅文書を中心に. 京都:京都大学学術出版会,2001.

富谷至. 木簡・竹簡の語る中国古代:書記の文化史. 東京:岩波書店,2003.(富谷至. 木简竹简述说的古代中国——书写材料的文化史　刘恒武,译. 黄留珠,校. 北京:人民出版社,2007.)

干福熹. 丝绸之路上的古代玻璃研究. 上海:复旦大学出版社,2007.

甘肃省博物馆. 甘肃嘉峪关晋墓的发掘. 文物,1979(6):1-12.

甘肃省文物队,甘肃省博物馆,嘉峪关市文物管理所. 嘉峪关壁画墓发掘报告. 北京:文物出版社,1985.

甘肃省文物考古研究所. 敦煌祁家湾——西晋十六国墓葬发掘报告. 北京:文物出版社,1994.

甘肃省文物考古研究所. 敦煌佛爷庙湾——西晋画像砖墓. 北京:文物出版社,1998.

甘肃省文物考古研究所．河西汉塞调查与研究．北京：文物出版社，2005．

甘肃省文物考古研究所，高台县博物馆．甘肃高台地埂坡晋墓发掘简报．文物，2008(9)：29-39．

甘肃省文物局．疏勒河流域汉长城考察报告．北京：文物出版社，2001．

冈内三眞．新疆奇台県石城子遺跡の考古学的考察//早稲田大学大学院文学研究科紀要：第49卷4分册，2003：87-101．

冈田健，曾布川宽．世界美术大全集·东洋编3·三国南北朝．东京：小学馆，2000．

〔日〕高滨侑子．中国古代洞室墓．韩钊，译．文博，1994(1)：17-23．

高田修．仏像の起源．东京：岩波书店，1967．(高田修．佛像的起源．高桥宣治，杨美莉，译．台北：华宇出版社，1985．)

〔法〕格鲁塞．印度的文明．常任侠，袁音，译．北京：商务印书馆，1965．

宫治昭．西域の仏教美術//讲座仏教の受容と變容——ィンド仏教美術の受容と变容：4．东京：佼成出版社，1991：241-284．

宫治昭．涅槃と弥勒の图像学：インドから中央アジアへ．东京：吉川弘文馆，1992．(宫治昭．涅槃和弥勒的图像学——从印度到中亚．李萍，张清涛，译．北京：文物出版社，2009．)

宫治昭．ガンダーラ仏の不思議．东京：讲谈社，1996．(宫治昭．犍陀罗美术寻踪．李萍，译．北京：人民美术出版社，2006．)

古正美．贵霜佛教政治传统与大乘佛教．台北：允晨文化实业股份有限公司，1993．

国家文物局教育处．佛教石窟考古概要．北京：文物出版社，1992．

郭峰．斯坦因第三次中亚探险所获甘肃新疆出土汉文文书——未经马斯伯乐刊布的部分．兰州：甘肃人民出版社，1993．

郭金龙．且末扎滚鲁克一号墓地M133号墓简述．吐鲁番学研究，

2002(1):142-144.

郭物. 新疆天山地区公元前一千纪的考古学文化研究. 中国社会科学院考古研究所博士学位论文,2005.

韩国国立中央博物馆. 中央アジアの美术. 汉城:三和出版社,1989.

韩建业. 新疆青铜时代—早期铁器时代文化的分期和谱系. 新疆文物,2005(3):57-99.

韩康信. 新疆楼兰城郊古墓人骨人类学特征的研究. 人类学学报,1986(3):227-242.

韩森. 尼雅学研究的启示//巫鸿. 汉唐之间文化艺术的互动与交融. 北京:文物出版社,2001:275-298.

韩翔,王炳华,张临华. 尼雅考古资料. 乌鲁木齐,新疆社会科学院内部刊物,1988.

何德修. 缤纷楼兰. 乌鲁木齐:新疆大学出版社,2004.

胡平生. 楼兰出土文书释丛. 文物,1991(8):41-47.

胡平生. 魏末晋初楼兰文书编年系联(上). 西北民族研究,1991(1):67-77.

胡平生. 魏末晋初楼兰文书编年系联(下). 西北民族研究,1991(2):6-19.

黄烈. 黄文弼历史考古论集. 北京:文物出版社,1989.

黄烈. 黄文弼蒙新考察日记(1927—1930). 北京:文物出版社,1990.

黄盛璋. 塔里木河下游聚落与楼兰古绿洲环境变迁//黄盛璋. 亚洲文明:第二集. 合肥:安徽教育出版社,1992:21 38.

黄盛璋. 初论楼兰国始都楼兰城与 LE 城问题. 文物,1996(8):62-72.

黄盛璋. 楼兰始都争论症结解难与 LA 城为西汉楼兰城新论证. 吐鲁番研究,2000(1):61-75.

黄盛璋. 楼兰始都争论症结解难与 LA 城为西汉楼兰城新论证

（续）．吐鲁番研究，2000（2）：72-89．

黄小江．若羌县文物调查简况（上）．新疆文物，1985（1）：20-26．

黄文弼．释居卢訾仓∥国学季刊：第5卷第2号，1935：65-69．

黄文弼．罗布淖尔考古记．北平：国立北京大学出版部，1948．

黄文弼．吐鲁番考古记．北京：中国科学院，1954．

黄文弼．塔里木盆地考古记．北京：科学出版社，1958．

黄文弼．新疆考古发掘报告：1957—1958．北京：文物出版社，1983．

黄振华．魏晋时期楼兰鄯善地区佛教研究札记——佉卢文沙门名号考证．民族研究，1996（4）：84-88．

侯灿．高昌楼兰研究论集．乌鲁木齐：新疆人民出版社，1990．

侯灿．楼兰出土汉文简纸文书研究综述．西域研究，2000（2）：97-101．

侯灿．魏晋西域长史治楼兰实证——楼兰问题驳难之一．敦煌研究，2001（4）：105-111．

侯灿．楼兰研究析疑——楼兰问题驳难之二．敦煌研究，2002（1）：66-71．

侯灿，杨代欣．楼兰汉文简纸文书集成．成都：天地出版社，1999．

霍旭初，祁小山．丝绸之路·新疆佛教艺术．乌鲁木齐：新疆大学出版社，2006．

霍旭初，赵莉．米兰"有翼天使"问题的再探讨——兼谈鄯善佛教艺术的有关问题∥段文杰敦煌研究五十年纪念论文集．北京：世界图书出版公司北京分公司，1996：172-179．

吉林大学边疆考古研究中心，内蒙古自治区文物考古研究所．额济纳古代遗址测量工作简报∥吉林大学边疆考古研究中心．边疆考古研究：第7辑．北京：科学出版社，2008：353-370．

季羡林．中印文化关系史论文集．北京：三联书店，1982．

季羡林．大唐西域记校注．北京：中华书局，1985．

贾丛江．关于西汉时期西域汉人的几个问题．西域研究，2004

（4）：1-8.

贾从江. 西汉伊循职官考疑. 西域研究,2008（4）：11-15.

加藤九祚. 中央アジアの仏教と遺跡//仏教芸術：第205号. 东京：每日新闻社,1992：15-66.

加藤九祚. 中央アジアの仏教と遺跡の研究//シルクロード学研究：第4卷.

榎一雄著作集编集委员会. 榎一雄著作集：第4卷·中央アジア史1. 东京：汲古书院,1992.

贾应逸. 新疆丝织技艺的起源及其特点. 考古,1985（2）：173-181.

贾应逸.“司禾府印”辩. 新疆文物,1986（1）：27-28.

贾应逸. 尼雅新发现的佛寺遗址研究. 敦煌学辑刊,1999（2）：48-55.

贾应逸,祁小山. 印度到中国新疆的佛教艺术. 兰州：甘肃教育出版社,2002.

金维诺. 中国美术全集·寺观壁画. 北京：文物出版社,1998.

姜伯勤. 敦煌艺术宗教与礼乐文明. 北京：中国社会科学出版社,1996.

〔日〕橘瑞超. 橘瑞超西行记. 柳洪亮,译. 乌鲁木齐：新疆人民出版社,1999.

〔法〕克里沙娜·里布. 中国早期的丝织品——比较斯坦因和中国考古学家发现的汉代带花纹丝绸. 杨谨,译//陕西历史博物馆馆刊：第1辑. 西安：三秦出版社,1994：176-185.

孔祥星,刘一曼. 中国古代铜镜. 北京：文物出版社,1984.

孔祥星,刘一曼. 中国铜镜图典. 北京：文物出版社,1992.

李宝通. 两汉楼兰屯戍源流考//西北师范大学历史系,甘肃省文物考古研究所. 简牍学研究：第一辑. 兰州：甘肃人民出版社,1996：179-183.

李宝通. 敦煌索劢楼兰屯田时限探赜. 敦煌研究,2002（1）：73-80.

李炳泉. 西汉西域伊循屯田考论. 西域研究,2003（2）：1-9.

李崇峰. 中印佛教石窟寺比较研究:以塔庙窟为中心. 新竹:觉风佛教艺术文化基金会,2002.

李零."五星出东方利中国"织锦上的文字和动物图案. 文物天地, 1999(6):26-30.

李零. 论中国的有翼神兽. 中国学术,商务印书馆,2001(1):1-64.

李青. 古楼兰鄯善艺术综论. 北京:中华书局,2005.

李青,张勇. 楼兰两汉织物艺术论. 新疆艺术学院学报,2010(3): 2-13.

李青昕. 战国秦汉出土丝织品纹样研究. 北京大学考古文博学院硕士学位论文,2006.

李文儒. 被惊扰的楼兰. 文物天地,2003(4).

李文瑛. 营盘遗址相关历史地理学问题考证——从营盘遗址非"注宾城"谈起. 文物,1999(1):43-51.

李文瑛. 新疆尉犁营盘墓地考古新发现及初步研究//巫鸿. 汉唐之间的视觉文化与物质文化. 北京:文物出版社,2003:313-337.

李肖. 且末古城地望考. 中国边疆史研究,2001(3):37-45.

李肖. 交河故城的形制布局. 北京:文物出版社,2003.

李吟屏. 悬挂楼兰王首之北阙考. 文物,1995(12):59-60.

李吟屏. 尼雅遗址古建筑初探. 喀什师范学院学报,2000,21(2): 41-46.

李玉珉. 中国早期佛塔溯源//故宫学术季刊,1989,6(3):75-104.

李裕群. 古代石窟. 北京:文物出版社,2003.

李裕群. 隋唐以前中国佛教寺院的空间布局及其演变//王仁湘, 刘文锁. 边疆民族考古与民族考古学集刊:第1集. 北京:文物出版社,2009:287-311.

栗田功. ガンダーラ美術:I. 东京:二玄社,1988.

栗田功. ガンダーラ美術:II. 东京:二玄社,1990.

立田洋司. 唐草文樣:世界を駆けめぐる意匠. 東京:講談社, 1997.

联合国教科文组织驻中国代表处. 交河故城——1993,1994年度考古发掘报告. 北京:东方出版社,1998.

莲池利隆. 关于新疆尼雅遗址出土的佛教文献. 印度学佛教学研究,1996,45(2).

梁涛. 新疆和田安迪尔古城佛塔保存现状及保护对策. 文物保护与考古科学,2009(8):41-47.

梁涛,再帕尔·阿不都瓦依提,等. 新疆安迪尔古城遗址现状调查及保护思路. 江汉考古,2009(2):140-144.

林良一. 東洋美術の装飾文様:植物文篇. 京都:同朋舍,1992.(林良一. 佛教美术的装饰纹样. 林保尧,译. 艺术家,1981—1982,总第76-91号.)

林玲爱. 西域南路米蘭塑佛像의研究. 佛教美術:11. 首尔:東國大學博物館,1992:131-165.

林梅村. 楼兰尼雅出土文书. 北京:文物出版社,1985.

林梅村. 沙海古卷——中国所出佉卢文书初集. 北京:文物出版社,1988.

林梅村. 新疆佉卢文释地. 西北民族研究,1989(1):72-80.

林梅村. 新发现的几件佉卢文书考释//余太山,陈高华,等. 中亚学刊:第3辑. 北京:中华书局,1990:63-70.

林梅村. 西域文明——考古,语言,民族和宗教新论. 北京:东方出版社,1995.

林梅村. 汉唐西域与中国文明. 北京:文物出版社,1998.

林梅村. 楼兰——一个世纪之谜的解析. 北京:中央党校出版社,1999.(林梅村. 寻找楼兰王国. 北京:北京大学出版社,2009.)

林梅村. 古道西风——考古新发现所见中外文化交流. 北京:生活·读书·新知三联书店,2000.

林梅村. 尼雅96A07房址出土佉卢文残文书考释. 西域研究,2000(3):42-43.

林梅村. 新疆营盘古墓出土的一封佉卢文书信. 西域研究,2001

（3）:44-45.

　　林梅村．汉代西域艺术中的希腊文化因素．九州学林,2003,1（2）:2-35.

　　林梅村．丝绸之路散记．北京:人民美术出版社,2004.

　　林梅村．丝绸之路考古十五讲．北京:北京大学出版社,2006.

　　林梅村．松漠之间:考古新发现所见中外文化交流．北京:生活·读书·新知三联书店,2007.

　　林立．塔里木盆地地面佛教寺院．北京大学考古文博学院硕士学位论文,2001.

　　林立．米兰佛寺考．考古与文物,2003(3):47-55.

　　林立．新疆天山南路地面佛寺建筑遗迹．北京大学考古文博学院博士学位论文,2004.

　　刘敦桢．中国古代建筑史．北京:中国建筑工业出版社,1984.

　　刘广堂．旅顺博物馆．北京:文物出版社,2003.

　　刘建国,等．新疆库尔勒至轮台间古代城址的遥感调查．考古,1997(7):67-77.

　　刘松柏．龟兹葬俗与墓葬//新疆龟兹学会．龟兹学研究:第2辑.乌鲁木齐:新疆大学出版社,2007:151-165.

　　刘文锁．安迪尔新出汉佉二体钱．中国钱币,1991(3):3-7.

　　刘文锁．新疆出土简牍的考古学研究．西北史地,1996(3):58-65.

　　刘文锁．尼雅遗址形制布局初探．中国社会科学院研究生院博士学位论文,2000.

　　刘文锁．吐鲁番盆地古墓葬的几种基本形制．吐鲁番学研究,2001(1):64-77.

　　刘文锁．尼雅浴佛会及浴佛斋祷文．敦煌研究,2001(3):42-49.

　　刘文锁．尼雅遗址历史地理考略．中山大学学报,2002(1):18-25.

　　刘文锁．楼兰的简纸并用时代与造纸技术之传播//吉林大学边疆考古研究中心．边疆考古研究:第2辑．北京:科学出版社,2003:406-413.

刘文锁. 尼雅遗址行政区划复原. 华夏考古, 2003(4):63-70.

刘文锁. 尼雅考古一百年. 考古, 2005(11):85-92.

刘文锁. 沙海古卷释稿. 北京:中华书局, 2007.

刘文锁, 郑渤秋. "尼壤"考述. 西域研究, 2000(2):38-44.

刘波. 敦煌美术与古代中亚阿姆河流派美术的比较研究. 高雄:佛光山文教基金会, 2003.

楼兰文物普查队. 罗布泊地区文物普查简报. 新疆文物, 1988(3):85-94.

鲁礼鹏, 马金娥. 且末扎滚鲁克 I 号墓地出土的梳子. 新疆文物, 2007(1):77-87.

吕恩国. 新疆的偏室墓不一定是月氏遗存——简评《由考古证据论月氏的迁徙路线》. 吐鲁番学研究, 2001(2):102-103.

吕厚远, 夏训诚, 等. 罗布泊新发现古城与5个考古遗址的年代学初步研究. 科学通报, 2010(3):237-245.

洛阳区考古发掘队. 洛阳烧沟汉墓. 北京:科学出版社, 1959.

罗新. 墨山国之路//国学研究:第5卷. 北京:北京大学出版社, 1998:483-518.

罗振玉, 王国维. 流沙坠简. 上虞罗氏宸翰楼, 1914.(影印本, 北京:中华书局, 1993.)

马大正, 王嵘, 杨镰. 西域考察与研究. 乌鲁木齐:新疆人民出版社, 1992.

马大正, 杨镰. 西域考察与研究续编. 乌鲁木齐:新疆人民出版社, 1998.

马健. 公元前8—3世纪的萨彦-阿尔泰——中亚东部草原早期铁器时代文化交流. 北京大学考古文博学院硕士学位论文, 2004.

马健. 匈奴葬仪的考古学探索——兼论欧亚草原东部文化交流. 北京大学考古文博学院博士学位论文, 2009.

马雍. 西域史地文物丛考. 北京:文物出版社, 1990.

孟凡人. 楼兰新史. 北京:光明日报出版社, 1990.

孟凡人. 楼兰鄯善简牍年代学研究. 乌鲁木齐:新疆人民出版社,1995.

孟凡人. 新疆考古与史地论集. 北京:科学出版社,2000.

穆舜英. 神秘的古城楼兰. 乌鲁木齐:新疆人民出版社,1992.

穆舜英. 中国新疆古代艺术. 乌鲁木齐:新疆美术摄影出版社,1994.

穆舜英,张平. 楼兰文化研究论集. 乌鲁木齐:新疆人民出版社,1995.

〔巴基斯坦〕穆罕默德·瓦利乌拉·汗. 陆水林,译. 犍陀罗艺术. 北京:商务印书馆,1997.(穆罕默德·瓦利乌拉·汗. 犍陀罗:来自巴基斯坦的佛教文明. 陆水林,译. 张超音,摄影. 北京:五洲传播出版社,2009.)

奈良县立橿原考古学研究所附属博物馆. 唐草文の世界:西域からきた聖なる文様. 橿原:奈良县立橿原考古学研究所附属博物馆,1987.

彭念聪. 若羌米兰新发现的文物. 文物,1960(8-9):92-93.

〔日〕平川彰. 印度佛教史. 庄崑木,译. 台北:商周出版,2002.

奇台县文化馆. 新疆奇台发现的石器时代遗址与古墓//《考古》编辑部. 考古学集刊:第2集. 北京:中国社会科学出版社,1982:22-24.

奇台县文化馆. 新疆奇台境内的汉唐遗址调查//《考古》编辑部. 考古学集刊:第5集. 北京:中国社会科学出版社,1987:206-215.

祁小山,王博. 丝绸之路·新疆古代文化. 乌鲁木齐:新疆人民出版社,2008.

青海省文物考古研究所. 上孙家寨汉晋墓. 北京:文物出版社,1993.

邱陵. 新疆米兰佛寺壁画:"有翼天使". 西域研究,1995(3):105-112.

秋山光和. ミーラン第五古址回廊北側壁畫. 美術研究,1960(212):138-143.

任继愈．中国佛教史：第1卷．北京：中国社会科学出版社,1981.

任继愈．中国佛教史：第2卷．北京：中国社会科学出版社,1985.

任继愈．中国佛教史：第3卷．北京：中国社会科学出版社,1988.

荣新江．海外敦煌吐鲁番文献知见录．南昌：江西人民出版社，1996.

阮秋荣．试探尼雅遗址聚落形态．西域研究,1999(2):48-57.

阮秋荣．尼雅遗址出土干尸的发式．新疆文物,2001(1-2):68-72.

阮秋荣．尼雅遗址95MNI号墓地墓葬制度研究．新疆文物,2001(3-4):58-66.

沙比提·阿合买提,阿合买提·热西提．沙漠中的古城——尼雅遗址(尼雅古遗址调查报告)．新疆大学学报：维文版,1985(2).

山田勝久．楼蘭王国の墓陵の壁画について．日本アジア言語文化研究,2003(10):68-82.

上原芳太郎．新西域记．东京：有先社,1937.

邵会秋．新疆史前时期文化格局的演进及其与周邻地区文化的关系．吉林大学文学院博士学位论文,2007.

邵会秋．新疆扎滚鲁克文化初论//吉林大学边疆考古研究中心．边疆考古研究：第7辑．北京：科学出版社,2008:170-183.

〔美〕邵瑞祺．尼雅新出的一件佉卢文书．黄盛璋,译．新疆社会科学,1986(3):82-86.

〔美〕邵瑞祺．中亚新出土的两件佉卢文书．杨富学,黄建华,译．新疆文物,1992(译文专刊):56-60.

盛春寿．民丰县尼雅遗址考察纪实．新疆文物,1989(2):49-54.

盛洁．于阗佛画考．北京大学考古文博学院硕士学位论文,2006.

史树青．新疆文物调查随笔．文物,1960(6):22-30.

史树青．谈新疆民丰尼雅遗址．文物,1962(7-8):20-27.

史晓明．克孜尔第81窟须大拏本生连环画的初步研究——兼论米兰壁画的相关问题//新疆龟兹学会．龟兹学研究：第1辑．乌鲁木齐：新疆大学出版社,2006:362-369.

水野清一.メハサンダ:パキスタンにおける仏教寺院の調査 1962—1967.京都:京都大学出版会,1969.

水野清一,樋口隆康.タレリ:ガンダーラ仏教寺院址の発掘報告 1963—1967.京都:同朋舎,1978.

〔俄〕斯塔维斯基.古代中亚艺术.路远,译.西安:陕西旅游出版社,1992.

〔日〕松田寿男.古代天山历史地理学研究.陈俊谋,译.北京:中央民族学院出版社,1987.

宋晓梅.《隋唐制度渊源略论稿》与西域史研究中的几个问题//胡守可.陈寅恪与二十世纪中国学术.杭州:浙江人民出版社,2000:95-106.

宿白.中国石窟寺研究.北京:文物出版社,1996.

宿白.东汉魏晋南北朝佛寺布局初探//田余庆.庆祝邓广铭教授九十华诞论文集.石家庄:河北教育出版社,1997:31-49.

苏北海.楼兰古道对汉朝统一西域及丝路的重大贡献.西北史地,1996(4):1-18.

苏治光.东汉后期至北魏对西域的管辖.中国史研究,1984(2):31-38.

孙波辛.斯坦因第四次来新之经过及所获古物考.中国边疆史地研究,2003(1):85-91.

孙机.汉代物质文化资料图说.北京:文物出版社,1991.

孙机.中国古舆服论丛.北京:文物出版社,1993.

孙机.中国圣火:中国古文物与东西文化交流中的若干问题.沈阳:辽宁教育出版社,1996.

汤用彤.汉魏两晋南北朝佛教史.北京:中华书局,1955.

塔克拉玛干沙漠综考队考古组.若羌县古代文化遗存考察.新疆文物,1990(4):2-14.

塔克拉玛干沙漠综考队考古组.且末县古代文化遗存考察.新疆文物,1990(4):20-30.

塔克拉玛干沙漠综考队考古组．安迪尔遗址考察．新疆文物，1990(4)：30-46．

田辺勝美．シルクロード·コイン展カタログ．神奈川：シルクロード研究所，1993．

田辺勝美．毗沙門天像の誕生：シルクロードの东西交流．东京：吉川弘文館，1999．

田辺勝美．新出樓蘭壁畫に關する二，三の考察．古代オリエント博物館紀要：第26期，2006：67-95．

田辺勝美．毘沙門天像の起源．東京：山喜房佛書林，2006．

田辺勝美．ガンダーラ佛教美術．東京：講談社，2007．

田边胜美，前田耕作．世界美术大全集·东洋编15·中央アジア卷．东京：小学館，1999．

田边胜美，松島英子．世界美术大全集·东洋编16·西アジア．东京：小学館，2000．

田广金，郭素新．鄂尔多斯式青铜器．北京：文物出版社，1986．

田卫疆．大漠无声——西域古城兴衰之谜．南京：江苏古籍出版社，2002．

樋口隆康．西域仏教美術におけるオクサス流派．仏教芸術：71，1969．(インド·中央アジア．京都：法藏館，1986：125-151；丛彦译，钟铭校：西域美术上的阿姆河流派．新疆文物，1989(4)：135-144)．

樋口隆康．パキスタン·ガンダーう美術展図録．东京：日本放送协会出版社，1984．

樋口隆康．シルクロード考古学．京都：法藏館，1986．

吐尔逊·艾沙．罗布淖尔地区东汉墓发掘及初步研究．新疆社会科学，1983(1)：128-134．

吐鲁番地区文管所．新疆鄯善苏巴什古墓葬．考古，1984(1)：41-50．

吐鲁番地区文管所．新疆鄯善县苏巴什古墓群的新发现．考古，1988(6)：502-506．

王北辰．若羌古城考略．干旱区地理,1987(1):45-51.

王博．新疆考古出土手制黑衣陶器初探．西域研究,2002(3):41-49.

王博．扎滚鲁克文化初探．吐鲁番学研究,2002(1):44-61.

王博．扎滚鲁克一号墓地与古且末国文化．吐鲁番学研究,2003(2):21-36.

王博．新疆扎滚鲁克箜篌．文物,2003(2):56-62.

王博．扎滚鲁克人改形颅骨及相关问题的分析．吐鲁番学研究,2003(1):88-95.

王博．扎滚鲁克第二期文化墓葬出土人颅的种族研究．新疆文物,2004(1):69-79.

王博,王明芳．扎滚鲁克墓地出土缬罽研究．新疆师范大学学报,2009,30(3):85-91.

王博,王明芳．扎滚鲁克毛绣．文博,2010(3):77-85.

王博,鲁礼鹏．扎滚鲁克和山普拉古墓出土的玻璃器．吐鲁番学研究,2004(2):69-80.

王炳华．天山东段考古调查纪行(二)．新疆文物,1988(2).

王炳华."丝路"考古新收获．新疆文物,1991(2):21-41.

王炳华．丝绸之路考古研究．乌鲁木齐:新疆人民出版社,1993.

王炳华．新疆历史文物．乌鲁木齐:新疆美术摄影出版社,1999.

王炳华．新疆古尸——古代新疆居民及其文化．乌鲁木齐:新疆人民出版社,1999.

王炳华．楎椸考——兼论汉代礼制在西域．西域研究,1999(3):50-58.

王炳华．沧桑楼兰:罗布淖尔考古大发现．杭州:浙江文艺出版社,2002.

王炳华．西域考古历史论集．北京:中国人民大学出版社,2008.

王炳华."土垠"遗址再考//朱玉麒．西域文史:第4辑．北京:科学出版社,2009:61-82.

王国维．观堂集林．北京：中华书局，1959．

王冀青．关于斯坦因第四次中亚考察所发现的文物．九州学刊，1995,6(4):131-147.

王冀青．斯坦因第四次中亚考察所获汉文文书．敦煌吐鲁番研究,1998,3:259-290.

王冀青．拉普生与斯坦因所获佉卢文文书．敦煌学辑刊,2000(1):14-28.

王进玉．北朝以前漆器在新疆的流传．新疆文物,1997(4):59-61.

王明芳．3—6世纪扎滚鲁克的织锦和刺绣．吐鲁番学研究,2005(2):100-108.

王嵘．关于米兰佛寺"有翼天使"壁画问题的讨论．西域研究,2000(3):50-58.

王守春．《水经注》塔里木盆地"南河"考辨．地理研究,1987(4):36-41.

王守春．楼兰国都与古代罗布泊的历史地位．西域研究,1996(4):43-53.

王樾．吐鲁番盆地竖穴墓葬初探．吐鲁番学研究,2001(1):42-63.

王子初．且末扎滚鲁克箜篌的形制结构及其复原研究．文物,1999(7):50-60.

王宗磊．尼雅遗址古建工艺及相关问题的初步考察．西域研究,1999(3):67-72.

汪涛,胡平生,吴芳思．英国国家图书馆藏斯坦因所获未刊汉文简牍．上海：上海辞书出版社,2006．

魏坚．额济纳汉简．桂林：广西师范大学出版社,2005．

魏坚．居延考古与额济纳汉简．新疆文物,2009(3-4):99-103.

吴州,黄小江．克里雅河下游喀拉墩遗址调查//新疆克里雅河及塔克拉玛干科学探险考察队．克里雅河及塔克拉玛干科学探险考察报告．北京：中国科学技术出版社,1991:98-116.

吴焯．从考古遗存看佛教传入西域的时间．敦煌学辑刊,1985

（2）：62-72.

吴焯．佛教东传与中国佛教艺术．杭州：浙江人民出版社，1991.

西川幸治．ガンダーラの仏教遺跡——メハサンダとタレリ．仏教芸術：205．东京：每日新闻社，1992：67-76.

奚国金．罗布泊之谜．北京：中共中央党校出版社，1999.

夏鼐．新疆新发现的古代丝织品——绮，锦和刺绣．考古学报，1963（1）：45-76.

夏训诚．罗布泊科学考察与研究．北京：科学出版社，1987.

夏训诚．中国罗布泊．北京：科学出版社，2007.

香川默识．西域考古图谱．北京：学苑出版社，1999.

〔日〕相马隆．安息誓约考．艺术家．林保尧，译．台北：艺术家出版社，1996.

相马秀广，高田将志．Corona衛星写真から判読される米蘭遺跡群・若羌南遺跡群：楼蘭王国の国都問題との関連を含めて（衛星写真を利用したシルクロード地域の都市・集落・遺跡の研究）．シルクロード学研究，2003（17）：61-80.

相马秀广．塔里木盆地及其周边地区遗址的布局条件．中国文物报，2004-10-22.

项一峰．初谈佛教石窟供养人．敦煌研究，1997（1）：96-100.

小谷仲男．ガンダーラ美術とクシャン王朝．京都：同朋舎出版，1996.

肖小勇．鄯善地区考古学文化与中西文化交流的关系．中国社会科学院考古研究所博士学位论文，2005.

肖小勇．楼兰鄯善考古研究综述．西域研究，2006（4）：82-92.

肖小勇．论鄯善考古学文化的三元结构．西域研究，2008（2）：35-43.

肖小勇．丝绸之路对两汉之际西域的影响——以考古学为视角．西域研究，2010（4）：57-65.

谢端琚．试论我国早期土洞墓．考古，1987（12）：1097-1104.

新疆博物馆．新疆民丰县北大沙漠中古遗址墓葬区东汉合葬墓清理简报．文物,1960(6):9-12.

新疆博物馆．洛浦县山普拉古墓发掘报告．新疆文物,1989(2):18-19.

新疆博物馆,库车文管所．新疆库车昭怙厘西大寺塔墓清理简报．新疆文物,1987(1):10-12.

新疆博物馆考古队．新疆民丰大沙漠中的古代遗址．考古,1961(3):119-122,126.

新疆博物馆考古部,巴音郭楞蒙古自治州文物管理所,且末县文物管理所．且末扎滚鲁克二号墓地发掘简报．新疆文物,2002(1-2):1-21.

新疆博物馆文物队．且末县扎滚鲁克五座墓葬发掘报告．新疆文物,1998(3):2-18.

新疆楼兰考古队．楼兰古城址调查与试掘简报．文物,1988(7):1-22.

新疆楼兰考古队．新疆城郊古墓群发掘简报．文物,1988(7):23-39.

新疆社会科学院考古研究所．新疆考古三十年．乌鲁木齐:新疆人民出版社,1983.

新疆维吾尔自治区博物馆　新疆出土文物．北京:文物出版社,1975.

新疆维吾尔自治区博物馆,巴音郭楞蒙古自治州文物管理所,且末县文物管理所．新疆且末扎滚鲁克一号墓地发掘报告．考古学报,2003(1):89-136.

新疆维吾尔自治区博物馆,巴音郭楞蒙古自治州文物管理所,且末县文物管理所．1998年扎滚鲁克第三期文化墓葬发掘简报．新疆文物,2003(1):1-19.

新疆维吾尔自治区博物馆,新疆文物考古研究所．中国新疆山普拉:古代于阗文明的揭示与研究．乌鲁木齐:新疆人民出版社,1998.

新疆维吾尔自治区社会科学院考古研究所. 新疆古代民族文物. 北京:文物出版社,1985.

新疆维吾尔自治区文物事业管理局,等. 新疆文物古迹大观. 乌鲁木齐:新疆美术摄影出版社,1999.

新疆文物考古研究所. 鄯善苏贝希墓群一号墓地发掘简报. 新疆文物,1993(1):1-13.

新疆文物考古研究所. 新疆尉犁县因半古墓调查. 文物,1994(10):19-30.

新疆文物考古研究所. 1996年新疆吐鲁番交河故城沟西墓地汉晋墓葬发掘简报. 考古,1997(9):46-54.

新疆文物考古研究所. 新疆察吾呼——大型氏族墓地发掘报告. 北京:东方出版社,1999.

新疆文物考古研究所. 尉犁县营盘15号墓发掘简报. 文物,1999(1):4-16.

新疆文物考古研究所. 新疆民丰县尼雅遗址95MNI号墓地M8发掘简报. 文物,2000(1):4-40.

新疆文物考古研究所. 交河沟西——1994-1996年度考古发掘报告. 乌鲁木齐:新疆人民出版社,2001.

新疆文物考古研究所. 新疆尉犁县营盘墓地1995年发掘简报. 文物,2002(6):4-45.

新疆文物考古研究所. 新疆尉犁县营盘墓地1999年发掘简报. 考古,2002(6):58-74.

新疆文物考古研究所. 2002年小河墓地考古调查与发掘报告//吉林大学边疆考古研究中心. 边疆考古研究:第3辑. 北京:科学出版社,2004:338-398.

新疆文物考古研究所. 和田地区文物普查资料. 新疆文物,2004(4):15-39.

新疆文物考古研究所. 新疆罗布泊小河墓地2003年发掘简报. 文物,2007(10):4-42.

新疆文物考古研究所．罗布泊地区小河流域的考古调查//吉林大学边疆考古研究中心．边疆考古研究：第7辑．北京：科学出版社，2008：371-407.

新疆文物考古研究所，库车县文物局．新疆库车县发现晋十六国时期汉式砖室墓．西域研究，2008（1）：137-138.

新疆文物考古研究所，吐鲁番地区博物馆．鄯善县苏贝希墓群三号墓地．新疆文物，1994（2）：1-20.

新疆文物考古研究所，吐鲁番地区博物馆．新疆鄯善县苏贝希遗址及墓地．考古，2002（6）：42-57.

新疆文物考古研究所，吐鲁番文物局．鄯善县洋海一号墓地发掘简报．新疆文物，2004（1）：1-27.

新疆文物考古研究所，吐鲁番文物局．鄯善县洋海二号墓地发掘简报．新疆文物，2004（1）：28-49.

新疆文物考古研究所，吐鲁番文物局．鄯善县洋海三号墓地发掘简报．新疆文物，2004（1）：50-68.

新疆文物考古研究所，新疆维吾尔自治区博物馆．新疆文物考古新收获1979—1989．乌鲁木齐：新疆人民出版社，1995.

新疆文物考古研究所，新疆维吾尔自治区博物馆．新疆文物考古新收获续1990—1996．乌鲁木齐：新疆人民出版社，1997.

熊谷宣夫．西域の美術//西域文化研究会．西域文化研究：第5卷．京都：法藏馆，1962.

许新江．中瑞西北科学考察档案史料．乌鲁木齐：新疆美术摄影出版社，2006.

杨富学．论鄯善国出家人的居家生活//敦煌学：第27辑．台北：南华大学敦煌学研究中心，2008：215-221.

杨泓，孙机．寻常的精致．沈阳：辽宁教育出版社，1996.

杨泓．中国古兵器论丛．北京：文物出版社，1980.

杨泓．中国古代马具的发展和对外影响．文物，1984（9）：45-54.

杨泓．汉唐美术考古和佛教艺术．北京：科学出版社，2000.

杨晶. 中华梳篦六千年. 北京:紫禁城出版社,2007.

羊毅勇. 从考古资料看汉晋时期罗布淖尔地区与外界的交通. 西北民族研究,1994(2):23-32.

伊弟利斯·阿不都热苏勒,张玉忠. 1993年以来新疆克里雅河流域考古述略. 西域研究,1997(3):39-42.

伊藤敏雄,片山章雄. 近10年楼蘭·ロプノール関係文献目録:1979—1988年. 東京:楼蘭研究会,1988.

伊藤敏雄. 楼蘭の遺跡:近年の楼蘭調査によせて. 大阪教育大学紀要,1990(38):129-143.

伊藤敏雄. 近年の楼蘭調査と周辺の遺跡. 歴史研究,1992(30):123-168.

伊藤敏雄. 鄯善国及び楼蘭屯戍と周辺諸地域との関係に関する研究//1997年度—1998年度科学研究費補助金基盤研究成果報告書.〔部分译文参见:伊藤敏雄. 魏晋时期楼兰屯戍中的交易活动. 羊毅勇,译. 新疆文物,1999(2):92-102.〕

伊藤敏雄. 南疆の遺跡調査記——楼蘭(〔セン〕善)の国都問題に関連して. 唐代史研究,2001(4):122-147.

殷光明. 北涼石塔研究. 台北:财团法人觉风佛教艺术文化基金会,2000.

余太山. 塞种史研究. 北京:中国社会科学出版社,1992.

余太山. 两汉魏晋南北朝与西域关系史研究. 北京:中国社会科学出版社,1995.

余太山. 两汉魏晋南北朝正史西域传研究. 北京:中华书局,2003.

余太山. 两汉魏晋南北朝正史西域传要注. 北京:中华书局,2005.

羽田亨. 西域文明史概论. 耿世民,译. 北京:中华书局,2005.

〔日〕羽溪了谛. 西域之佛教. 贺昌群,译. 北京:商务出版社,1999.

俞伟超. 东汉佛教图像考. 文物,1980(6):68-77.

俞伟超. 先秦两汉考古学论集. 北京:文物出版社,1985.

俞伟超．尼雅95MN1号墓地M3与M8墓主身份试探．西域研究，2000(3):40-41.

于志勇．1995年尼雅考古的新发现．西域研究，1996(1):115-118.

于志勇．新疆尼雅出土"五星出东方利中国"彩锦织纹初析．西域研究，1996(3):43-46.

于志勇．新疆尼雅遗址95MN1M8概况及初步研究．西域研究，1997(1):1-10.

于志勇．尼雅遗址的考古发现与研究．新疆文物，1998(1):53-68.

于志勇．关于尼雅聚落遗址考古学研究中的若干问题．新疆文物，2000(1-2):46-56.

于志勇．楼兰-尼雅地区出土汉晋文字织锦初探．中国历史文物，2003(6):38-48.

于志勇．尼雅遗址新发现的"元和元年"织锦锦囊．新疆文物，2006(3):75-79.

于志勇．汉长安城未央宫遗址出土骨签之名物考．考古与文物，2007(2):48-62.

于志勇．西汉时期楼兰"伊循城"地望考．新疆文物，2010(1):63-74.

于志勇,覃大海．营盘墓地M15的性质及罗布泊地区彩棺墓葬初探．吐鲁番学研究，2006(1):63-95.

岳峰,于志勇．新疆民丰县尼雅以北地区1996年考古调查．考古，1999(4):11-17.

〔俄〕扎德涅普罗夫斯基．由考古证据论月氏的迁徙路线．梅建军,译．吐鲁番学研究，2001(2):98-101.

湛如．净法与佛塔:印度早期佛教史研究．北京:中华书局，2006.

张宝玺．甘肃佛教石刻造像．兰州:甘肃人民美术出版社，2001.

张宝玺．嘉峪关酒泉魏晋十六国墓壁画．兰州:甘肃人民美术出版社，2001.

张德芳. 从悬泉汉简看两汉西域屯田及其意义. 敦煌研究,2001(3):113-121.

张德芳. 从悬泉汉简看楼兰(鄯善)同汉朝的关系. 西域研究,2009(4):7-16.

张德芳. 悬泉汉简中有关西域精绝国的材料. 丝绸之路,2009(24)5-7.

张靖敏. 从希腊女神到东方圣母. 北京大学考古文博学院本科论文,2005.

张莉. 西汉楼兰道新考. 西域研究,1999(3)86-88.

张莉. 楼兰古绿洲的河道变迁及其原因探讨. 中国历史地理论丛:第16卷第1辑,2001:87-98.

张莉. 汉晋时期楼兰绿洲环境开发方式的变迁. 历史地理:第18辑,2002:186-198.

张朋川,张宝玺. 嘉峪关魏晋墓室壁画. 北京:人民美术出版社,1985.

张铁男. 尼雅遗址佛教寺院遗址的发掘与初步研究. 西域研究,2000(1):47-53.

张小舟. 北方地区魏晋十六国墓葬的分区与分期. 考古学报,1987(1):19-44.

张星烺. 中西交通史料汇编. 北京:中华书局,2003.

张玉忠. 近年新疆考古新收获. 西域研究,2001(3):108-111.

张玉忠. 楼兰地区发现彩棺壁画墓葬. 中国考古学年鉴. 北京:文物出版社,2005:410-412.

张玉忠,再帕尔. 新疆抢救清理楼兰古墓有新发现. 中国文物报,2000-01-09.

章巽. 法显传校注. 上海:上海古籍出版社,1985.

章巽.《水经注》中的抒泥城和伊循城//余太山,陈高华,等. 中亚学刊:第3辑. 北京:中华书局,1990:71-76.

朝日新闻社. 日中国交正常化20周年记念展:楼兰王国と悠久の

美女.东京:朝日新闻社,1992.

赵丰.丝绸艺术史.杭州:浙江美术学院出版社,1992.

赵丰.纺织品考古新发现.香港:艺纱堂服饰工作队,2002.

赵丰.中国丝绸通史.苏州:苏州大学出版社,2005.

赵丰.丝绸之路美术考古概论.北京:文物出版社,2007.

赵丰,金琳.纺织考古.北京:文物出版社,2007.

赵丰,于志勇.沙漠王子遗宝:丝绸之路尼雅遗址出土文物.香港:艺纱堂服饰工作队,2000.

赵丰,伊弟利斯·阿不都热苏勒.大漠联珠:环塔克拉玛干丝绸之路服饰文化考察报告.上海:东华大学出版社,2007.

赵华.吐鲁番古墓葬出土艺术品.乌鲁木齐:新疆美术摄影出版社,新西兰:霍兰德出版有限公司,1992.

郑岩.魏晋南北朝壁画墓研究.北京:文物出版社,2002.

中法克里雅河考古队.新疆克里雅河流域考古调查概述.考古,1998(12):28-37.

中国科学院考古研究所.洛阳中州路.北京:科学出版社,1959.

中国社会科学院考古研究所,河北省文物管理处.满城汉墓发掘报告.北京:文物出版社,1980.

中国社会科学院考古研究所新疆队,新疆巴音郭楞蒙古自治州文管所.新疆和静县察吾乎沟口三号墓地发掘简报.考古,1990(10):882-889.

中国社会科学院考古研究所新疆队,新疆巴音郭楞蒙古自治州文管所.新疆且末县加瓦艾日克墓地的发掘.考古,1997(9):21-32.

中国新疆维吾尔自治区档案馆,日本佛教大学尼雅遗址学术研究机构.近代外国探险家新疆考古档案史料.乌鲁木齐:新疆美术摄影出版社,2001.

中国新疆维吾尔自治区档案馆,日本佛教大学尼雅遗址学术研究机构.斯坦因第四次新疆探险档案史料.乌鲁木齐:新疆美术摄影出版社,2007.

中井真孝,小岛康誉. 丝绸之路:尼雅遗址之谜. 天津:天津人民美术出版社,2005.

中日日中共同尼雅遗迹学术考察队. 中日日中共同尼雅遗迹学术调查报告书:第1卷. 乌鲁木齐/京都:中日日中共同尼雅遗迹学术考察队,1996.

中日日中共同尼雅遗迹学术考察队. 中日日中共同尼雅遗迹学术调查报告书:第2卷. 乌鲁木齐/京都:中日日中共同尼雅遗迹学术考察队,1999.

中日日中共同尼雅遗迹学术考察队. 中日日中共同尼雅遗迹学术调查报告书:第3卷. 乌鲁木齐/京都:中日日中共同尼雅遗迹学术考察队,2007.

周金玲. 营盘墓地出土文物反映的中外交流. 文博,1999(5):59-64.

周金玲. 新疆尉犁县营盘古墓群考古述论. 西域研究,1999(3):59-66.

朱泓. 中国西北地区的古代种族. 考古与文物,2006(5):60-65.

自治区博物馆文物队,轮台县文教局. 轮台县文物调查. 新疆文物,1991(2):1-17.

自治区文物普查办公室,阿克苏地区文物普查队. 阿克苏地区文物普查报告. 新疆文物,1995(4):3-99.

自治区文物普查办公室,巴州文物普查队. 巴音格楞蒙古自治州文物普查资料. 新疆文物,1993(1):1-94.

## 西文部分

Allchin F R , Hammond N. The Archaeology of Afghanistan. London/New York/San Francisco:Academic Press,1978.

Andrews F H. Catalogue of Wall Paintings from Ancient Shrines in Central Asia:Recovered by Sir Aurel Stein. Delhi:Manager of Publications,1933.

Andrews F H.Wall-paintings from Ancient Shrines in Central Asia Recovered by Sir Aurel Stein: 2 vols. London: Oxford University Press, 1948.

Azarpy G.Sogdian Painting. Berkeley/Los Angeles/London: University of California Press, 1980.

Banerjee P. Vessantara Jataka from Central Asia.Bulletin of Tibetology.vol.XI, Namgyal Institute, Gangtok, Sikkim, 1974.

Barthoux J.Les Fouilles de Hadda.vol. 1 & 3, Paris: Editions D'art et D'Historire, 1930—1933.

Baumer Ch.Dandan Oilik Revisited: New Findings a Century Later. Oriental Art XLV. 2, 1999: 2-14.

Behrendt K A.The Buddhist Architecture of Gandhara.Leiden/Boston: Brill, 2004.

Bergman F. Loulan Wood - Carvings and Small Finds Discovered by Sven Hedin. Bulletin of the Museum of Far East Antiquities (BMFEA). 1935(7): 71-144.

Bergman F.Archaeological Researches in Sinkiang, Especially the Lop-Nor Region. Stockholm: Bokförlags Aktiebolaget Thule, 1939. (贝格曼. 新疆考古记. 王安洪, 译. 乌鲁木齐:新疆人民出版社, 1997.)

Bhattacharya D C. Art of Central Asia, Delhi: Agam Prakashan, 1977.

Biers W R. The Archaeology of Greece: An Introduction. Ithaca/London: Cornell University Press, 1980.

Boyer A M. Inscriptions de Miran. Journal Asiatique, mai-juin, 1911: 413-430.

Boyer A M, Rapson B J, Senart E. Kharosthi Inscriptions Discovered by Sir Aurel Stein in Chinese Turkestan. Oxford: Clarendon Press, 1920—1929.

Brancaccio P, Behrendt K. Gandharan Buddhism: Archaeology, Art, Texts. Vancouver/Toronto: The University of British Columbia, 2006.

Brancaccio P, Liu X. Dionysus and drama in the Buddhist art of

Gandhara. Journal of Global History, 2009, 4:219-244.

Bromberg C A. An Iranian Gesture at Miran. Bulletin of the Asia Institute, 1987, 1:45-58.

Bromberg C A. The Putto and Garland in Asia. Bulletin of the Asia Institute, 1988, 2:67-85.

Brough J. Comments on Third-Century Shan-shan and the History of Buddhism. Bulletin of the School of Oriental and African Studies (BSOAS), 1965, 28(3):582-612.

Brough J. Supplementary Notes on Third-Century Shan-shan. Bulletin of the School of Oriental and African Studies (BSOAS), 1970, 33(1): 39-45.

Burrow T. Iranian Words in the Kharoṣṭhi Documents from Chinese Turkestan. Bulletin of the School of Oriental and African Studies (BSOAS), 1934, 7(3):509-516.

Burrow T. Iranian Words in the Kharoṣṭhi Documents from Chinese Turkestan. Bulletin of the School of Oriental and African Studies (BSOAS), 1935, 7, (4):779-790.

Burrow T. Tocharian Elements in the Kharoṣṭhī Documents from Chinese Turkestan. Journal of the Royal Asiatic Society, 1935:667-675.

Burrow T. Further Kharosthi Documents from Niya. Bulletin of the School of Oriental and African Studies (BSOAS), 1937, 9, (1):111-123.

Burrow T. The Language of the Kharoṣṭhī Documents form Chinese Turkestan. Cambridge: University Press, 1937.

Burrow T. A Translation of the Kharosthi Documents from Chinese Turkestan. London: The Royal Asiatic Society, 1940.

Bussagli M. Painting of Central Asian. Geneva: Skira, 1963. (巴萨格里. 中亚佛教艺术. 许建英, 何汉民, 译. 乌鲁木齐: 新疆美术摄影出版社, 1963:27-90.)

Callieri P. Saidu Sharif I (Swat, Pakistan): The Buddhist Sacred

Are, The Monastery:vol. XXIII. 1. Rome: IsMEO,1989.

Carter M. Dionysiac Aspects of Kushan Art. Art Orientalis,1968,7: 121-146.

Colledge M A R. Parthian Art. London:Paul Elek,1977.

Conrady A. Die Chinesischen Handschriften und sonstigen Klein-funde Sven Hedins in Lou - lan. Stockholm: Geralstabens Litografiska Anstalt,1920.

Cribb J. Numismatic Evidence for Kushano - Sasanian Chronology. Studia Iranica,1990,19(2):151-193.

Dalton O M. The Treasure of the Oxus with Other Examples of Early Oriental Metal-Work (repr.). London: British Museum,1926.

Dani A H. The Historic City of Taxila. Tokyo:UNESCO,1986.(艾哈默德·哈桑·达尼. 历史之城塔克西拉. 刘丽敏,译. 陆水林,校. 北京:中国人民大学出版社,2005.)

Dani A H,Masson V M. History of Civilizations of Central Asia:The Dawn of Civilization, Earlist Times to 700 B.C.:vol. I. Paris:UNESCO, 1992.(丹尼,马松. 中亚文明史:第一卷. 芮传明,译. 北京:中国对外翻译出版公司,2002.)

Debaine - Francfort C, Idriss A. Keriya, mémoires d'un fleuve: Archéologie et civilsation des oasis du Taklamakan. Paris:Éditions Finda-kly,2001.

Debaine - Francfort C, Idriss A, Wang Binghua. Agriculture irriguée et art bouddhiqueancien au coeur du Taklamakan (Karadong, Xinjiang, IIe-IVe siècles): Premiersrésultats de l'Expédition franco- chinoise de la Keriya. Arts Asiatiques, 1994,49:34-52.

Debala M. Buddhist Monuments. Calcutta:Sahitya Samsad,1980.

Errington E,Cribb J. The Crossroads of Asia. London:The Ancient India and Iran Trust,1992.

Faccenna D. Butkara I (Swat, Pakistan) 1956—1962: 5 vols.

Rome:IsMEO,1980—1981.

Faccenna D. Saidu Sharif (Swat, Pakistan), 2. The Buddhist Sacred Area, The Stupa Terrace:2 vols. Rome:IsMEO,1995.

Faccenna D,Khan A,Nadiem I. Panr I (Swat, Pakistan):vol. XXVI// Reports and Memoirs. Rome:IsMEO,1935.

Faccenna D,Taddei M. Sculptures from the Sacred Area of Butkara I (Swat, Pakistan): vol. II // Repots and Memoirs. Rome: IsMEO, 1962—1964.

Foucher A. L'Art Gréco-Bouddhique du Gandhāra:vol. 1. Paris:E. Lerous,1905.(阿·福歇. 佛教艺术的早期阶段. 王平先,魏文捷,译. 王冀青,审校. 兰州:甘肃人民出版社,2008.)

Fox R L. The Search for Alexander. Boston/Toronto: Little, Brown and Company,1980.

Franz H G. Von Gandhara bis Pagan, Kultbauten des Buddhismus und Hinduismus in Süd - und Zentralasien. Graz - Austria:Akademische Druck-u. Verlagsanstalt,1979.

Fergusson J. History of Indian and Eastern Architecture:vol. 1. London:John Murray, Albemarle Street,W.,1876 (rev. in 1910).

Frumkin G. Archaeology in Soviet Central Asia. Leiden:E. L. Brill, 1970.

Gaulier S,Jera - Bezard R,Maillard M. Buddhism in Afghanistan & Central Asia. Leiden:Brill,1976.

Goldman B. Parthians and Gandhara. East and West,1978,28(1-4):189-202.

Grünwedel A. Buddhistische Kunst in Indien. Berlin:W. Spemann, 1893. (Gibson A C. trans., Burgess J. rev. Buddhist Art in India. London:Bernard Quaritch,1901.)

Grünwedel A. Alt - buddhistische Kultstätten in Chinesisch - Turkistan:Bericht über Archäologische Arbeiten von 1906—1907 bei Kucha, Qarashar und in der Qase Turfan, Berlin: Georg Reimer, 1912. (格伦威德尔. 新疆古佛寺. 赵崇民, 巫新华, 译. 北京: 中国人民大学出版社, 2007.)

Grünwedel A. Alt - Kutscha: Archäologische und Religionsgeschichtliche Forschungen an Tempera - Gemälden aus Buddhistischen Höhlen der Ersten Acht Jahrhunderte nach Christi Geburt. Berlin: Elsner, 1920.

Grünwedel A. Bericht über Archäologische Arbeiten in Idikutschari und Umgebung im Winter 1902—1903. München: Verlag der K. B. Akademie der Wissenschaften, 1906.

Hall A, Farrell J. Bows and Arrows from Miran, China. The Society of Archer–Antiquaries, 2008, 51: 89–98.

Hansen V. Religious Life in a Silk Road Community: Niya During the Third and Fourth Centuries. Lagerwey J., ed. Religion and Chinese society: vol. I. Hong Kong: The Chinese University Press/Paris: École française d'Extrême-Orient, 2004: 279 – 315.

Hare J. Auf den Spuren der letzten wilden Kamele: Eine Expedition ins verbotene China. München: Frederking & Thaler, 2002.

Hargreaves H. Excavations at Shah - ji - ki - Dheri. Archaeology Survey of India. Annual Report, 1910—1911: 25–32.

Harmatta J, Puri B N Etemadi G F. History of Civilizations of Central Asia: The Development of Sedentary and Nomadic Civilizations, 700 B.C. to A.D. 250: vol. II. Paris: UNESCO, 1994. (亚诺什·哈尔马塔. 中亚文明史: 第2卷. 徐文勘, 芮传明, 译. 北京: 中国对外翻译出版公司, 2002.)

Härtel H, Yaldiz M. Along the Silk Routes. Central Asian Art from the West. Berlin: Berlin State Museum, New York: The Metropolitan Museum of Art, 1982.

Hedin S A. Central Asia and Tibet: Towards the Holy City of Lassa: 2 vols. London: Hurst and Blackett, New York: Charles Scribner's Sons, 1903.

Hedin S A. Scientific Results of a Journey in Central Asia 1899—1902:vol. 2. Stockholm:Lithographic Institute of the General Staff of the Swedish Army,1905.(斯文·赫定.罗布泊探秘.王安洪,崔延虎,译.乌鲁木齐:新疆人民出版社,1997.)

Hedin S A. History of the Expedition in Asia 1927—1935:3 vols. Stockholm:Elandes Bortryckeri Aktiebolag Goteborg,1943.(斯文·赫定.亚洲腹地探险八年.徐十周,王安洪,王安江,译.乌鲁木齐:新疆人民出版社,1992.)

Herrmann A. Die Alten Seidenstrassen zwischen China und Syrien. Berlin:Weidmann,1910.

Herrmann A. Lou - lan:China,Indien und Rom im Lichte der Aus-grabungen am Lobnor. Leipzig:F. A. Brockhaus,1931.(阿尔伯特·赫尔曼.楼兰.姚可崑,高中甫,译.乌鲁木齐:新疆人民出版社,2006.)

Hiebert F,Cambon P. Afghanistan:Hidden Treasures from the National Museum,Kabul. Washington,D.C.:National Geographic,2008.

Huntington E. The Pulse of Asia:A Journey in Central Asia Illustrating the Geographic Basis of History. New York/Boston:Houghton Mifflin,1907.(亨廷顿.亚洲的脉搏.王采琴,葛莉,译.乌鲁木齐:新疆人民出版社,2001.)

Ingholt H,Lyons I. Gandharan Art in Pakistan,New York:Pantheon Books,1957.

Jettmar K. Art of the Steppes. New York:Crown Publishers,1964.

Khan M A Lone A G. Gandhara:Geography,Antiquity,Art & Personalities. Azad Jammu and Kashmir:Ashiq Hussain Chaudry,2004.

Khan M N. Buddhist Paintings in Gandhara. Peshawar:University of Peshwar,2000.

Klimkeit H J. Die Seidenstraβe:Handelsweg und Kulturbrücke zwischen Morgen - und Abendland. Köln:DuMont Buchverlag,1988.(克林凯特.丝路古道上的文化.赵崇民,译.乌鲁木齐:新疆美术摄影出

版社,1994.）

Le Coq A von. Chotscho:Facsimile - Wiedergaben der Wichtigeren Funde der Ersten Königlich Preussischen Expedition nach Turfan in Ost - Turkistan. Berlin:Dietrich Reimer (Ernst Vohsen),1913.（勒柯克. 高昌——吐鲁番古代艺术珍品. 赵崇民,译. 乌鲁木齐:新疆人民出版社, 1998.）

Le Coq A von. Die Buddhistische Spätantike in Mittelasien:7 vols. Berlin:Verlag Dietrich Reimer Ernst Vohsen,1922—1924.

Le Coq A von. Bilderatlas zur Kunst und Kulturgeschichte Mittel-Asiens. Berlin:Dietrich Reimer,1925.（勒柯克. 中亚艺术与文化史图鉴. 赵崇民,巫新华,译. 北京:中国人民大学出版社,2005.）

Le Coq A von. Auf Hellas Spuren in Ostturkistan:Berichte und Abenteuer der II und III, Deutschen Turfan-Expedition. Leipzig:Dietrich Reimer,1926.（勒柯克. 新疆的地下文化宝藏. 陈海涛,译. 乌鲁木齐:新疆人民出版社,1999.）

Le Coq A von. Von Land und Leuten in Ostturkistan:Berichte und Abenteuer der 4. Deutschen Turfan - Expedition, Leipzig:J.C. Hinrichs, 1928.（勒柯克. 中国新疆的土地和人民. 齐树仁,译. 北京:中华书局,2008.）

Li Jian. The Glory of the Silk Road:Art from Ancient China. Dayton,Ohio:The Dayton Art Institute,2003.

Litvinsky B A. History of Civilizations of Central Asia:The cross-roads of civilizations,A.D. 250 to 750:vol. III. Paris:UNESCO,1996.（李特文斯基. 中亚文明史:第3卷. 马小鹤,译. 北京:中国对外翻译出版公司,2003.）

Lohuizen - de Leeuw J E van. New Evidence with Regard to the Origin of the Buddha Image//H Hartel ,ed. South Asian Archaeology 1979. Berlin:Dietrich Reimer Verlag,1981:377-401.

Lohuizen - de Leeuw J E van. The "Scythian" Period:An Approach to the History, Art, Epigraphy and Palaeography of North India from the 1<sup></sup> Century B. C. to the 3<sup></sup> Century A. D.  Leiden:E. J. Brill,1949.

Marshall J.  Taxila:An Illustrated Account of Archaeological Excavations Carried Out at Taxila under the Orders of The Government of India Between the Years 1913 and 1934:3 vols.  Cambridge:At the University Press,1951.(约翰·马歇尔. 塔克西拉. 秦立彦,译. 昆明:云南人民出版社,2002.)

Marshall J.  The Buddhist Art of Gandhara, Cambridge: University Press,1960.(约翰·马歇尔. 犍陀罗佛教艺术. 许建英,译. 贾应逸,审校. 乌鲁木齐:新疆美术摄影出版社,1999.)

Maspero H.  Les Documents chinois de la Troisième Expédition de Sir Aurel Stein en Asie Centrale.  Londres:British Museum,1953.

Mirsky J.  Sir Aurel Stein: Archaeological Explorer.  Chicago: University of Chicago Press, 1977.(珍妮特·米斯基. 斯坦因:考古与探险. 田卫疆,等,译. 乌鲁木齐:新疆美术摄影出版社,1992.)

Nakanishi Yumiko.  The Art of Miran.  Thesis (Ph.D.), University of California,Berkeley,2000.

O'neale L M.  A Survey of the Woolen Textiles in the Sir Aurel Stein Collections.  American Anthropologist,1936,38(3):414-432.

Paula C.  Miran and the Paintings from Shrines M. III and M. V.  Thesis (Ph. D.),University of London,1992.

Pope A U.  A Survey of Persian Art:vol. VII.  London,New York:Oxford University Press,1938.

Pugachenkova G A.  The Buddhist Monuments of Airtam.  Silk Road Art and Archaeology,1991—1992,2:28-32.

Pugachenkova G A.  Skulptura Khalchaiana.  Moscow: Izdatelstvo Iskusstvo,1971.

Pugachenkova G A.  Les trésor de Dalversin - tépé.  Leningrad:Editions d'art Aurore,1978.

Pugachenkova G A. The Art of Central Asia. Leningrad: Aurora Art Publishers, 1988. (普加琴科娃,列穆佩. 中亚古代艺术. 陈继周,李琪, 译. 乌鲁木齐:新疆美术摄影出版社,1994.)

Puri B N. Buddhism in Central Asia. Delhi: Motilal Banarsidass, 1987.

Rhie M M. Early Buddhist art of China and central Asia: vol. I. Leiden, Boston, Koln: Brill, 1999.

Rhie M M. Early Buddhist art of China and central Asia: vol. II. Leiden, Boston, Koln: Brill, 2000.

Rice T T. Kunst van Centraal-Azië. Den Haag: Gaade, 1965.

Rice F M, Rowland B. Art in Afghanistan: Objects from the Kabul Museum. London: Allen Lane, the Penguin Press, 1971.

Rosenfield J M. The Dynastic Arts of the Kushans. Berkeley and Los Angeles: University of California Press, 1967.

Rowland B. Gandhāra and Early Christian Art: The Homme-Arcade and the Date of the Bīmarān Reliquary. The Art Bulletin, 1946, 28(1): 44-47.

Rowland B. The Art and Architecture of India: Buddhist, Hindu, Jain, London: Penguin Books 1953.

Rowland B. Graeco-Bactrian Art and Gandhāra: Khalchayan and the Gandhāra Bodhisattvas. Archives of Asian Art, 1971—1972, 25: 29-35.

Rowland B. The Art of Central Asia. New York: Crown Publishers, 1974.

Sarianidi V I. The golden hoard of Bactria: From the Tillya-tepe Excavations in Northern Afghanistan. Shkarovsky-RafféA, trans. New York: H. N. Abrams, Leningrad: Aurora Art Publishers, 1985. (サリアニディ. シルクロードの黄金遺宝:シバルガン王墓发掘记. 加藤九祚,译. 东京:岩波书店,1988.)

Schlumberger D. La prospection archeologique de Bactres (printemps 1947) Rapport sommaire. Syria, 1949, 26(3/4):173-190.

Sharma R C. Buddhism Art of Mathura. Delhi: Agam Kala Prakashan, 1984.

Sharma R C, Ghosal P. Buddhism and Gandhara Art. New Delhi: Aryan Books International, 2004.

Sims-Williams N, Cribb J. A New Bactrian Inscription of Kanishka the Great. Silk Road and Archaeology, 1995, 4:75-142.

Siren O. Chinese Sculpture from the Fifth to the Fourteenth Centuries: 2 vols. London: E. Benn, 1925.

Stavisky B J. La Bactriane sous les Kushans: Problèmes d'histoire et d'culture. Paris: Librairie Jean Maisonneuve, 1986.

Stavisky B J. Kunst der Kushan. Leipzig: VEB E. A. Seemann Verlag, 1979.

Stein M A. Ancient Khotan: Detailed Report of Archaeological Explorations in Chinese Turkestan: 2 vols. Oxford: Clarendon Press, 1907. (奥雷尔·斯坦因. 古代和田:中国新疆考古发掘的详细报告. 巫新华, 等, 译. 济南:山东人民出版社, 2009.)

Stein M A. Serindia: Detailed Report of Explorations in Central Asia and Westernmost China Carried out and Described under the Orders of H. M. India Government: 5 vols. Oxford: Clarendon Press, 1921. (奥雷尔·斯坦因. 西域考古图记. 巫新华, 等, 译. 桂林:广西师范大学出版社, 1998.)

Stein M A. Innermost Asia: Report of Exploration in Central Asia Kansu and Eastern Iran: 4 vols. Oxford: Clarendon Press, 1928. (奥雷尔·斯坦因. 亚洲腹地考古图记. 巫新华, 等, 译. 桂林:广西师范大学出版社, 2004.)

Stein M A, Andrews F H. Ancient Chinese Figured Silks Excavated by Sir Aurel Stein, Drawn and Described by F. H. The Burlington Magazine for Connoisseurs, 1920, 37(208): 2-10.

Stein M A, Andrews F H. Ancient Chinese Figured Silks Excavated by Sir Aurel Stein, Drawn and Described by F. H.II. The Burlington Magazine for Connoisseurs, 1920, 37(209): 71–77.

Stein M A, Andrews F H. Ancient Chinese Figured Silks Excavated by Sir Aurel Stein, Drawn and Described by F. H.III. The Burlington Magazine for Connoisseurs, 1920, 37(210): 147–152.

Sylwan V. Woollen Textiles of the Lou - lan People. Stockholm: Bokförlags Aktiebolaget Thule, 1941.

Sylwan V. Investigation of Silk from Edsen - gol and Lop - nor. Stockholm: Bokförlags Aktiebolaget Thule, 1949.

Tanabe K. Iranian Origin of the Gandharan Buddha and Bodhisattva Images. Bulletin of the Ancient Orient Museum, 1984, 6: 1–28.

Tanabe K. Silk Road Coins: The Hirayama Collection, Exhibition Illustration. Kamakura: The Institute of Silk Road Studies, 1993.〔田边胜美. 丝绸之路钱币艺术及造型. 赵静, 译. 新疆钱币杂志, 1997(1), 1998 (2).〕

Tanabe K. Greek, Roman and Parthian Influences on the Pre - Kushana Gandharan 'Toilet - Trays' and Forerunners of Buddhist Paradise (Pāramitā). Silk Road Art and Archaeology, 2002, 8: 73–100.〔田边胜美. 前贵霜时期犍陀罗梳妆盘反映的希腊, 罗马和安息的影响和佛教"来世"观的萌芽. 黄铁生, 译. 信息与参考, 2003(1): 22–30.〕

Tanabe K. The Earliest Pāramitā Imagery of Gandharan Buddhist Reliefs. Silk Road Art and Archaeology, 2003, 9: 87–105.〔田边胜美. 犍陀罗佛教浮雕中最早的波罗蜜多造像——对酒神节形象的新诠释. 刘艳燕, 译. 信息与参考, 2004(5): 99–104.〕

Trinkler E. Im Land der Stürme, mit Yak - und Kamelkaravanen durch Innerasien. Leipzig: Brockhaus, 1930.（特林克勒. 未完成的探险. 赵凤朝, 译. 乌鲁木齐: 新疆人民出版社, 2000.）

Turgunow B A. Excavations of a Buddhist Temple at Dal'verzin - tepe.

East and West, 1992, 42(1): 131-132.

Waldschmidt E. Gandhara, Kutscha, Turfan: Eine Einführung in die frühmittelalterliche Kunst Zentralasiens. Leipzig: Klinkhardt & Biermann, 1925.

Waley A. A Catalogue of Paintings Recovered from Tun - Huang by Sir Aurel Stein, K.C.I.E., Preserved in the Sub - Department of Oriental Prints and Drawings in the British Museum and in the Museum of Central Asian Antiquities. Delhi, London: Trustees of the British Museum and of the Government of India, 1931.

Wang Jiqing. Photographs in the British Library of Documents and Manuscripts from Sir Aurel Stein's Fourth Central Asian Expedition. The British Library Journal, 1998, xxiv-1: 23-76.

Watt, James C Y. China: Dawn of A Golden Age, 200- 750 AD. New York, New Haven, London: The Metropolitan Museum of Art, Yale University Press, 2004.

Whitefield R, Farrer A. Caves of the Thousand Buddhas: Chinese Art from the Silk Route. London: The Trustees of the British Museum, 1990.

Whitefield R. The Art of Central Asia: The Stein Collection in the British Museum: 3 vols. Tokyo: Kodansha, 1982—1985. (ロデリック・ウィットフィールド編集解説, 大英博物館監修, 上野アキ翻訳. 西域美術: 大英博物館スタイン・コレクション. 東京: 講談社, 1984.)

Whitefield S, Sims-Williams U. The Silk Road: Trade, Travel, War and Faith. Chicago: Serindia Publications, 2004.

Wieczorek A, Lind C. Ursprünge der Seidenstraße: Sensationelle Neufunde aus Xinjiang, China. Stuttgatt: Konrad Theiss Verlag GmbH, Mannheim: Reiss-Engelhorn-Museen, 2007.

Wycherley R E. How the Greek Built Cities. London: Macmillan, 1949.

Yaldiz M. Archäologie und Kunstgeschichte Chinesisch - Zentralasiens (Xinjiang) . Leiden:E. J. Brill,1987.

Yaldiz M,etc. Magische Götterwelten Werke aus dem Museum für Indische Kunst Berlin. Berlin:UNZE Verlags-und Druckgesellschaft,2000.

Zürcher E. The Buddhist Conquest of China:the spread and adaptation of Buddhism in early medieval China:2 vols. Leiden:E. J. Brill,1959. (许理和. 佛教征服中国. 李四龙,裴勇,等,译. 南京:江苏人民出版社,2003.)

# 索 引

# 欧亚历史文化文库

林悟殊著:《中古夷教华化丛考》　　　　　　　　定价:66.00元

赵俪生著:《弇兹集》　　　　　　　　　　　　　定价:69.00元

华喆著:《阴山鸣镝——匈奴在北方草原上的兴衰》　定价:48.00元

杨军编著:《走向陌生的地方——内陆欧亚移民史话》　定价:38.00元

贺菊莲著:《天山家宴——西域饮食文化纵横谈》　　定价:64.00元

陈鹏著:《路途漫漫丝貂情——明清东北亚丝绸之路研究》

　　　　　　　　　　　　　　　　　　　　　　　定价:62.00元

王颋著:《内陆亚洲史地求索》　　　　　　　　　定价:83.00元

〔日〕堀敏一著,韩昇、刘建英编译:《隋唐帝国与东亚》　定价:38.00元

〔印度〕艾哈默得·辛哈著,周翔翼译,徐百永校:《入藏四年》

　　　　　　　　　　　　　　　　　　　　　　　定价:35.00元

〔意〕伯戴克著,张云译:《中部西藏与蒙古人
　　——元代西藏历史》(增订本)　　　　　　　　定价:38.00元

陈高华著:《元朝史事新证》　　　　　　　　　　定价:74.00元

王永兴著:《唐代经营西北研究》　　　　　　　　定价:94.00元

王炳华著:《西域考古文存》　　　　　　　　　　定价:108.00元

李健才著:《东北亚史地论集》　　　　　　　　　定价:73.00元

孟凡人著:《新疆考古论集》　　　　　　　　　　定价:98.00元

周伟洲著:《藏史论考》　　　　　　　　　　　　定价:55.00元

刘文锁著:《丝绸之路——内陆欧亚考古与历史》　定价:88.00元

张博泉著:《甫白文存》　　　　　　　　　　　　定价:62.00元

孙玉良著:《史林遗痕》　　　　　　　　　　　　定价:85.00元

马健著:《匈奴葬仪的考古学探索》　　　　　　　定价:76.00元

〔俄〕柯兹洛夫著,王希隆、丁淑琴译:
《蒙古、安多和死城哈喇浩特》(完整版)　　　　定价:82.00元

乌云高娃著:《元朝与高丽关系研究》　　　　　　定价:67.00元

杨军著:《夫余史研究》　　　　　　　　　　　　定价:40.00元

梁俊艳著:《英国与中国西藏(1774—1904)》　　定价:88.00元

〔乌兹别克斯坦〕艾哈迈多夫著,陈远光译:
《16—18世纪中亚历史地理文献》(修订版)　　　定价:85.00元

成一农著:《空间与形态——三至七世纪中国历史城市地理研究》定价:
76.00元

杨铭著:《唐代吐蕃与西北民族关系史研究》　　　　　定价:86.00元

殷小平著:《元代也里可温考述》　　　　　　　　　　定价:50.00元

耿世民著:《西域文史论稿》　　　　　　　　　　　　定价:100.00元

殷晴著:《丝绸之路经济史研究》　　　　定价:135.00元(上、下册)

余大钧译:《北方民族史与蒙古史译文集》　　定价:160.00元(上、下册)

韩儒林著:《蒙元史与内陆亚洲史研究》　　　　　　　定价:58.00元

〔美〕查尔斯·林霍尔姆著,张士东、杨军译:
　《伊斯兰中东——传统与变迁》　　　　　　　　　定价:88.00元

〔美〕J．G．马勒著,王欣译:《唐代塑像中的西域人》　定价:58.00元

顾世宝著:《蒙元时代的蒙古族文学家》　　　　　　　定价:42.00元

杨铭编:《国外敦煌学、藏学研究——翻译与评述》　　定价:78.00元

牛汝极等著:《新疆文化的现代化转向》　　　　　　　定价:76.00元

周伟洲著:《西域史地论集》　　　　　　　　　　　　定价:82.00元

周晶著:《纷扰的雪山——20世纪前半叶西藏社会生活研究》定价:75.00元

蓝琪著:《16—19世纪中亚各国与俄国关系论述》　　　定价:58.00元

许序雅著:《唐朝与中亚九姓胡关系史研究》　　　　　定价:65.00元

汪受宽著:《骊轩梦断——古罗马军团东归伪史辨识》　定价:96.00元

刘雪飞著:《上古欧洲斯基泰文化巡礼》　　　　　　　定价:32.00元

〔俄〕Т．Б.巴尔采娃著,张良仁、李明华译:
　《斯基泰时期的有色金属加工业——第聂伯河左岸森林草原带》
　　　　　　　　　　　　　　　　　　　　　　　　定价:44.00元

叶德荣著:《汉晋胡汉佛教论稿》　　　　　　　　　　定价:60.00元

王颋著:《内陆亚洲史地求索(续)》　　　　　　　　定价:86.00元

尚永琪著:
　《胡僧东来——汉唐时期的佛经翻译家和传播人》　定价:52.00元

桂宝丽著:《可萨突厥》　　　　　　　　　　　　　　定价:30.00元

篠原典生著:《西天伽蓝记》　　　　　　　　　　　　定价:48.00元

〔德〕施林洛甫著,刘震、孟瑜译:
　《叙事和图画——欧洲和印度艺术中的情节展现》　定价:35.00元

马小鹤著:《光明的使者——摩尼和摩尼教》　　　　　定价:120.00元

李鸣飞著:《蒙元时期的宗教变迁》　　　　　　　　　定价:54.00元

·欧·亚·历·史·文·化·文·库·

〔苏联〕伊·亚·兹拉特金著,马曼丽译:

《准噶尔汗国史》(修订版) 定价:86.00元

〔苏联〕巴托尔德著,张丽译:《中亚历史——巴托尔德文集

第2卷第1册第1部分》 定价:200.00元(上、下册)

〔俄〕格·尼·波塔宁著,〔苏联〕В.В.奥布鲁切夫编,吴吉康、吴立珺译:

《蒙古纪行》 定价:96.00元

张文德著:《朝贡与入附——明代西域人来华研究》 定价:52.00元

张小贵著:《祆教史考论与述评》 定价:55.00元

〔苏联〕К．А．阿奇舍夫、Г．А．库沙耶夫著,孙危译:

《伊犁河流域塞人和乌孙的古代文明》 定价:60.00元

陈明著:《文本与语言——出土文献与早期佛经词汇研究》

定价:78.00元

李映洲著:《敦煌壁画艺术论》 定价:148.00元(上、下册)

杜斗城著:《杜撰集》 定价:108.00元

芮传明著:《内陆欧亚风云录》 定价:48.00元

徐文堪著:《欧亚大陆语言及其研究说略》 定价:54.00元

刘迎胜著:《小儿锦研究》(一、二、三) 定价:300.00元

郑炳林著:《敦煌占卜文献叙录》 定价:60.00元

许全胜著:《黑鞑事略校注》 定价:66.00元

段海蓉著:《萨都剌传》 定价:35.00元

马曼丽著:《塞外文论——马曼丽内陆欧亚研究自选集》 定价:98.00元

〔苏联〕И.Я.兹拉特金主编,М.И.戈利曼、Г.И.斯列萨尔丘克著,

马曼丽、胡尚哲译:《俄蒙关系历史档案文献集》(1607—1654)定价:

180.00元(上、下册)

华喆著:《帝国的背影——公元14世纪以后的蒙古》 定价:55.00元

П．К.柯兹洛夫著,丁淑琴、韩莉、齐哲译:《蒙古和喀木》 定价:75.00元

杨建新著:《边疆民族论集》 定价:98.00元

赵现海著:《明长城时代的开启

——长城社会史视野下榆林长城修筑研究》(上、下册) 定价:122.00元

李鸣飞著:《横跨欧亚——中世纪旅行者眼中的世界》 定价:53.00元

李鸣飞著:《金元散官制度研究》 定价:70.00元

刘迎胜著:《蒙元史考论》 定价:150.00元

王继光著:《中国西部文献题跋》 定价:100.00元

李艳玲著:《田作畜牧

——公元前2世纪至公元7世纪前期西域绿洲农业研究》 定价:54.00元

〔英〕马尔克·奥莱尔·斯坦因著,殷晴、张欣怡译:《沙埋和阗废墟记》

定价:100.00元

梅维恒著,徐文堪编:《梅维恒内陆欧亚研究文选》　　　定价:92元

杨林坤著:《西风万里交河道——时代西域丝路上的使者与商旅》定价:65元

芮传明著:《摩尼教敦煌吐鲁番文书释义与研究》　　　　定价:88元

石云涛著:《文明的互动

　　——汉唐间丝绸之路与中外交流论稿》　　　　　　定价:118元

王邦维著:《华梵问学集》　　　　　　　　　　　　　　定价:75元

陈晓露著:《楼兰考古》　　　　　　　　　　　　　　　定价:92元

孙昊著:《辽代女真族群与社会研究》　　　　　定价:48元(暂定)

尚永琪著:《鸠摩罗什及其时代》　　　　　　　定价:68元(暂定)

石云涛著:《丝绸之路的起源》　　　　　　　　定价:83元(暂定)

薛宗正著:《西域史汇考》　　　　　　　　　　定价:128元(暂定)

〔英〕尼古拉斯·辛姆斯-威廉姆斯著:

　　《阿富汗北部的巴克特里亚文献》　　　　　定价:163元(暂定)

张小贵编:

　　《三夷教研究——林悟殊先生古稀纪念论文集》　定价:100元(暂定)

许全盛、刘震编:《内陆欧亚历史语言论集——徐文堪先生古稀纪念》

定价:90元(暂定)

余太山、李锦秀编:《古代内陆欧亚史纲》　　　定价:122元(暂定)

王永兴著:《唐代土地制度研究——以敦煌吐鲁番田制文书为中心》

定价:70元(暂定)

王永兴著:《敦煌吐鲁番出土唐代军事文书考释》　定价:84元(暂定)

李锦绣编:《20世纪内陆欧亚历史文化论文选粹:第一辑》

定价:104元(暂定)

李锦绣编:《20世纪内陆欧亚历史文化论文选粹:第二辑》

定价:98元(暂定)

李锦绣编:《20世纪内陆欧亚历史文化论文选粹:第三辑》

定价:97元(暂定)

李锦绣编:《20世纪内陆欧亚历史文化论文选粹:第四辑》

定价:100元(暂定)

馬小鶴著:《霞浦文书研究》　　　　　　　　　定价:88元(暂定)

林悟殊著:《摩尼教華化補說》　　　　　　　　定价:109元(暂定)

·欧·亚·历·史·文·化·文·库·